승자와 패자의 갈림길 (8)

제8대 총선이야기
(1971. 5. 25)

장 맹 수 편저

선 암 각

승자와 패자의 갈림길 (8)

제8대 총선이야기

(1971. 5. 25)

초판인쇄 : 2024년 2월

편저자 : 장맹수

발행처 : 선암각

등록번호 : 제 25100-2010-00037호

주소 : 서울특별시 노원구 마들로 31

전화번호 : (02) 949 -8153

값 20,000원

승자와 패자의 갈림길 (8)

제8대 총선이야기
(1971. 5. 25)

장 맹 수 편저

선 암 각

목 차

책을 펴내며

[제1부] 제6대 대통령 선거와 제7대 총선

제1장 군정을 종식하고 군인들이 주도한 민간정부 출범   8
1. 군정을 계승한 민주공화당이 양대 선거에서 승리   9
2. 온 국민의 반대 속에 한일(韓日)국교정상화 매듭   16
3. 용병(傭兵) 비난속에서 조국 근대화를 위한 월남파병   27
4. 후진국의 국치(國恥)로 치달은 삼성재벌의 밀수   34

제2장 영남권의 단결로 압승을 거둔 박정희 대통령   41
1. 이합집산과 우여곡절끝에 재도전한 윤보선   42
2. 제6대 대통령선거에는 7명의 주자들이 난립   48
3. 박정희 후보와 윤보선 후보의 유세(遊說) 대결   52
4. 영남권에서 136만 표 앞서 승리를 엮어낸 박정희   57

제3장 개헌선 확보를 위해 불법선거로 얼룩진 제7대총선 63
1. 공화당과 신민당의 총선 주자 선정(選定)의 배경   64
2. 821명의 후보들이 혈전(血戰)을 전개한 총선   70
3. 개헌선 130석을 훌쩍 넘겨버린 민주공화당   76
4. 제7대 국회에 등원하는 의원들의 면모(面貌)   88

[제2부] 박정희 장기집권을 겨냥한 3선(三選)개헌

제1장 정국의 최대 화두(話頭)는 3선개헌 93
1. 개헌을 염두에 두고 부정선거로 얼룩진 제7대총선 94
2. 개헌의 의중(意中)을 드러낸 국민복지회 파동 102
3. 개헌을 부인하면서 은밀하게 추진한 3선(三選)개헌 109
4. 심야에 민주공화당 단독으로 개헌안 변칙의결 115
5. 영남권의 압도적 찬성으로 3선 개헌안 확정 119

제2장 유야무야(有耶無耶)된 6·8 부정선거의 파장 124
1. 신민당의 실익 없는 장기간 등원거부(登院拒否) 125
2. 알맹이가 빠져버린 보장입법(保障立法) 개정 133
3. 부정선거 파장(波長)으로 실시된 재·보궐선거 134

제3장 남침야욕에 불탄 북괴의 끊임없는 도발 159
1. 무장특공대 청와대 습격과 울진·삼척 침투 160
2. 미군 해군 정보함 푸에블로호와 KAL기 납치 171
3. 헤아릴 수 없이 남파되고 검거된 간첩단 177
4. 북괴의 어선원(漁船員)납치와 어로한계선 남하 186
5. 남북 대치(對峙)상황을 정치적으로 활용 190

제4장 급변하는 세계 속에서의 한국의 위상(位相) 195
1. 확전(擴戰)과 평화회담을 오락가락한 월남전선 196
2. 미·소의 우주개발 경쟁과 인류의 달 정복 208
3. 제3차 중동(中東)전쟁과 중공의 국제무대 등장 212
4. 우리나라 외교의 한계와 세계의 동향 218
5. 민정 제2기 시대상황을 반영하는 사건모음 226

[제3부] 제7대 대통령 선거와 제8대 국회의원 선거

제1장 신민당 대선후보로 40대의 김대중　　　　244
1. 신민당의 당권(黨權)은 유진오에서 유진산으로　　245
2. 신민당 대선후보는 김영삼이 아닌 김대중　　　252

제2장 영남과 호남의 지역대결이 펼쳐진 대선　　　258
1. 민주공화당의 대선을 향한 전열(戰列)정비　　　259
2. 신민당은 조직보다 붐 조성에 역점　　　　　　262
3. 박정희 후보와 김대중 후보의 유세대결　　　　265
4. 영남권의 묻지마 투표로 대승(大勝)한 박정희　　272

제3장 공무원의 정치적 중립이 지켜진 제8대 총선　279
1. 민주공화당의 공천 후보 선정(選定)과 전략　　　280
2. 유진산의 전국구파동으로 고전이 예상된 신민당　289
3. 총선의 흐름과 군소정당 후보들의 발버둥　　　294
4. 신민당이 예상을 뒤엎고 강세를 보인 총선결과　298

[제4부] 지역구별 불꽃튀는 격전의 현장들

제1장 여촌야도(與村野都) 전형을 보여준 수도권　　309
1. 수도권 35석의 63%인 22석을 신민당이 차지　　310
2. 수도권 35개 선거구 불꽃튀는 격전의 현장으로　314

제2장 대선 승리의 반작용으로 느슨해진 영남권　　365
1. 영남권에서 52% 수준에 머문 민주공화당　　　366
2. 영남권 50개 선거구 불꽃튀는 격전의 현장으로　370

제3장 세월이 흐를수록 위축(萎縮)되어가는 비영남권　448
1. 점유율이 점점 줄어들어가는 비영남권　449
2. 비영남권 68개 선거구 불꽃튀는 격전의 현장으로　454

제4장 충성분자들의 결집체로 전락(轉落)한 전국구　561
1. 6대 정당에서 121명의 후보 추천　562
2. 정당별 전국구 후보자와 당선자 현황　566

책을 펴내며

우리나라의 고질적인 지역감정과 지역갈등을 영원히 종식(終熄)시키기 위해서는 지방행정구역을 과감하게 재편(再編)해야 한다는 지론(持論)을 펼치기 위해 승자와 패자의 갈림길, 제18대 총선이야기를 발간한 것이 2010년 11월 11일이었다.

글 쓰는 재주가 남다르지 아니하고 문장력이 뛰어나지 아니함에도 불구하고 제13대(1988년)와 제14대(1992년)는 물론 제15대(1996년), 제16대(2000년), 제17대(2004년), 제19대 (2012년), 제20대(2016년) 총선 이야기와 제헌의원 선거에서 제20대 국회의원 선거를 요약한 역대 국회의원 선거 이야기까지 총 18권을 엮어냈지만, 정치권이나 출판계에서 크게 주목을 받지 못했다.

그리하여 절필(絶筆)을 좌고우면(左顧右眄)했으나, 1960년대부터 60년이상 경상도 출신들이 집권하여 오면서 영남 패권주의를 조장하여 온 엄연한 사실을 적시(摘示)하고, 곡학아세(曲學阿世)한 정치인들이나 학자들의 그럴듯한 지역갈등 해소방안은 뜬구름 잡기에 불과하다는 것을 환기(喚起)시켜주기 위해 발간을 이어가기로 결단을 내렸다.
2020년 5월에는 승자와 패자의 갈림길 제9대(1973), 제10대(1978), 제11대(1981), 제12대(1985) 총선이야기 4권이 발간됨에 따라 이미 22권을 발간했다.

1만 2천여 페이지에 달하는 방대한 자료를 정리하고 1만 8천여 명에 달하는 인명(人名)을 수록하다보니 오자(誤字)가 듬성듬성 하는 부끄러움으로 총선 이야기 오정(誤訂) 묶음까지 발간했지만, 우리의 뇌리에서 잊혀져 가는 역사적 사건과 선거에 관한 진면목(眞面目)을 나름대로 집대성했다는 자부심으로 위안을 삼고 싶었을 뿐이다.

이번에는 일본의 쇠사슬을 벗어나 건국의 뱃고동을 울린 제헌의원 선거(1948년), 너도나도 선량(選良)이 되겠다고 2,225명이 운집(雲集)한 제2대 총선(1950년), 전쟁의 폐허에서도 이승만 대통령의 종신집권을 위해 자유당이 총력을 경주한 제3대 총선(1954년), 이승만 정부의 실인심과 경찰력의 동원으로 여촌야도(與村野都) 전형을 보여준 제4대 총선(1958년), 장기 집권에 의한 4월 혁명으로 정권교체를 갈망하는 유권자들의 기원을 담은 제5대 총선(1960년), 5·16 군사 쿠데타로 집권한 박정희 정부가 구(舊) 정치세력을 규합한 연합군을 편성하여 대승을 거둔 제6대 총선(1963년), 박정희 정권의 장기 집권을 위한 헌법개정을 구상(構想)하고 온갖 부정한 방법을 동원하여 민주공화당이 압승을 거둔 제7대 총선(1967년), 3선개헌으로 실시한 대통령 선거에서 승리한 박정희 정부에 대한 반감이 표출되어 신민당이 선전한 제8대 총선(1971년) 이야기 8권을 단권(單券)으로 편집하여 함께 출간하여 1945년 해방 이후 75년간 우리나라의 정치의 진면목(眞面目)을 살펴보고자 했다.

영남 패권주의와 지역갈등 해소라는 목표의식이 내면에 녹아 제8대 총선 제1부에서는 영남권의 단결로 박정희 대통령을 압승으로 선출한 제6대 대통령 선거와 개헌선 확보를 위해 불법선거로 얼룩진 제7대 국회의원 선거이야기를 기술했다.

제2부에서는 장기집권을 위한 3선개헌(三選改憲)이 최대 화두가 된 정국과 3선개헌의 변칙 의결과 국민투표에 의한 확정, 신민당의 장기간 등원 거부와 김용성 의원의 물꼬를 튼 등원(登院)으로 실익 없는 투쟁을 묘사했다.
아울러 남침야욕에 불탄 북괴(北傀)의 끊임없는 도발과 급변하는 세계 속에서 한국의 위상과 민정 제2기 시대적 상황을 반영하는 사건들의 모음도 조명해 보았다.

제3부에서는 신민당의 대선후보로 깜짝 등장한 40대의 김대중 후보와 3선개헌을 성공시킨 민주공화당의 박정희 후보가 영남

과 호남을 배경으로 혈투를 전개한 대통령 선거와 영남권의 묻지마 투표에 의한 반성과 자제된 행정권 등으로 공무원의 정치적 중립이 지켜진 제8대 총선의 이모저모를 살펴보았다.

제4부에서는 22개 지역구가 증설되어 153개 지역구에서 벌어진 불꽃 튀는 격전의 열기를 담아 여촌야도(與村野都) 균형 속에 갇힌 수도권, 대선의 반작용으로 느슨해진 영남권, 세월이 흐를수록 점점 선거구가 위축(萎縮)되어 가는 비영남권으로 구분하여 153개 지역구에 뛰어든 후보들의 면모, 지역구별 판세 점검, 승패의 갈림길과 득표(%) 상황을 정리했다.
그리고 충성분자들의 결집체로 전락한 전국구 후보들의 당선자와 후보자 현황도 수록했다.

아무쪼록 부족하고 볼품없는 이 책이 영·호남의 지역갈등이라는 업보가 우리의 후손들에게 유산으로 남겨지지 않도록 과감하고 전면적인 지방행정구역 개편의 계기(契機)가 마련되고 건국 이후 75년간 일어났던 여러 가지 정치적 사건들을 다시 한번 되새겨 볼 수 있는 자료로 활용되기를 바랄 뿐이다.

2023년 9월
장맹수

[제1부] 제6대 대통령 선거와 제7대 총선

제1장 군정을 종식하고 군인들이 주도한 민간정부 출범
제2장 영남권의 단결로 압승을 거둔 박정희 대통령
제3장 개헌선 확보를 위해 불법선거로 얼룩진 제7대 총선

제1장 군정을 종식하고 군인들이 주도한 민간정부 출범

1. 군정을 계승한 민주공화당이 양대 선거에서 승리
2. 온 국민의 반대 속에 한일(韓日)국교정상화 매듭
3. 용병(傭兵) 비난속에서 조국근대화를 위한 월남파병
4. 후진국의 국치(國恥)로 치달은 삼성재벌의 밀수

1. 군정을 계승한 민주공화당이 양대 선거에서 승리

(1) 민주공화당 박정희 후보에 맞서 6명의 후보들이 난립

우리의 과업이 성취되면 참신하고 양심적인 정치인들에게 언제든지 정권을 이양하고 우리들의 본연의 임무에 복귀할 준비를 갖춘다는 혁명공약 제6항으로 인하여 민정 참여와 민정 불참을 오락가락하다가 민정 참여를 결정한 박정희 최고회의 의장이 민주공화당(공화당)과 범국민정당인 자유민주당(자민당)을 오락가락하다가 공화당의 공천을 받고 출전한 제5대 대통령 선거에 신흥당 장이석, 자민당 송요찬, 추풍회 오재영, 민정당 윤보선, 국민의당 허정, 정민회 변영태 후보들이 등록하여 난립(亂立)됐다.

김대중 민주당 대변인은 "박정희 최고회의 의장은 1963년 8월 30일 강원도 철원에서 성대하게 육군대장 전역식(轉役式)을 마치고 상경하여 민주공화당에 입당했고, 이튿날 전당대회에서 대통령 후보로 지명되자 수락연설까지 했다. 당시 국가재건비상조치법은 최고회의 최고위원은 정당에 가입할 수 없다고 규정되어 있으므로 비상조치법에 위배된다"고 중앙선관위에 유권해석을 요청하자, 공화당은 박정희 의장의 공화당 입당은 8월 30일이 아니고 9월 4일이라고 밝혔고, 선거관리위원회도 공화당의 발뺌에 동조했다.

자민당 김준연 대표는 "박정희 의장은 공인된 공산주의자였다. 그는 여수·순천 반란사건을 일으키는데 협력했다. 그래서 그는 군법회의에서 사형선고를 받았다. 그러나 그는 전향(轉向)하여 반란군에 대한 정보를 제공하고 사형을 면제받았다"고 사상논쟁(思想論爭)을 벌였으나, 오히려 역풍(逆

風)으로 되돌아왔다.
 자민당 송요찬 후보의 구속이 대통령 선거의 초반 쟁점화 됐고, 재야 5당 대변인은 송요찬 후보의 구속은 졸렬(拙劣)한 정치보복행위로 경쟁자를 가둬 놓고 공명선거라면 4·19 넋이 통곡할 일이며, 불의를 계속하면 극한투쟁도 불사하겠다는 공동성명을 발표했다.
 대구 수성천변 유세에서 윤보선 후보는 8만 명의 청중이 운집(雲集)했으나 4만 명 청중을 모으는 데 실망한 국민의당 허정 후보는 "단일후보에 대한 국민의 여망이 절실함을 알았으나 정치적 협상으로는 이룩될 것 같지 않아서 내가 물러서는 길만이 단일후보를 성취할 길이었음을 알았다"면서 선거일에 임박(臨迫)하여 사퇴했다.
 정민회 변영태 후보는 "나의 주의와 주장을 받아주는 이가 단일후보가 되면 몰라도"라는 생뚱맞은 논리를 내세워, 공화당의 사퇴하지 않도록 권유를 받은 신흥당 장이석, 추풍회 오재영 후보들과 함께 끝까지 완주하여 윤보선 후보의 뒷덜미를 잡아당겼다.

(2) 경상도 지역의 열렬한 지지로 대통령에 당선된 박정희

 야당 후보들의 난립으로 승리를 낙관했던 공화당은 송요찬, 허정 후보들의 잇단 사퇴로 윤보선 후보가 야권 단일후보로 확고해지자 충격, 초조, 불안에 휩싸였으며 고전(苦戰)을 예상했다.
 방대한 조직과 풍부한 자금으로 고전을 뚫고 나갈 자신은 있었지만 군사정부가 2년간 치정(治政)에서 저지른 많은 의혹과 함께 공화당 창당 과정에 대한 의혹, 혁명주체 세력간의 내분으로 군사정부 자체에 대한 부정적인 여론이 겹쳐 난관에 봉착(逢着)했다.

그러나 선거결과는 박정희 후보가 470만 2,642표를 득표하여 454만 6,614표를 얻은 윤보선 후보를 15만 6,028표차로 꺾고 승리했다.

야권단일화를 외면한 정민회 변영태 후보가 22만 4,443표를 득표하고, 자유당 국회의원 출신인 오재영 후보가 40만 8,664표를 득표하여 3위로 올라섰다.

서울은 현실적인 필요로 반(反)박정희와 반(反)군사정부의 길을 재촉했고, 자유당의 금성탕지(金城湯池)였던 강원도가 감자바위 오명을 씻고 군인들이 사상논쟁의 결과로 반(反)공화당으로 돌아선 데 힘입어 윤보선 후보가 승리했다.

우리나라 혁신세력의 본거지인 부산과 대구를 포함하고 있는 경상도가 박정희 후보가 경북 선산 출신이라는 지역의식을 촉발하여 박정희 후보가 윤보선 후보보다 66만 표 앞서 승리의 밑거름이 됐다.

춘궁기에 밀가루 살포(撒布)로 혜택을 입은 호남지역에서 경상도 출신인 박정희 후보가 윤보선 후보보다 35만여 표 앞섰고, 윤보선 후보 선영(先塋)이 있는 충청권에서는 윤보선 후보가 박정희 후보에게 13만여 표 앞서 엇갈린 투표성향을 보였다.

윤보선 후보는 수도권 등에서 77만여 표 앞섰으나 경상도에서 66만여 표, 전라도에서 35만여 표 뒤져 승리의 월계관을 박정희 후보에게 헌납했다.

윤보선 후보는 "투표에서 이겼으나 개표에서 졌다"면서, "박정희 후보는 입후보 당시 최고회의 의장으로 피선거권이 없었고, 정당 입당 금지 규정에 위반되어 대통령 후보 등록은 무효이다. 공무원의 선거동원, 선심공여, 호별방문, 밀가루 배급 등 선거법 위반행위가 빈발(頻發)했다"고 당선무효소송을 제기했으나 소 잃고 외양간 고치는 형상이 됐을 뿐이다.

(3) 선거구도와 선거제도에서 승리가 보장된 민주공화당

　정치활동정화법으로 구정치인들을 꽁꽁 묶어놓은 상황에서 김종필 중앙정보부장은 공화당 창당작업을 추진하여 안용대, 안동준, 김병순 등 자유당계, 민관식, 박준규, 김재순 등 민주당계, 정구영, 윤치영, 김정열, 전예용, 이갑성, 서갑호 등 저명인사 등을 포섭했다.
　김동하, 유원식 등 혁명주체들은 김종필 중앙정보부장의 사전조직 등 독주(獨走)에 거세게 반발하며 김종필의 당직 사퇴, 중앙정보부 직원들의 정당참여 반대, 이원조직인 기구의 일원화 보장 등을 요구했다.
　김종필 창당위원장이 외유길에 오른 다음날 민주공화당은 창당대회를 갖고 총재에 정구영, 당의장에 김정열을 선출하고, 김재춘 중앙정보부장이 주도한 범국민정당인 자민당의 태동이 전화위복 되어 박정희 최고회의 의장을 대통령 후보로 추대할 수 있었다.
　민주공화당은 야당의 태동(胎動)에 한발 앞서 131개 지역구 위원장을 발표하고 60만 당원을 확보하여 대선과 총선에 매진했다.
　반면 야권에서는 윤보선, 김도연 등의 민주당 구파가 중심이 된 민정당, 박순천, 정일형 등의 민주당 신파가 중심이 된 민주당, 김재춘 중앙정보부장이 주도했다가 외유길에 오르고 친여세력은 공화당에 입당하고 친야세력인 소선규, 서민호 등이 주도한 자민당, 야권 단일후보 기치를 들고 창당했다가 민정당계가 재창당하고 이탈하여 허정, 이범석 등이 주도한 국민의당으로 사분오열(四分五裂)됐다.
　국가재건최고회의는 무소속의 입후보를 봉쇄하기 위해 정당공천제도를 채택하여 국회의원에 입후보하고자 하는 자는

무조건 당적을 가져야 하며 당적을 잃은 의원은 의원직을 상실하는 정당법을 마련했다.

국회의원선거법에서 생소한 전국구 제도를 창설하여 지역구 국회의원 득표율에 따라 전국구 의석을 배분하되 지역구는 131석, 전국구는 44석 합계 175석을 갖도록 했다.

전국구 44석은 전국의 득표율이 총투표자의 5%미만이거나 지역구 의석수가 3석미만일 때는 전국구 의석 배정에서 제외하고, 전국구 배정에서 제1당의 득표수가 50% 미만일 때는 의석수의 1/2(22석)을 우선 제1당에게 배정하고, 제2당에게는 나머지 2/3(14석)를 배정하도록 하여 제1당인 공화당과 제2당인 민정당이 36석을 독식할 수있는 특이한 제도를 제정했다.

4분 5열된 야권의 단일화나 연합공천은 탁상공론(卓上空論)이 될 가능성이 높고 골육상쟁으로 공화당에 어부지리를 안겨 줄 것은 명약관화한 선거 구도였다.

군사정부가 민정이양 이후 정국을 휘어잡기 위한 묘책으로 233개 지역구를 131개 지역구로 통폐합하여, 5대의원들과 자유당 정권에서 조직을 뿌리깊게 구축한 자유당 출신 전직 의원들이 혈투를 전개하고, 무소속 출마가 허용되지 않고 각기 정당의 공천을 받고 출전하며 전국구 제도가 신설되어 각 정당 수뇌부는 정당의 명예를 걸고 혈투(血鬪)를 펼칠 수밖에 없는 상황이었다.

전국구의 절반인 22석(12.5%)을 확보한 상황에서 방대한 조직, 풍부한 자금, 대통령에 충성하는 공무원들을 활용할 수 있는 공화당은 선거구도(構圖)나 선거제도에서 패배하려고 해도 패배할 수 없는 구도로 제6대 총선이 실시됐다.

(4) 지지율 33.5%로 62.9%의 의석을 차지한 민주공화당

제6대 총선에는 공화당, 민정당, 민주당, 자민당, 국민의당 등 5대 정당 이외에도 보수당, 자유당, 한국독립당(한독당), 정민회, 추풍회, 신민회, 신흥당 등 12개 정당이 847명의 후보를 공천하여 6.5대 1의 경쟁률을 보였다.

231명에 달하는 전직 의원들은 민주당 57명, 민정당 51명, 국민의당 54명, 자민당 32명, 공화당 39명으로 5대 정당에 골고루 분포되었다.

민주공화당 지역구 후보 131명에는 전직의원이 39명, 지방의원 출신이 6명이며 제5대 총선에 출전하여 낙선한 20명이 포함되어 혁명의 표적(標的)인 구정치인이 65명을 차지하여 공천 후보의 50%를 점유했다.

전직 의원 39명은 자유당 출신이 23명으로 가장 많고, 민주당 출신이 5명, 신민당 출신이 6명이며 무소속 출신도 5명으로 다양했다.

민주당에 뿌리가 깊은 후보들은 민관식, 박준규, 김재순, 홍춘식, 김성환, 홍광표, 오상직, 김광준, 김준태, 이양호, 이원만, 백남억 후보 등 11명이다.

최하영, 안동준, 최치환 후보 등은 공민권 제한처분을 받았고 박충식, 김장섭, 최석림, 신영주, 김성탁 후보들은 자유당 시절 부정선거 지탄(指彈)이나 시비의 대상인물이었다.

혁명주체이거나 장성 출신들은 서상린, 이백일, 이병희, 권오석, 유승원, 김용채, 고진영, 이상무, 조시형, 김용순, 방성출, 김종호, 김종필, 길재호, 김종갑, 오원선, 신관우, 이동진, 최영두, 장경순, 김석중, 정래정, 박승규, 김성철 후보 등 25명이다.

민주공화당은 안정세력 구축에 지나치게 초조한 나머지 그들 스스로의 표적(標的)이던 구악까지 받아들여 박정희 최고회의 의장이 입버릇처럼 되뇌이던 세대교체와 체질개선 그리고 새로운 정치풍토 조성이라는 명제를 스스로 공염불로 돌려버렸다.

민주공화당이 원내 과반의석을 차지하기 힘들 것이라는 누구도 의심치 않던 선거전의 예상은 어이없이 뒤집혔다.

제6대 의원 선거 결과 공화당은 전체 175석의 63%인 110석을 차지했고, 민정당이 전국구 14석 할애(割愛)의 혜택을 입어 23%인 41석을 차지하여 제2당으로 자리를 잡았다.

민주당은 13석, 자민당은 9석, 국민의당이 2석을 차지했을 뿐 229명을 공천한 자유당을 비롯한 7개의 군소정당은 단 1석도 얻지 못한 참패(慘敗)를 당했다.

정당별 득표율은 공화당이 33.5%를, 민정당이 20.2%, 민주당이 13.6%로 3대 정당이 67.3%의 득표율을 올렸지만, 전체 의석의 94%인 164석을 독차지했다.

제6대 총선에서 국군 장교출신이 30명 넘게 당선되어 군정의 연장임을 나타내주었고, 자유당 출신 20여 명이 당선되어 4·19혁명 이후 3년 만에 자유당 출신들이 기지개를 펴게 됐으며, 이들중 18명은 공화당 후보들로 공화당내에서의 영향력 있는 계보를 형성할 수 있게 됐다.

공화당이 승리한 배경에는 전진을 위한 안정세력 구축과 견제를 위한 야당 육성이란 두 명제에 대한 유권자들의 선택이지만, 야권에서는 공화당 조직과 돈의 힘, 그리고 그것이 저질렀을 개연성(蓋然性)이 짙은 선거부정에 연유(緣由)됐다고 위안거리를 삼았다.

이승만 정권이래 어느 지역보다도 정치의식이 앞섰고 혁신성향이 높은 대구와 부산에서 공화당이 압승한 사실은 영남 출신인 박정희 의장의 영남정권에 대한 갈채(喝采) 즉 지역의식이나 지역감정(地域感情)의 발로라고밖에 표현할 길이 없었다.

스스로 야당단일화를 이룩하지 못하고 유권자들의 몰표에 의한 단일화에 기대했던 야당의 타성((惰性)과 정당 지도부의 당선욕은 야당 전체의 파국을 맞이하게 됐다.
경상도에서는 기왕 봐주는 김에 끝까지 봐 주는게 경상도 의리라는 자부심이 공화당의 압승을 가져왔고, 윤보선 후보의 지지표의 결집이 민정당 후보들이 이삭줍기에 성공할 수 있었다.

2. 온 국민의 반대속에 한일(韓日)국교정상화 매듭

(1) 한일국교정상화는 우리나라의 역사적 현안(懸案) 과제

 군정이 공화당의 주도로 민정이 실시된 이후 박정희 정부는 폭발적인 인구증가에 대처하기 위해 브라질, 볼리비아, 파라과이 등 남미에 농업이민을 보내고 차관(借款)을 얻기 위해 서독에 광부와 간호사들을 파견하기도 했다.
 그러나 민정 4년간 역사상 뚜렷하게 족적(足跡)을 남긴 것은 굴욕외교라며 온 국민이 반대한 상항에서도 한일국교 정상화를 매듭짓고, 용병(傭兵)의 비난을 받으면서도 조국근대화를 위한 밑거름을 장만하기 위한 월남파병을 들 수 있다.
 또한 근대화 이전의 부패상을 적나라하게 보여주는 삼성재벌의 사카린 밀수는 국치(國恥)의 하나로 손꼽힐 수 있을 것이다.
 가깝고 먼 이웃나라인 일본은 고려말에 왜구들의 침입으로 고려의 멸망을 재촉했고 세종대왕 때는 왜구의 소굴인 대마도를 정벌하기도 했다.
풍신수길이 일본을 평정한 후 군벌(軍閥)들을 달래기 위해 조선을 정벌하는 임진왜란을 일으켜 수 많은 백성들을 살상(殺傷)하고 삼남(三南)지역을 몇 년 동안 지배하기도 했다.
 미국의 침입으로 강제로 문호개방한 일본은 서양의 신문물을 받아들여 미국에게 당한 치욕을 우리나라에 앙갚음했고, 청일전쟁과 노일전쟁을 승리로 이끌어 우리나라를 합병하여 36년간 지배할 수 있었다.
 제2차대전 이후 패망한 일본과 신생독립한 우리나라의 한일국교 정상화를 위한 교섭은 미일(美日)간의 샌프란시스코 강화조약이 맺어진 1951년 10월부터 시작됐다.

연합군사령부에서 옵서버로 참가한 제1차 회담은 일본의 지연작전으로 결렬됐고, 1953년 제2차 회담도 일본의 요청으로 무기한 휴회로 무산(霧散)됐으며, 제3차 회담도 "36년간의 일본의 한국통치는 한국 국민에게 유익했다"는 일본대표의 망언으로 결렬(決裂)됐다.

1958년 4월에 개최된 제4차 회담은 재일교포들의 북한으로 강제송환에 의해 결렬됐고, 1960년 10월 제5차 회담은 기본관계의 수립, 대일재산청구권, 어업문제, 재일(在日)한국인의 법적지위와 처우에 관한 교섭의제가 구체적으로 토의됐으나 5·16쿠데타로 중단됐다.

이와같이 한일국교 정상화는 이승만정부 시절부터 최대의 외교적 현안문제였고, 언젠가 누군가에 의해 타결(妥結)되어야 할 지상과제였다.

(2) 전국적인 굴욕외교 반대 데모로 계엄령이 발동되고 한일회담이 중단

1964년 3월 제6차 한일회담이 중단된지 4년만에 개막됐으며 박정희 대통령은 우리의 주장이 관철되면 야권에서 반대해도 한일회담을 타결시키겠다고 선언하고, 야권의 반대유세(遊說)는 혼란만을 조성한다고 경고했다.

미국 러스크 국무장관은 박정희 대통령과의 면담에서 한일국교 정상화의 조속한 체결을 기대했고, 어민들은 공동어로에 대한 규제는 일본 어선들에 대한 감시가 불가능하고 어족자원의 고갈을 초래한다며 평화선 수호(守護)를 결의하는 대회를 개최했다.

야권에서는 대일 저자세 외교를 규탄하며 반대투쟁위원회를 결성하고 비준을 끝까지 저지하기로 결의했으며, 대일청

구권 15억불, 피해배상액 12억불을 제시하고 평화선을 고수하며 전관수역을 국제협약에서는 12해리이지만 40해리로 설정할 것을 대안으로 설정했다.

그러나 김종필 공화당의장과 오히라 일본 외상간에 소위 김-대평 메모가 비밀리에 작성되었으며, 이 메모에서 대일 청구권 자금은 3억불로 하되 2억불의 민간차관을 공여키로 하고 전관수역은 국제협약에 따라 12해리로 설정하되 평화선을 폐지하고, 평화선내의 일정구역을 공동규제수역으로 설정하여 일본어선의 출어철수와 어획량을 제한하며, 수산업 진흥을 위해 무상으로 1억불을 제공하기로 합의하였다는 것이 널리 알려졌다.

민주공화당은 한일국교 정상화는 현재의 국제정세에서 불가피하다는 입장인 반면. 야권에서는 나라를 팔아먹으려는 짓이라며 전국 도시에서 유세전을 펼쳤다.

서울대, 고려대, 연세대생 5천여 명은 한일회담의 굴욕적(屈辱的)인 타결을 반대하는 데모를 벌였으며, 40여 명이 중경상을 입고 150명이 연행되는 사태로 번졌다.

학생데모는 전국적으로 확대됐으며 정부와 학생 대표간의 회담도 아무런 소득없이 결렬됐다.

학생데모가 부산, 대구, 광주, 대전으로 번져 연사흘째 계속되어 정국긴장이 고조됐으나, 박정희 대통령은 학생데모는 외교에 도움이 안된다며 기정 방침대로 강행하되 결말이 나는 대로 전모(全貌)를 공개하겠다고 밝혔다.

정부는 학생들에 대한 광범위한 설득공작을 펼치고 초당적 대일외교를 모색하기 위해 여야 영수(領袖)회담을 개최하기로 합의했다.

그러나 5월에는 전국 32개대학 대표들이 난국 타개 학생 총궐기대회를 개최하여 경찰관의 학교내 난입과 무장군인들의 사법부 침입에 대한 진상규명, 한일 굴욕외교 반대, 구속 학생 석방 등을 요구했다.
 서울대 교수들도 긴급총회를 열고 군인은 본연의 자세로 복귀하고 학생들은 학업에 전념하되, 정부는 모든 책임을 학생들에게 전가(轉嫁)하지 말라고 성토했다.
 1964년 6월 3일에는 대학생 1만 5천여 명이 "무단(武斷) 박정희 정권 물러나라"고 외치며 서울 시내를 누비며 무정부 상태를 야기했다.
 박정희 대통령은 반성할 점은 시인하나 불가피한 단안이라며 서울 일원에 비상계엄을 선포했다.
 계엄사령관에 민기식 수도경비사령관을 임명하고 각급 학교는 무기 휴교에 들어갔으며, 모든 언론은 사전에 검열(檢閱)을 받아야 하며 집회와 시위도 금지됐다.
 계엄령 치하에서 김종필 공화당의장의 사표가 수리되고 한일회담은 중단됐다.
국회에서 해엄(解嚴)건의안이 가결되어 7월 29일 계엄은 해제되고, 정치권에서는 6·3 궐기대회를 주도한 6·3동지회가 결성되어 김덕룡, 홍사덕 등 정치권의 주역들을 많이 배출했다.

(3) 1965년 6월 14년간 지속되어온 한일(韓日)회담이 드디어 매듭

계엄령 발동과 한일회담 중단으로 1964년 후반기를 잠잠하게 보낸 정국은 1965년에 접어들면서 한일회담 재개와 가조인(假調印) 임박 소식 등으로 정국이 술렁거렸다.
 일본의 전관수역인 12해리 밖에서는 우리 어선은 자유롭게 어로 활동을 할 수 있는 반면, 평화선 안쪽인 공동규제수역에서 일본 어선의 연간 어획량을 15만 톤으로 제한하고, 어업협력자금을 9천만 불 공여(供與)하는 것을 골자로 하는

한일어업협상이 3월 24일 체결되자, 언론과 야권에서는 빼앗기는 황금어장을 연일 게재(揭載)하여 어민들의 분노를 자아내게 했다.

홍종철 정부 대변인은 어느 정권이 현재의 협상안 이상의 성과를 거두겠느냐면서 대안(對案) 없는 반대는 하지 말도록 야권에 경고하고, 시비는 훗날 역사가 심판할 것이라고 옹호했으나, 반대 목소리에 잠겨 국민들을 설득하는 데는 역부족이었다.

 야권에서는 굴욕적인 협상 반대라는 명분을 내걸고 전국적인 유세를 통한 막바지 투쟁을 전개했고, 윤보선 민정당 총재는 한일조약 비준안이 제출되면 민정당 의원들은 총사퇴하겠다고 공언했다.

 전국 각지에서는 박정희 정권의 대일교섭을 신랄히 규탄하는 성토대회가 불을 뿜어대는 가운데, 언론에서는 연일(連日) '잃어버린 평화선', '고기는 일본인들이 다 잡아가고 우리 어민들은 뭍으로 가자'와 같은 선동(煽動)만을 국가 이익인 양 일삼았다.

 1965년 4월 청구권, 어업협상, 재일교포 지위 등에 대한 합의 요강이 가조인(假調印)되어 14년간 지속되어온 한일교섭이 일단락됐다.

 야권에서는 즉각 무효를 주장하고 건국(建國)이후 최대의 원내외 투쟁을 전개하겠다고 천명했다.

 동아일보에서도 또 하나의 을사조약으로 개운찮은 뒷맛을 남겼으며 지나친 양보, 흐릿한 합의로 졸속까지 겹쳐 일본에서 오히려 어리둥절하며 기고만장하고 있다고 선정적(煽情的)으로 보도했다.

 동아일보는 연일 계속하여 지나친 양보에 큰 충격을 주고 있으며 평화선이 없어져 어업이 위기를 맞게 되었고, 청구권은 김-대평 메모를 벗어나지 아니했으며, 재일교포 처우에도 모호한 합의였다고 공격의 화살을 퍼붓고 있었다.
그러나 외교는 상대방이 항상 있으며 청구권, 어업 보상은 일본이 그 이상 줄 수 없다는 강경(强硬)자세에 대한 어떠한 대안 제시에 대한 언급은 전혀 없었다.

윤보선 민정당 총재는 가조인 백지화를 주장하고 평화선을 침범하는 일본 어선의 즉각적인 나포(拿捕)를 촉구하며, 데모하는 애국 학생들을 위해 학원의 자유를 유린(蹂躪)하지 말라고 절규했다.

윤보선 총재는 한일협정에 대해 국민 총의를 물어야 한다면서 국회해산과 새로운 총선실시를 제안했다.

박정희 대통령은 언론은 무책임하고 지식인들은 옹졸하다고 격렬하게 비난하고, 학생데모는 결국 애국이 아니라고 못을 박았다.

서울대가 돌연 조기방학에 들어가고 야권과 학생들의 맹렬한 반대속에서 이동원 외무부장관과 시이나 일본 외상간에 30여 개 문서에 서명(署名)함으로써 1965년 6월 22일 한일협정이 정식 조인됐다.

민중당 의원들은 한일간의 모든 협정의 무효를 선언하고 비준 결사저지 등을 결의하고 24시간 단식농성(斷食籠城)에 들어갔다.

언론에서도 을사보호조약이 연상되며 일본의 자본이 벌써 한국에 발판을 마련 중이라며, 우리나라 기업은 일본 기업의 상륙으로 인한 피해망상에 젖어 있다고 비판대열에 앞장섰다.

(4) 온 국민의 반대 속에서 한일(韓日)국교는 정상화

박정희 대통령은 구원(仇怨)을 억누르고 다시 악수하는 한일국교는 좋은 결과를 가져온다며 국민들의 협조를 호소했다.
 동아일보는 12회에 걸쳐 "바다여 말해다오, 우리들의 이 억울한 분노를", "현해탄에 물결이 높다" 등의 한일협정에 대한 비판기사를 연일 게재하여 국민들의 분노를 드높이는 데 광분(狂奔)했다.
 재경 대학교수단은 "치욕적인 협정 거부하라"면서 비준을 강행하면 불행을 초래할 것이라는 성명서를 발표했고, 퇴역 장성 11명도 "일본 측 제안에 그대로 추종했다"면서 협정반대 성명서를 발표했다.
 하나님만 믿고 정치와 초연해야 할 목사(牧師)들도 나라를 위한 연합기도회를 갖고 "권력으로 탄압말라"면서 비준반대 성토대회를 개최했다.
 민주공화당이 주도하여 의정 단상에 바리케이트를 치고 비준동의안을 기습 발의하자, 여야간의 집단 난투로 국회는 아수라장으로 돌변했다.
 민중당은 날치기 발의라며 무효투쟁을 선언하고, 의장단 불신임안을 제기했다.
 민중당은 비준저지의 배수(背水)의 진(陣)으로 의원직 사퇴서를 서명 받아 박순천 대표에게 보관토록 했다.
 민중당내에서 윤보선을 중심으로 한 일부 세력이 전당대회 소집과 민중당 해체결의서의 서명을 받으면서 주류계와 비주류계가 유혈 집단 난투극을 벌였다.
 민중당 김대중 대변인은 "대공사찰에만 전념해야 할 중앙정보부가 그 본연의 임무를 망각하고 정치사찰을 감행하고 있다"면서, 민중당의 강온파의 투쟁을 야당 전열 교란을 자행한 중앙정보부의 탓으로 돌렸다.
 민중당 대표선출에서 고배(苦杯)를 마신 윤보선 전 민정당 총재가 돌연 민중당을 탈당하여 의원직이 소멸됐다.
 국회 한일협정비준특위에서 공화당과 민중당이 충돌을 빚

은 가운데 민관식 위원장이 대체토론을 생략한 채 날치기 통과를 강행했다.
 민중당 소속 14명의 의원이 탈당계를 제출하고 61명의 의원이 의원직 사퇴서를 국회의장에 제출하여 의정사상 최초의 일당국회가 됐다.
 박정희 대통령은 범법(犯法)학교는 폐쇄 조치하고 데모를 못 막은 교직자는 인책하겠다는 강경한 조치방안을 발표했다. 이에 야당은 무책임한 발언이라고 반발하고, 반대투쟁위에서는 이성잃은 독설이라고 비난했다.
 학생데모가 연일 계속되어 서울 일원에 위수령(衛戍令)을 발동하여 6개 사단병력이 진주하여 선포없는 계엄상태가 지속되어 정국은 극한사태로 줄달음쳤다.
 서울대 단과대학장들이 비상사태에 책임을 지고 총사퇴했고, 정부는 신태환 서울대 총장의 사표를 수리하고 유기천 법과대학장을 총장으로 임명했다.
 '국군장병에 보내는 호소문'으로 김홍일, 박병권, 김재춘, 박원빈 등 예비역 장성들도 대통령의 명예훼손혐의로 전격 구속됐다.
 김대중 민중당 대변인은 "박정희 정권의 이러한 소행은 흡사 권력에 취한 독재자의 만행이며 복수심에 사로잡힌 폭군의 행태다"라고 규탄(糾彈)했다.
 8월 14일 한일협정 조인 54일만에 공화당 단독국회에서 반대토론은 하는 둥 마는 둥 단독심의를 강행하여 비준안을 통과시켰다.
 민중당은 비준 무효화투쟁을 전개하는 동안, 강경파는 탈당범위 확대를 주장한 반면, 온건파는 탈당 거부 성명을 내기도 하는 등 혼선(混線)을 거듭했다.
 일본에서도 11월 12일 한일협정 비준동의안이 자민당 단독으로 통과되자 야당인 사회당은 즉각 무효를 주장했다.

1965년 12월 18일 한일 양국은 협정비준서를 교환하여 정상국교 관계에 들어섰으며 서울에는 일본대사관 간판이, 동경에는 한국대사관 간판이 나붙었다.

(5) 민중당 강경파 의원 8명의 의원직 사퇴에 따라 후순위 후보와 보선으로 의원직을 승계

한일협정을 반대하기 위해 윤보선, 정해영, 김도연, 정일형, 김재광, 윤제술, 서민호, 정성태 의원 등 8명만이 의원직을 사퇴했고, 나머지 의원들은 독재를 막기 위한다는 명분을 내걸고 슬그머니 국회에 복귀했다.

GNP 60달러의 최빈국 수준에서 허덕이고 있는 우리나라를 굴욕적인 외국자본이라도 끌어들여 발전시키기 위해, 미국의 원조 삭감이라는 무기를 동원하여 한·미·일 삼각동맹을 촉구하는 미국의 압박하에서 몇 푼이라도 던져주고 버티겠다는 일본의 고자세에 굴복하여 맺은 한일협정이 과연 1882년 강화도 수호조약이나 1905년 을사보호조약과 같은 매국(賣國)이었는지, 결사적 반대를 선동하고 의원직을 내던진 윤보선을 비롯한 민중당의 강경파가 우국지사(憂國志士)였는지는 후세의 역사가가 평가해 줄 것이다.

윤보선, 정해영, 김도연 전국구 의원들은 후순위 임차주, 이우태, 김재위 후보들이 의원직을 승계했다.

지역구 의원들의 보궐선거에 공화당은 공천 여부를 놓고 논의를 거듭한 끝에 야당 의원의 뒷자리를 뺏을 수 없다는 식의 정치도의를 내세웠지만, 실상은 5개 선거구가 모두 야당 성향이 강한 곳들이어서 승산이 없었기 때문에 포기한 것이라는 해석이 일반적이었다.

이번 보궐선거는 민중당에 대한 신임도를 측정할 수 있으며 한걸음 더 나아가 공화당과 강경 야당에 대한 평가를 간

접적으로 저울질할 수 도 있을 것이다.
 공천을 포기한 민중당 강경파들은 "전우(戰友)의 시체를 짓밟고 금싸라기 같다는 국회의원 자리에만 눈이 어두운 것은 정치 이전의 도의"라고 민중당을 비난했다.
 민중당은 보궐선거를 포기하여 군소정당이 독무대를 이뤄 어부지리를 얻는 것을 방관할 수만도 없는 고민이 선거로 내몰렸다.
 서울 중구는 강원도 정선에서 5대의원에 당선된 민중당 신인우 후보가 경찰전문대 교수였던 자유당 유철 후보 등을 꺾고 당선됐고, 서대문 갑구는 30세의 무명의 민중당 김상현 후보가 서울시장을 지낸 자유당 임흥순, 5대의원 보궐선거에 당선된 추풍회 정인소, 제주에서 4대와 5대의원에 당선된 보수당 고담룡 후보들을 꺾고 당선됐다.
 서대문 을구는 전북 순창에서 5대의원에 당선된 민중당 홍영기 후보가 국회부의장을 지낸 자유당 조경규, 4대의원인 신민회 김공평, 5대의원인 보수당 김명윤 후보들을 제압하고 당선됐다.
 용산에서는 3대의원을 지낸 한독당 김두한 후보가 2선의원인 자유당 남송학, 지난 총선에도 출전했던 민중당 민정기, 3대의원인 신민회 최영철 후보들을 꺾고 재선의원이 됐다.
 광주에서도 전남도 과장을 지낸 정민회 유수현 후보가 적십자 전남지국장인 한독당 장현식, 참의원을 지낸 민중당 양회영 후보들을 꺾고 의원직을 승계했다.

3. 용병(傭兵)비난속에서 조국근대화를 위한 월남파병

(1) 연속적인 쿠데타로 안정을 찾지 못한 월남

1963년 11월 2일 월남에서 해병대 7사단이 주동한 군부쿠데타가 발생하여 대통령관저 경비병이 투항하여 수도 사이곤의 주요거점이 대부분 장악됐다.

두옹 반 민 등 장군 4명과 영관급 장교 10명으로 구성된 군사위원회는 방송을 통해 반공(反共)투쟁 완수를 위해 질서유지를 국민에게 호소하는 한편, 각료들은 육군본부에 거처의 연락을 명령했다.

쿠데타군은 정부군과 시가전을 벌였으며 공동청년본부를 점령하여 구속중인 불교도, 교수, 학생들을 모두 석방했다.

쿠데타군은 방송을 통해 고딘디엠 대통령에게 항복하면 신분보장을 하겠다고 최후통첩을 통고했다.

고딘 디 엠 대통령이 무조건 항복했다가 교회로 피신했으나 다시 체포되자, 자동차안에서 자결함으로써 친미적이고 친기독교적인 고딘 디 엠 독재정권은 완전히 붕괴됐다.

정권을 장악한 군민혁명위원회 의장인 두옹 반 민 육군소장은 헌법의 효력을 정지하고 국회를 해산했으며, 대통령제를 폐지하고 종교자유 보장 등 6개항에 달하는 기본정책을 선포했다.

고딘 디 엠 대통령을 지지했던 신문사 등이 방화로 소실되고 백기가 달린 대통령 관저는 폐허가 되었으며, 사이곤의 시가지는 환희의 도가니로 일대 혼란이 빚어졌다.

미국은 친미적인 고딘 디 엠 대통령의 피살설에 대한 충격으로 새로운 정권의 승인을 머뭇거리는 동안 군민혁명위원회는 구엔 곡 토 전 부통령을 수상으로 하는 임시정부를 수립했다고 발표했다.
 혁명정부는 정국을 안정시키는 데 성공했으며 사이곤 거리는 평온을 되찾았고 집집마다 국기를 달고 경축 일색에 휩싸였다.
 그러나 혁명 대업을 위해 뭉쳤던 군의 고위 간부들간의 헤게모니 쟁탈전이 있을 가능성은 배제되지 않았다.
 새로운 반란부대가 사이곤시를 점령하고 3개월 동안 월남을 통치해오던 군민혁명위원회를 무너뜨리고 무혈혁명에 성공했다.
 제1군단장인 구엔 칸 소장이 영도한 반란부대는 혁명위원회의 친불란서세력을 축출하고 친미적인 색채를 띤 혁명위원회로 개편했다.
 수상과 대통령직을 맡은 구엔 칸 소장은 전국에 비상사태령을 선포하고, 데모를 일절 금지하고 신문을 검열하며 반공태세를 강화했다.
 1만여 명의 학생들은 구엔 칸 대통령 관저앞에서 민정수립을 요구하는 반정부시위를 하고, 구엔 칸 대통령의 퇴진을 요구하는 불교도들이 궐기하여 월남 정정(政情)은 극도로 험악해졌다. 일부 학생들은 공보성과 미군들의 숙사를 습격하여 폭도화됐다.
구엔 칸 대통령이 사임하고 군사혁명위원회는 대통령을 선출하지 못한 상황에서 종교폭동이 악화되어 군경(軍警)도 속수무책인 무정부상태가 당분간 지속됐다.
 1964년 12월에도 장성 9명이 주동하여 친위 쿠데타를 일으켜 군사위원회를 해체하고 반혁명분자 18명을 구속하고 고위장성을 대량으로 검거했다.
 1965년 2월에도 월남에서 여덟 번째 군부쿠데타가 발생하여 쿠엔 칸 장군이 실각되고 트란티엔 키엠 장군이 실세로 부상했다. 그러나 정부군이 하루만에 방송국을 탈환하고 쿠데타군이 항복했다고 발표했다.

 월남은 쿠데타의 반복과 정정 불안은 걷잡을 수 없도록 치달렸다.

(2) 자유진영과 공산진영의 대결장으로 변모한 월남전

 미국은 1964년 8월 5일 구축함 메독스호가 월맹(越盟) 앞바다에서 두 번째 피격을 당하자, 월맹기지를 폭격하고 월맹의 어뢰정을 격침시키는 통킹만 사건이 발생하여 미국과 월맹이 교전상태에 들어갔다.

 미국은 제한적이라고 못을 박았지만 엄청난 도박이며 중공과의 대결 가능성도 짙어졌다.

 유엔 안전보장이사회에서 미소(美蘇)대결이 벌어졌고 세계의 이목이 통킹만에 집중됐다.

 우단트 유엔사무총장은 미국 존슨 대통령에게 평화안을 제의하여 통킹만의 전운(戰雲)은 걷혀가는 것처럼 보였다.

 베트콩이 주월 미국 공군기지를 폭격하여 B-57 폭격기 27대가 파손되는 손실을 입었다. 이에 미국은 중공과 월맹 및 라오스에 뻗는 침투루트에 있는 공산군 보급기지에 대한 공격계획을 서둘렀다.

 베트콩의 기습공격으로 미군 40명이 피살되고 월남군 500여 명이 전멸되자, 미국은 베트콩 점령지역에 기습전을 전개하면서, 함재기 49대가 대거 출동하여 월맹기지를 폭격하고 유도탄 대대도 배치했다.

 1965년 3월 베트콩의 공격으로 사이곤 미국 대사관이 폭파되고 존슨 부대사 등 40여 명이 사망하거나 중상을 입었고, 월맹의 미사일 공격으로 미국의 팬텀기가 추락하자, 미군기 46대가 출격하여 하노이 부근의 미사일 기지와 보급창을 강타하여 전쟁에 속도가 붙었다.

소련제 미그기가 출현하여 미국 비행기 2대가 추락하여 월남전의 양상은 국제전으로 바뀌었다.

중공의 미그기 16대가 출현하여 미군 공군기를 공격하여 대규모 공중전이 전개되어 미그기와 미군기 2대가 각각 추락했다.

불란서 드골 대통령은 현재로선 월남의 군사적 해결은 불가능하며 시기가 오면 화평(和平)을 주선하겠다고 월맹의 호지명 주석에게 서한을 보냈다.

월남전에는 자유진영에서는 월남군 22만 5천 명, 한국의 비둘기, 맹호, 청룡부대 등 2만 명, 주월미국군 20만 명 등 44만 5천 명인 반면, 공산진영에서는 베트콩 정규군 6만 명, 베트콩 민병대 17만 명, 월맹군 35만 명 등 58만 명이 대치(對峙)상태에 있다.

자유진영은 비행기 1,800대, 항공모함 3척, 구축함 30척에 병력이 6만 명인 데 비해 공산진영은 비행기 150대, 어뢰정 16척으로 대치하고 있다.

공산진영에서는 중공군 250만 명과 함정 256척, 비행기 3,000대가 배후에서 군세를 과시하고 있고 소련의 군사원조, 북한의 조종사 파견 등 지원을 받고있는 반면, 자유진영에서는 태국, 호주, 뉴질랜드, 필리핀의 지원과 미국 태평양 주둔군 35만 명이 배후에서 지원군으로 활약했다.

세계 제2차 대전이후 자유진영과 공산진영으로 분열되면서 이 지구상에는 동독과 서독, 월남과 월맹, 북에멘과 남에멘, 남한과 북한 등 4개국의 분단국가가 형성됐다.

1950년대는 북괴의 6·25 남침으로 북괴, 중공을 주축으로 한 공산진영과 남한, 미국, 영국 등 16개국의 참전국의 자유진영의 대결상태에서 휴전상태로 바뀌어 10여 년이 흘러왔고, 미국과 소련은 냉전(冷戰)체제에서 서유럽과 미국 등의 나토조약국과 동유럽의 바르사바 조약국과의 대치상태에 있어왔다.
 북위 17도선을 중심으로 월남과 월맹의 대치상태에서 월남의 군부쿠데타와 베트콩의 준동으로 정정이 불안해진 월남에 미군이 주둔하면서 미국과 월맹의 국제전으로 비화됐다.

(3) 정부는 야권의 반대에도 미국의 요청으로 증파를 단행

 1965년에 접어들면서 월남정부의 지원요청을 받아들여 공병, 수송부대, 자체방위병력 등 비전투원 2천 명을 파견하기로 각의(閣議)에서 의결하고 국회 동의를 얻기로 했다.
 민정당은 월남과 한국의 두 전선 형성이 우려된다며 반대 입장을 표명했으나, 민주당이 기권하기로 결정하여 월남파병동의안이 찬성 106표, 반대 11표, 기권 8표로 통과됐다.
 월남의 키 수상은 1만 5천 명 규모의 전투사단 파병을 요청하는 공한(公翰)을 정일권 국무총리에게 보내왔다.
 국무회의는 월남정부 요청을 받아들여 1개 전투사단 파월을 의결했다.
 우리나라는 미국의 회계연도가 개시되는 7월 이전에 파병하는 것이 유리하다는 판단으로 6월중에 파병을 마무리할 것으로 알려졌다.
 야당 의원들이 불참한 공화당 단독 국회에서 전투부대 월남파병동의안이 1965년 8월에 통과됐다.
 맹호부대는 월맹군과 6시간 접전을 벌여 월맹군 대대병력을 격퇴시켰으며 월맹군 170명을 사살했지만, 아군도 7명이 전사하고 42명이 부상을 당했다.
 이에 미국은 주월한국군에 M16 소총을 공급하기로 결정하여 4월부터 실전(實戰)에 사용키로 했다.
 한국군 월남 증파를 한미고위급 회담에서 본격적으로 논의했으며 근무수당 인상, 파월군 장비현대화, 북괴침략에 대한 대비 등 관련 조건들을 폭 넓게 검토했다.
 미국 험프리 부통령이 내한하여 한국에 맹호, 청룡부대에 이어 1개 사단 규모이상을 월남에 증파하여 1개 군단(軍團) 규모의 한국군이 월남에서 전투에 임해줄 것을 요청할 것이라고 워싱턴 포스터지가 긴급 보도했다.
박정희-험프리 회담에서 주월병사들의 봉급을 25% 인상하고 대월수출 품목을 2백 종으로 확대하고 4월에 1개 연대, 7월에 1개 사단을 증파하기로 합의했다.
 국회 국방위원회의 논쟁은 증파의 목표가 베트콩 괴멸이냐, 월맹 타도냐며, 증파가 국방 수준의 최대한으로 인해 휴전선의 적신호로 남북통일에 방해가 된다는 민중당의 입장이라면, 미국의 외교와 일심동체가 되어 북괴의 도발에 효율적으로 대처하고 국력 증진에 필요하다는 것이 공화당의 입장이다.
 민중당의 반대에도 국회는 월남 증파를 찬성 95표, 반대 27표, 기권 3표로 통과시켰다.
 월남파병을 윤보선 민정당 대표를 비롯한 야당권은 필사적으로 반대하며 미국의 용병(傭兵)이며 우리 국민의 피를 팔았다고 규탄했지만, 월남의 파병은 주한 미군의 감축의 명분을 잃게 했고 파월 장병과 기술자들의 송금은 경제개발의 밑거름이 된 일면도 있었다.
 월남 참전 7개국정상회의가 1966년 10월 필리핀 마닐라에서 개최됐다.
 우리나라 박정희 대통령, 미국의 존슨 대통령, 월남의 티우 국가원수, 필리핀의 마르코스 대통령, 태국의 타놈 수상, 호주의 홀트 수상, 뉴질랜드 홀리오크 수상이 참석하여 확전(擴戰)은 원하지 않지만 전쟁은 계속한다는 기본입장을 확인했다.
 박정희 대통령은 존슨 대통령과의 단독 회담에서 티우 월남 국가원수의 증파요구에도 더 이상의 증파는 없다고 단언했다.

4. 후진국의 국치(國恥)로 치달은 삼성재벌의 밀수

(1) 사카린 원료의 시중 유출로 드러난 삼성재벌의 밀수

삼성재벌 소유인 한국비료(대표 이병철)가 사카린 원료 58톤을 비료공장 건설자재로 가장하여 일본에서 밀수입하여 시판하려다 부산세관에 적발되어 2천만 원의 벌과금을 물었다는 사실이 드러났다.

신한당 정성태 사무총장은 "권력과 결탁한 특혜로 이룩된 재벌들의 밀수는 묵과될 수 없으며 중벌로 철저히 다스려야 한다"고 촉구했다.

한국비료는 공장건설을 위해 면세로 도입된 시멘트를 시중에 횡류(橫流)하였으며, 합성수지 폴리에틸린 1만 부대를 시운전용으로 수입하여 통관도 안 된 채 시중에 유출된 사실도 알려졌다.

이번 밀수사건이 표면화 된 것은 사카린을 훔쳐낸 도둑이 체포되고 현물까지 압수됐으나, 한국비료는 현물을 찾아가고 부산 세관은 비밀로 통고처분만 하고 그 사실을 감춰왔다.

가중범(加重犯에)에 대해서는 고발토록 되어있으나 부산세관은 가중범을 도외시하고 통고처분으로 벌과금을 받았고, 이를 보고받은 검찰도 흐지부지한 사실까지 알려져 여론이 들끓어 올랐다.

신직수 검찰총장은 "삼성재벌 사카린 밀수사건의 관세포탈액이 5백만 원에 미달되어 통고처분으로 그친 점은 특정범죄가중처벌을 잘못한 것 같다"면서, "그러나 일사부재리 원칙에 의거하여 유감이지만 달리 방도가 없다"고 발뺌했다.

그러나 재무부는 밀수사건의 주모자는 한국비료 상무 이일섭이며 부산세관은 시가 3천만 원의 사카린 원료를 단돈 5백만 원으로 감정하고 2백 3십만 원의 벌과금을 부과했다고 발표하여 신직수 검찰총장의 해명과 상치(相馳)됐다.
 밀수품이 일본차관으로 건설중인 한국비료 자재속에 끼여 한국비료 명의로 이뤄졌고, 삼성 재벌이라는 간판으로 특정범죄가중처벌법이 아닌 관세법을 적용하여 얼버무린 당국의 처사에 의혹이 짙게 깔려있었다.
 50원짜리 설탕 1근이 250원 올랐던 삼분폭리 당시 고시가격을 내세워 1원 30전 이득밖에 없었다고 시치미를 떼던 김정렴 재무부장관을 향해 야당의원들은 "금융특혜, 조세특혜, 외국차관 지급 보증특혜에다 이젠 밀수특혜까지 베풀고 있으니 재벌은 특혜 포화인가"라고 공격했다.
 통고처분만으로 사건을 일단락 지으려던 것은 김정렴 재무부장관, 신직수 검찰총장, 부산 세관이 미리 짜고한 것 아닌가라는 의혹도 있었다.
 중소기업중앙회장은 "천인공노할 일이며 우리나라 경제계를 리드해야 할 삼성재벌이 밀수의 선두에 선다면 우리 중소기업자들은 지표(指標)를 어디에 둬야 할 것인가"라고 개탄했다.
 한국비료의 이일섭 상무가 자수한 것이 아니라 세관당국에 의해 적발되어 발뺌을 할 수 없게 되자, 뒤늦게 자수했다는 새로운 사실이 밝혀졌다.
 이것은 부산 세관에서 이일섭 상무가 초범이며 자수한 정상을 참작해서 통고처분했다는 발표와 정면으로 배치된 것이다.

(2) 대검 특별수사반과 국회 특별위원회의 활동도 무위로

박정희 대통령은 "경제발전과 무역진흥을 위해 정부가 적극

적으로 뒷받침해주고 있음에도 불구하고 재벌밀수 사건이 일어나다니 한심스러운 일"이라고 개탄하고, 박 대통령은 삼성밀수에 대해 국민의 이름으로 지탄돼야 할 반국가적 행위라고 개탄하고 밀수, 탈세, 도벌, 마약, 폭력사범 등을 5대 사회악으로 규정하고 사건의 대소나 범법자의 고하를 막론하고 엄중히 다스리겠다고 경고했다.

박 대통령은 신직수 검찰총장에게 삼성 밀수사건을 대검이 직접 전면 수사하라고 지시했고, 대검은 한비 밀수사건 특별수사반을 편성하여 반장에 김병화 대검차장을, 반원에 이택규 검사를 임명했다.

대검 특수반은 밀수입된 사카린 원료를 구매하여 보관한 금북화학 사장 노상두와 한국비료 부산출장소장 김수한 등 4명을 장물(贓物)취득혐의로 구속했다.

대검 특수반은 사카린 원료 밀수에 한국비료가 직접 관련된 확증을 포착하고 법인체인 한국비료를 양벌 규정을 적용하여 입건했다.

삼성은 한국비료 건설자재라는 명목으로 텔레타이프, 냉동기, 세탁기, TV세트 등 수입금지품을 대량으로 밀수하여 시중에 유출시킨 혐의도 사실로 드러났다.

대검 특수반은 사카린 원료 밀수의 주범인 이일섭의 자백과 한국비료 직원들의 심문을 통해 경리장부 허위조작을 이병철 회장의 차남 이창희의 지휘로 이뤄진 것을 확인하고 이창희를 구속했다.

특별수사반은 이병철 회장을 소환하여 밀수를 사전에 모의했는지, 사후보고를 듣고 묵인했는지, 세관에 적발됐을 때 그 처리 방법 등을 지시했는지 등을 집중적으로 신문했다.

대검은 부산 세관이 통고한 벌과금은 이병철 회장의 돈이라고 이일섭 상무가 진술하여 이병철 회장을 재소환했다.

이에 이병철 회장은 벌과금 통고처분을 받고서 사카린 밀수 사실을 알았다고 진술했다.
 집권당인 공화당에서도 이병철 회장의 구속만이 사건규명의 관건이라고 강경자세를 보였다
 장기영 경제기획원장관은 "한국비료 사장 이병철 회장이 차관자금을 유용했고 도입된 자본재를 목적외로 사용했다"는 혐의로 외자법 규정에 따라 고발 조치했다.
 대검찰청에서 이창희, 이일섭을 구속하고 이병철 회장을 무혐의로 불기소 처분한 데 대해 김영삼 민중당 원내총무는 "검찰의 수사결과는 일종의 혁명이다. 우리는 의사당에서 공화당과 함께 국사를 논의할 수 없다"면서 의원 40명과 함께 퇴장했다.
 이병린 변호사협회장은 "박정희 대통령의 강경한 재수사가 고작 이것이냐", "검찰의 직무유기다"며 반발했고, 국민의 의혹만을 높였다며 공화당 내에서도 이병철 회장의 구속을 주장했다.
 "이병철의 무혐의는 모순 당착", "국민을 기만한 각본 수사"라는 여론이 들끓자 검찰에서는 "증거를 확보하지 못 했다"고 발뺌했다.
 국회에 삼성밀수사건 진상조사특별위원회가 발족하여 김진만 의원을 위원장으로 선임하고 민중당 김대중, 박한상, 최영근, 유청 의원들이 참여했다.
 국회 특조위는 검찰과 세관의 미온적인 태도와 삼성측의 부정적인 답변으로 조사가 지지부진하여 권력과의 결탁도 밝혀내지 못했고, 한국비료의 오만한 반격을 받고 상처투성이로 자폭하여 메아리없는 종장을 맞이했다.
 국회는 출석거부죄를 적용하여 삼성 이병철, 판본 서갑호 회장 등을 고발했을 뿐이다.

(3) 김두한 의원은 국회 본회의장 오물투척(汚物投擲)사건

으로 의원직을 사퇴

 서민호 의원의 의원직 사퇴로 실시된 용산 보궐선거에서 한독당 공천으로 민중당 민정기, 자유당 남송학 후보 등을 꺾고 당선된 김두한 의원이 국회 본의장에서 삼성 밀수사건에 대한 국정의 난맥상을 질타하기 위해 국무위원들에게 오물을 투척하여 일대 파장을 일으켰다.
 정일권 국무총리와 전 국무위원은 "국정을 논하는 국회 의사당에서 폭언과 폭행을 당하고는 행정부의 권위와 위신을 위해 국정을 보좌할 수 없으므로 용퇴(勇退)할 것을 결의했다"는 담화를 발표하고 총사표를 제출했다.
 박정희 대통령은 "김두한 의원 사건은 국가위신과 민주국민의 명예를 위해 지극히 유감스러운 일"이라고 개탄하고 "이 불상사는 신성해야 할 국회의사당을 모독(冒瀆)한 행위일 뿐아니라 이 나라 헌정질서를 근본적으로 짓밟고 행정부에 대한 모욕적 행위라고 단정치 않을 수 없다"는 공한을 이효상 국회의장에게 송부했다.
 이에 공화당은 김두한 의원의 제명 등 징계방법을 검토했다.
 세계의회 사상 그 유례를 들어보지 못한 김두한 의원의 오물사건은 한 마디로 국회와 행정부의 권위와 더 나아가 나라의 위신을 땅에 떨어지게 했다.
 민중당은 삼성밀수로 유발된 빗발치듯한 국민의 정부에 대한 비난의 화살을 오물사건으로 정부 격분, 내각 사표라는 것으로 슬쩍 회피해 보자는 것은 말이 안 된다는 입장이다.
 김두한 의원은 사퇴에 앞선 신상발언에서 "국민과 국회와 행정부 여러분에게 진심으로 사과한다"고 전제하면서, "건전한 국회를 위해 스스로 물러난다"며 마지막 발언을 했다.
 국회 본회의는 김두한 의원의 사퇴원을 재석의원 155명중가 111표, 부 18표, 기권 22표, 무효 4표로 가결시켰다.
 검찰은 의원직 사퇴서가 의결되자, 김두한 의원을 국회의장(國會議場) 모욕 및 공무집행방해 혐의로 구속했다.
 박정희 대통령은 국무위원들의 일괄사표를 반려하고 민복기 법무부장관, 김정렴 재무부장관을 삼성 밀수사건의 도의적인 책임을 물어 해임하고, 법무부장관에는 권오병 문교부장관을, 재무부장관에는 김학열 경제기획원차관을 기용했다.

(4) 이병철 삼성회장은 한국비료 주식 51%를 국가에 헌납

 이병철 삼성회장은 5·16 군부쿠데타 직후 "소생의 재산이 국가재건에 필요하다면 조국에 협조하겠다"며 사재(私財)를 국가에 헌납하겠다는 각서를 국가재건최고회의에 제출했다.
 그러나 이병철 회장은 "본인의 오늘날의 재산은 불굴의 인내 및 경영합리화를 위한 부단한 역사와 풍우를 피하지 않고 천신만고를 겪어야 했던 결정(結晶)"이라며 삼성 문화재단을 설립하여 재산의 대부분을 묶어뒀다.
 한국비료 밀수에 대한 집중 화살이 삼성 이병철 회장에게 쏟아지자, 이병철 회장은 한국비료를 국가에 바치는 동시에 대표인 중앙매스콤 및 성균관대학교 등 학교법인을 비롯한 모든 사업 경영에서 손을 떼겠다고 발표했다.
 이병철 회장은 모든 주식도 청산하겠다면서 은퇴 후 앞으로 농원 경영을 하겠다고 발표했다.
 장기영 경제기획원장관은 한국비료로부터 공장을 헌납하겠다는 제의가 없었으며, 이병철 회장이 공장을 완공한 후 헌납하겠다면 받아들일 용의가 있다고 밝혔다.
 한국비료 헌납에 대해 이번에도 5·16 직후와 같이 말뿐이며 행동이 안 보인다는 지적이 있는 가운데, 이병철 회장은 구속과 헌납을 흥정하는 듯한 자세를 보이며 검찰에선 "헌납을 하겠다"에서 "헌납할 심경으로"라고 후퇴했다.

길재호 공화당 사무총장은 한국비료는 준공 후 전 주식을 국가에 바쳐야 하며 삼성이 51%를 보유하겠다고 제의한 것은 부당하다고 주장했으나, 한국비료 공장 준공식에서 이병철 회장은 "한국비료를 국가에 헌납하겠다는 결심엔 변함이 없으며 그 실천 방안을 검토중에 있다"고 원칙만을 되풀이 했다.

장기영 경제기획원장관은 삼성 재벌의 이병철 회장에게 한국비료의 지체없는 이행을 촉구하는 서한을 발송했다.

이병철 회장은 한비주식 5만 1천 주를 헌납하겠다고 답신했으나 정부에서는 이를 단호히 거절했다.

이의 여파로 장기영 경제기획원장관이 경질되고 박충훈 상공부장관을 기용하고 상공부장관에는 김정렴 재무부장관을 전임했다.

정부는 인수절차를 위해 한비 재산상태 조사를 실시하기로 했다. 실사로 현재의 운영난을 정부가 뒤처리해야 하는 게 아닌가 하는 우려도 낳았다.

여론의 뭇매를 견디지 못한 삼성은 한비의 51% 주식을 국가에 헌납했고, 국가는 한비를 국영기업체에 편입시켰다.

검찰은 들끓은 여론에 못이겨 한국비료의 이일섭 상무와 이병철 회장의 차남 이창희를 기소하여 구속시켰다.

서울지법에서는 실형을 선고했으나 서울고법은 이창희 피고에게 징역 3년에 집행유예 5년, 이일섭 피고에게는 징역 2년에 집행유예 4년을 선고하여 석방했다.

제2장 영남권의 단결로 압승을 거둔 박정희 대통령

1. 이합집산과 우여곡절로 재도전한 윤보선
2. 제6대 대선에는 7명의 주자들이 난립(亂立)
3. 박정희 후보와 윤보선 후보의 유세(遊說)대결
4. 영남에서 136만 표를 앞서 승리를 엮어낸 박정희

1. 이합집산과 우여곡절로 재도전한 윤보선

(1) 윤보선을 꺾고 박순천이 승리한 민중당 전당대회

 민주당, 자민당, 국민의당은 원내교섭단체를 단일화시키기로 합의하여 삼민회(三民會)가 결성되어 6대 국회는 공화당, 민정당, 삼민회로 정립됐다.
 민정당 출신이 대부분인 자민당은 민주당과 통합을 끝내 반대하여 민주당은 국민의당만을 흡수통합했다.
 민정당은 자유당 출신인 정해영 강경파와 민주당 출신인 유진산 온건파가 대립하여 "선거에 의해 수립된 정부면 그대로 인정하여 가능한 협조를 함으로써 평화적 정권교체의 기틀을 마련해야 한다"는 유진산을 끝내 제명했다.
 민정당은 소선규 의원을 제외한 김도연이 주도한 자민당을 흡수통합하는 한편 유진산계인 이민우, 신인우, 김제윤, 최경식 등 13명을 제명하고 권중돈, 박찬희, 장영모 등을 2년간 정권조치를 하는 등 대규모 숙정(肅正)을 단행했다.
 1965년 벽두부터 통합만이 살길이라며 민정당과 민주당의 통합공작이 비공식적으로 이뤄졌으며 정해영, 고흥문, 이재형, 김세영 등 재력가들이 주도적인 역할을 수행했다.
 "야당통합에 실패한다면 그것은 야당 스스로가 공화당의 장기 집권을 가능하도록 야당의 역량을 포기한 것 밖에 안 된다"는 절실함이 통합의 촉진제 역할을 했다.
 민정당 전당대회에서 총재에 당선된 윤보선은 "지난 날의 잘잘못을 일체 따지지말고 한데 뭉쳐 야당통합의 기틀을 마련해야 한다"고 주장하여 선통합 후조정 원칙으로 통합이 이뤄졌고, 조직의 비율은 민정당 60% 대 민주당 40%로 결정됐다.

통합신당인 민중당 창당대회에서 박순천 민주당 대표가 513표를 얻어 460표 득표에 머문 윤보선 민정당 총재를 꺾고 새로운 야당 기수(旗手)가 됐다.

민중당은 허정, 서민호를 최고위원에 선출하고 윤제술, 조재천, 정일형, 권중돈, 홍익표, 전진한, 서범석, 이상철, 이정래, 장덕창을 지도위원으로 선출하여 박순천 대표 중심의 지도체계를 확립했다.

이로써 지도층 15명의 분포는 박순천 등 주류계 7명, 유진산계 4명, 윤보선계 4명으로 윤보선계의 완패로 윤보선 전 민정당 총재가 실의와 허탈감에 젖어 치열한 당내반발이 예상됐다.

(2) 한일회담 비준반대를 명분으로 민중당을 탈당한 윤보선

민중당 전당대회에서 대표최고위원 경선에서 패배한 윤보선은 45일 만에 민중당 해체만이 한일회담의 비준을 저지할 수 있다면서 탈당계를 박순천 대표에게 제출했다.

이어 윤보선계 민중당원들은 임시전당대회 소집을 요구하며 민중당의 해산을 계속 추진했다.

민중당 윤보선 고문은 지구당에 탈당계를 제출하여 의원직을 상실했고, 민중당 중앙상위는 의원들이 탈당계를 지구당에 제출하지 않으면 제명을 해야한다고 결의했다.

그러나 민중당 소속의원 61명은 의원직 사퇴서를 국회의장에 일괄 제출하여 의정 사상 최초의 일당 국회 시대가 출범했다.

윤보선 고문의 뒤를 이어 김도연, 정해영 전국구 의원과 정일형, 김재광, 윤제술, 서민호, 정성태 지역구의원들이 민중당을 탈당하여 의원직을 상실했다.

민중당 합동회의에서 의원직 사퇴는 잘못된 지도노선이라

며 원내복귀를 결의하자 강경파는 즉각 반발하여 분당에 직면했다.

의원직 사퇴 후 60일만에 민중당 의원 33명이 원내에 복귀했으며 박순천 대표는 독재정치를 막기 위해 복귀했으며 자체 분열에 대해 사과했다.

민중당 강경파들이 주동이 되어 한일협정 반대세력을 총규합하여 신당운동을 추진했다.

민중당 강경파들은 민주구락부, 구자유당계, 조국수호협의 회원을 포섭하여 대통령 선거 70일을 앞두고 신한당 발기인대회를 개최하여 수석대표에 윤보선, 대표에 김도연, 정일형을 선출했다.

신한당 창당대회에서 총재와 대통령 후보에 윤보선을 선출하고 장택상, 김도연, 정일형을 부총재에 선출했다.

신한당은 윤보선당으로 윤보선을 보고 당을 하는 사람들의 결집체로서 윤보선의 가부장제적인 권위가 절대적이었다.

신한당 윤보선 대통령 후보는 야당 사이의 이질성이 해소되고 단일무드가 조성되면 대통령 후보를 사퇴할 용의가 있다고 1963년도 사퇴 수법을 재사용했다.

민중당은 "윤보선 씨가 '민중당은 준여당으로 전락했다' 운운하는 망언을 하고 있으나 도대체 윤보선씨가 그 같은 말을 할 자격이 있는가 반문하고 싶다"는 비난 성명을 발표했다.

(3) 신한당과 민중당이 통합하여 윤보선을 대통령 후보로

민중당에 친신한당 서클인 명정회 소속의원 9명은 민중당 원내교섭단체를 탈퇴하고 새 교섭단체 구성을 이효상 국회의장에게 통고했다.

민중당 제2차 전당대회에서 허정을 물리치고 박순천 대표가 승리하자 박병권, 임철호, 장준하, 김재춘, 홍창섭 등 재야인사들이 합류를 철회했다.

민중당은 전당대회에서 당외인사를 대통령 후보로 지명한다는 원칙에서 백낙준, 유진오, 이범석 등과 물밑 접촉을 벌여왔다.

"인물보다는 원칙에 의한 정치를 해야하며 이를 위해선 전 야당의 단일후보가 이뤄져야 할 것"이라는 소신을 굽히지 않은 백낙준 카드를 버리고 민중당은 고려대 총장을 지낸 유진오를 대통령 후보로 결정했다.

민중당은 대통령 후보 단일화의 첩경은 야당통합이라고 결의하고 6인의 야당통합 추진위원을 선정하자, 신한당은 "민중당의 야당 통합 제의는 재야에서 추진중인 야당 대통령 후보 단일화를 견제, 저해하려는 위장된 술수가 담긴 전략"이라고 규정하고 냉담한 반응을 보였다.

김수한 신한당 대변인은 "민중당이 원내 복귀의 사과와 지도층의 인책(引責)및 준여당적 자세 등에 대한 문책이 이뤄지지 않는 한 공식대표의 만남 등은 사실상 불가능할 것"이라고 말했다.

그러나 민중당 이중재 대변인은 "진정한 야당단합을 위해 필요하다면 사과까지 할 용의가 있으나 인책 주장은 어불성설"이라고 비난했다.

신한당의 정일형, 임문석, 퇴역장성인 김홍일, 김재춘, 조국수호협의회 조윤제, 구자유계의 임철호 등도 범야단일화 협의기구 구성을 서둘렀다.

그러나 신한당 윤보선 총재는 "공화당 집권연장을 위한 들러리 노릇이나 하고 제1야당이 될 것이나 꾀하는 불순세력과는 손잡을 수 없으며 단일화 교섭을 위한 범야협의기구는 오히려 혼란만을 초래할 우려가 있다"고 반대 입장을 밝혔다.

윤보선 총재는 "정권을 잡지않고 있다는 이유만으로는 같은 야당일 수 없으며 일부 단일화운동이 공화당의 막후조정에 의한 것"이라고 민중당에 일격을 가했고, 재야의 이인, 백남훈 등은 "윤보선은 단일화운동을 저해하고 분열(分裂)을 일삼는다"고 비난했다.

민중당은 "윤보선의 재출마는 결과적으로 공화당 집권연장만 지켜줄 뿐"이라고 공격하고, 신한당은 "민중당이 대통령선거에는 관심이 없고 국회의원 몇 자리만 노리는 공화당 하청부(下請負)당"이라고 막말을 서슴치 아니했다.

윤보선 후보의 후퇴냐 민중당 지도노선의 시정 등 실현불가능한 조건의 제시에 앞서 신한당의 "한일회담을 합법화시켜준 준여당"이란 대민중당 비난이나, "5·16혁명을 합법회시켜줬다"는 민중당의 대윤보선 비난을 피하기 위한 야당간의 이성적인 대화가 선행되어야 할 과제이다.

윤보선 신한당 총재는 야당 대통령후보 단일화를 위해 유진오, 백낙준, 이범석, 윤보선의 4자회담을 열어 완결짓자고 제의했고, 유진오 민중당 대통령후보는 신한당의 민중당 흡수통합 제의에 민중당과 신한당의 대등한 입장에서 신설통합을 제의했다.

양당 합당에 합의한 유진오, 윤보선은 4자회담을 열기로 합의했다.

4자회담에서 야권단일화를 위해 민중당, 신한당, 재야 각 3인 대표를 뽑아 9인위를 구성키로 했다.

4자회담에서 민한당과 신한당은 신설 합당 방식으로 신민당으로 통합할 것을 합의하고, 통합신당은 대통령후보에 윤보선, 당수에 유진오를 안배하기로 전격적으로 합의했다.

정권교체 할 수임정당을 표방하며 신민당이 발족했으며 4자회담에 참여했던 백낙준, 이범석은 신민당 불참을 표명했다.

민중당 대표최고위원 경선에서 패배했던 윤보선은 한일회담 반대를 명분으로 45일만에 민중당을 탈당하고 민중당 비주류를 끌어모아 신한당을 창당하여 총재가 되고서 민중당의 대통령 후보인 유진오와 합당을 합의하여 대통령 후보를 꿰어찼으나 너무나 많은 상처를 입어 상처뿐인 영광이었다.

2. 제6대 대통령선거에는 7명의 주자들이 난립

(1) 대선에 출전한 7명 후보들의 진면목(眞面目)

　제6대 대통령선거는 추첨에 의해 1번 정의당 이세진, 2번 한국독립당 전진한, 3번 신민당 윤보선, 4번 대중당 서민호, 5번 민중당 김준연, 6번 공화당 박정희, 7번 통한당 오재영 등의 순번이 결정됐고 7명이 등록하여 대통령 선거사상 초유의 난립상을 노정(露呈)했다.
1번 정민회의 후신인 정의당의 이세진 후보는 경북 출신이라는 것 이외에는 정치활동이나 사회활동을 한 적이 전혀 없는 무명(無名)의, 미지의 인물이다.
초대 사회부장관을 지낸 2번 한독당 전진한 후보는 경북 상주 출신으로 상주 을구에서 제헌의원에 당선됐고, 2대에는 부산 무구에서 최원봉 의원의 사망에 의한 보궐선거에서 승리했고, 3대에는 부산 을구에서 무소속으로 당선됐다.
　4대와 5대 총선에서 낙선했던 전진한 후보는 윤보선 의원이 대통령에 당선되자 재빠르게 종로에 터를 잡아 보궐선거에서 당선되고, 6대에는 민정당 공천을 받아 5선의원으로 발돋움했다.
4번 대중당 서민호 후보는 전남 고흥 출신으로 2대와 5대 의원을 지냈으며 5대 국회에서는 국회부의장으로 활약했고, 6대 총선에는 자민당 공천으로 서울 용산에서 당선됐다.
　서민호 후보는 "박정희 정권이 민족의 고귀한 피를 월남에 헐값에 팔았다"는 발언으로 반공법위반 혐의로 구속됐다. 투표일에 임박하여 야권후보 단일화 명분을 내걸고 사퇴했다.
5번 민중당 김준연 후보는 전남 영암 출신으로 초대, 3대,

4대, 5대, 6대의원인 5선의원으로 지난 총선에선 영암-강진에서 자민당으로 출전하여 공화당 후보를 꺾고 당선됐다.

야권의 중진의원으로 발돋움한 전진한, 서민호, 김준연 후보들의 대통령 출마는 영웅심리가 작동했겠지만, 야권 윤보선 후보에게 전혀 도움이 되지 아니한 무모한 도전이었을 뿐이었다.

7번 추풍회의 후신 통한당 오재영 후보는 경기도 안성 출신으로 자유당 소속으로 3대와 4대의원을 지냈고 지난 5대 대선에도 출전하여 박정희, 윤보선 후보에 이어 변영태 후보 등을 제치고 3위를 차지했었다.

(2) 박정희 총재의 당선을 위해 총력체제를 구축한 공화당

민주공화당은 대의원 2,693명이 참석한 전당대회에서 박정희 총재를 만장일치로 대통령 후보에 지명했다.

박정희 총재는 수락 연설에서 "행복한 생활과 영광스러운 조국의 내일을 향한 전진의 대열에 앞장설 것을 선언한다"면서 당원들의 단결과 협동을 촉구했다.

전혀 불가능할 것으로 예상됐던 야권후보 단일화가 성사되자 공화당은 뜻하지 않던 통합야당의 출현으로 지금까지 다듬어온 선거전략을 재검토하지 않으면 안되는 고경(苦境)에 놓였다.

민주공화당의 선거전략은 종래에 중점을 두어왔던 국회의원 선거로부터 비교적 안일하게만 여겨왔던 대통령선거로 그 중점을 옮겨야 할 것이 불가피해졌으며, 당의 총력은 우선 대통령 선거를 필승으로 이끄는데 쏟아야 할 시점에 이르렀다.

민주공화당 정권이 추진한 한일국교 정상화나 월남파병이 선거에서 반드시 유리한 입장만은 될 수 없었다. 또한 공화당 정부의 중농정책과 조세정책에 대한 비판은 공화당이 부딛쳐야 할 최악의 쟁점이 될 것이다.

민주공화당은 시장, 군수를 당원으로 입당시키고 사회단체 간부들을 대량으로 포섭한 당세확장 공작에 나섰다. 그리하여 야당은 야위어 가는데 공화당이 너무 비대해져 양당정치의 위기에 직면했다.

민주공화당은 대통령선거에 대비하여 농협 등을 이용하여 사랑방까지 침투하여 총유권자의 4분의 1을 확보한 것으로 알려졌다.

공화당의 당원 배가(倍加)운동의 목표는 1가구 1당원으로 통·반장의 포섭은 기본이고 각종 단체장, 조합장을 친여인물로 대체했다.

밀가루 공세에 각종 건설공사의 선심공세로 유권자들을 공략하여 독주체제를 구비한 것은 공화당의 성급한 선거포석의 전략에서이다.

민중당에서 통·반장의 공화당 입당이 위법이라고 주장하자, 엄민영 내무부장관은 "통·반장의 정당활동은 법에 저촉되지 않는다"고 일축했다.

중앙선관위도 "통·반장은 공무원이 아니므로 정치활동을 할 수 있다"고 유권 해석했다.

반정부 입장을 보여왔던 김동하, 김재춘, 박원빈, 박병권 등 재야 혁명주체들이 공화당에 입당했다. 전 중앙정보부장 김재춘은 "야당 사람들과 일을 해보니 기대할 것이 없더라"고 방향을 선회(旋回)한 배경을 해명했다.

이호 전 법무부장관, 안호상 전 문교부장관, 최영희 전 육군참모총장, 손원일 전 해군 참모총장, 이윤영 전 국무총리 서리가 입당하여 전 여권이 결집하여 총력체제를 구축했다.

(3) 윤보선의 야권 단일후보 등장에 대한 시비와 과제

전혀 불가능할 것으로 예상됐던 야권통합이 4자회담에서 윤보선 후보, 유진오 당수로 결정되어 전격적으로 야권통합이 이뤄졌다.

정책적인 설득을 외면하고 투쟁 일변도였던 윤보선 후보의 등장은 1963년도 대통령선거전 못지않은 극한상황을 예견케 했다.

야당이 분열된 상황에서 "선거는 하나마나 야당이 패배할 수밖에 없다"고 점치던 사람들도 "이젠 해볼만 하게됐다"면서 상황이 급변했다.

그러나 자발적이라기보다는 여망과 대세에 쫓겨 급조된 통합은 그러기에 완전한 당원의 통합이 이루어지기까진 상당한 진통을 겪을 것으로 예상됐다.

윤보선 후보는 5대 대통령선거와 한일협정 등 여러 파동을 거쳐오는 동안 사상논쟁과 굴욕시비 등을 내세워 그것을 구국의 집념으로 집약하여 극한투쟁의 최선두에서 싸워왔다.

그는 "정책대결이 정당정치의 원형(原形)임을 부인하는 것은 아니지만 우리와 같이 군사독재와 부정부패 및 정보정치 아래서 무기력한 대안제시와 무원칙한 타협만을 앞세워서야 야당의 사명이 말살되고 말 것이다"라고 해명하기도 했다.

한일협정 국회 비준파동 당시 의원직을 버리고 탈당해 버린 직선적 행동은 융통성을 모르는 고집쟁이에 불과했다든가, 의회민주주의를 부인하고 민중당의 주도권 쟁탈 실패에서 오는 반사적 산물이란 비판을 받기도 했다.

윤보선 후보는 "내가 마치 대통령병에 걸린 사람처럼 악선전하고 정당 제조가인 것처럼 고의적으로 악평을 퍼뜨리고 있는 것도 알고있다"고도 말했다.

그의 완고성(頑固性)은 소신을 낳기도 하지만 동시에 정치인으로 포용력이 없다는 단점의 양면성을 지니고도 있었다.

3. 박정희 후보와 윤보선 후보의 유세(遊說)대결

(1) 청중동원 시비에 휘말린 박정희 후보 유세

박정희 대통령이 선거를 18일 앞두고 직접 유세에 나서 윤보선 후보가 제시한 정책과 폭로공세에 대한 비판 및 반박, 집권 4년간의 정부업적의 PR, 집권공약과 비전의 제시 등에 역점을 뒀다.

박정희 후보는 대전유세에서 "신민당은 비례대표 한 자리에 2천내지 3천 만원을 받는다는데 이 사람들이 집권하는 경우에 장관자리도 팔지 않겠는가"라고 공격했다.

또한 박정희 후보는 "예속(隸屬)정권이라는 것은 한일협정과 월남파병을 갖고 시비를 한 모양인데 이 두 가지는 지금 생각해도 잘 한 것이다. 둘 다 국가이익에 도움이 되는 것이다"라고 옹호했다.

박정희 후보는 춘천유세에서 월남파병에 대해 "월남에서 우리가 돕지 않는다면 국제공산주의자들의 마수는 언제 우리에게 뻗칠지 모를뿐아니라 6·25 때 우방(友邦)에 신세를 진 것을 아는 민족이 돼야한다"고 주장했다.

25만 명의 청중이 모인 서울유세에서 박정희 후보는 "안정이냐 혼란이냐, 전진이냐 후퇴냐를 판가름하는 중대한 시기가 왔다"면서, "안정은 국민들의 행복으로 가는 길이요, 혼란은 파멸을 이끄는 길"이라고 지지를 호소했다.

박정희 후보의 유세에 행정기관의 청중동원 시비와 통·반 조직을 통한 조직 동원이라고 신민당으로부터 극심한 질책을 받았다.

(2) 노익장을 과시하며 전국을 누빈 윤보선 후보

윤보선 후보는 집권하면 중임제를 철폐하는 개헌을 추진하고 정치보복과 정보정치 중지 등 10대 집권목표를 내세웠다.

윤보선 후보는 "이번 선거는 독재와 부패와 빈곤과 예속의 길을 택하느냐, 아니면 민주정치의 회복과 국정개혁의 기회를 갖느냐의 중대기로(岐路)"라고 역설했다.

윤보선 후보는 "박정희 정권의 독재, 부패, 특전, 예속의 4대 비정과 싸우는 것이 이번 선거의 투쟁목표"라고 전제하고, "4대 비정(秕政)은 정책 이전의 문제로서 이번 선거를 통해 정권교체를 이룩하지 못 하면 암흑의 독재가 이 나라를 지배할 것"이라고 주장했다.

윤보선 후보는 "집권하면 병역의무 연한을 2년으로 단축하겠다"는 새로운 선거공약을 내걸었다.

또한 윤보선 후보는 "파월 국군이 공산 월맹군이나 베트콩보다 못한 무기를 갖고 싸워왔는데 그것은 우리 정부가 잘못한 탓이다"라고 공격했다.

윤보선 후보는 "공화당의 중농정책은 농민의 이익을 배반하는 반농정책의 결과를 초래했다"면서 "공화당의 박정희 후보는 농민의 이익을 배반한 농민의 아들"이라고 비난했다.

윤보선 후보는 "공과대학 등 기술계의 대학생은 재학중 군사훈련을 실시하고 졸업과 동시에 병역을 면제시키겠다"고 공약했다.

윤보선 후보는 청주유세에서 "집권공약으로 내건 비료값 30% 인하, 세금 20%인하, 공무원 봉급 2배 인상, 쌀값 1석당 1천원 인상은 재정을 억제하고 한일무역을 시정하고 국고금 손실을 방지하는 것만으로 충분하다"고 주장했다.

윤보선 후보는 진주 유세에서 "박정희씨가 국군의 월남파병이 없었더라면 미군이 철수했을 것이라고 운운한 것은 한미간의 이간책"이라고 비난했다.

윤보선 후보는 군산 유세에서 "전라도의 농민, 노동자가 푸대접을 받는 것은 박정희 정권과 특권재벌 때문"이라고 주장하고, 집권을 허락할 경우 지방 격차를 없애겠다고 공약했다.

윤보선 후보는 전남 영광 유세에서 "신민당이 집권하면 한일어업협정을 즉각 수정하여 어족을 보호하고 어업자금의 대량 방출로 어민을 보호하겠다"고 약속했다.

윤보선 후보는 목포 유세에서 "박정희 정권은 선거가 끝나면 월남에 5만 명 추가 파병할 계획"이라고 폭로하고 "신민당은 이를 반대할 뿐 아니라 집권하면 주월한국군의 조기 철군을 단행하겠다"고 약속했다.

윤보선 후보는 "박정희 후보가 정권은 유한하다는 원리를 상기하여 혼연히 민의에 순복(順服)함으로써 5·16쿠데타와 그간의 실정에 대해 보속(補贖)하기 바란다"고 기자회견에서 밝혔다.

(3) 찬조연설원들의 활약과 사설조(辭說調)의 선거구호

김종필 공화당의장은 "공화당 정부는 앞으로 4년간 국민소득을 현재의 년 1백 불에서 2백 불로 배증하겠다"고 약속했다.

그는 "지방자치제 실시에 소요되는 막대한 비용은 학교 교실을 짓고 양수기를 사들이는 데 쓰는 것이 더 급하다"고 주장했다.

양평유세에서 김종필 공화당의장은 "자본의 축적없이 공업화는 이루어질 수 없으며 공업화는 바로 근대화의 지름길"이며, "제1차 경제개발 5개년계획의 성공으로 공업화의 정

초(定礎)작업을 영도한 박정희 대통령을 재선시켜줄 것"을 호소했다.

김종필 공화당의장은 "신민당의 세금 20% 인하 주장은 정부 예산중 240억 원을 삭감하자는 주장으로, 그렇게 하자면 공무원 봉급을 내리든가 국군의 숫자를 줄이지 않는 한 실현불가능한 일"이라고 반박했다.
만주공화당의 이도선 연설원은 "윤보선 후보에 대해 유진산 씨는 '역사에 대해 눈이 어두운 자'라고, 박순천 씨는 '독재적인 사람'이라고, 이중재 의원은 '윤보선은 야당분열의 책임자'라고 했다. 이런 걸로 볼 때 윤보선 씨는 대통령이 될 자격이 없는 사람이다"라고 비난했다.
안호상 연설원은 "윤보선 후보가 대통령 감투를 쓰다가 7개월만에 감투가 떨어진 사람"이라고 인신공격을 일삼자, 신민당에서는 "안호상은 4년 전에는 윤보선 후보를 따라다니며 박정희 후보 욕을 하고 돌아다닌 사람 아니냐"고 빈정대기도 했다.
 이효상 국회의장은 "신민당이 주장해 온 이중곡가제 실시와 병역단축, 지방자치제 등은 실현이 불가능한 공약"이라고 비난했다.
 신민당 박기출 연설원은 "다른 사람은 독립운동을 할 때 박정희 씨는 무엇을 했느냐, 그는 일본군 장교로 있었기 때문에 대통령 자격이 없다"고, 장준하 연설원은 "5·16에 총들고 정권을 강도질한 사람들"이라고 혁명주체들을 비난했다.
 장준하 연설원은 "박정희 씨와 같은 사상적 방랑아에게는 정권을 맡길 수 없다"면서 "5·16 이전에는 집 한 칸도 없던 김종필 씨가 기생집에서 850만 원을 잃어버리는 등 낭비를 일삼고 있다"고 비난했다.
 신민당은 "부익부가 근대화냐 썩정치 뿌리뽑자", "지난 농사 망친 황소 올봄에는 갈아치자"는 구호를 내걸었다.
　신민당은 민요조의 선거 가요를 만들어 유세 때 낭독하는 등 가요를 통한 민심조작 방법을 시도하고 있으며 사설은 "민주정치 한다더니 정보정치 웬 말인가, 한일협정 했다더니 황금어장 팔았구나, 월남전쟁 청부(請負)해서 귀한 목숨 앗아갔다. 예산없는 선거공사 허튼 수작 하지마라. 비료값에 농우(農牛) 팔고 농자금에 땅 팔았네. 쌀값싸서 농민 울고 세금 비싸 서민 우네. 5·16에 가로챈 것 5·3에는 도로찾자. 3천만이 한데 뭉쳐 모두같이 3번 찍자"는 내용 등이다.

4. 영남에서 136만표 앞서 승리를 엮어낸 박정희

(1) 유효투표의 48.8%를 득표하여 당선된 공화당 박정희

이번 총선의 유권자는 13,935,093명이며 83.6%인 11,646,621명이 투표에 참가했다.

개표 결과 공화당 박정희 후보가 5,688,368표(48.8%)를 득표하여 4,526,541표(38.9%)에 머문 신민당 윤보선 후보를 116만 1,827표차로 꺾고 당선의 열매를 맺을 수 있었다.

지난 1963년 5대 대선 때 15만여 표차였으므로 지난 대선보다 1백만표 이상의 격차를 벌였다.

박정희 후보의 고향으로 울산, 포항, 창원, 구미 등 영남권에 공장을 집중적으로 건설하고 영남 출신들을 대거 주요 보직에 등용한 덕분에 박정희 후보는 부산, 경남북에서 226만 500표를 득표하여 136만 7,796표를 득표한 윤보선 후보를 꺾고 승리를 굳힐 수 있었으며, 영남권을 제외하면 박정희 후보는 윤보선 후보에게 20만 5,969표나 뒤져 경상도 대통령이라는 호칭을 피할 수는 없었다.

오재영 후보가 26만 4,533표(2.3%)를 득표하여 지난 대선에 이어 동메달을 차지했고 김준연, 전진한, 이세진 후보들은 메달권에서 벗어났다.

당선이 확정된 박정희 후보는 "앞으로 4년간 다시 국정을 맡겨 준 데 대해 유권자들에게 사의를 표한다"고 감사했고, 낙선한 윤보선 후보는 "공명선거는 민주주의와 민족의 사활을 가늠하는 중대한 과제이다"라고 발표하여 마치 부정선거에 의해 낙선했다는 뜻을 국민들에게 전했다.

윤보선 후보는 서울에서 8만여 표, 경기도에서 16만여 표, 충남에서 15만여 표, 전북에서 5만여 표, 전남에서 2만여 표 앞섰으나 강원에서 7만여 표, 충북에서 17만여 표, 제주에서 4만여 표, 부산에서 17만여표, 경북에서 63만여 표, 경남에서 55만여 표 뒤진 표의 동서(東西)현상으로 큰 표차로 패배했다.

(2) 호남푸대접론을 극복하고 대승을 거둔 박정희

지난 1963년 선거에서는 추풍령을 경계로 북쪽에서는 윤보선 후보가, 남쪽에서는 박정희 후보가 이겨 남북(南北)현상을 보였으나 이번 선거에서는 소백산맥을 경계로 서울, 경기, 충남, 전북, 전남에서는 윤보선 후보가 승리했으나 강원, 충북, 경북, 경남, 부산에서 박정희 후보가 승리한 표의 동서현상을 보였다.

지난번 압도적 다수표를 박정희 후보에게 던졌던 전라남북도가 윤보선 후보에게 많은 표를 바꿔 던진 것은 이른바 호남 푸대접론의 대두의 결과였다.

민주공화당은 "야당을 뽑으니까 푸대접을 받는다"면서 야당으로부터의 해방을 내세워 전라도 푸대접에 대한 반발을 역이용했고, 신민당은 "정권이 교체되지 않고는 푸대접이 시정될 수 없다"고 선전했다.

정부는 호남의 민심을 달래보려고 일련의 호남지역 개발계획을 잇따라 발표하며 집중적인 선심공세를 펼쳤다.

신민당은 "표를 낚기 위한 사탕발림에 불과하다"고 역선전하고 있어 두 개의 평행선적 주장이 엇갈렸다.

경상도 지역에서는 "영남지방에 공장이 느는 것은 입지조건 때문이지 다른 이유가 있어서 그런 것은 아닐 것"이라고 지역적인 혜택을 애써 외면하며 발뺌했다.

김종필 공화당의장은 "1차 5개년계획은 기간산업에 중점을 뒀기 때문에 영남지방에 공장이 많이 세워졌으나 이제부터는 호남지방에 22개 공장을 세우겠다"고 그간의 호남 푸대접을 시인했다.
 민주공화당 연설원들은 "여수엔 정유공장, 광주엔 자동차공장을 짓고 서해안 산업철도를 서두르고 있는데도 호남푸대접이란 말을 할 수 있느냐"고 반박했다.
 15만 명이 운집한 광주유세에서 박정희 후보는 "공화당 정부는 일부에서 오해하듯이 호남지방을 푸대접한 일이 없다"면서 여수 정유공장, 광주 아세아자동차공장 건립을 실례로 들어가면서 호남 푸대접론을 해명했다.
 전주유세에서 공화당 간부는 "중앙에서는 전라도도 문제없다고 큰소리치고 있지만 푸대접 여파가 너무 크다"고 실토하고 있고, 대구유세에서 신민당 간부는 "경상도 정부라는 말 때문에 야당은 큰 고통을 받고 있다"고 경상도 지방에서의 역부족을 인정했다.
 이만섭 의원은 경북 상주유세에서 "가난한 농민 출신이고 이 고장 구미 출신인 박정희 대통령을 다시 뽑자"고 호소하여 지역감정에 불을 지피웠다.
 박 후보의 출신지역인 경북은 우리가 낳은 대통령이라는 순박한 감정에 압도적으로 지지해 주어야 한다는 분위기에 휩싸였다.
 박정희 후보가 승리한 요인은 국민 대다수가 안정을 희구하고 있고 국민들의 그러한 바람을 공화당의 방대한 조직, 풍요로운 자금 및 행정적 지원, 그리고 효과적인 선거전략을 가지고 민심을 거머잡고 박정희 후보의 공업화정책과 이미지를 심어주는 데 성공했다.
 김종필 공화당의장은 "국민이 건설하는 박 대통령을 전폭적으로 재신임한 결과"라고 집약했다.
 사실 국민 대다수는 이 시점에서 정권이 교체됨으로써 오는 혼란을 원치 않았다. 이번 선거에 있어서 공무원들의 여당에 대한 충성심은 철저했으며 대다수의 군인 또한 1963년 선거 때와는 달리 박정희 후보를 지지했다.

역대 선거에서 으례 큰 몫을 담당했던 경찰이 이번엔 철저하게 권외에서 놀았던 것이 오히려 여당표를 갉아먹던 지난날 경찰 행동에 비해 승인으로 꼽을 수 있었다.

지난 4년 동안 윤보선 후보의 개인적인 이미지가 야당의 이합집산 및 파동으로 인해 싹튼 야당 불신의 조류와 함께 많이 흐려졌다.

조직의 미비와 자금의 부족, 뒤늦게 이루어진 야당통합은 선거라는 대업을 치르기 위해 전투태세를 갖출 시간적 여유를 주지 못했다.

민중당계, 신한당계의 불화는 신민당을 화학적 통합까지 승화시키지 못했고 당내에서는 일찍부터 좌절감에 사로잡혀 체념의 단계에 이르기도 했다.

정치자금원이 봉쇄됨으로 자금에 쪼들린 신민당의 전국구 후보들에게 헌금을 받은 것도 감표 요인으로 작용했지만, 윤보선 후보의 개인적인 인기가 퇴조한 것이 1백만 표이상의 격차를 드러낸 것도 부인할 수 없다.

(3) 부정선거 시비와 오재영, 서민호, 장준하 구속

민주공화당은 "건설하는 박 대통령에 대한 재신임의 표시"로 승리를 받아들였고, 신민당은 "공화당이 부정선거를 했기때문"이라고 패배의 원인을 돌렸다.

신민당 유진오 당수는 "전국적으로 15%에 달하는 유령유권자 등 불법, 부정선거를 원칙적으로 승복할 수 없다"면서, 당선 무효소송 등 법적 투쟁을 전개할 계획이라고 말했다.

신민당은 신민당의 선거유세와 때를 같이하여 광주시가 공무원과 학생들을 동원하여 식목과 청소를 실시해 선거운동을 방해했다고 비난했고, 김대중 신민당 대변인은 "최근 전국 각지에 벌어지고 있는 공무원의 선거운동은 3·15 당시의 공무원과 선거운동 실태를 방불케 하는 것"이라고 비난하고, 선거기간중 유세장에의 공무원 동원 중지, 정부 업적의 선전 중지, 고급 공무원 지방출장 중지 등을 요청했다.

민주공화당은 신민당의 삐라 살포, 가두방송, 데모 등의 중지와 신민당 청년기동대의 해체 등을 서면으로 중앙선관위에 제출했다.

신민당도 공화당의 청중 강제동원, 공무원 동원, 뤼브케 대통령 방한 기념우표 판매 중지 등을 중앙선관위에 제출했다.

신민당은 청중동원과 언론탄압은 민주주의 기본질서를 파괴하는 것으로 선거의 승패를 떠난 국시의 존폐를 위협하는 중대 사태라고 주장했고, 서울지검 이봉성 검사장은 신민당의 유권자 조작의 실례라고 주장한 동사무소 직원을 조사한 결과 사실무근이 드러났다고 발표했다.

중앙선관위는 "정당에서 모의투표를 하거나 돈을 주는 행위는 선거법에 위배된다"고 유권해석을 내렸다.

신직수 검찰총장은 충무, 창녕 등지에서 3번 박정희 후보에게 기표된 투표통지표 3천 장을 발견하고 인쇄공 3명을 구속했다고 발표했다.

신민당은 전국적으로 13%에 달하는 누락 및 유령유권자의 조작 등으로 암흑선거를 감행하고 있다고 언커크 등을 순방하며 진상규명과 시정을 요구했다.

이번 선거에서 선거사범은 699건으로 1,008명이며 공화당이 50명, 신민당이 591명이며 구속자는 33명에 달했다.

유진오 신민당수는 이번 대통령 선거가 부정, 불법선거이기 때문에 선거 결과에 원칙적으로 승복할 수 없다는 성명을 발표했다.

오재영 후보는 지방유세에서 "박정희 후보는 일본군 장교시절 독립군을 학살했으며 사직공원 부정불하도 잘 봐주었다"는 발언으로, 장준하는 찬조연설에서 "박정희 후보는 국민을 물건 취급하며 우리나라 청년을 월남에 팔아먹었고, 박 후보는 과거 공산당의 조직책으로 임명되어 조직활동을 한 사람이다"라는 발언으로, 서민호 대중당 후보는 "박정희 후보는 우리 민족의 고귀한 피를 월남에 헐값에 팔아넘긴 것은 정권을 유지하고 상인들의 자본 축적을 위한 것으로 미국의 대리싸움을 할 필요가 없다"는 발언 등으로 구속됐다.

제3장 개헌선 확보를 위해 불법선거로 얼룩진 제7대 총선

1. 공화당과 신민당의 총선주자 선정(選定)의 배경
2. 821명후보들이 혈전(血戰)을 전개한 총선
3. 개헌선 130석을 훌쩍 넘겨버린 민주공화당
3. 제7대 국회에 등원하는 의원들의 면모(面貌)

1. 공화당과 신민당의 총선주자 선정(選定)의 배경

(1) 공화당 공천희망자 접수와 공천이 결정되기까지

민주공화당은 131개 지역구의 공천희망예상자들의 성분, 조직기반, 당성, 주민들의 신망도를 점수화한 채점표를 완성하여 공천에 반영했다.

지난 총선에는 현실 60% 대 이상 40%의 배분이었다면 이번 총선에는 현실 40% 대 이상 60%로 체질개선을 시도했다.

민주공화당 공천경쟁에 뛰어든 후보들은 낙천이 예상되지만 구름처럼 많이 몰려들었다.

민주공화당은 95개 지역구는 일찍부터 단일 후보를 확정지었고, 24개 지역구는 순위를 매겨 서열(序列)을 정해 추천했고, 12개 지역구는 서열없이 복수로 추천했다.

경합지구는 광주-이천(차지철-이원영), 김포-강화(이돈해-김재소), 영월-정선(엄정주-장승태), 춘천-춘성(김우영-신옥철), 횡성-평창(황호현-이우현), 속초-고성-양양(한병기-김종호), 강릉-명주(최익규-조남철), 원주-원성(홍순철-문창모), 충주-중원(정상희-이종근), 영동(이동진-송석하), 당진(원용석-인태식-김두현), 서천-보령(이원장-김종갑), 서산(이상희-이의균), 군산-옥구(김용택-채영석-차형근), 고창(신용남-김대용), 장성-담양(박승규-고재필), 구례-광양(이현재-박준호-김선주), 고흥(신형식-오익상), 보성(양달승-이백래-김금석), 완도(정간용-최서일), 무안(장홍염-배길도-나판수), 영광-함평(정헌조-윤인식), 해남(김병순-김안일-홍광표), 포항-영일-울릉(김장섭-하태환-이성수), 의성(오상직-신영목-김상년), 청송-영덕(문태준-김중한-박종길), 영양-울진(김용식-조수영), 영천(이활-이원우), 경산-청도(김준태-박주현-이상조), 성주-칠곡(송한철-신현확), 예천(권동하-정진동), 삼천포-하동-사천(김용순-엄기표), 함안-의령(방성출-김창욱), 제주시-북제주(양정규-김도준-임병수), 홍천-인제(이승춘-이동석), 이리-익산(김성철-고광만) 등이다.

민주공화당에서는 112명의 소속 의원 중 23명이 공천에서 배제됐다.

이들은 김정근(상주), 이재만(밀양), 이영진(아산), 신관우(청원), 엄정주(영월-정선), 김중한(청송-영덕), 최서일(완도), 송관수(대구중), 신옥철(춘천-춘성), 조경한(순천-승주), 김준태(청도-경산), 조남철(강릉-명주), 이백일(여주-양평), 이동진(영동), 김종무(제천-단양), 김종갑(서천-보령), 인태식(당진), 최영두(완주), 박승규(담양-장성), 김선주(구례-광양), 정헌조(영광-함평), 김종환(대구 서-북), 권오훈(안동), 이활(영천) 의원 등이다.

이번 공천에서는 막바지 결정단계에서 김종필 공화당의장, 길재호 사무총장, 엄민영 내무부장관, 이후락 청와대비서실장, 김성곤 재정위원장 등 실력자들이 막후에서 작용한 것으로 알려졌다.

(2) 박정희 대통령 재가로 경합지역의 후보자를 결정하고 공천자 교체

박정희 대통령은 복수 추천한 지역구의 공천자를 차지철, 이돈해, 장승태, 김우영, 황호현, 김종호, 최익규, 홍순철, 이종근, 정직래, 김두현, 이원장, 이상희, 차형근, 신용남, 고재필, 이현재, 신형식, 양달승, 정간용, 배길도, 윤인식, 김병순, 김장섭, 오상직, 문태준, 오준석, 이원우, 박주현,

송한철, 정진동, 김용순, 방성출, 임병수, 이승춘, 김성철로 결정했다.

다만 당진에 공천신청한 원용석을 대전에 전략공천하고, 공천경합자들을 모두 배제하고 안동에는 김대진, 영동에는 정직래, 영양-울진에는 오준석을 공천했다.

야당에서 공화당으로 변신한 박종길(영덕-청송), 양회영(화순-곡성), 조순(곡성-화순), 김준태(경산-청도) 후보들은 모두 낙천(落薦)의 고배를 마셨다.

민주공화당의 공천은 조직의 자체적인 소화라고 특징지을 수 있다. 6대 총선에서는 낙하산 공천으로 얼룩졌으나 7대 총선에서는 비대해진 조직의 자체적인 소화가 다급한 과제로 등장했다.

131명의 지구당위원장 중 106명이 공천을 받았고, 공천을 받은 원외(院外)의 54명중 20명이 공화당 사무국 출신이다. 낙천한 조순(화순-곡성), 하태환(포항-영일-울릉), 박종길(영덕-청송), 전만중(영양-울진), 장홍염(무안), 김수선(울산-울주) 후보들은 공화당을 탈당했고, 부산 동구(이종순), 제주-북제주(임병수), 대전(원용석), 영등포을(정대협), 속초-고성-양양(김종호)에서는 지구당원들의 반발이 극심했다.

민주공화당은 대선에서 박정희 후보 득표율 성적히 부진하거나 조직관리의 부실이 드러난 영등포을(정대협 〉조효원), 여주-양평(유용식 〉이백일), 김포-강화(이돈해 〉김재소), 공주(이병주 〉김달수), 함안-의령(방성출 〉김창욱), 산청-합천(변종봉 〉김상삼), 횡성-평창(황호현 〉이우현), 제주-북제주(임병수 〉양정규)의 공천자가 교체됐다.

이로써 이백일 의원은 기사회생했으나 이돈해, 방성출, 변종봉, 황호현, 임병수 후보들이 추가로 탈락했다.

(3) 민중계, 신한계의 쟁탈전이 된 신민당 조직책 선정

신한당과 민중당이 전격 통합된 신민당의 지구당조직책 신청자는 495명으로 평균 3.8 대 1에 육박하는 치열한 경합을 보였다.

그러나 서대문갑(김재광), 부산 중구(김응주), 부산 서구(김영삼), 예산(한건수), 전주(유청), 목포(김대중), 장흥(김영태), 진주-진양(황남팔), 울산-울주(최영근) 지역구는 무경합 지역구이다.

민중당계는 사퇴의원과 지역구 현역의원을 최우선으로 선정하자는 의견인 반면, 신한당계는 현역우대를 적극 배제하고 인물본위의 당선가능이 있는 자 특히 재야인사로서 주체성이 투철하고 선거구민들의 신망이 높은 자등을 강조했다.

손꼽히는 경합지구로는 서울 중구(정일형, 신인우, 신태악), 동대문갑(송원영, 조기항, 장준하), 성동갑(유성권, 김제윤, 김용성), 서대문갑(김재광, 김상현), 서대문을(윤제술, 홍영기), 부산동(김용진, 박정세, 김승목), 부산진을(정상구, 이종남), 인천갑(김재곤, 김정열), 여주-양평(박주운, 천명기), 김포-강화(윤재근, 이화영, 김두섭, 한기태), 춘천-춘성(계광순, 홍창섭, 유연국), 강릉-명주(김삼, 최용근), 청주(최병길, 이민우), 청원(곽의영, 오범수, 박기운), 충주-중원(이희승, 김기철, 이택희), 옥천-보은(신각휴, 김선우), 제천-단양(이우태, 조종호), 대덕-연기(유지원, 송석린, 성태경), 공주(박찬, 김학준), 서천-보령(방일홍, 김옥선, 노승삼), 군산-옥구(고형곤, 김판술), 남원(양해준, 안균섭), 고창(김상흠, 유진), 부안(송을상, 김용대), 광주을(이필호, 김녹영), 영암-강진(김준연, 유수현), 나주(정명섭, 이경), 보성(이정래, 이중재), 대구중(이대우, 주병환), 의성(우홍구, 신진욱), 경주-월성(안용대, 황한수), 진해-창원(최수룡, 황낙주), 산청-합천(이상신, 유봉순), 남제주(김일용,

강보성) 등이다.

(4) 윤보선 대선후보, 유진오 신민당수 합의로 131개 지역구 후보 공천 마무리

 신민당의 10인 조직책심사특위는 102개 지역구를 단수로, 23개 지역구를 복수로, 종로, 동대문갑, 동대문을, 마포, 부산동, 대전 등 6개 지역구를 보류하는 심사결과를 윤보선 대선후보와 유진오 신민당수에게 보고했다.
 복수로 추천된 23개 지구는 성동갑(조한백-유성권), 용산(김원만-김두한), 영등포을(박한상-윤명운), 인천갑(김정렬-김재곤), 평택(유치송-안정용), 춘천-춘성(홍창섭-계광순), 삼척(최경식-김양국), 충주-중원(이희승, 이택희), 옥천-보은(신각휴-이용희), 공주(박찬-김학준), 서천-보령(방일홍-김옥선), 부여(장준하-한광석), 군산-옥구(고형곤-김판술), 이리-익산(윤택중-이춘기), 진안-장수-무주(최성석-박정근), 남원(양해준-안균섭), 고창(김상흠-유진), 김제(송방용-김기옥), 보성(이중재-이정래), 영덕-청송(김영수-윤용구), 진해-창원(황낙주-김형돈), 함안-의령(전봉훈-조홍래), 산청-합천(이상신-유봉순) 등이다.
윤보선 대선 후보는 "명백히 부당하게 선정된 10여개 지역구는 바꿔야 한다"고 주장하고 있으나, 유진오 당수는 "단수 추천구를 바꾸는 것은 후보와 당수 양측에서 이의가 없는 곳에 국한해야 한다"고 맞섰다.
 윤보선 후보와 유진오 당수는 120개 지역구의 조직책을 임명하고 11개 지역구를 보류했다.
 신민당 120개 조직책중 재야는 박만원, 이정휴, 조홍래 등 10여명이며 민중당계와 신한당계는 50명이상의 조직책을 확보하여 균형을 유지했다.

단수 추천한 102개 지구중 용인-안성(유제충 〉강희갑), 김포-강화(윤재근 〉김두섭), 영광-함평(권오붕 〉조영규), 경주-월성(안용대 〉황한수), 마산(강선규 〉김영순), 남제주(박창홍 〉강보성) 등은 교체했고, 부산 영도, 동래, 횡성-평창 등은 보류지구로 남겨뒀다. 또한 당초 합의를 바꿔 인천갑(김재곤 〉김정렬), 춘천(홍창섭 〉계광순), 삼척(박순근 〉최경식)지역구도 교체하여 공천했다.
현역의원 가운데 전진한, 김준연, 서민호 의원 등은 대통령에 출마했고, 지역구 의원인 최수룡(진해-창원), 고형곤(군산-옥구), 강선규(마산), 이희승(충주-중원), 이정래(보성), 나용균(정읍) 의원들과 보궐선거에서 당선된 신인우(중구), 김상현(서대문갑), 홍영기(서대문을), 전국구의 계광순, 소선규, 유진, 함덕용, 방일홍, 유홍, 이우태, 임차주 의원들도 탈락했다.
 조직책은 확정됐으나 부산영도(고순종⇨김상진), 동래(이진호⇨임갑수), 횡성-평창(김재기⇨양덕인), 광주을(김녹영⇨이필호)은 변경했고 보류지구로 남겨뒀던 종로에 유진오, 마포에 김홍일, 동대문을에 장준하, 성동갑구에 조한백, 영등포을구에 박한상, 부산 동구에 박기출, 대전에 박병배를 공천하여 지역구 공천을 마무리했다.
 경북 예천에선 자유당 시절 공보실장을 지낸 전성천이 친동생인 전상수 공천자를 후퇴시키고 출전했다.
 공천에서 탈락한 홍영기, 이우태, 신인우, 최수룡 등 낙천의원들은 제3당 창당작업을 서두르며 탈당했다.
 공천에서 탈락한 전직의원들은 자유당, 한독당, 민중당, 대중당으로 분산(分散)출전하여 각개전투를 벌였으나 의정단상으로 돌아온 의원들은 아무도 없었다.

2. 821명의 후보들이 혈전(血戰)을 전개한 제7대 총선

(1) 11개 정당에서 지역구 702명, 전국구 119명의 후보들을 공천

이번 총선에는 지역구 후보는 11개 정당에서 702명, 통한당을 제외한 10개 정당의 전국구 후보 119명 등 모두 821명이 등록하였으며 지역구의 평균경쟁률은 5.4대 1이고, 전국구는 3.7대 1이다.

입후보자 중 최고령자는 74세의 장택상(자유당) 후보이고 최연소자는 25세의 손일웅(통사당), 정규신(대중당) 후보들이며 여성후보는 이종혜(서대문을), 김옥선(서천-보령), 권애라(안동) 등 8명이다.

대중당 서민호(고흥), 신민당 장준하(동대문을), 통한당 오재영(마포) 후보 등은 옥중출마했다.

정당의 기호는 1번 통한당, 2번 자유당, 3번 민중당, 4번 정의당, 5번 대중당, 6번 신민당, 7번 민주공화당(공화당), 8번 한국독립당(한독당), 9번 자민당, 10번 통일사회당(통사당), 11번 민주당으로 결정됐다.

지난 6대 총선에선 자유당, 신민회, 자유민주당, 신흥당, 한국독립당, 국민의당, 보수당, 민주당, 민정당, 정민회, 추풍회, 민주공화당 등 12개 정당이 격돌을 벌였는데 민주공화당만 존속했을 뿐 11개 정당은 이합집산과 부침을 거듭했다.

민주당은 국민의당을, 민정당은 자민당을 흡수통합하였고, 민주당과 민정당이 통합하여 민중당을 창당하여 박순천 대표를 선출했다.

한일협정 비준 동의를 앞두고 대표 경선에서 패배한 윤보선이 민중당을 탈당하고 대선을 앞두고 신한당을 창당하여 민중당과 대립했다.

신한당 대선후보에 추대된 윤보선 후보는 민중당 후보로 추대된 유진오 후보와 합당을 합의하여 신민당을 창당하여 대선후보에는 윤보선, 신민당수는 유진오로 결정하여 야권이 결집됐다.

대선에 출마한 서민호 후보가 대중당을, 김준연 후보가 민중당을, 전진한 후보가 한국독립당의 당명을 계승했고 오재영 후보는 추풍회를 통한당으로 개명했다.

제7대 총선을 앞두고 장택상 전 국무총리, 이재학 전 국회부의장, 임흥순 전 서울특별시장 등이 자유당을 재건했고 조재천, 오위영 등 구민주당 거물급 인사들이 민주당 중흥의 기치를 내걸고 민주당을 창당했다.

그리고 정민회가 정의당으로 다시 태어나고, 혁신계 인사들이 통일사회당을, 무명의 정치신인들이 결집하여 자민당을 창당하여 총선에 출전했다.

지난 총선에서 출전했던 신민회, 신흥당, 보수당은 흔적(痕迹)없이 사라졌다.

자유당에는 신인우, 김재위, 임차주 현역의원을 비롯하여 임흥순, 김정두, 장택상, 이용범, 이영희, 조순, 박흥규, 정존수, 홍창섭, 박용익, 이재학, 김웅조 등 기라성같은 후보들이 출전했다.

민주당에도 유성권, 최수룡 현역의원과 신상초, 조재천, 백기완, 김용진, 박종길, 설창수, 이종남, 김재곤, 김훈, 김두섭, 안동선, 고담룡 등 전직의원 등이 대거 출전했다.

대중당에는 김윤식, 김성숙, 박정근, 서민호 등 전직의원들이 출전했고, 민중당도 양우정, 하태환, 정인소, 염우량, 김준연, 홍광표, 우문 등 전직 의원들이 출전했다.

한독당에도 전진한, 홍영기, 강선규, 이희승, 진형하, 이동진 현역의원들과 김성탁, 박기운, 김천수, 고몽우, 양덕인 전직 의원들이 출전했다.
 진복기 후보는 정의당으로, 오재영 후보는 통한당으로, 김성식, 유갑종 후보들은 통사당으로 출전했다.
 민주공화당 공천에서 탈락한 박승규(장성-담양) 의원이 통한당으로 출전했다 중도 사퇴했다.

(2) 원내 안정세력 호소와 박정희 대통령의 선거유세

 민주공화당은 박정희 정부가 안심하고 일 할 수있는 원내 안정세력을 확보해 줄 것을 호소했다.
 김종필 공화당의장도 "박정희 대통령을 재선시켜 놓고 국회에 공화당 후보를 보내지 않는 것은 열매를 따라고 나무위에 올려놓고 흔드는 격"이라고 비유(比喩)하며 원내 안정세력 확보를 호소했다.
 구정치인이 집권하면 쿠데타가 일어날 것이란 발언으로 물의를 일으켰던 윤치영 전 공화당의장은 전북 유세에서 "이승만 박사가 가만히 있어도 대통령이 될 텐데 최인규가 지랄발광을 해서 자유당을 망치게 했다", "민중당, 신한당, 불한당 뭐뭐해서 열두 당으로 쪼개진 것이 무슨 놈의 당이냐", "조병옥이나 장면이가 이승만 박사밑에서 관리를 하다가 틀어졌다.", "허정이란 게 뭐길래 개인에게 과도정권을 맡기다니 언어도단이다", "박순천은 나라를 구하겠다는 박정희 씨를 욕하는데 부정, 부패, 무능으로 정권을 뺏기고 무슨 소리냐", "창피한 일이지만 내 조카 윤보선이가 신민당 하는 것은 알 수 없다"라는 등 시종일관 허무맹랑한 연설로 좌충우돌했다.

 정부는 국무위원들이 선거운동을 할 수 있도록 허용하는 선거법시행령 개정안을 법제처의 심의조차 거치지 않고 전격적으로 의결했다.
 신민당 김대중 대변인은 "선거법에서 금지하고 있는데도 정부가 파렴치하게 나온 것은 공화당이 국회의원 선거에서 자신을 갖지 못한데서 온 것이 명백하다"고 성명했고, 국무위원이 선거유세에 나설 때는 고발할 방침이라고 밝혔다.
 정부는 신민당의 반발을 무시하고 선거 사상 유례없는 국무위원 선거운동을 강행할 기세를 보였다.
 중앙선관위는 국무위원 등 별정직 공무원의 선거운동은 선거법상 불가하다는 유권해석을 내렸다.
 이에 권오병 법무부장관은 "선거법시행령 개정은 모순이 없으며 중앙선관위가 행정부의 준입법권에 속하는 이 문제에 대해 왈가왈부하는 것은 월권(越權)행위다"라고 반발했다.
 중앙선관위는 국무위원 등 별정직 공무원들의 유세를 접수하지 말라고 지시했고, 박정희 대통령은 유세를 하지않기로 결정했다.
 그러나 박정희 대통령이 공화당 후보를 측면지원하기 위해 지방 사찰에 나섰고, 중앙선관위는 찬반의 격론끝에 박 대통령은 공화당 총재로서 유세가 가능하다는 논리를 내세워 유권해석을 번복했다.
 피선된 공무원은 법에 저촉되지 않는다는 궁색한 논리에 신민당은 선관위 해석의 효력 중지를 신청하는 등 즉각 반발했다.
 박정희 대통령은 김대중 후보를 낙선시키기 위해 목포에서 선거연설원으로 등록하여 청중들에게 인사하고, 목포에서 긴급경제 각료회의도 주재하며 적극적인 선거운동을 펼쳤다.
 정일권 국무총리 등 대부분의 국무위원들이 지방출장에 나서 공화당 후보들을 측면 지원한 가운데, 박정희 대통령은 목포 역전에서 "대통령 중임을 위한 개헌을 하지 않겠다"고 약속하고, "대통령 혼자만으로 일 할 수 없으니 국회에 공화당 의원을 많이 뽑아 안정세력을 이룩해주기 바란다"고 호소했다.

(3) 영구집권 막아내자의 호소와 부정선거의 규탄

신민당은 부정선거 규탄운동을 벌여 야당 붐을 올리는 한편 "단일야당 밀어주며 일당독재 막아내자"는 구호를 내걸고, 단일 통합야당이라는 이미지 부각을 통해 유권자들의 지지를 호소할 방침을 세웠다.

지난 1963년 6대 국회의원 선거에서 공화당이 33.5% 득표율을 올린 데 비해 민정당, 민주당, 자민당, 국민의당이 50%를 얻었음을 상기시키면서 단일야당의 강점을 최대한 살리고자 했다.

신민당 유세반은 "일당독재와 영구집권을 견제하자"는 호소와 아울러 정부가 5만 명의 국군을 월남에 증파할 계획이 있다고 주장하고, 이것은 휴전선의 안전을 파괴하는 적신호라고 공세를 강화했다.

신민당은 "정부는 권력을 악용해서 신민당 선거운동원에 대한 구속, 불법연행, 협박, 보복 등을 자행하고 있다"고 사직 당국에 고발했다.

종반전에 접어들면서 한층 노골화된 지역공약 남발과 매표의 인상이 짙은 자금살포로 타락선거가 성행(盛行)하여 강한 비판에 직면했고, 동아일보는 전국 도처에서 금력, 권력, 모략선거가 펼쳐져 타락 선거의 말기증상을 보이고있다고 보도했다.

김종필 공화당의장은 "선거가 일부 몰지각한 운동원들의

불건전한 선거운동이 선거 분위기를 허위, 중상, 모략 및 과도한 선심으로 민주주의 육성을 저해하는 제요소의 만연을 가져오고 있다"고 선거 분위기를 정화하라고 공화당에 특별지시했다.

신민당은 투표통지표를 주지 않거나 유령유권자 조작과 대리투표를 감행하는 부정선거가 실시되고 있다고 규탄했다.

3. 개헌선 130석을 훌쩍 넘겨버린 민주공화당

(1) 자유당 말기 4대 총선과 엇비슷한 여촌야도(與村野都)

  이번 총선은 공화당이 103석, 신민당이 27석, 대중당이 1석으로 공화당의 압승으로 끝났다.
  44석의 전국구 의석도 공화당이 50.8%, 신민당이 39.2%의 득표율로 공화당이 27석, 신민당이 17석을 나눠가지게 됐다.
  그리하여 의석분포는 공화당이 74.3%인 130석, 신민당이 25.1%인 44석으로 나뉘었다.
  최고 득표자는 공화당의 전휴상(진안-무주-장수) 후보로 74,385표를 득표했고, 최고 득표율은 공화당 김종필(부여) 후보로 91.1% 득표율을 올렸다.
  최고령 당선자는 신민당 최희송(전국구) 후보이고, 최연소 당선자는 신민당 이기택(전국구) 후보이다.
  이번 총선에 출전했던 현역의원 114명 중 공화당 13명, 신민당 29명의 의원들이 낙선하여 낙선율은 36.8%에 달했다. 민주공화당 의원 중에는 김성진(종로), 민관식(동대문갑), 강상욱(동대문을), 조시형(부산중), 박규상(부산서), 이종순(부산진갑), 김임식(부산진을), 양극필(동래), 오상직(의성), 신영주(창녕), 최정기(광주갑), 유승원(인천갑), 신형식(고흥) 의원들이 낙선했고, 신민당은 정일형(중구), 조윤형(성북갑), 서범석(성북을), 김재광(서대문갑), 윤제술(서대문을), 유진산(영등포갑), 박한상(영등포을), 김영삼(서구), 김은하(인천을), 박영록(원주-원성), 정성태(광주갑), 김대중(목포) 의원 등만이 귀환했을 뿐이다.
  이번 선거는 서울, 부산 등 대도시에서는 야당을 지지한데 반해, 농촌은 여당이 휩쓸었다는 것이 자유당 말기인 제4대 총선 결과와 비슷한 양상이었다.
 전 지역구가 공화당과 신민당의 대결로 압축되고 군소정당이 몰락한 것은 양당정치에 대한 국민의 바람이 강력하다는 것을 입증한 것이다.
 여촌야도의 현상은 서울, 부산 21개 지역구에서 신민당이 18개 지역구를 휩쓸었는데 이는 권력에 의한 선거 분위기 조작(造作)이 도시에선 불가능했던데 비해 농촌에선 가능했기 때문으로 여겨진다.
 대도시에서 당선된 공화당 후보는 박준규(성동을), 예춘호(영도), 최두고(부산진을) 후보 등 3명이고 군(郡)지역에서 당선된 야당 후보들은 우홍구(의성), 성낙현(창녕), 서민호(고흥) 후보들뿐이다.
 정운갑 신민당 사무차장은 "공화당이 저토록 기를 쓰고 3분의 2의 의석을 확보한 것은 깊은 뜻이 있을 것"이라고 개헌론을 경계했다.
 낙선한 이충환 의원은 "시골에선 행정기관과 공화당의 수법에 당해낼 길이 없고 시골에서 당선된 신민당 후보는 일당백의 장사"라고 승리한 동지들을 칭찬했다.

(2) 본래의 취지를 벗어나 대통령 충성파와 재력가가 포진한 전국구

 민주공화당은 전국구 후보군으로 전국구의원인 정구영, 김동환, 서인석 의원의 재공천과 지역구에서 탈락한 신현확, 고광만, 이활 후보들의 구제가 논의됐다.
 김재춘, 김동하, 박원빈 등 혁명주체와 김성희, 이영근, 신동준, 문창탁, 김용래 등 사무국 직원들의 배려도 검토되었다.

각료 출신으로 전예용, 양찬우, 이동원, 임병직이, 직능대표로는 이해랑, 손재형, 송대순, 임송본, 홍승만, 김말용, 이매리, 박현숙 등이 거론됐다.

민주공화당은 정구영, 윤치영 등 당의 원로와 백두진, 이원엽 등 신입당원 및 5·16 주체 등이 포함된 29명을 인선하여 발표했다.

1번은 정구영 전 공화당 총재, 2번은 윤치영 전 공화당의장, 3번은 백두진 전 국무총리, 4번은 최희송 전 민주당의원, 5번은 김정열, 6번은 윤천주, 7번은 양찬우, 8번은 이동원 등 전직장관들이다.

9번 김동환 전 당사무총장, 11번 이영근 당사무차장, 12번 김성희 당정책연구실장, 14번 김유탁 당 기획조사부장, 15번 박노선 당 선대위 조직위원장, 16번 김용호 강원도당사무국장, 17번 김영복 경남도당 사무국장 등 사무국 출신들이 대거 진출했고 18번 이정석, 20번 김규남, 21번 이병주, 23번 이성수등 지역구 낙천자들도 발탁되는 행운을 잡았다.

민주공화당의 전국구 인선은 한마디로 공화당과 정부에 대한 공로를 우선적으로 고려한 논공행상(論功行賞)이었다.

당초의 예상을 뒤엎고 사무국 요원들을 대거 공천한 것은 대통령 선거에 대한 공로에 대한 포상이다.

그리하여 비례대표제의 본래 취지인 직능대표 원칙을 살리지 못한 결과를 빚었다. 여성계 이매리, 상이용사회 신동욱이 직능대표의 역할을 수행했을뿐이다.

예비역 장성은 최영희, 이원엽만 기용되었을뿐 김동하, 박원빈, 옥창호, 박병권 등 대부분의 혁명주체들은 탈락했다.

신민당은 윤보선, 박순천, 유진산, 정해영, 이상철, 고흥문, 김의택, 이재형, 임철호, 부완혁, 이정래, 김수한, 김성용 등의 진출이 점쳐졌다.

신민당은 당내인사는 2천만 원, 당외인사는 3천만 원을 받고 전국구를 배정하기로 신한당계, 민중당계가 합의하여 매 관매직(賣官賣職)과 다를 게 뭐냐는 혹독한 비판을 받게됐 다.
 전국구 후보를 민중당계, 신한당계가 7명씩 나눠 갖기로 했다는 소문이 퍼지자, 일부 당원들은 "7명씩 안배한 것은 제2당이 될 것을 전제하는 것으로 막바지에 오는 대통령 선거를 포기하겠다는 얘기와 다를 게 뭐냐"고 흥분하기도 했다.

민중당내에서 친신한당 서클로 알려진 명정회(明政會)소속 의원들은 지역구에서도 전국구에서도 서리를 맞아 "양다리 걸치고 맘보춤 추다 망했다"는 익살맞은 비평을 낳기도 했 다.
 공천헌금 불납으로 탈락한 김의택, 권중돈 등은 체념하면 서 "야당생활 20년을 지조 하나로 지켜왔는데 돈만으로 결 정한다면 야당 할 의의가 없지 않느냐"고 분통을 터뜨렸다.
 신민당의 공천은 비례대표 본래의 의의나 정당에 대한 공 헌 및 서열 등은 외면당하여 논공행상이나 지역 안배따위는 고려의 대상이 될 수 없었다.
 신민당내 여론때문에 나상근, 노영환의 헌금은 돌려주고, 헌금을 완납한 박재우, 이기택은 당성과 당내 서열문제로 결단을 내리는 데 고심이 있었다.
박순천, 김도연은 당 원로에 대한 대접 차원에서 김수한, 이민우 등은 당의 공로를 배려한 차원에서 헌금을 받지 않 았으나 이진호, 이기택, 연주흠, 박재우 등 무명의 실업인 들이 대거 진출한 반면 이상철, 장기영, 김의택, 정헌주, 조헌식 등 당 원로나 중진급등이 대거 탈락했다.
 12번에 확정된 이진호 후보 대신 고흥문 의원의 추천으로 편용호 후보가 승차했고, 헌금에서 자유로운 17번 이후에는 김상현, 조홍만, 김현기, 박철용, 김제만 등이 포진하여 상위순번 후보들의 사퇴만을 고대하게 됐다.

(3) 신민당사 압수수색과 부정선거에 대한 고발

이번 선거의 특징은 대체로 제2선으로 물러난 듯 하지만 행정기관의 공화당 후보에 대한 지원은 노골화됐다.

검찰은 신민당 전국구 10번 김재화 후보의 자금관련 경리장부 등을 압수하고 유진산 등 간부진을 소환하는 한편, 거래은행에서는 신민당 예금인출을 거부하는 사태로 번져갔다.

김형욱 중앙정보부장은 조총련계 자금이 불법으로 침투했다고 김재화 후보의 수사경위를 발표하면서, 수사범위는 확대하지 않겠으나 예금은 동결(凍結)하겠다고 밝혔다.

신민당은 김재화 후보는 재일교포 거류민단장을 7년간 지냈으며 자금출처의 불순을 믿기 어렵다고 반발했다.

중앙정보부 수사요원들이 신민당 중앙당사에 들이닥쳐 경리장부를 압수하자, 당원들은 "중앙당이 이 지경이니 지구당의 공포분위기는 더 말할 나위가 없겠다"고 웅성거렸다.

김형욱 중앙정보부장은 김재화의 공천헌금은 국회 침투를 위해 북괴가 조총련에 전달한 대남공작금이라고 중간수사 결과를 발표하면서, 공천헌금을 제공한 배동호, 곽동의 등은 북괴의 공작원들이라고 단정했다.

충남 예산군수가 공무원에게 공화당 후보 선거운동을 지원하고 유권자의 성분을 분석하라고 지시했다고 최영태 농촌지도원보가 폭로했다.

경북 영천 대창면 산업계장 김영달은 영천군 내무과장 남영재가 9개 항목에 걸쳐 부정선거를 감행할 것을 지령했다고 폭로했다.

전남 보성군 벌교읍장 구정모, 보성경찰서 최상영 벌교지서장은 "공개해서 안 된다는 규정이 어디있느냐"고 공개투표를 공공연하게 지시했다.
 종친회, 동창회, 친목계 등 전근대적인 사조직이 정당이라는 공조직을 무색케 할 정도로 이용되고 있고 막걸리, 들놀이, 금전살포 등으로 고유의 미풍양속을 해치고 있고, 테러, 폭로, 인신공격과 마타도어 및 흑색선전 등이 꼬리를 물고 선거전을 이끌었다.
 전남 목포에서는 지난 대선보다 유권자가 2만여 명이 증가했고, 공화당이 노동자들에게 5백원을 주며 선거 참모 승락서를 받았다고 폭로했다.
 신민당은 5인조 조직, 폭력사태에 의한 공포 분위기 조성, 지역사업 공약을 통한 허위 선전 등을 비난하며, 중앙선관위에 선거 분위기 공명을 촉구했다.
 후보자간의 상호비방이 만연하여 선거법은 사실상 사문화됐다.
 유진오 신민당수는 투표 당일 "이번 선거는 관권이 개입했다기 보다 관권이 선거를 주관한 부정선거"라고 비난하고, "부정선거 책임자의 책임을 끝까지 밝혀내고 선거법 개정 투쟁을 벌이겠다"고 밝혔다.
 구속 기소됐던 김재화 피고는 항고심에서 반공법 위반의 증거가 없다며 무죄판결을 받았다.

(4) 신민당의 부정선거 투쟁으로 3석을 추가 확보

 동대문 갑구에서는 신민당 송원영 후보가 앞서자 20여 명의 공화당원들이 개표소를 급습하여 폭력을 행사하는 등 무법천지가 되어 공화당 참관인들만이 단독으로 개표했다.
 동대문 을구와 용산에서도 공화당 후보의 패색(敗色)이 짙어지자 공화당원들이 개표소에 난입하여 기물을 뒤엎고 난동이 벌어져 개표가 중단됐다.

"부정선거 물리치자", "협잡선거 다시하자"는 구호를 외치며 남원, 곡성, 순천, 청주, 상주, 의정부, 남해, 안동 등에서 부정선거 규탄데모가 벌어져 경찰과 한때 투석전을 펼쳤다.

의성, 보성, 공주에서는 환표(換票)사건이 벌어졌고 대전, 당진, 춘천에서는 무더기 투표가 발각되어 개표가 중단되는 소동이 벌어졌다.

민주공화당은 부정선거가 노출되고 있는 20개 지역구에 대한 자체 조사를 실시키로 하고 우선 권오석 의원과 동대문갑구 조직부장 등 3명을 제명처분했다.

여수 앞바다에서 투표함이 발견되어 선관위는 투표함 수송 도중 바다에 빠져 인양작업을 했으나 찾지 못한 투표함이라고 해명했으나, 개표가 모두 끝난 상황에서는 앞뒤가 맞지 않아 부정개표 여부에 초점을 맞추고 본격적인 조사에 들어갔으나 유야무야 됐다.

민주공화당의 자체 조사 지구는 보성(양달승), 곡성-화순(기세풍), 나주(이호범), 고창(신용남), 순천-승주(김우경), 여주-양평(이백일), 여수-여천(이우헌), 서천-보령(이원장), 영천(이원우), 진안-무주-장수(전휴상), 춘천-춘성(김우영), 안동(김대진), 전주(김용진), 남원(유광현), 인천을(김숙현), 인천갑(유승원) 등이다.

민주공화당은 투·개표 과정에서 현저한 부정사실이 검찰수사에 드러난 보성지구 공화당 당선자 양달승 후보를 제명조치 했다.

박정희 대통령은 평택(이윤용), 군산-옥구(차형근), 영천(이원우), 고창(신용남), 서천-보령(이원장), 화순-곡성(기세풍) 지역구 당선자들을 수사의 공정성을 위해 추가로 제명조치하고 검찰의 수사결과를 지켜보자는 수습방안을 지시했다.

제명된 신용남(고창), 기세풍(화순-곡성) 의원들은 공화당의 종용을 받고 의원직을 사퇴했다.

민주공화당은 개헌선의 파기(破棄)를 눈가림하고, 무소속 의원들의 교섭단체구성을 노려 박병선(예산), 이호범(나주), 양찬우(전국구), 최석림(충무-통영-고성) 의원들을 추가 제명하는 꼼수를 자행했다.

화성 지역구선관위는 재검표결과 4,677표의 무효표 중에서 김형일 후보 유효표 1,299표를 되찾아 995표차로 당락(當落)이 번복됐다고 당선자를 번복의결했다.

서울지검은 화성에서 공화당 후보로 출전했다 제명된후 당선사퇴서를 제출한 권오석 후보를 선거 자유 방해 혐의등으로 구속했다.

검찰은 보성에 제철공장 건설을 지시했다는 대통령 각서를 변조(變造)한 혐의 등으로 양달승 당선자를 구속했다.

검찰은 공소시효를 앞두고 공화당의 권오석(화성), 양달승(보성), 차형근(군산-옥구), 이호범(나주), 박병선(예산), 신민당의 김대중(목포), 박병배(대전), 임갑수(동래), 정해영(전국구) 등 9명의 당선자를 선거법 위반 혐의로 기소했다.

대법원 일부 선거무효로 실시된 보성의 재선거에서 낙선자인 신민당 이중재 후보가 당선자인 양달승 후보를 964표차로 꺾고 뒤늦게 의원직을 승계했다.

신용남 의원의 의원직 사퇴에 따른 고창의 보궐선거에서는 대중당 공천을 받은 신용남 후보가 신민당 김상흠 후보를 꺾고 당선됐고, 기세풍 의원의 의원직 사퇴에 따른 화순-곡성의 보궐선거에서는 신민당 양회수 후보가 대중당 기세풍 후보를 꺾고 설욕했다.

대법원의 선거무효 판결로 실시된 나주 재선거에선 공화당 이호범 후보가 신민당 정명섭 후보를 다시 한번 꺾고 의원직을 이어갔고, 일부 지역 선거무효 판결로 실시된 고성-통영 재선거에서는 신민당 김기섭 후보의 등록이 무효되어 공화당 최석림 후보의 당선이 확정됐다.

이로써 신민당의 부정선거 투쟁으로 화성(권오석 〉김형일), 보성(양달승 〉이중재), 곡성-화순(기세풍 〉양회수)의 당선자를 바꾸었을 뿐 나주, 고창, 고성-통영에서는 성과를 거두지 못했다.

(5) 명분도 실리도 잃고 4개월만에 국회에 등원한 신민당

신민당은 과도한 금력 난무 및 공화당 후보에 대한 행정지원 등으로 전례없는 부정선거였다는 지적과 함께 선거무효 선언과 의원등록 거부, 부정선거 규탄 범국민운동을 전개하기로 했다.

박정희 대통령을 비롯한 정부·여당의 주요 간부들은 장기집권을 위한 개헌을 염두에 두고 무리라는 것을 알면서 부정과 불법선거를 자행하거나 묵인했는지도 모를 일이다.

김종필 공화당의장은 "개헌의 가능성은 기우(杞憂)에 불과하며 4·19의 역사적 교훈으로써도 개헌은 현실적으로 성립되기 어렵다"고 겉으로는 표현하면서도, "한국의 정치적 안정과 경제부흥을 이루자면 장기 집권을 해야한다"고 그의 소신을 밝힌바있기 때문이다.

"6·8 총선은 국민이 납득할만한 깨끗하고 공명한 선거가 아니었다"고 신직수 검찰총장은 견해를 밝혔지만, 검찰은 부정선거의 배후를 밝히지 못한 채 고위 관리에게는 무혐의로 손도 못 대고 현지 무마용의 송사리만 구속하여 수박 겉핥기라는 비난만을 받았다.

박정희 대통령은 선거 주무장관인 엄민영 내무장관을 경북 영천 출신으로 국민의당 출신인 이호 전 내무부장관을 임명하고, 6·8 부정선거는 민주적으로 시정하겠다고 약속했다. 서울법대생들이 부정선거를 규탄하는 데모를 벌여 경찰과 충돌했으며 165명이 연행됐다.

서울대에 이어 고려대, 연세대 등으로 규탄데모가 번지자 11개 대학이 임시휴강에 들어갔다.

신민당이 총선 무효화 투쟁을 전국적으로 전개한 상황에서 대한변호사협회에서도 부정선거 지역구의 책임자를 엄벌하고 내각은 총사퇴하라는 성명을 발표했다.

유진오 신민당수는 "박정희 대통령이 부정선거의 책임을 기피, 호도하고 국민의 공분을 끝내 외면한다면, 그로 인해 야기될 정국의 혼란과 여하한 사태발생에 대해서도 대통령 자신이 책임져야 할 것"이라고 경고했다.

신민당은 투개표 부정, 언론방해 등 7개항의 불법 부정선거를 담은 6·8부정선거 백서를 발표하기도 했다.

정국 수습을 위해 공화당은 부정선거구를 확대하지 않을 방침이고, 신민당은 무의미한 협상에는 불응하겠다는 입장이어서 정국수습이 지구전이 될 전망이다.

유진오 신민당수는 정치투쟁을 뒷받침하기 위해 후보자들의 개별소송을 병행하여 전국구, 지역구 가릴 것없이 선거무효 일괄(一括)소송을 제기했다.

정부, 여당에서는 부정선거 규탄대회에서 박정희 대통령의 하야와 인책을 주장한데 대해 이성을 잃은 행동은 사태를 더욱 악화시킬 것이라고 경고했다.

민주공화당은 신민당이 등원을 거부한 상황에서 국회의장에 이효상, 부의장에 장경순을 선출하고, 야당 의원 등원 촉구결의안을 채택했다.

신민당 당선자들이 대통령 결단만이 관건이며, 재선거할때까지 등록을 거부하겠다는 성명을 발표했다.

이효상 국회의장은 부정조사위원회설치, 부정선거에 공동사과, 책임자 인책, 여야 중진회담 개최 등 7개항의 시국수습 방안을 제안했으나, 신민당은 대통령의 단안을 촉구하며 즉각 거부했다.

박정희 대통령은 "6·8 총선이 유종의 미를 거두지 못한데 대해 그 원인이 어디 있든지 행정부 책임자로서 미안하게 생각한다"면서, 신민당이 시국 수습의 전제로 촉구해온 제2의 단안에 대해서는 "내가 할 수 있는 일은 다했다"라고 말함으로써 이를 명백히 거절했다.
이에 유진오 신민당수는 시국수습 4개항에 변함이 없으며 부정을 시인하면 협상할 용의가 있다고 피력했으며, 신민당은 박정희 대통령의 기자회견을 무책임한 발언이라고 논평했다.
신민당은 전면 부정선거 시인을 고수하며 국회상임위 배정의 철회를 요구하며 협상 준비를 위한 회담도 거부했다.
민주공화당에서는 김종필, 유진오 회담을 제의했으나 신민당은 정당 대 정당 회담을 거부하고, 전권 대표자 회담을 제의했고 공화당은 신민당의 제의를 수락했다.
민주공화당의 백남억, 김진만, 신민당의 윤제술, 김의택 대표들은 전권 대표자 회담에서 부정선거 시인이나 사과에 대한 언급없이, 야당의원 등원과 동시에 국회의 결의로써 부정선거에 대한 입장을 밝히기로 했다.
또한 전권 대표들은 선거 부정 조사위를 구성하여 조사위에 강제수사권을 부여하고, 정치사찰 금지에 대해 입법화하고 신민당이 등원하기로 합의했다.
민주공화당은 조사위 구성에 양보하고, 신민당은 부정선거 시인과 사과에서 후퇴하여 부정선거 재발 방지에만 역점을 둔 협상 결과였다.

그리하여 무엇을 위한 투쟁이었고 무엇을 얻기위한 등원 거부였는지가 애매해졌으며, 차라리 3선개헌을 하지않겠다는 약속을 받았더라면 우리나라의 정치는 어느 방향으로 흘러갔을까하는 아쉬움만을 남겼다.

신민당의 전국구 당선자인 김용성 후보가 돌연 국회 개원 104일만에 등록을 감행했다.

신민당은 "야당분열을 꾀하는 공화당과 중앙정보부 압력의 소산"이라고 비난하고, 김용성 의원을 제명했다.

신민당 당선자들은 아무런 성과없이 4개월을 넘겨 의원등록을 마치고 변칙국회가 정상화되도록 도와주고 요직 인선에 들어갔다.

4. 제7대 국회에 등원하는 의원들의 면모(面貌)

> 민주공화당: 130명

○서울(1명): 박준규(2선의원)
○부산(2명): 예춘호(6대의원), 최두고(6대의원)

○경기(11명): 이병희(6대의원), 이진용(언론인), 차지철(6대의원), 오치성(6대의원), 이백일(6대의원), 서상린(6대의원), 이윤용(경기도의원), 권오석(6대의원), 신윤창(6대의원), 김재소(회사장), 오학진(6대의원)

○강원(8명): 김우영(변호사), 최익규(강릉상공회의소장), 이승춘(6대의원), 장승태(체신공무원 교육원장), 김재순(2선의원), 김종호(6대의원), 이우현(경희대교수), 김진만(3선의원)

○충북(8명): 정태성(6대의원), 민기식(육군참모총장), 이종근(6대의원), 육인수(6대의원), 안동준(3선의원), 정직래(고교교장), 오원선(보사부장관), 김유택(한국은행총재)

○충남(12명): 김용태(6대의원), 김달수(2대의원), 양순직(6대의원), 김종필(6대의원), 이원장(4대의원), 장영순(법무부장관), 박병선(육군군의관), 이상희(6대의원), 김두현(대구고법 부장판사), 이민우(4대의원), 김종철(4대의원), 길재호(6대의원)

○전북(11명): 김용진(서울시 내무국장), 차형근(변호사), 김

성철(6대의원), 유범수(완주군수), 전휴상(2선의원), 한상준(2선의원), 유광현(6대의원), 박두선(한국제련공사사장), 신용남(대한국민항공사장), 이병옥(6대의원), 장경순(6대의원)
○전남(16명): 정래정(6대의원), 이우헌(6대의원), 김우경(6대의원), 고재필(민의원 통제조사국장), 기세풍(정당인), 이현재(전남일보 논설위원), 양달승(대통령 비서관), 길전식(6대의원), 윤재명(현대평론사장), 정간용(정당인), 김병순(3선의원), 배길도(6대의원), 이호범(재무부차관), 박종태(6대의원), 윤인식(사회사업가), 이남준(6대의원)

○경북(18명): 이만섭(6대의원), 이원만(2선의원), 이효상(2선의원), 김장섭(3선의원), 백남억(2선의원), 이상무(6대의원), 김성곤(2선의원), 김봉환(6대의원), 김대진(경북도 사무국장), 문태준(육군군의관), 오준석(중정분실 과장), 이원우(공보부장관), 박주현(회사장), 송한철(6대의원), 김천수(의사), 이동녕(2선의원), 정진동(6대의원), 김창근(6대의원)
○경남(14명): 한태일(경남모직사장), 구태회(2선의원), 최석림(3선의원), 김주인(6대의원), 조창대(6대의원), 김용순(6대의원), 김창욱(서울고검 부장검사), 김삼상(경남도의원), 공정식(해병대사령관), 노재필(6대의원), 설두하(중학교장), 김택수(6대의원), 최치환(2선 의원), 민병권(6대의원)

○제주(2명): 양정규(국무총리비서관), 현오봉(2선의원)

○**전국구**(27명): 정구영(6대의원), 윤치영(4선 의원), 백두진(5대의원), 최희송(3선 의원), 김정열(국방부장관), 윤천주(문교부장관), 양찬우(내무부장관), 이동원(외무부장관), 김동환(6대의원), 최영희(육군참모총장), 이영근(중앙정보부차장), 김성희(서울대교수), 이원엽(안보회의 상임위원), 김유

탁(육사교수), 박노선(전북대교수), 김용호(강원도 내무국장), 김영복(회사장), 이정석(5대의원), 신동욱(상이군경회장), 김규남(국방대강사), 이병주(의사), 이매리(문학박사), 이성수(대한교련부회장), 신동준(동아일보 정치부장), 김익준(서울대조교수), 이원영(회사장), 이영호(풍림건설 회장)

신민당: 44명

○서울(13명): 유진오(고려대총장), 정일형(5선의원), 송원영(경향신문 정치부장), 장준하(사상계 대표), 조한백(3선의원), 조윤영(2선의원), 서범석(4선의원), 김재광(6대의원), 윤제술(4선의원), 김홍일(외무부장관), 김원만(2선의원), 유진산(4선의원), 박한상(6대의원)

○부산(5명): 김응주(2선의원), 김영삼(3선의원), 박기출(의사), 정상구(참의원), 임갑수(서적 판매상)

○경기(2명): 김정달(인천시장), 김은하(6대의원)
○강원(1명): 박영록(6대의원)
○충남(1명): 박병배(2선의원)
○전남(2명): 정성태(4선의원), 김대중(2선의원)
○경북(2명): 조일환(2선의원), 우홍구(5대의원)
○경남(1명): 성낙현(정당인)

○**전국구**(17명): 박순천(4선의원), 김도연(5선의원), 정해영(3선의원), 고흥문(6대의원), 이재형(4선의원), 정운갑(4대의원), 한통숙(2선의원), 김성용(6대의원), 연주흠(강남신문사장), 편용호(한국일보 정치부장), 박재우(실업인), 이기택(고려대졸), 이민우(2선 의원), 김수한(신한당 대변인), 김상

현(6대의원), 조흥만(치안국장)

대중당: 1명

○전남(1명): 서민호(3선의원)

제2부 박정희 장기집권을 겨냥한 3선(三選)개헌

제1장 정국의 최대화두(話頭)는 3선개헌
제2장 유야무야된 6·8 부정선거의 파장(波長)
제3장 남침 야욕에 불탄 끊임없는 북괴의 도발(挑發)
제4장 급변하는 세계속에서 한국의 위상(位相)

제1장 정국의 최대화두는 3선(三選)개헌

1. 개헌을 염두에 두고 부정선거로 얼룩진 제7대 총선
2. 개헌의 의중(意中)을 드러낸 국민복지회 파동
3. 개헌을 부인하면서 은밀하게 추진한 3선개헌
4. 심야에 민주공화당 단독으로 개헌안 변칙의결
5. 영남권의 압도적 찬성으로 3선개헌안 확정

1. 개헌을 염두에 두고 부정선거로 얼룩진 제7대 총선

(1) 선거운동 기간중에도 부정선거 시비가 자자(藉藉)

신민당은 "정부는 권력을 악용해서 신민당 선거운동원에 대한 구속, 불법 연행, 협박, 보복 등을 자행하고 있다"고 구체적인 사례를 들어 부정선거를 밝혔다.

유진오 신민당수도 "산림법 위반을 빙자한 야당 선거운동원 구속과 친야 인사의 관허영업체에 대한 세무사찰을 빙자한 영업방해가 행해지고 있다"고 주장했다.

유권자에의 음식물 제공 등 선심공세로 말미암은 금권의 난무는 절정에 달해 금권선거의 양상이 두드러졌고, 후보자 상호간의 비방과 호별 방문 등의 성행 등으로 국회의원선거법은 사실상 사문화됐다.

농촌 지방에서의 막걸리 공세로 대낮에 부녀자들이 만취(滿醉)하여 옷매무새를 흐트린 채 장구치고 북치며 대로를 활보하는 사태도 빈번했다.

신민당은 "3천만 모두를 타락시키려는 공화당의 가공할 금력선거의 여파"라고 극언했다.

농업정책, 물가고, 한일수교, 월남파병, 부정부패 등 굵직굵직한 정책을 둘러싼 쟁점은 사장(死藏)되고, 쟁점없는 선거전에서 공화당 후보들의 즉흥적이고 실현가능성이 희박한 지역사업 공약만이 남발됐다.

1개 선거구에 230여 건에 이르는 지방사업 공약에 "정부와 여당의 조직적인 국민기만"이라는 비판을 받기도 했다.

최대 격전지로 꼽히는 전남 목포에서는 선거를 앞두고 유권자가 1만 2천여 명이 급증하여 부정투표가 우려되기도 했다.

서울지검 공안부는 신민당 비례대표 10번인 김재화를 조총련계 공작원의 자금으로 신민당에 공천헌금을 냈다고 반공법 위반 혐의로 자금중개자 4명과 함께 구속했다.
　신민당 유진산 의원은 자금출처에 대해 불순하게 생각되지 않는다고 해명했다.
　신민당의 거래 은행인 상업은행 홍제동지점에서는 신민당의 예금인출을 거부했고, 검찰은 백낙민 부장판사로부터 신민당사의 압수수색영장을 발부받아 경리 장부 일절을 압수했다.
　김형욱 중앙정보부장은 조총련계 자금이 신민당으로 불법 침투됐으며 수사범위를 확대하지 않겠으나, 신민당의 예금은 동결하겠다고 밝혔다.
　이에 신민당 유진오 당수는 극한 투쟁도 불사하겠다고 선언했다.
　김형욱 중앙정보부장은 김재화의 공천헌금은 북괴의 공작원 배동호가 북괴로부터 전달된 대남공작금 4천 3백만 원을 곽동의 등 명의를 빌려 모금한 것처럼 위장한 것이라고 신속하게 중간수사 결과를 발표했다.
　그러나 선거가 끝난 이후 재판정에서 반공법위반 등으로 구속된 김재화 피고는 공판정에서 공소사실을 모두 부인했고, 유진산 의원도 조총련 자금이 아니라고 검찰 심문에서 부인했다.
　공화당 신동준 대변인이 "신민당이 전국 곳곳에서 매표행위를 하고있다"며 "금품 살포를 즉각 중지하라"고 성명을 발표한데 대해, 신민당 김수한 부대변인은 "돈은 누가 뿌리는데 정말 적반하장격"이라며 "배꼽이 웃는다"고 한바탕 웃어보였다.
　충남 예산군 농촌지도원보 최영태는 사표를 제출하고 예산군수가 선거운동을 강요했다고 폭로했다.

경북 영천군 대창면 산업계장 김영달은 영천군 내무과장으로부터 오후에 대리투표 하라는 등의 9개항의 지령을 받았다고 폭로했다.

전남 보성군 벌교읍장 구정모, 벌교지서주임 최상영은 선관위원 44명을 초치하여 "자발적인 공개투표는 위법이 아니다"면서 투표자들이 투표용지를 접을 때 양달승 후보에게 기표한 것이 보이게 하더라도 묵인할 것을 요구했다.

이에 신민당 선관위원이 "투표의 비밀은 헌법에 규정되어 있다"고 항의하자, "공개해서 안 된다는 규정이 어디 있느냐"고 호통을 치며 공개투표를 주장했다.

유진오 신민당수는 기자회견을 열고 부정을 계속하면 의원등록을 거부하겠다고 경고했다.

(2) 박정희 대통령의 선거유세에 대한 불법시비

정부는 총선에 임박하여 국무회의에서 국무총리 등 국무위원들이 선거운동을 할 수 있도록 대통령과 국회의원선거법 시행령개정안을 전격적으로 의결했다.

"별정직 공무원들의 선거운동은 불가하다"는 유권해석을 내린데 이어 중앙선관위는 "별정직 공무원의 선거연설원 등록을 하지말라"고 지역구 선관위에 지시했다.

이에 권오병 문교부장관은 "행정부의 준입법권 문제에 대해 왈가왈부하는 중앙선관위의 유권해석은 월권행위"라며 "국무위원 등의 선거운동을 허용한 법령개정은 모순(矛盾)이 없다"라고 반박했으나, 공화당은 박정희 대통령의 공화당 후보지원을 위한 지방유세를 포기하기로 결정했다고 밝혔다.

홍종철 공보부장관은 "정부의 별정직 공무원들의 선거운동은 정당하다는 법해석은 옳지만 대통령 선거유세는 중지한다"고 부연하여 설명했다.

그러나 신범식 청와대대변인은 "박 대통령은 목포에서 정치연설을 할 계획은 없으며 다만 인사만을 할 예정이다"라고 연막전술도 펼쳤다.

민주공화당은 박정희 대통령이 행정 시찰의 명목으로 지방출장을 매일 다니며 공화당 후보를 지원하고 국무총리 등 국무위원들이 전국 각지에 행정 시찰차 출장이란 편법으로 선거운동을 지원하기도 했다.

민주공화당 수뇌부는 안정이란 미명(美名)하에 개헌선을 확보하기 위해 대통령과 국무위원의 선거운동이 필요했기 때문이라고 해명했다.

선관위는 찬반 격론을 벌이고 표결끝에 "피선된 공무원은 선거법의 저촉이 안 된다"고 유권해석을 번복하여, 대통령은 유세가 가능하도록 허용했고 신민당에서는 즉각 반발했다.

박정희 대통령은 "별정직 공무원들의 선거운동 개정조치는 타당한 것이라는 소신에 변함이 없다"면서, "통례적으로나 외국의 경우를 보아도 대통령은 유세할 수 있다고 본다"고 하면서도 유세가 허용된다 해도 나서지 않을 것이라고 측근들이 밝혔다.

국무위원 등 고위공무원의 지방출장 사태 등은 야당으로부터 공화당 후보 측면지원을 위한 불법행위라고 규탄받고 있다.

박정희 대통령은 선거연설원으로 목포 지역구 선관위에 신고하고 목포에서 긴급 경제장관회의를 주재하고 호남 공업화 문제를 협의한다고 발표했다.

박정희 대통령은 신민당 대변인 김대중 후보와 진검승부를 펼치고 있는 공화당 김병삼 후보 지원 연설을 목포역 광장에서 실행했다.

국무총리를 비롯한 대통령을 수행한 국무위원들은 "지방사업도 야당의원이 당선되면 추진 않겠다. 목포가 발전되지 않아도 좋을지 목포시민들이 알아서 할 일이며 목포의 눈물이 될지 목포의 웃음이 될지 두고 보시오"라는 등 협박도 서슴지 않았다.

(3) 공화당이 개헌선(117석)을 돌파한 선거 결과

전례없이 혼탁한 분위기 속에서 실시된 선거결과는 공화당이 개헌선(117석)을 돌파하는 결과를 빚어내어 비상한 주목의 대상이 됐다.

신민당은 서울과 부산 등 대도시에서 우세했으나 공화당은 농촌지역을 싹쓸이했다.

전국에서 의성과 창녕을 제외한 농촌지역을 공화당이 석권하여 131개 지역구를 공화당이 103개, 신민당이 27개, 대중당이 1개 지역구를 차지했다.

비례대표는 공화당이 60.8%, 신민당이 39.2%의 득표율로 공화당 27석, 신민당 17석을 나눠가졌다.

현역의원 114명이 출전하여 42명이 낙선했다. 공화당 의원들은 13명이 낙선한 반면, 신민당 의원들은 29명이나 낙선했다.

신민당 현역의원 36명이 출마하여 겨우 7명만이 당선됐을 뿐이다.

이번 선거는 타락선거, 부정선거라는 오명으로 얼룩졌다.

전례없는 금권과 권력의 난무, 폭력, 데모, 야당 참관인 추방, 대리투표, 공개투표, 야당후보 참관 거부, 선거보이콧 등 불법사태와 불상사를 빚어낸 가운데 공화당은 헌정사상 처음으로 원내 3분 2선인 117석을 돌파하는 130석을 석권하는 충격적인 사실을 만들어냈다.

선거의 타락과 부정, 그리고 공화당의 개헌선 돌파는 이 나라 민주주의 존립을 위태롭게 하는 사태가 아닌가 우려됐다.
 이번 선거는 투표 성향면에서 옛 자유당 시대와 같이 "도시는 야당, 농촌은 여당"이라던 전통적 선거관념을 되돌려 놓았다.
 이는 정부 여당의 권력과 후광이 아직도 농촌유권자에겐 큰 영향을 주는 반면 도시유권자에게는 별로 힘을 발휘하지 못한 결과였다.
 6대 선거 때는 공화당, 민정당 양대 정당이 53.6%의 득표에 불과했지만 이번 선거에는 83.4% 득표율을 올렸다.
 군소정당이 1석에 그친 것은 양대 정당에 대한 염원의 결과였다.
 서울지검 공안부는 선거 연설에서 "북괴의 농촌에는 전기가 들어가 있는데 우리 농촌은 아직도 전기도 들어오지 않고 잘 못 살고 있는데 박정희 정권이 무슨 일을 잘했다는 것이냐"의 발언을 한 신민당 김두한 후보를 북괴의 찬양, 고무등의 혐의로 구속하고, 지난 대통령 선거 때 허위사실을 공표한 신민당 박기출 후보를 긴급 수배했다.

(4) 선거 결과 후유증과 부정선거 회오리

 대전에서도 투표소에 괴한이 난입하여 야당 참관인들을 축출하고 무더기 투표가 자행됐다.
 의성, 보성, 공주에서는 야당후보에게 투표한 묶음 양쪽에 공화당 후보에 기표한 한 장씩을 붙인 1백장 묶음이 발견되어 항의하는 소동이 벌어졌다.
 전북 고창에서는 1만여 명을 대리투표 했다고 운전기사가 폭로했다. 고창군청에서 암호 대장을 만들어 공화당에 건네

줬고, 차량 17대를 동원하여 순회투표를 강행했다고 운전기사 김종옥이 밝혔다.

경기도 화성구에서 재검표 결과 무효표에서 빈대표, 올빼미표, 쌍가락지표 가운데서 김형일 후보표 1,299표를 찾아내어 당락이 번복됐다.

대검은 대통령의 지시각서를 변조한 혐의로 전남 보성 양달승 당선자와 공개투표 혐의로 벌교읍장 등을 구속했다.

서울법대생들이 부정선거를 규탄하는 데모를 벌여 경찰과 충돌했으며 165명이 연행됐고, 전북 군산에서도 3천 명이 운집하는 데모가 벌어자는 등 전국 곳곳에서 부정선거 항의 데모가 속출했다.

부정선거에 대한 규탄데모가 번지자 서울대, 고려대, 연세대 등 11개 대학교가 임시휴강에 들어갔다.

부정선거 규탄데모가 전국적으로 번지자 대학 28개교와 고등학교 129개교가 휴교에 들어갔다.

서울시경은 관하에 선거 관계서류를 소각하라는 지령을 시달했다.

신직수 검찰총장은 선거문서 소각은 무방하며, 데모주동 학생엔 형벌권을 발동하겠다고 경고했다.

박정희 대통령은 부정선거 여부논쟁을 둘러싼 여야의 격돌이 학원에까지 번져 대학생들이 데모를 하는것은 개탄할 일이며 이를 강력히 막도록 지시했다.

신민당은 총선 무효화 투쟁위원회를 구성하여 부정선거 책임자를 즉각 문책하고 엄단하라고 촉구했다.

민주공화당은 당초의 자체조사를 동대문갑, 화성, 보성에 국한하고 검찰의 수사결과를 지켜보기로 했고, 신민당은 전국적인 성토대회 준비에 들어갔다.

민주공화당은 양달승 당선자를 제명조치했으나 양달승 당

선자는 이에 상관하지 않고 의원 등록했다.

 신민당은 전면 재선거를 주장하고 있는데 반해 공화당은 권오석(화성), 양달승(보성) 당선자들을 제명조치하고 화순-곡성(기세풍), 나주(이호범), 고창(신용남), 순천-승주(김우경), 여수-여천(이우헌), 서천-보령(이원장), 영천(이원우), 진안-무주-장수(전휴상), 춘천-춘성(김우영), 안동(김대진), 전주(김용진), 남원(유광현), 서대문갑(김용우), 인천을(김숙현), 인천갑(유승원) 등 지역구는 자체 조사하기로 결정했다.

 민주공화당은 평택(이운용), 군산-옥구(차형근), 영천(이원우), 고창(신용남), 서천-보령(이원장), 화순-곡성(기세풍)의 당선자를 추가로 제명했다.

 김종필 공화당의장은 "난동이나 부정을 공화당만 저지른 것처럼 보도하고 야당이 한 것은 보도하지 않으니 부당하지 않으냐"고 신문사에 항의했다.

 민주공화당 김재순 의원은 "왜 진팀(야당)의 응원만 열띠게 하느냐"고 신문의 논조에 대해 공박했다.

 서울지검은 화성개표 부정을 배후 조종한 혐의로 화성 당선자 권오석 후보와 권오석 후보의 사촌동생을 포함한 6명을 함께 구속했다.

 서울지법은 화성 지역구 부정개표혐의로 권오석 피고에 징역 3년을 선고했다.

 부정선거에 대한 검찰수사에 부정선거의 배후를 밝히지 못한 채 고위관리엔 무혐의로 손도 못 대고 현지여론을 무마하기 위한 수박 겉핥기라는 비난에 휩싸였다.

 그러나 신민당은 부정선거 수사를 "물에 빠진 사람 지푸라기라도 잡는다는 식으로 못 믿을 검찰이라도 믿어보려는 심정은 딱하기만 하다"고 한숨을 내쉬었다.

2. 개헌의 의중(意中)을 드러낸 국민복지회 파동

(1) 박정희 대통령의 역린(逆鱗)을 건드린 정세보고서

향토예비군 설치반대 유세에서 신민당 유진오 당수는 "박정희 대통령은 3선개헌을 해서라도 출마할 생각이 있는가 없는가를 명백히 해 줄 것을 공개 질문한다"고 밝혔으나, 거기에 대한 응답은 전혀 없었다.

민주공화당은 돌연 1968년 5월 25일 친김종필계의 중진의원인 김용태 당무위원과 최영두 6대의원, 송상남 전 중앙위원 등 3명을 제명조치했다.

민주공화당은 "이들이 한국국민복지회를 조직하여 그 목적과는 달리 포섭대상을 교육을 받은 당원 및 청년봉사회장 등으로 조직하여 공화당 조직상의 큰 혼란을 가져오게했다"고 공식적인 발표가 있었다.

그러나 이들의 제명사유는 한국국민복지회라는 조직이 단순한 분파행위일 뿐 아니라 비밀결사로서 김종필 공화당의장을 1971년 대통령 선거에 밀기 위한 당내 분파행동을 한때문으로 알려졌다.

김재순 공화당 대변인은 "공화당은 정치목적을 위한 당내 서클을 전면 인정치 않는다는 방침에 따라 이들을 징계위에서 제명결의 하게됐다"고 공식적으로 밝혔다.

김종필 공화당의장은 "이 사건을 계기로 공화당 총재인 대통령을 괴롭히지 않고 대통령이 뜻하는 바대로 일사불란한 당으로 나아가야 한다"고 강조했다.

국민복지회는 회장 김용태, 부회장 최영두, 사무국장 송상남(공군 예비역 대령)으로 서울에 사무소를 두고 각 도에 신윤창(경기), 이승춘(강원), 오원선(충북), 유광현(전북),

박종태(전남), 이원만(경북), 예춘호(부산-경남) 등 지도위원을 선정했다.

수사기관에 연행됐다 풀려난 김용태 의원은 어두운 표정으로 "비가 오면 비를 맞을 것이고 바람이 불면 바람을 맞을 것"이라며, "어떻게 하든 잡으려고 드니 구실이야 얼마든지 있지 않겠느냐"고 독백했다.

김종필 공화당의장은 "모든 공직에서 은퇴하고 싶다. 1971년과 관련지어 공연히 나를 들먹이지 말고 가만히 내버려두면 좋겠다. 김용태 의원이 왜 그런 짓을 했는지 모르겠다. 정치에서 손을 떼고 농장에 나가서 농사나 지었으면 마음 편하겠다"고 읊조렸다.

제명된 최영두 국민복지회 부회장은 "문제된 시국판단서는 송상남 사무국장이 개인적으로 만든 것이며, 1971년 선거에 김종필 당의장을 대통령으로 밀 것을 논의한 적이 한 번도 없었다"면서, "복지회는 지방조직이 없으므로 이원조직이 아니며 단순히 농촌을 중심으로 국민 신생활운동을 전개하려 했다"고 해명했다.

김종필 공화당의장이 두 차례의 자의 반 타의 반의 외유를 강요당했던 사건 이후 이번 제명 파동만큼 공화당에 가장 커다란 충격을 준 사건은 없었다.

국민복지회가 문제가 된 것은 포섭 대상자들에게 전달된 정세보고서에서 박정희 대통령을 모독(冒瀆)하는 내용이 담겨 있었고, 대통령의 시정 방향과 3선개헌 저지에 관한 내용이 박 대통령을 격분시켰기 때문이라고 알려졌고, 3선개헌으로 영구집권을 구상하고 있는 박 대통령의 의중을 모른 채 3선개헌 저지라는 명분을 걸고 조직화를 시도한 것은 역린을 건드린 무모한 행위였을 뿐이다.

(2) 김종필 당의장의 차기집권에 대한 견제세력의 공고화

민간인으로 5·16혁명에 가담한 김용태 의원은 김종필 의장의 차기 집권을 자신의 일인 양 꾸준히 포섭하고 활동해 온 그의 제명은 김종필계의 비극이었다.

그들은 시국비판서와 행동강령에서 1971년에 대비해서 3선개헌을 저지하는 등 호헌(護憲)투쟁을 벌여 김종필 당의장을 차기 대통령으로 밀기 위한 비밀 포섭 공작을 전개했다.

김종필라인이 처음으로 서리를 맞은 첫 시련으로 창당이래 반김종필 라인은 행정부, 공화당 및 국회에서 꾸준히 세력기반을 굳혀 온 데 반해 주류는 부단히 후퇴를 강요당해 왔다.

이후락 비서실장, 정일권 국무총리, 길재호 사무총장, 김성곤 재정위원장, 김진만 원내총무 등이 모두 반김종필 라인으로 분류되고 있다.

김용태 의원의 포섭 공작은 주류가 실지(失地)를 회복하고 활로를 타개해보려는 몸부림이었다. 그리하여 주류계의 비주류계에 대한 선전포고 혹은 주류자폭론으로 평가되고 있다.

1971년을 노리는 공화당 내의 집권 경쟁이 분화구를 찾아 폭발한 것으로 해석되고 있다.

공화당내 집권 경쟁을 둘러싼 주류와 비주류간의 반목(反目)투쟁의 소산이며, 김용태 의원의 제명이 표면적으로는 분파행동 때문이지만 본질적으로 주류거세의 단면으로 보기 때문이다.

비주류가 완전 포진한 공화당내 정치의 환경 속에서 그의 1971년에의 구상은 무산하고 만 것인가, 1971년에의 구상은 공화당 총재인 박정희 대통령에 대한 헌신적인 충성에서 어렴풋이나마 짐작할 수 있었다.

오늘의 JP는 그 자신은 없고 대통령에 대한 충성만을 앞세우는 것이 그의 당면과제라는 사실을 엿볼 수 있다.

1971년에 정권이 야당에로 넘어가리라고 믿는 사람은 공화당내에 별로 없다. 그것은 정권 수임 가능자로서의 야당에 대한 불신보다도 우리나라 정치의 구조가 아직 정권교체의 단계까지는 발전하지 못했다는 감각 때문이다.

반면 집권층 내부에서 조용한 정권 이전(移轉)이 이루어질 수 있느냐에 대한 막연한 회의가 나돌고있기 때문이다.

이것은 20년의 헌정사에서 평화적 정권교체를 체험해보지 못했던 정치불신에서 연유되지만 현실 정치의 운용에서도 변칙적이고 순리를 벗어난 데에서도 회의를 자아내게 된다.

박정희 대통령이 목포유세에서 "연임 개헌을 하지않는다"고 공언했으나, 김용태 의원 제명사유가 3선개헌 저지 운운 대목이었다는 것은 상반되고 있기때문에 어리둥절할 뿐이다.

박정희 대통령은 이승만 대통령의 전철(前轍)을 밟지 않겠다고 명백히 밝혔고, 김종필 공화당의장도 "박 대통령은 그의 재임 중에 현행 헌법의 단 한 자라도 고치지 않을 것"이라고 확인했음을 미루어 볼 때 3선개헌에 대한 회의는 기우에 불과할 뿐이다.

평화적 정권교체의 정당성을 뒤엎을 가치 기준은 우리 정치에 있을 수 없으며 그러기에는 4·19의 교훈을 짓밟는 또 하나의 비극을 예상할 수 있기 때문이다.

김종필의 차기 집권을 견제하겠다는 것이 비주류의 기본입장은 분명하나 그 대안은 지금으로서는 선명치 않다.

다만 정계 개편론, 제2당 추진설, 내각책임제 등이 정치정보시장에 나돌고 있을 뿐이다.

결국 1971년을 앞둔 모든 의문에 대한 해답은 궁극적으로는 박정희 대통령 자신만이 풀 수 있는 것이다.

1971년을 향한 집권경쟁을 놓고 새로운 폭풍을 몰고 올지도 모를 불연속선은 계속 풀리질 않고있어 공화당의 기류는 착잡하기만 하다.

독재자 시절에 독재자 이후 문제는 가장 터부시되는 상황에서 1971년 대선을 향한 갈등이 어떤 풍파를 일으킬 것인지 자못 궁금한 상황에서 이번 사건은 공화당내 주류와 비주류간의 세력균형을 크게 깨드려놓은 획기적 사건이 됐다.

김종필의 차기 집권을 견제하겠다는 것이 공화당 비주류의 기본입장이 분명하며, 이들의 세력이 더욱 견고해졌고 차기 집권의 싹을 송두리째 뭉개버린 것이 이번 사건의 중요한 대목이다.

(3) 3선개헌의 걸림돌이 될 수 있는 김종필 공화당의장을 전격적으로 제거

김종필 공화당의장이 공화당을 탈당하고 모든 공직에서의 사퇴서를 제출했다.

김종필 의장의 사퇴는 김용태 의원 제명을 둘러싼 당내 주류와 비주류 세력간의 갈등이 중요한 동기가 되었으며, 공화당은 격동을 거듭한 당내 권력투쟁은 새 국면에 접어들게 됐다.

박정희 대통령은 이후락 비서실장을 보내 김종필 의장의 번의를 종용토록 했으나 김 의장은 번의하지 않겠다는 뜻을 분명하게 밝혔다.

김종필 의장은 "목수가 집을 짓는다 해서 자기가 살려고 짓는 것은 아니다. 나는 욕심이 없는데 주위에서 이러쿵저러쿵하는 것은 유감이며 모략 중상에서 벗어나고 싶다"고 침울한 표정으로 말했다.

비주류가 득세한 당내 여건하에서 공직 사퇴를 생각하게

된 것은 오래전부터 구상한 일이며 발작적인 상황이 아닌 한 박정희 대통령의 번의(翻意) 종용에 그의 결심이 쉽게 누그러질 가능성은 거의 희박할 것이다.

부여 공화당 지구당원 2천여 명은 "김종필 없는 공화당은 없다"는 플래카드를 들고 데모를 벌였고, 영천, 안동, 대구 서-북지구당에서는 김 의장의 탈당 번의와 영도권 부여를 요구하는 결의문을 채택했다.

전남도와 충남도에서도 "명실상부한 박정희-김종필 체제 확립으로 창당이념의 구현을 촉구한다"는 성명서를 채택했다.

박정희 대통령은 부여지구당을 비롯한 공화당원들의 동요에 아랑곳 하지 아니하고 "이번 사태가 하나의 시련이기는 하나 개인운명이나 사정에 좌우되는 사당이 아니라 이념으로 뭉쳐진 공당(公黨)임을 과시하라"고 지시하여 그의 사퇴를 기정사실화시켰다.

파동의 원인을 김종필 씨 개인의 사정으로 돌려버리고 공화당의 동요를 최소한으로 억제하고 원상복귀 시켰다. 즉 개편없는 현재의 체제를 택한 것이다.

민주공화당 당무위원들이 사표를 제출했으나 박정희 대통령은 이를 반려하고 윤치영을 당의장 서리로 임명하며 "김종필 씨의 사퇴는 불행한 일에 틀림없다. 앞으로 서로 반성해서 인화(人和)에 더욱 힘쓰고 당의 단결에 합심해 주기바란다"라고 당부했다.

"공화당이 어떤 한 개인의 정치운명의 소장(消長)에 좌우되는 사당이 아니라 조국근대화의 이념으로 뭉친 공당이라는 것을 국민들에게 보여줌으로써 여당으로서의 책임과 사명을 다해야 할 것"이라고 강조했다.

이는 3선개헌을 반대하는 행여나 걸림돌이 될 수 있는 김종필 공화당의장을 사전에 제거하여 3선개헌의 발걸음을 가볍게 하도록 한 촉매제 (觸媒劑)역할을 했다.
 김종필 거세라는 결단은 1971년을 노리는 공화당내 집권경쟁이 언젠가는 폭발하리라는 것은 예측하고 있었지만, 이처럼 빨리 그리고 이처럼 전격적으로 오리라고는 예측하지 못했다.
 김용태 의원 등 제명사건이 표면적으로는 분파행동이나 해당행위 때문이라지만 본질적으로는 김종필 거세의 한 빌미로 보는 관중평이 많았다.
 박정희 대통령은 국민복지회가 1971년을 내다보는 JP계열의 정치적 포석이라는 결론을 내렸고, JP의 거세로 개헌논의는 공화당의 비주류인 윤치영, 길재호, 백남억, 김성곤, 김진만 등 공화당의 중추세력이 주도하게 됐다.

3. 개헌을 부인하면서 은밀하게 추진한 3선(三選)개헌

(1) 공화당은 3선개헌 부인에도 신민당은 호헌투쟁위원회를

정일권 국무총리는 국회에서 "3선개헌은 전혀 생각한 바 없으며 대통령의 임기는 헌법에 4년으로 규정되어 있기때문에 논의할 여지가 없다"고 답변했다.
윤치영 공화당의장 서리는 "3선개헌은 생각한 바도 없으며 또 생각할 때도 아니다"면서, "개헌논의는 현 단계에서는 정치 상도(常道)를 벗어난 상식밖의 일"이라고 연막(煙幕)전술을 펼쳤다.
이효상 국회의장은 "공화당은 전면전쟁이 일어나거나 그 밖의 어떠한 비상사태가 벌어지더라도 박정희 대통령이 3선을 위한 개헌은 안 되며 평화적 정권교체를 위해 노력해야 할 것"이라고 기자협회에서 답변했다.
유진오 신민당 총재는 "현 정권이 중임제를 폐지하고 3선개헌을 하려한다면 야당은 어떠한 극한 투쟁도 불사할 것이며 불길한 사태가 일어날 것"이라고 경고했다.
1968년 년말에 다달아 윤치영 공화당의장 서리는 "우리나라와 같이 발전도상에 있는 국가에서는 한 정당이 장기집권을 해야 근대화작업을 빨리할 수 있다"면서, "개헌론은 국제정세와 결부시켜 풀어나가야 할 것"이라고 개헌론의 애드벌룬을 띄웠다.
이효상 국회의장은 1969년 정초에 "3선개헌은 전혀 가능성이 없는 것이 아니다"고 윤치영 공화당의장 서리의 발언에 화답했다.
민주공화당의 공식적인 논의는 없었지만 대통령의 연임금지조항이 문제가 있다면 현행 헌법을 검토연구 하겠다는 윤치영 당의장 서리의 사건에 대해, 신민당은 어떠한 개헌에도 반대하며 개헌을 발의하면 저지 투쟁을 벌이겠다는 성명서를 발표했다.

윤치영 공화당의장 서리는 "헌법보다는 나라가 중요하기 때문에 정국 안정과 경제발전을 위해 개헌은 불가피한 것"이라고 주장하자, 신민당 송원영 대변인은 "윤치영 당의장 서리는 자유당 때 3선개헌을 주장하여 국민의 지탄을 받던 과거를 아직 청산치 못했다"면서 강력한 3선개헌 반대 투쟁을 펴나갈 것이라고 덧붙였다.

민주공화당은 현행 헌법에 걸려있는 대통령 연임금지를 포함한 여러 문제점을 전당대회에서 검토하겠다고 선언했다.

민주공화당은 개헌에 필요한 의결정족수 117석을 확보하기 위해 친김종필계 의원들의 무마 공작과 정우회 소속 의원들에 대한 포섭 공작을 벌이고 있는것으로 알려졌다.

박정희 대통령은 "임기중 개헌할 의사는 없으나 필요하면 1969년말에도 늦지 아니하므로 지금은 개헌을 논의할 때가 아니다"고 개헌논의를 잠재웠다.

박정희 대통령은 "내 임기중에는 개헌을 아니했으면 하는 것이 솔직한 심경"이라며 "집권당은 개헌문제를 공식 거론치 말라"고 지시하여 개헌을 수면하로 밀어넣었다.

유진오 신민당 총재는 3선개헌 저지에 총력을 경주하겠으며 3선개헌이 추진되면 의원직 총사퇴도 불사하겠다고 기자회견에서 밝혔다.

그는 3선개헌 추진세력은 과잉 충성의 아첨배, 저지른 범죄에 대한 피해 망상배, 일조(一朝))에 거부가 된 부정 축재배 등 한 줌도 안 되는 사람들 뿐이라고 폄하했다.

미국의 AP통신은 3선개헌은 9월중 발의할 것이라고 전망했다.

박정희 대통령은 윤치영 공화당의장 서리에게 "최근 양성화 되고있는 개헌논의에 대해 더 이상 당내에서 거론하지 말라"고 공식적으로 지시했다.

박정희 대통령은 신민당 이민우 의원 등의 질문서에 "본인 임기중에는 현행 헌법을 고치지 않았으면 하는것이 솔직한 심정이지만 국민이나 국회의원이 개헌을 논의할 필요가 있다손 치더라도 지금은 그 시기가 아니다"라고 개헌의 의중(意中)을 드러냈다.

민주공화당은 개헌에 대한 당론을 조정하기위해 제5차 전당대회를 무기한 연기하기로 결정했다.

신민당은 호헌위원회(김의택, 조영규, 정헌주, 고흥문, 김영삼)를 구성하여 범국민 호헌운동을 전개하기로 했다.

(2) 권오병 문교부장관 해임건의안 가결을 개헌에 활용

권오병 문교부장관의 국회 모독, 폭언에 대해 신민당은 "그런 사람에게 2세교육을 맡길 수 없다"는 입장인 반면, 공화당 의원들도 "권오병 문교의 거듭되는 국회 경시(輕視) 언동은 참는데도 한계가 있다"고 주장하기도 했다.

민주공화당 일부 의원들은 신민당이 해임건의안을 제출하기 전에 권오병 문교부장관을 물러나게 해야지 그러잖으면 야당의 해임건의안이 통과될지 모른다고 우려했다.

신민당은 권오병 장관을 자진 해임시키라고 요구했으나, 공화당이 거절함으로써 해임요구안을 제출하기로 결정했다.

1969년 4월 8일 권오병 문교부장관에 대한 해임건의안이 가(可) 89표, 부(否) 57표로 재적 과반수보다 1표가 많아 가결통과 됐다.

민주공화당은 의원총회에서 부결시키로 당방침을 세웠으나 적어도 40여 명이 당방침에 불복하여 가(可)표를 던졌다.

민주공화당 의원들의 집단적인 항명(抗命)은 권오병 문교부장관에 대한 불신 외에도 의원들의 대정부 감정 및 정치적 소외감(疏外感)에서 오는 공화당 지도층에 대한 불만이 적잖게 작용한 것으로 풀이된다.
 박정희 대통령은 항명파동을 "당의 지도체제에 대한 정면도전이며 계획적인 반당행위"라고 규정하고, 그 주동자를 색출하여 단호하게 조치할 것을 지시했다.
 박정희 대통령은 반김종필계인 김진만 원내총무의 사표를 수리하고 친김종필계인 김택수(김해) 의원을 임명하고, 권오병 문교부장관을 해임하고 홍종철 전 공보부장관을 임명했다.
 박정희 대통령은 항명 파동에 가담한 멤버들이 대부분이 친김종필계로 반란표가 개헌 여부와 결부시키려는 일부의 움직임에 몹시 못마땅했다.
민주공화당은 항명 사태에 대한 숙당 조치로 양순직(논산), 박종태(광산), 예춘호(영도), 정태성(청주), 김달수(공주) 의원 등 5명을 항명 주동자로 단정하여 제명했고, 의원총회에서는 표결없이 인준했다.
당초 제명명단에는 윤천주, 신윤창 의원들이 포함됐으나 "혁명을 같이 한 동지를 자를 수 없다"는 등의 구실로 구제된 것으로 알려졌다.
 김영삼 의원은 미국 WP지와의 회견에서 미국에서 개헌을 견제해야 한다고 주장하여 파문을 일으켰다.
 김영삼 의원은 퇴근길에 괴한으로부터 초산(硝酸) 테러를 당했으나 당국에서는 범인 검거에 실패했다.
 유진오 신민당 총재의 김영삼 의원의 테러사건은 개헌을 위한 공포 조성으로 민주 헌정의 위기에 직면했다는 국회 발언을 중단시키고자 장경순 국회부의장이 휴회를 선포하여 물의를 일으켰다.

(3) 드디어 개헌에 대한 의중을 드러낸 박정희 대통령

　유진오 신민당 총재는 박정희 대통령에게 3선개헌에 대한 결단을 촉구한 공개서한을 보냈다.
　이에 박정희 대통령은 "개헌이 헌법 절차에 따라 발의될 때 국민의 자유로운 의사가 반영될 수 있도록 하는 것이 정부의 의무"라며 지금까지 밝힌 소신은 변함이 없다고 회답했다.
　민주공화당은 개헌 추진작업의 하나로 당명(黨命) 불복 등의 사유로 당원 93명을 제명했다.
한편 보다 자유로운 개헌논의를 하려는 것이라는 명분을 내세우고 길재호 사무총장이 사퇴한 것은 본격적인 개헌추진을 위한 당내 결속강화 즉 김종필 추종세력을 무마하여 한 사람의 탈락자도 없도록 한 조치의 일환으로 관측됐다.
　박정희 공화당 총재는 온건한 주류로서 육사 8기인 오치성 의원을 새로운 사무총장으로 임명하여 개헌추진의 중책을 맡겼다.
　신민당은 효창운동장에서 시국강연회를 열고 "신민당 운명을 걸고 3선개헌을 저지할 것"을 다짐하면서, "3선개헌을 막지 못하면 국민주권은 말살될 것"이라고 호소했다.
　신민당은 반대세력을 포섭하고 유세를 강화하면서 우선 원내에서의 저지에 총력을 경주하기로 했다.
　박정희 대통령은 정계를 은퇴한 김종필 전 공화당의장과 요담하여 친김종필계의 설득작업을 최우선 과제로 설정했다.
　1971년 대권을 검토한 국민복지회 파동으로 공화당을 탈당했던 김종필은 3선개헌으로 한 번만 더하고 물려준다는 박정희 대통령의 설득에 감화(感化)하여 개헌의 선봉자아닌

조력자로 등장했다.
 개헌반대 데모의 격화로 서울시내 대학가가 대부분 휴교상태이며 휴강에 시험도 연기됐다.
 박정희 대통령은 "개헌문제를 통해 나와 정부에 대한 신임을 묻겠다"면서 공화당이 빠른 시일안에 개헌안을 발의해 줄 것을 지시했다.
 박정희 대통령은 "최근 야당의 개헌 반대투쟁은 한계를 넘어 반정부 선동의 양상을 띠었고, 나에 대한 인신공격과 정부에 대한 욕설은 지나치다"고 전제하고, 불법적으로 개헌을 하는 것이 위헌이라고 덧붙이면서 국민 여러분의 기탄(忌憚)없는 의사표시를 해 줄 것을 호소했다.
 유진오 신민당 총재는 개헌과 신임을 연결시키는 것은 부당하며 원내에서의 개헌 저지선 확보를 자신하며 개헌을 반대한 여당의원에게는 선거구를 제공하겠다고 회유하기도 했다.

4. 심야에 민주공화당 단독으로 개헌안 변칙의결

(1) 국회 본회의 보고 없이 개헌안을 정부에 이송

　신민당은 사회(司會) 방해, 의사당 농성 등 개헌 발의에서부터 극한 저지에 나서며 범국민투쟁위원회와 함께 전국 유세도 강화하기로 방침을 세웠다. 이에 공화당은 개헌안을 국회에 보고치 않고 곧장 정부에 이송 공고키로 했다.
　윤치영 공화당의장 서리는 국정안정을 위해 강력한 리더십이 필요하다며 개헌을 찬성한 반면, 이재형 신민당 부총재는 민주 헌정에 역행하고 장기 집권을 기도하고 있다며 개헌을 절대 반대했다.
　신민당의 단상 점거와 농성이 계속되자 공화당이 제안한 개헌안은 국회 본회의 보고없이 이효상 국회의장 직권으로 정부에 이송하여 국무회의 의결을 거쳐 공고했다.
　이에 신민당은 국회 보고 생략은 관례를 어긴 위법이라며 철야농성 뒤 데모를 벌였다.
　박정희 대통령의 3선을 위한 개헌안은 122명의 의원들이 서명했는데 공화당에서는 정구영 의원을 제외한 108명, 정우회에서는 양찬우 의원을 제외한 11명, 신민당의 성낙현, 연주흠, 조흥만 의원들이 서명했다.
　민주공화당 전당대회에서 박정희 대통령은 합법적인개헌을 강조했고, 공화당 지도부는 3선개헌 추진 태세를 굳히고 국민투표에서 승리를 결의했다.
　안정과 건설은 직결된다며 국가부흥을 위해 개헌이 필요하다는 공화당과 개헌의 목적이 오로지 장기 집권에 있다는 신민당이 개헌 찬반 유세전을 펼쳤다.

(2) 변절한 의원들을 응징하기 위해 신민당 해체

신민당의 성낙현(창녕), 연주흠(전국구), 조흥만(전국구) 의원들이 개헌지지 성명을 발표하고, 신민당은 세 의원의 변절에 대해 국민 앞에 사과했다.
"신민당은 체질적으로 민주정당이라기 보다는 독재정당"이라고 비난한 성낙현 의원은 신민당에서 제명당하면 곧 바로 공화당에 입당하겠다고 밝혔다.
유진산 신민당 부총재는 조카사위인 성낙현 의원의 변절에 책임을 통감하고 사의를 표명했다.
신민당은 소속의원들을 모두 제명하여 무소속으로 만들고 변절의원들만 남겨 당을 해산시켜 의원직을 잃게하자는 제안을 받아들여 신민당을 해체하기로 결의했다.
신민당은 변절한 세 의원의 의원직을 박탈하기 위해 당기위원회에서 의원 44명을 제명조치하고 해산을 위한 전당대회를 개최했다.
이는 표결을 앞둔 배수진으로 3선개헌 저지를 위한 자폭(自爆) 선언인 셈이다. 이에 공화당은 "빈대 잡기 위해 초가삼간 태우는 비열한 처사"라고 비난했다.
신민당은 해산한지 12일만에 재창당하여 유진오 총재를 재추대하고 정권교체를 선언하며 대통령의 하야를 권고했다.
또한 개헌저지를 위한 전열을 강화하여 민주수호에 앞장설 것을 선언했다.

(3) 신민당의 본회의장 점거로 제3별관에서 변칙 의결

개헌안이 상정되자 공화당은 서명 의원들의 이탈방지에 주력한 반면 신민당은 변칙처리의 구실을 주지 않기위해 극한

적인 투쟁을 피했다.
 윤보선 전 대통령도 3선개헌은 헌정 이탈이며 가결되면 국회를 해산해야 한다고 주장했다.

대통령이 3차 연임 임기만료 직전에 사퇴할 경우 4선에 출마할 수 있는가에 대해 백남억 공화당 정책위의장이 가능하다고 밝혀, 영구집권의 저의가 있다는 신민당의 공격에 불가능하다고 번복(飜覆)하는 해프닝도 연출됐다.
 개헌안의 표결을 앞두고 신민회 소속의원들이 단상을 점거하고 농성하자, 공화당은 9월 14일 새벽에 비밀리에 제3별관에서 전격적으로 변칙 처리했다.
 개헌안 발의 서명자 118명(조창대, 성낙현, 조흥만, 연주흠 제외)과 무소속의 김용태, 박종태, 정태성, 양찬우 의원들이 동조하여 122명이 찬성했다.
 이날따라 영·호남에 폭우가 쏟아져 390명이 사망했다.
 2백여 명의 사복 경찰관이 겹겹이 포위한 상황에서 소리를 죽여가며 전등을 끈 채 개헌 찬성 의원들은 별관에 모여들었다.
신민회 의원들은 호명도 하지않은 채 질의와 토론도 없이 투개표 10분만에 후딱 통과시켰다.
 휴일은 산회라는 속임수에 신민회 의원들은 잠자리에 들었다가 통과 소식을 듣고 김영삼 의원은 "강도들아"라고 소리치며 기표소를 부쉈고, 양순직, 예춘호 의원들은 "정치에 환멸을 느낀다"며 흐느꼈고, 서민호 의원은 돌연 졸도했다.
 박정희 대통령은 "야당의 극한적인 저지 수법 때문에 회의장을 옮겨 표결하는 방법밖에 없었다"고 개헌안의 변칙처리를 해명했다.
 개헌안의 변칙처리로 여야간 원외에서 대결이 불가피하게 됐으며 공화당은 유세반을 편성하는 등 국민투표대책위원회를 발족시켰으며, 신민당은 공개, 변칙 투표를 자행했다며 변칙 개헌을 비난하며 전국에서 시위를 벌이는 한편 대대적인 유세전을 펼치기로 했다.

 박준규 의원은 "신민당 사람들이 본회의장에서 맥주병을 깨 들고 피를 보자하니 국회의 사랑채인 제3별관에서 해치웠는데 똥이 무서워 피하나요, 더러워서 피하지"라고 변명하자, 정상구 의원은 "공화당은 5·16쿠데타 등 밤과 끊을 수 없는 인연을 맺고 있으니 공화당의 상징을 황소로 할 것이 아니라 올빼미로 바꾸는 게 어떠냐"고 응수했다.

5. 영남권의 압도적 찬성으로 3선개헌안 확정

(1) 국민투표법 제정과 개헌안의 찬반에 대한 공방

민주공화당은 찬반 데모가 일절 금지된 국민투표법을 전격적으로 발의 했고, 신민당은 통과 저지에 극한적인 투쟁을 펼치겠다고 선언했다.
 신민당은 국민투표법은 위헌, 졸속이라며 폐기 투쟁을 전개했다.
 유진오 총재는 국민투표법은 민의의 조작을 위한 악법이라며 폐기 투쟁을 전개하겠다고 밝혔다.
 신민당에서 10시간 필리버스터를 기록했으나 신민당 의원 몰래 1분 만에 법사위에서 날치기 통과됐다.

정부는 국무회의를 거쳐 국민투표일을 10월 10일로 확정하고 공고했다.
신민당은 투표일을 늦게 발표해 유세에 큰 지장을 주었다고 주장하면서, 투개표 참관인 확보에 주력하며 표 지키기 운동을 펼쳤다.
 국민투표 전략은 공화당은 농촌지역을 중심에 두고 조직을 통해 업적 선전에 주력(注力)한 반면, 신민당은 도시지역에 총력을 경주하고 개헌 무효 붐 조성에 주력했다.
 부여, 논산, 공주 등 충청지역에서 공화당원들은 "개헌을 찬성하지만 마음속으로는 이제 경상도 사람 그만하고 충청도 사람 했으면 좋겠다"는 속마음을 털어놓기도 했다.
 개헌 찬성유세에 나선 윤치영 공화당의장 서리는 "집권 8개월 만에 쫓겨난 야당의 썩은 무리들의 말을 듣고 학생들이 데모를 해서는 안 된다", "외채 운운하는 야당은 경제건설도 하지말고 미국에서 썩은 밀가루나 얻어먹고 국민들이 부황증(浮黃症)이 걸려야 속이 시원하겠느냐"고 신민당을 비난했다.

 개헌안 국민투표의 측면지원이란 이름으로 설득 행각에 나서고 있는 김종필 전 공화당의장은 "인간이 있고 정치가 있다"면서, "발전하는 국가의 발전 속도는 영도자의 영도력에 정비례하므로 나라를 정착단계에 올려놓은 후 물러난다는 개헌은 룰을 파괴한 것이 아니다"라고 설득 공작에 열을 올렸다.

 김종필은 3선개헌 찬성유세에서 "공화당은 박정희 대통령만한 영도력을 갖춘 후계자가 없고, 박 대통령에 의존하는 집단이기 때문에 후계자 운운하는 것은 있을 수 없다"고 지난날의 행적을 잃고 용비어천가(龍飛御天歌)를 읊어댔다.

(2) 영남지역의 압도적인 찬성으로 국민투표에서 승리

 신민당은 장터, 마을을 누비며 "깨끗한 한 표로 정권교체"를 역설했고, 공화당은 사랑방좌담회를 열어 장기집권의 우려를 씻어내는 데 주력했다.

 민주당 시절 국회의장을 지낸 곽상훈은 "국민투표가 부결되면 그날 우리나라는 멸망하며 가까스로 가결되면 국제적 체면이 안 서서 큰 일"이라고 찬조 연설에 가담했다.

 인물없는 공방전을 벌인 국민투표는 여야 서로 60% 획득을 자신하고 있으며, 호남표의 향배가 대세 결정의 열쇠로 전망되었다.

 10월 17일 개헌안에 대한 국민투표를 실시했다. 전국 곳곳에서 야당참관인 없이 투표가 이뤄졌다.

 곳곳에서 무더기표가 발견되고 부면장(副面長)이 무더기표를 집어넣다가 발각되기도 했다.

총투표자의 65% 지지로 3선 개헌안이 국민투표에서 가결됐다.

투표율은 77%였으며 서울을 제외하고 전국적으로 찬성표가 725만여 표가 346만여 표에 그친 반대표를 압도했다.

3선개헌 반대 범국민투쟁위원회 이철승 조직위원장은 "이번 국민투표는 제2의 쿠데타"로 "1인의 영구적인 전제(專制) 정치체제를 확립한 것으로 전적으로 무효"라고 주장했다.

신민당도 "이번 국민투표가 공무원들의 책임아래 이루어진 관권선거"라고 규정하고 무효화 투쟁을 전개하겠다고 밝혔다.

국민투표의 성격상 기권은 소극적인 반대로 간주한다면 이번 국민투표에서 개헌안은 1천 5백만여 명의 유권자 중 735명이 찬성하여 찬성률은 48.2%였다.

경남북지방은 개헌찬성표가 반대표보다 3배나 많은 몰표가 나왔는데 경북은 78%, 경남은 73%의 찬성률을 보였다.

찬성률에 있어서는 동고서저(東高西低)현상을 나타냄으로써 1967년 대통령선거 때의 표의 동서 분포와 비슷한 현상을 나타냈다.

〈지역별 투개표 상황〉

지역	유권자	찬성(%)	반대	투표율(%)
서울	2,658,458	756,776(46.9)	814,521	66.7
부산	875,118	347,014(56.7)	245,546	69.9
경기	1,609,290	755,748(62.5)	451,554	77.6
강원	878,751	528,436(72.0)	178,664	83.5
충북	720,385	405,362(67.2)	171,360	83.6
충남	1,381,143	659,980(61.4)	363,754	77.8

전북	1,165,078	568,077(66.3)	288,816	77.4
전남	1,883,817	1,106,640(73.4)	399,220	82.7
경북	2,162,063	1,387,750(78.2)	386,514	84.8
경남	1,540,395	945,032(73.7)	295,498	83.2
제주	174,419	98,840(67.5)	40,931	84.0
계	15,048,925	7,553,655(65.1)	3,636,369	77.1

(3) 신민당의 무기력과 압도적 찬성의 배경

 박정희 대통령은 개정헌법을 공포하면서 중앙정보부장을 김형욱에서 김계원으로, 청와대비서실장을 이후락에서 김정렴으로 교체하고 6부 장관을 경질하여 민심을 살폈다.
 압도적 다수의 찬성표를 얻을 수 있는 가장 큰 요인은 방대한 조직과 자금의 힘, 그리고 행정선거라고도 일컬어질 만큼 대규모로 동원된 행정력의 위력이라고 할 수 있을 것이다.
 국민투표에서의 승패를 정권에 대한 신임 여부에 결부시켜 안정과 혼란중의 택일을 요구하고, 특히 일부에선 개헌여부로 혼란이 올 경우 군(軍)의 개입 가능성들을 강조하여 유권자들을 찬성쪽으로 이끌었다.
 신민당은 열세인 조직에다 극심한 자금난으로 반대성향의 유권자들을 반대표로 고착시키는데 어려움이 있었을뿐 아니라, 투·개표 참관인의 확보난 등으로 반대표 지키기 조차도 제대로 못했다는 취약점이 지적됐다.
 김택수 공화당 원내총무는 "이번 국민투표는 박정희 대통령의 치적에 대한 신임"이라면서, "야당은 트집만 잡지말고 땀 흘려 얻은 조직의 힘으로 정권을 기다려야 할 것"이라고 야당을 꼬집었다.
 김영삼 신민당 원내총무는 "이번 국민투표는 사전에 조직되고 관권이 총 동원된 무법 투표이기 때문에 그 결과는 국민의 의사가 아니다"면서, "국회에서 모든 방법을 동원한 극한 투쟁을 벌여 박정희 정권 타도의 전선(戰線)을 펼칠 것"이라고 벼르고 있었다.

 투표 운동 과정에서 대두된 투표 포기론도 힘의 결속에 차질을 초래했고, 유진오 신민당 총재의 와병(臥病)도 취약점의 요인으로 작용했다.

제2장 유야무야(有耶無耶)된 6·8부정선거의 파장

1. 신민당의 실익없는 장기간 등원거부(登院拒否)
2. 알맹이가 빠져버린 보장입법(保障立法) 제정
3. 부정선거 파장(波長)으로 실시된 재·보궐선거

1. 신민당의 실익없는 장기간 등원거부(登院拒否)

(1) 부정선거에 대한 시각차로 평행선을 달린 여야

　민주공화당 길재호 사무총장은 양달승(보성), 기세풍(화순-곡성) 당선자들이 사퇴했으며 더 이상의 사퇴 의원은 없을 것이라고 밝혔다.
　신민당은 유진오 당수의 명의로 사광욱 중앙선거관리위원장을 걸어 각 후보의 개별소송을 병행하여 전국구와 지역구 선거소송도 함께 선거무효 일괄소송을 제기했다.
　민주공화당은 화성, 보성을 제외한 당선자의 더 이상 제명은 없다면서, 부정선거 지역을 확대하지 않을 방침을 세웠고, 신민당은 부정선거 투쟁은 후퇴 없다면서 무의미한 협상에는 응하지 않겠다는 입장으로 정국 수습은 지구전(持久戰)을 향해 달렸다.
　돌파구 없는 경색된 정국은 공화당은 우선 원내에서 협상을 기대하며 지구전을 펴며 선거법 개정 등을 두고 접촉하고 있고, 신민당은 지금은 당내 결속이 중요하며 고발, 정치투쟁을 계속하며 장기전을 각오하고 있다.
박정희 대통령은 신민당과의 대화 포석으로 선거 주무장관인 엄민영 내무부장관을 해임하고 이호 경북 영천 출신으로 전 법무부장관을 기용했다.
　치안국장, 법무부장관, 내무부장관을 두루 거친 이호 장관은 국민의당에 당적을 두었으나 대통령 선거 직전에 공화당에 입당했다.
　그리고 정일권 국무총리가 겸임하고 있던 외무부장관에는 최규하 주말레지아 대사를 임용했다. 최규하 장관은 영어와 중국어에 능통하여 발탁된 것으로 알려졌다.

신직수 검찰총장은 부정선거에 대한 검찰수사 결과를 발표하면서 "이번 총선은 국민이 납득할 만한 깨끗하고 공명한 선거가 아니었다"면서 보성, 화순-곡성, 고창, 속초-고성-양양, 서천-보령 등지에서도 부정 사실이 드러났고, 당락의 표차가 적기 때문에 선거소송과는 별도로 재검표를 실시할 용의가 있다고 발표했다.

경찰은 민가의 담을 넘어 부정선거 규탄 방송중인 신민당사에 난입하여 확성기 등을 압수하는 만행을 저질렀다.

신민당은 당사(黨舍)난입의 만행은 야당활동을 위협하는 행위라고 규탄했다.

부정선거 규탄 데모 중 고막이 터진 고려대생에 성북경찰서 경찰관이 "네가 나서지 아니하여야 앞일이 좋다"며, 피해를 입은 학생에 폭행한 사실의 부인을 강요한 불상사도 빚었다.

검찰은 권오석(화성), 양달승(보성), 차형근(군산-옥구), 이호범(나주), 박병선(예산), 신민당의 김대중(목포), 박병배(대전), 임갑수(동래), 정해영(전국구) 등 9명을 선거법 위반 혐의로 입건했다.

박정희 대통령, 이효상 국회의장, 김종필 공화당의장이 회동하여 여야 공동사과, 부정선거구 확대 등 정국수습안을 마련하여 신민당에 제시코자 했으나 신민당이 일방적으로 일축했다.

이효상 국회의장은 대통령 3선을 위한 개헌을 추진하려고 하지 않느냐고 국민의 대부분이 불안하게 생각하여 왔다면서, 공화당은 국민들이 쓸데없는 불안감을 갖지 않도록 해 주었으면 한다면서 3선개헌 파기를 종용해 주목을 받았다.

이효상 국회의장은 부정선거 조사위, 여야 공동 사과, 부정선거책임자 문책 등 시국수습 7개항을 제시하고 여야 중진회담을 제의했다.

신민당은 이효상 국회의장의 제안을 빗나간 제안이라며 즉각 거부하고 대통령의 단안(斷案)만을 거듭 촉구했다.
　유진오 신민당수는 부정선거를 시인하면 협의할 용의가 있다고 밝혔지만, 박정희 대통령은 "이번 총선의 사태는 원인이야 어떻든 행정부 책임자로서 미안하게 생각한다"면서도 인책과 관련한 개각을 검토하고 있지 않으며, 제2의 단안을 내걸 게 없다고 단호하게 거절했다.
　신민당은 대통령 회견과 담화에서 강경방침을 확인하고 장기적인 투쟁 태세에 돌입했다.
　그러나 신민당은 대통령 단안이 사전 보장되고 국민이 납득할 만하면 여야 중진회담에 참여하겠다는 협상에 신축성 있는 태도를 보였다.
　유진오 신민당수는 야당 투쟁은 합헌적인 정권교체에 있으며 대통령이 부정선거를 시인하면 협상할 용의가 있다고 거듭 밝혔다.
　박정희 대통령은 국사(國事)처리를 더 늦출 수 없다면서 이효상 국회의장에게 국회 정상화를 촉구했다. 또한 여야 중진회담의 결과 합의된 사항은 따르겠다고 확인했다.
　정부는 선거부정과 관련하여 영천군수, 공주경찰서장, 고성경찰서장 등을 직위 해제했으나 여야협상은 요원(遼遠)했다.

(2) 공화당 단독국회에 김성용, 서민호 의원들의 등원

　폭염속에서 공화당 의원만이 참석한 일당 국회가 개원되어 국회의장에는 이효상, 국회부의장엔 장경순을 선출하고, 야당의원들에 대한 출석촉구 결의안을 채택했다.
　유진오 신민당수는 공화당 단독 개원은 용납 못할 헌정(憲政) 유린(蹂躪)이라며 무효를 주장했다.

정기국회를 공화당 단독으로 개회했으나 다시 공전(空轉)되어 9월 중 의사일정을 전면 보류했다.

민주공화당은 무소속 교섭단체를 노려 박병선(예산), 이호범(나주), 최석림(충무-고성-통영), 양찬우(전국구) 의원들을 제명하여 개헌선의 파기까지 감행하는 눈가리고 아웅을 시도했다.

유진오 신민당수는 공화당의 단독 국회 강행에 대해 단독국회 저지 명목으로 협상하지 않겠다고 천명했다.

민주공화당은 신민당 의원들을 강제로 상임위원회에 배정하고 법사(김장섭), 외무(박준규), 내무(오치성), 재경(양순직), 문공(육인수), 농림(전휴상), 상공(예춘호), 보사(이우헌), 교체(정진동), 건설(최치환), 운영(현오봉) 위원장들도 선출했다.

신민당이 상임위 배정 철회를 요구하며 협상 준비회담을 거부하자, 공화당은 단독국회의 속행을 강행했다.

박정희 대통령은 단독국회는 위헌이 아니라고 강변하면서, 협상에 노력해 줄 것을 공화당에 지사하는 양면성을 보였다.

여야 협상이 유동적인 가운데 공화당은 국정감사도 단독으로 강행했고, 1968년도 예산안도 규모 변동없이 통과시키겠다고 선언했다.

신민당 전국구 당선자 김성용이 돌연 신만당의 방침을 무시하고 의원등록을 완료했다.

김성용은 "총선으로 인한 정국 경색이 더 이상 계속되는 것은 무의미하며, 당리보다는 국민의 이익을 지킬 것"을 등원 명분으로 내세웠으며 신민당의 제명을 자청했다.

김대중 신민당 대변인은 공화당의 비열한 음모라고 비난하면서, 김성용 의원이 공천 헌금한 돈이 일본서 들어왔고 그 반입경위에 대해 수사당국으로부터 환문(喚問)당한 것을 들었다고 흥분했다.
 김종필 공화당의장은 김재순 대변인을 통해 "신민당 당선자들이 모두 동원하고 싶은 심정일 텐데, 이에 대해 단안을 내리지 못하는 허약한 지도자가 있어 한심하나 앞으로 제2, 제3의 김성용 의원이 나올 것"이라고 발표토록 하고 흐뭇해했다.
 다만 40여 명의 신민당 청년당원들은 당명을 어기고 등원한 김성용 의원 규탄대회를 개최했다.
 신민당 김성용 의원에 이어 서민호 대중당 의원이 "공화당의 단독 국회를 막겠다"는 명분을 내걸고 의원등록을 마쳤다.
 이들의 의원등록은 공화당의 단독국회 운영이라는 비난을 벗어나는 빌미를 제공한 것이 가증스러운 행위로 지탄(指彈)을 받았다.

(3) 아무런 소득없이 뒤늦게 머쓱하게 신민당 등원

 여야 막후교섭이 활발해졌으나 협상 방법에는 이견을 보였다. 공화당은 중진회담을 주장하고 있으나, 신민당은 영수회담을 우선 개최하자고 맞섰다.
 협상무드에 곁들여 개각설까지 회자(膾炙)됐다.
 이효상 국회의장은 의제와 형식을 다루는 협상 준비회담을 제의하면서 신민당에서 거부하면 단독 국회를 강행하겠다고 협박했다.
 단독 국회 규탄 유세를 준비하던 신민당은 별다른 방안없는 상황에서 신중하게 검토할 자세이다.
 다만 부정선거를 시인하지 않으면 등원을 거부하겠다는 방침은 불변이라고 밝혔다.
 박정희 대통령은 등원을 신민당 스스로 결정할 사항이라며 영수회담도 거부하여 여야협상은 결실없이 종막을 고했다.
 이에 신민당 유진오 당수는 "박정희 씨가 헌정의 파괴자라는 낙인을 찍히는 돌이킬 수 없는 국면에 가지는 말아야 할 것이라며 부정선거 사과 없이 등원 않겠다"며 원외투쟁 불사(不辭)를 선언했다.
 민주공화당은 우선 등원하고 원내서 현안 타결을 주장한 반면, 신민당은 대통령 사과를 선행조건으로 내걸고 있어 막후교섭도 중대 난관에 봉착에 있는 상황에서, 공화당 비주류에서는 부정선거 사과 백지화를 주장하는가 하면, 신민당 비주류에서는 원내 투쟁은 한계에 이르렀다고 주장하여 양당 파벌들이 역작용을 일으키고 있었다.
 김종필 공화당의장이 유진오 당수에서 국회 정상화 회담을 제의했고, 유진오 당수는 기본입장에 찬의(贊意)를 표했다가 일단 거부하고 전권회담을 제의했다.
 유진오 당수와 김종필 공화당의장이 전권회담 협상의제 등을 논의하기 위하여 전격적으로 양자 회담을 개최하여 전권 대표회담 개최를 합의했다.
 민주공화당의 백남억, 김진만, 신민당의 윤제술, 김의택 전권 대표가 회담을 개막하여 합의사항을 수정하지 않기로 의결했다.
 전권 대표 회담중 유진오 신민당수는 독자 등원은 생각할 수 없다면서 협상 성패는 공화당의 성의에 달렸으며 박정희 대통령과 만날 용의가 있다고 말했다. 그러나 박정희 대통령과의 영수회담은 이뤄지지 못했다.
1967년 12월 1일 여야 전권회담 대표의 합의의정서를 채택했다. 합의의정서에는 선관위의 권한을 강화하고 선거법과 정당법을 개정하며 정치자금의 40%를 야당에 배분하도록 명기했다.
 또한 선거부정조사 특별위원회법을 제정하고 경찰관, 공무원의 선거 관여(關與)는 가중 처벌키로 법적조치를 강구하도록 했을 뿐이다.

부정선거 특별조사위원회에 강제수사권을 부여하고 정치사찰 금지를 위한 입법을 추진하는 내용에 부정선거에 대한 사과는 누락(漏落)됐다. 부정선거 재발 방지에만 역점을 둔 합의의정서였다.

 박정희 대통령의 호통으로 부정선거에 대한 시인이나 사과 문제는 공동성명이나 합의의정서에 언급조차 할 수 없었다.

 선거부정 재발을 막기 위한 방안에는 성과를 거두었으나, 부정선거의 시정 및 처벌은 특별조사위원회에 일임했을 뿐 실속있는 타결된 알맹이는 하나도 없었다.

 유진오 신민당수는 "지금의 여건으로 보아 이 이상의 것을 획득하기란 지난(至難)한 일일 뿐아니라 협상내용도 이 나라 민주 헌정의 진로를 바로잡는데 적잖은 기여가 될 것으로 판단되므로 이를 받아들이기로 했다"고 당초의 강경 입장에서 꼬리를 내렸다.

 협상이 마무리되는 날에도 공화당 단독 국회는 강행하여 세법개정안 등 8개 법안이 본회의를 통과했다.

 신민당의 신중목, 박용만, 최경식, 이상돈, 정명섭, 이충환, 진기배, 최영근 낙선자들은 협상무효화 투쟁위원회 구성등을 제안했으나, 원님 행차 뒤에 나팔부는 격이며 당내 투쟁이 격화되면 집안 싸움하는 꼴만 보이게 된다며 하릴없이 수그러들었다.

 여야 협상이 마침내 성공하여 11월 29일 신민당 의원들이 등원했다. 유진오 신민당수는 원내서 정책구현에 총력을 기울이겠다고 선언했다.

12월 20일 공화당이 선거부정조사 입법이 위헌이라며 난색을 표명하자, 신민당이 농성 투쟁에 돌입했다.

12월 20일 신민당 의원들이 농성한 가운데 공화당 단독으로 예산안을 날치기 통과하여 의사당은 처절한 수라장으로 돌변했고, 야당 의원들은 다수의 폭거에 짓밟힌 의정(議政)이라며 목메인 소리로 애국가를 불렀다.

2. 알맹이가 빠져버린 보장입법(保障立法) 제정

(1) 부정선거 조사입법특별위원회는 위헌시비로 좌절

 민주공화당 김종필 당의장과 신민당 유진오 당수의 전격회담으로 여야 전권 대표회담이 성사되어 공화당의 백남억, 김진만 신민당의 윤제술, 김의택 전권대표가 합의하여 1967년 11월 29일 신민당 의원들이 등원하여 일당 국회가 마침내 정상화됐다.
 합의의정서에는 부정선거에 대한 시인이나 사과 문제는 누락(漏落)되고 오직 부정선거 재발방지에만 역점을 두어 부정선거 특별조사위원회에 강제수사권을 부여하고, 정치사찰 금지를 위한 입법을 추진하는 합의의정서가 작성됐다.
11월 29일 합의의정서가 1년을 허송세월하여 새 차원의 해결이 불가피했다.
민주공화당은 위헌시비를 끌어내 무성의로 일관했고 신민당은 대여전선의 혼란으로 실기(失期)한 결과였다.
 윤치영 공화당의장 서리는 "나는 보장(保障)법을 만들어야 할 필요성을 느끼나 조사입법만큼은 소급법이므로 민주국가에 있어서는 있을 수 없는 정략적"이라고 특별입법을 반대했다.
 위헌시비로 빚어낸 여야간의 이견으로 그 활동을 중지하여 입법 활동 시한이 다가왔다. 부정지역구, 강제수사권에 이견이 여전하여 합의의정서가 휴지화 선상에서 풍전등화(風前燈火)의 여정에 놓였다.
국회 선거부정조사 입법특위는 공화당이 제기한 위헌시비에 휘말려 아무런 소득없이 입법활동 시한이 종료됐다.
 윤제술 의원은 "의정서를 이토록 적대한다면 차라리 산모

(産母)인 내가 껴안고 한강에 투신하고 싶은 심정"이라고 자조했다.

특조위 입법을 공화당은 파기를 표면적으로 주장하고 있고, 신민당은 단독 제안의 방침을 밝혔다.

윤치영 공화당의장 서리는 특조위 입법은 이미 시한이 지나 재론(再論)의 여지가 없다고 일축하여, 선거부정조사를 위한 상반된 견해는 당분간 큰 논쟁을 불러일으킬 것으로 전망됐다.

윤치영 공화당의장 서리는 특조위 입법 문제는 "낮잠 자고 할 일 없는 사람이나 따를 문제"라며, "아무것도 아닌 문제를 가지고 또 왈가왈부하는 것은 도무지 이해할 수 없다"고 기고만장하며 기염을 토했다.

윤치영 당의장 서리는 "합의의정서는 시한이 지나 재론할 여지가 없다"고 밝히자, 윤제술 의원은 "실천없이 진정한 정치가 존재할 수 있을 것 같으냐"고 강하게 응수했다.

신민당은 합의의정서 관철을 위해 보장입법 특위와 부정선거 특조위법 제정특위의 가동을 공화당에 촉구했다.

신민당은 정무회의에서 이번 예산 국회에서 합의의정서 처리를 위한 총력전을 전개하기로 결의했고, 원외위원장들은 "유진오 총재가 의정서 처리에 책임을 지겠다고 했으니 어떤 형태로든지 매듭지어야 한다"고 주장했다.

합의의정서는 공화당은 위헌시비를 끌어들여 무성의로 일관했고, 신민당은 대여 전열에 혼선을 빚어 실기함으로써 1년을 허송하여 새 차원의 해결이 불가피했다.

(2) 1년 허송 후 합의의정서 처리를 위한 여야 8인 회담

1968년 3월 7일 부정조사특위가 공화당의 시안을 신민당이 일축하여 결렬됐다. 그리하여 입법활동이 중지됐으나 유

진오 신민당수는 합의의정서를 꼭 관철시키겠다고 다짐했다.
 1968년 11월 27일 합의의정서 처리를 위한 8인 회담이 개최됐다. 공화당은 보장입법에, 신민당은 동시선거, 지방자치제에 중점을 뒀다.
 합의의정서 처리를 위한 여야 8인 회담이 인선에 혼선을 거듭하여 유산됐다.
 공화당은 최치환, 민병권, 김장섭, 김택수 신민당은 정해영, 양회수, 김형일, 김응주를 각각 선정했으나 대표들이 사의를 표명하여 백지화 된 것이다.
 그러나 공화당에서 길재호 사무총장, 백남억 정책위의장, 김진만 원내총무, 김성곤 재정위원장을 선임하고 신민당에서도 당초 인선했던 유진산, 이재형 부총재와 고흥문 사무총장, 김영삼 원내총무를 선임하여 8인 회담이 개최됐다.
 신민당은 이번 기회에 대통령과 국회의원 동시선거, 지방자치제 실시, 지역선거구 조정 등의 보장입법, 6·8총선 부정선거 특별조사위원회 구성도 관철한다는 방침을 세웠다.
 대표자 회담에서 정치자금에 관한 법률개정은 이번 정기국회에서 입법조치하고 인구증가에 따른 선거구 조정도 합의했다. 그러나 6·8선거부정 특조위법 제정 문제는 아무런 진전을 보지 못했다.
 집회 자유보장에 관한 법과 경찰관, 정보기관원, 교육공무원 등의 선거 관여에 관한 가중처벌법 재개정은 합의했으나, 대통령과 국회의원 동시선거는 아무런 진전을 보지 못했다.
 민주공화당에서는 지방자치제 실시, 중선거구제, 동시선거, 경찰중립을 위한 공안위원회 설치 문제는 계속 논의할 수 있을 것이라는 입장을 고수했다.
 길재호 사무총장은 "선거부정 재발방지를 위한 보장입법은 여야 대표들이 합의하여 매듭 지어졌으며, 앞으로 지방자치제, 타락선거방지책 등 문제를 협의할 것"이라고 밝혔다.

8인 회담에서는 보장입법의 조문화(條文化)에 착수했으며, 17일 국회에 제출할 예정이다. 부재자투표제를 존치하고 카드로 주민등록증을 대체하고 가중처벌을 완화하는 선에서 이견을 조정했다.

그러나 공화당 이만섭 등 일부 의원들의 반발로 이번 국회 회기내 보장입법 처리가 불투명한 것으로 알려졌다.

이에 신민당 김영삼 총무는 "이러한 공화당의 움직임은 여야간의 정치적 신의를 깨뜨리는 처사"라고 반발했다.

그러나 공화당에서는 지방사업 공약 금지규정, 정당 설립 요건 강화 규정 등의 합의사항의 일부 수정을 요구했다.

공화당 의원총회에서는 보장입법에 대한 찬반에 대한 격론이 벌어졌으며 김창근, 이만섭 의원은 멱살잡이까지 했다.

여야 8인 회담은 공화당은 특별조사위법 제정을 반대하고, 신민당은 관철을 주장하여 교착(交錯)상태에 빠졌다.

여야 8인 회담에서 보장입법 단일안을 작성했다. 부재자투표제를 존치하고 카드로 주민등록증을 대체하며 가중처벌을 완화한다는 내용으로 의미 있는 사항은 없었다.

부정투표, 관권 배제로 공명선거를 위해 진일보했다고 평가되고 있으나 여야 8인 회담은 장막 속에서 답보하고 있으며, 특별조사위법은 유야무야될 공산이 짙었다.

민주공화당 의원들의 반발로 보장입법에 대해 8인 회담에서 절충에 들어갔다. 8인 회담에서 지방공약 사업 등을 일부 완화하는 수정으로 보장입법안은 국회를 통과했으나 특조위법은 끝내 유산(流産)됐다.

특조위법 좌절에 책임을 지고 신민당 8인 회담 대표들이 사퇴함에 따라 합의의정서 협상은 완전 결렬된 것으로 보였다.

지방사업 공약금지 등과 완화된 5개 보장입법이 통과됐지만 특조위법은 끝내 유산됐다.

신민당은 특조위를 무산시키고 공화당의 반성과 자제도 없으며 나주와 부여 선거에서 부정선거를 재연했다고 주장했다.

6·8선거 후유증은 거북걸음으로 의법처리로 속결될 전망은 암담했다. 무효소송 등 모두 674건이 법원에 계류중이며 선고는 없고 연기만 거듭했다.

신민당은 2년째 18개 지역구가 미제로 남았다며 6·8선거소송의 조속처리를 촉구했다.

6·8총선의 선거소송에 대해 조진만 대법원장은 "조속히 처리하여 엄정히 부정을 가려내겠다"고 약속했고, 박정희 대통령도 "선거소송과 선거사범의 급속하고도 냉엄한 법의 심판을 바란다"고 발표했으나, 총선 후 250일이 지났지만 단 1건의 판결도 선고되지 않았다.

(3) 선거구 조정과 유진오 신민당 총재 의원직 사퇴

이번 선거구 조정에서 인구 40만 명이 넘는 대도시 선거구는 분리 조정하고 인구 30만 명이 넘는 복합선거구는 10만 명 이상일 것을 전제로 분리하기로 조정하고 신설된 신안군은 단독선거구로 합의했다.

증설된 선거구는 서울 영등포, 성동, 서대문, 성북구 등 4개구이고 분리된 지역구는 대구 서-북, 포천-가평-연천, 고양-파주, 시흥-부천-옹진, 서천-보령, 영광-함평, 포항-영일-울릉, 경주-월성, 경산-청도, 영주-봉화, 사천-삼천포-하동, 합천-산청 등이다.

유진오 신민당 총재는 "여야 합의의정서 처리협상이 결렬되는 대로 의원직을 사퇴하겠다"고 선언하면서, "신민당에 굴욕적인 양보를 강요해 의정서를 위배할 명목상의 타결을 이루는 것을 결코 용납할 수 없다"고 선언했다.

유진오 총재는 "의정서는 헌정의 기본질서를 위한 것인데 공화당이 성의를 보이지 않으면 책임을 지기위해 의원직을 사퇴할 수밖에 없다"고 사퇴의사를 고수하고 있으나, 일부 의원들은 "의정서 문제는 총재 개인이 책임질 일이 아니라 원내 모두가 책임질 일"이라고 만류했다.

유진오 총재는 특조위법 좌절(挫折)에 대한 책임을 통감하며 "중대한 법적 하자가 있는 국회에 남아 있을 수 없다", "다른 의원들은 남아 호헌투쟁을 계속하기 바란다"면서 의원직 사퇴서를 제출했다.

3. 부정선거 파장으로 실시된 재보궐선거

(1) 신민당은 부정선거 규탄으로 4석 이삭줍기 성공

제7대 총선의 개표가 진행되자 공화당이 개헌선인 117석을 훌쩍 넘긴 130석을 확보하자, 선거기간 중에도 부정선거에 대한 규탄을 벌여오던 신민당은 이번 선거를 부정·불법선거로 규정하고 무효화투쟁을 전개했다.

이러한 어지러운 상황에서 경기도 화성에서 개표부정 사례가 적발되어 화성선거관리위원회에서 재검표를 실시하여 무효표 가운데서 쌍가락지표, 빈대표 등으로 무효표에 섞인 신민당 김형일 후보표를 다량으로 찾아내어 당선자 권오석 후보에서 신민당 김형일 후보로 교체하여 당선자를 확정 공고했다.

선거일을 6개월이나 지나 대법원은 서천-보령 지역구에 대한 재검표 결과 당선자가 뒤집혔다. 대법원은 당선자인 공화당 이원장을 취소하고 신민당의 김옥선 후보가 당선되었음을 확인했다.

국민복지회 파동으로 공화당의장인 김종필의 의원직 사퇴와 부정선거구로 낙인찍혀 공화당에서 제명당한 기세풍(화순-곡성), 신용남(고창) 후보들이 의원직을 사퇴하여 1968년 9월 24일 3개 지역구에서 보궐선거가 실시됐다.

중앙선관위에서 선거소송이 계류(繫留)중이기 때문에 고창과 화순-곡성의 보궐선거를 실시할 수 없다는 유권해석에 따라, 신민당은 보궐선거의 길을 트기 위해 6·8총선 전면 무효소송을 취하했다.

결국 전면 무효소송은 실익이 전혀 없는 공수표(空手票)임이 밝혀졌다.

민주공화당은 부여에 김종필 의원의 친형인 김종익 후보를 당선시켰다. 의원직을 사퇴한 기세풍, 신용남 후보들은 공화당 공천 대신 대중당 공천을 받고 출전하여 기세풍 후보는 낙선했으나, 신용남 후보는 당선됐다.
　유진산 신민당 부총재의 조카로서 신민당 공천으로 당선됐으나 3선 개헌안에 서명 발의한 성낙현 의원을 응징(膺懲)하기 위하여 신민당이 해체되어 의원직을 상실하여 실시된 보궐선거에 공화당은 변절자라는 비판을 잠재우고 성낙현 의원을 재공천했고, 신민당은 무공천하여 성낙현 의원의 재당선의 발걸음을 가볍게 해주었다.
　대법원은 뒤늦게 청년단을 조직하여 야당 선거운동원을 미행하거나 폭행하는 등 부정선거를 자행한 나주 지역구에 대한 선거무효 판결로 공화당 이호범 의원이 의원직을 상실하여 1969년 2월 28일 재선거가 실시됐다.
　공화당 재공천을 받은 이호범 후보가 신민당 정명섭 후보를 가볍게 꺾고 두 번 당선의 기쁨을 맛보았다.
　대법원은 벌교읍장과 벌교지서장의 공개투표를 지시한 보성의 벌교읍 관내와 행정선거를 자행한 고성과 통영군에 대한 일부지역 선거무효를 선언하여 공화당 양달승 의원과 최석림 의원의 의원직 상실로 일부지역 재선거가 실시됐다.
　보성에서는 신민당 이중재 후보가 공화당 양달승 당선자를 꺾고 당선됐으나, 충무-통영-고성은 신민당 김기섭 후보의 신민당 해체로 인한 자격상실로 공화당 최석림 후보가 무투표 당선되어 의원직을 이어가게 됐다.
　3월 20일 진해-창원 선거구에서는 선관위원장의 관인이 위조되고 투표함 22개가 망실되었음에도 부정선거구로 선고되지 않았다.
　이로써 부정선거 파동을 일으켜 신민당은 김형일(화성), 김옥선(서천-보령), 양회수(화순-곡성), 이중재(보성) 후보자의 당선으로 4석의 이삭줍기에 성공했다.
대법원은 "지역구 전반에 걸쳐 선거의 생명으로 하는 자유와 공정이 현저히 침해됐다"면서 충남 예산 선거구의 국회의원 선거를 무효로 판결하여 박병선 의원의 의원직을 상실했다.
판결문에서는 "면장, 학교장, 의용소방대장 등이 불법선거운동을 했고 주민등록표에 없는 831명을 선거인 명부에 올려 유령투표를 했다"고 판시했으며, 다만 선거일이 6개월도 남지 아니하여 보궐선거는 실시하지 아니했다.
예산 선거구만이 이러한 부정선거를 하였느냐의 문제를 뒤로한 채, 김대중 의원은 대법원의 뒤늦은 판결에 대해 "대법원에서 정부의 요구에 따라 재판을 지연시켜 총선에 임박하여 당선무효 판결을 내렸다"고 비난했다.

(2) 경기도 화성: 무효표 가운데서 빈대표, 피아노표 등 1,299표를 되찾아 낙선의 수렁에서 당선의 기쁨을 누린 김형일

지난 7대 총선에선 관구참모장 출신으로 6대 국회에 진출한 공화당 권오석 후보와 육군 참모차장 출신으로 예비역 육군중장으로 신민당 전국구에 발탁된 김형일 후보가 격전을 전개했다.
제염업자인 자유당 송영균, 민정당 지구당위원장을 지낸 민중당 홍경선, 한의사인 정의당 이규호, 경기도의원을 지낸 민주당 박만원 후보들도 출전했다.
투표 다음 날 오후 2시까지는 신민당 김형일 후보가 27,896표, 공화당 권오석 후보가 27,391표를 득표하여 김형일 후보가 505표 앞서 달렸다. 그러나 개표를 완료한 상황에서는 공화당 권오석 후보가 35,955표, 신민당 김형일

후보가 35,553표로 권오석 후보가 402표 앞서 당선이 확정됐다.

그러나 개표 도중 개표종사원이 김형일 후보 유효표에 인주를 묻혀 무효화시킨 것이 발견되어 두 번이나 개표가 중단되고 신민당원 2백여 명이 연좌데모를 벌였으며, 공화당 권오석 후보는 "개표종사원을 못 믿는 이런 선거에서 국회의원이 되어 무엇하겠느냐"며 후보직 사퇴서를 제출하는 소동이 벌어졌다.

그러나 공화당 당기위원회에서는 부정 개표가 노출된 권오석 당선자를 제명조치하고, 서울지검 백광현 검사는 권오석 후보를 선거자유 방해, 선거사무 관계 직원에 대한 폭행 혐의로 구속했다.

이에 권오석 후보는 "투·개표 과정에서 부정은 전혀 없었고 다만 소란을 피운 데 대한 책임으로 당선을 사퇴한다"면서, 선관위원장에 대한 폭행은 사실이 아니며 뒤집어씌우기 위한 모략이라고 주장했다.

화성선관위에서 재검표를 실시한 결과 4,677표의 무효표 중에서 김형일 후보의 유효표 1,299표를 되찾아 995표차로 당락이 번복됐다.

재검표 과정에서 당초 무효표로 간주됐던 이른바 빈대표 및 피아노표, 전사표 등을 유효표로 간주했기 때문이다.

권오석 후보도 무효표 가운데 102표를 건져 최종 개표 결과는 김형일 후보 36,852표, 권오석 후보 35,857표로 확정됐다.

김형일 후보는 "부정선거에 대한 민권의 승리"라고 자축했다.

(3) 서천-보령: 뒤늦은 대법원의 재검표 실시로 1년 동안 의원직을 향유한 공화당 이원장 후보와 뒤늦게 의원직을 승

계한 김옥선

대법원의 투표함 재검표 결과 국회의원 당락이 뒤집혔다. 재검표 결과 당초 536표차로 낙선했던 신민당 김옥선 후보가 51,440표를 득표하여 51,419표를 득표한 공화당 이원장 후보를 21표차로 꺾고 당선됐다.

당초 유효표 가운데 무효표를 찾아내고 무효표 가운데서 유효표를 찾아냈으며 잘못 묶음표에 들어간 숨은 표를 원상복귀한 결과였다.

대법원은 "무더기표는 헌법과 선거법의 기본원칙을 짓밟고 투표를 가장한 위법한 처사"라고 판시하고, 김옥선 후보의 당선을 확정했다.

검찰은 김옥선 당선자를 횡령 및 원조단체 위반혐의로 전격 기소하는 기민(機敏)함을 보여줬다. 김 당선자는 "검찰이 이렇듯 끈질기게 악랄할 수 있느냐"고 펄펄 뛰었다.

지난 7대 총선에선 육군본부 인사국장과 제6군단장 출신으로 자유당 소속으로 4대의원을 지낸 공화당 이원장 후보가 국방부차관을 지낸 김종갑 현역의원을 꺾고 공천을 받아 출전했고, 정의여중고 설립자로서 5대와 6대 총선에 출전하여 낙선한 신민당 김옥선 후보가 동정표를 기대하며 3번째 출전하여 자웅(雌雄)을 겨뤘다.

충남 농촌자원지도자 연합회장인 자유당 안병철, 장면 부통령 공보비서관 출신으로 5대 총선에도 출전했던 한국독립당 노승삼, 인천신보 편집국장인 통일사회당 박창규 후보들도 함께 뛰었다.

개표결과는 공화당 이원장 후보가 51,725표, 신민당 김옥선 후보가 51,189표를 득표하여 536표차로 이원장 후보가 당선됐다.

한독당 노승삼 후보는 2,328표, 자유당 안병철 후보는

1,371표, 통사당 박창규 후보도 505표를 득표했다.
 선거가 1년이 지난 1968년 6월 대법원의 재검표 결과 당선이 뒤집혔지만, 이원장 후보는 1년 동안 의원직을 향유했다.

(4) 곡성-화순: 공화당에서 제명(除名)되어 위축된 기세풍 후보를 꺾고 기사회생하여 재선고지에 오른 신민당 양회수

 7대 총선에서는 자유당 화순군당위원장 출신인 공화당 기세풍 후보와 6대의원인 신민당 양회수 후보가 건곤일척 한 판 승부를 벌이는 와중에 2대, 3대, 4대의원을 지낸 자유당 조순, 전남도의원을 지낸 대중당 최영섭, 교통공론사 편집국장인 한독당 최영수, 전남도의원 출신인 통사당 박재준, 언론인 출신인 민주당 고광국 후보들도 뛰어들었다.
 선거 결과는 자유당 시절부터 기반을 다져 온 기세풍 후보가 59,518표(50.6%)를 득표하여 23,300표(23.7%) 득표에 머문 현역의원인 양회수 후보를 큰 표차로 따돌리고 당선됐다.
 곡성에서 3선의원으로 자유당 시절에는 풍미(風靡)했던 조순 후보는 8,132표(8.3%) 득표에 머물렀다.
 부정선거 시비에 휘말린 기세풍 후보는 공화당으로부터 제명을 당하자, 의원직을 사퇴하여 1968년 9월 24일 보궐선거가 실시됐다.
 이번 보궐선거에는 의원직을 사퇴한 기세풍 후보가 대중당 공천으로 출전하여 민정당 대변인 출신으로 6대의원을 지낸 신민당 양회수 후보와 재격돌했다.
 지난 7대 총선에도 출전했던 한독당 최영수, 민정당 전남도당 선전부장을 지낸 자민당 이기곤, 보궐선거 단골후보인 민중당 황성, 농업인인 통사당 심연식 후보들도 출전했다.

서민호 대중당 당수는 "공천을 반대하면 당비를 어떻게 조달하려 하느냐"고 공천 반대 당무위원들을 무마하기 위해 진땀을 빼고서 기세풍 후보를 공천할 수 있었다.

그러나 반대 당무위원들은 "공천이 불법이며 당헌(黨憲)위반이므로 시정조치가 없으면 제소하겠다"고 벼르고 있었다.

신민당은 "부정선거관련자로 낙인찍혀 공화당에서 제명당한 기세풍 후보가 사전 선거운동을 했다"고 비난했다.

신민당 김대중 의원은 "공화당에서 제명당한 부정선거 관련자를 옹호하는 혁신정당이라면 한심하다"면서 대중당의 공천을 비난하고, "보궐선거에서 이겨 고사(枯死) 직전의 민주주의를 소생시키자"고 역설했다.

야당운동원이 11명이나 입건됐다며 관권개입이 노골화되고 있다는 신민당은 "정부가 다시 음성적인 부정선거를 방조(傍助) 또는 방임한다면 중대 사태가 발생할 것"이라고 경고했다.

화순군 춘양면 선정리 같은 마을 출신인 대중당 기세풍 후보와 신민당 양회수 후보는 접전을 벌였으며 선정리 3백 가구 주민들도 두 파로 나뉘어 혈전을 전개했다.

불꽃 튀는 접전에서 행정력의 현저한 관여 저하와 공화당 제명으로 위축된 기세풍 후보를 신민당 양회수 후보가 4천여 표차로 꺾고 맡겨놨던 의원뱃지를 되찾았다.

그러나 이번 보궐선거에서도 행정선거는 사라졌지만 금권선거는 되살아나 현역의원들은 "선거풍토가 개선되지 않는 한 다시 국회의원을 할 생각을 하지말아야겠다"고 탄식하고, "막걸리나 고무신 공세가 비난받던 때는 이미 옛날 얘기"라면서, "선거를 한 번 치르는 데 5천만 원이상의 돈이 든다"고 개탄했다.

☐ 득표상황

후보자	정당	연령	주요 경력	득표 (%)
양회수	신민당	46	6대의원(지역구)	40,829(48.6)
기세풍	대중당	52	7대의원(지역구)	36,162(43.0)
최영수	한국독립당	31	한독당 당무위원	2,789(3.3)
심연식	통일사회당	27	지구당위원장	2,540(3.0)
이기곤	자민당	32	민정당중앙위원	1,260(1.5)
황 성	민중당	33	출판업	446(0.5)

(5) 고창: 부정선거혐의로 공화당에서 제명당하고 사퇴했으나 보궐선거에서 당선되어 금권선거의 의혹을 떨쳐버리지 못한 대중당 신용남

 지난 7대 총선에서는 신용욱 전 의원의 동생으로 3대와 4대의원을 지내고 공화당 공천을 기대한 정세환 후보를 꺾고 혜성처럼 등장한 대한항공사장인 신용남 후보와 인촌 김성수 선생의 아들로서 5대와 6대 총선에서 연거푸 당선된 신민당 김상흠 후보가 자웅을 겨뤘다.
 공화당 공천에서 탈락한 정세환 후보가 자유당으로, 흥덕중 학원장인 진두은 후보가 민중당으로, 농업인인 손명섭 후보가 통사당으로 출전했다.
 선거 결과는 공화당 신용남 후보가 39,955표(56.7%)를 득표하여 2선의원이지만 27,804표(39.4%)를 득표한 신민당 김상흠 후보를 12,151표차로 꺾고 당선되어 기염(氣焰)을 토해냈다.
 행정선거는 물론 금권선거라는 비난에 공화당은 신용남 당선자를 제명했고, 제명당한 신용남 후보는 의원직을 사퇴하여 1968년 9월 24일 보궐선거가 실시됐다.
 이번 보궐선거에는 지난 총선에서 자웅을 겨뤘던 대중당 신용남 후보와 신민당 김상흠 후보가 출전하여 불꽃 튀는 재접전을 펼쳤다.

대통령 선거에 출전하여 두 번이나 동메달을 목에 걸었던 통한당 오재영, 정의당 중앙위의장인 임균석, 지난 총선에도 출전했던 민중당 진두은, 무명의 자민당 손일웅 후보들이 출전했다. 통사당 노동국장 출신인 유영봉 후보는 등록했다가 중도에 사퇴했다.

출마설이 나돌던 장택상 전 국무총리는 "하필이면 나를 왜 그런 아름답지 못한 얘기에 관련시켜 소문을 퍼뜨리는지 알 수 없다"고 무관론을 강조했다.

신민당 송원영 대변인은 "9·24보선이 6·8부정선거에 대한 심판이 돼야함에도 불구하고 혹심한 가뭄 등으로 피폐한 유권자들과 이를 기회로 유혹의 손길을 뻗친 일부의 농간(弄奸)으로 여전히 타락성을 면치 못한 채 주권이 실종된 것은 유감"이라고 성명했다.

대중당 운동원이 선관위원장과 시비를 하다 폭행했으나 경찰은 신고를 받고도 입건하지 않았다면서, 김상현 의원은 "아무리 공명선거를 읊어도 타락선거는 못 면할 것 같다"고 개탄했다.

보궐선거 결과는 공화당에서 제명당하고 대중당으로 말을 갈아탄 신용남 후보가 신민당 김상흠 후보를 3천 5백여 표 차로 또 다시 꺾고 국회 등원에 성공했다.

6·8선거의 기억과 가뭄 걱정이 재선거에 대한 무관심을 불러일으켜 어느 때보다 높은 기권율을 나타냈다.

6·8선거 때와 같은 관권의 난무와 공포분위기의 조성만 없다면 승산이 있다고 장담한 신민당 김상흠 후보는 "신용남 후보 측에서 사꾸라 작전, 007작전, 베트콩작전을 비롯하여 엄청난 돈을 뿌려 입당시키는 작전 등을 쓰고있다"면서, 어느 때보다 금권의 위력이 크게 떨칠 가능성이 크다고 우려했다.

공화당 이영근 사무차장은 "당원들이 구정(舊情)을 생각해서 특정 후보를 미는 건 어쩔 수 없는 것 아니냐"고 변명했지만, 신민당에서는 "공적이건 사적이건 부정선거 혐의로 사퇴한 인사를 공화당이 뒤에서 지원한다는 것은 공화당이 스스로 부정을 감싸는 결과"라고 비난했다.

6백 가구의 오씨 종친표를 발판으로 출마한 통한당 오재영 후보는 재선의원이란 명성에 걸맞지 않게 2천여 표 득표에 머물렀다.

신용남 후보의 당선에 이번 선거도 금권에 휘말린 주권으로 부정선거 심판보다 지방의 이해가 크게 작용한 씻지 못할 타락(墮落)선거였다는 평가를 받았다.

□ 득표상황

후보자	정당	연령	주요 경력	득표 (%)
신용남	대중당	51	대한항공사장	32,563(48.3)
김상흠	신민당	48	2선의원(5, 6대)	29,044(43.0)
오재영	통한당	49	2선의원(3, 4대)	2,785(4.1)
임균석	정의당	31	정의당 중앙위의장	1,832(2.7)
손일웅	자민당	26	무직	969(1.4)
진두은	민중당	61	총선 2회 입후보	292(0.4)
유영봉	통일사회당	35	통사당 노동국장	사퇴

(6) 충남 부여 : 공화당을 탈당한 김종필 당의장의 친형인 김종익을 공천하여 정부와 공화당의 전폭적인 지원으로 당선을 일궈내

지난 7대 총선에선 공화당 의장인 김종필 후보가 자유당 출신으로 4대의원과 참의원을 지냈지만 신민당 공천을 받은 한광석 후보의 중도 사퇴에 힘입어 전국 최고 득표율인 91.1%인 69,961표를 득표하여 2선의원이 됐다.

대중당 김창삼 후보가 4,143표, 한독당 한창희 후보가

1,259표, 충남도의원을 지낸 자유당 김재련 후보가 971표, 자민당 이석전 후보가 491표를 득표했다.

절친한 김용태 의원이 3선개헌을 반대하는 모임을 주도한 혐의를 받은 국민복지회 사건으로 제명되자, 비분강개(悲憤慷慨)한 김종필 의원이 공화당 의장은 물론 국회의원직까지 사퇴하고 정계를 은퇴하여 1968년 9월 24일 보궐선거가 실시됐다.

민주공화당은 김종필 의원의 친형으로 삼원농산 회장인 김종익 후보를 공천했고, 신민당은 자유당 시절 농림부장관과 국회부의장을 지낸 임철호 후보를 내세워 한판 승부를 펼치도록 했다.

지난 7대 총선에 출전하여 차점 낙선한 김창삼 후보가 대중당으로, 충남도의원을 지낸 이호철 후보가 자유당으로, 진보당 조직위원이었던 유갑종 후보가 통사당으로 출전했다.

"김종필 씨 때문에 햇빛 못 본 우리가 또 중앙인사의 시달림을 받아야 되겠는가"라는 프레임으로 중앙인사의 원정 출마에 대한 항의에 공화당은 김종익 후보를 공천했고, 김종익 후보는 "이번 선거가 모든 공직에서 물러난 김종필 씨의 웅비(雄飛)를 위한 발판을 마련해 주는 것"이라고 호소했다.

민주공화당은 김종필 당의장의 사퇴는 "대통령 3선개헌 문제로 물러난 것이 아니다"면서, "이보(二步) 전진을 위해서 자의로 일보(一步) 후퇴한 것일뿐"이라며 정계에 비상착륙할 활주로를 만들어 달라고 역설했다.

신민당 임철호 후보는 "김종필 의원의 사퇴는 공화당내 권력투쟁의 결과이며 그것은 대통령 3선개헌의 사전포석"이라고 주장하면서, 5·16 이후 부여는 선거부재였다고 주장하며 선거의 정상화, 선거다운 선거의 실시를 주장했다.

"김종익 후보가 김종필만한 정치적 역량을 발휘하지 못할

바에는 차라리 야당을 뽑아주자"는 명분도 제시했다.

신민당은 6·8총선의 부정을 규탄하면서 부정의 재심판을 주장하여 "가처분 결정의 추이 여하에 따라서는 다시 선거를 치러야 하지 않을까"하는 우려도 낳았다.

김종필 공화당의장의 친형이라는 혈연과 여당이라는 유리한 조건을 지닌 공화당 김종익 후보가 국회부의장을 지낸 거물 정객으로 현 정부의 비정(秕政)을 폭로하고 네임밸류와 붐 조성으로 추격전을 전개한 임철호 후보를 1만여 표로 따돌렸다.

1만 5천 명의 당원을 활용하고 30억 원에 달하는 공약사업의 완수를 유일한 무기로 공화당 김종익 후보는 승리를 낚아챌 수 있었으며, 임철호 후보가 갑, 을구로 분구(分區)시절 을구 출신 의원으로 갑구 지역을 집중적으로 공략한 것도 주효했다.

또한 임철호 후보는 3·15부정선거와 관련되었고, 4·19 이후의 정치 공백이 크게 다가왔으며 자유당 세력인 한광석, 조남수 전 의원들의 향배가 승패를 결정지었다.

유권자들은 대목을 맞은 듯 풍성한 막걸리 세례에 흐뭇해하면서, 이후락 비서실장의 박정희 대통령의 지시로 부여에 들려 김종익 후보를 위무(慰撫)한 것이 승리의 밑거름이 됐다.

공화당 이영근 임시대변인은 "부여 지구에서 김종익 후보가 당선된 것은 신민당의 악랄한 중상모략에도 굴하지 않은 부여 유권자들의 현명한 판단의 결과"라고 신민당의 정부, 여당의 탈법적 지원에 의한 당선에 대해 반박했다.

□ 득표상황

후보자	정당	연령	주요 경력	득표 (%)
김종익	민주공화당	50	삼원농산 회장	36,412(56.2)

임철호	신민당	63	국회부의장, 장관	25,537(39.4)
김창삼	대중당	27	농업인	1,700(2.6)
이호철	자민당	66	충남도의원	972(1.5)
유갑종	통일사회당	35	통사당 당무위원	222(0.3)

(7) 경남 창녕: 신민당 공천으로 당선되고서 공화당으로 변절하여 공화당의 공천을 받고 재당선을 일궈낸 성낙현

지난 7대 총선에는 유진산 신민당 부총재의 조카사위라는 것과 창녕 지역에서 대성인 창녕 성씨라는 것 이외에는 학력도, 경력도, 당원경력도 보잘 것 없는 신민당 성낙현 후보가 지난 4대 총선에서 자유당 출신으로 현역의원인 하을춘 후보를 꺾고 당선됐다가 공화당에 합류하여 6대 총선에서 당선된 신영주 후보를 꺾은 이변을 연출했다.

창녕체육회장인 민중당 서권수, 창녕읍장을 지낸 대중당 하상석, 회사장인 민주당 박점수, 중도에 사퇴한 한독당 남원우 후보들도 함께 뛰었다.

신민당 성낙현 의원은 변절하여 박정희 대통령의 3선 개헌안에 발의자로 등재하자, 신민당은 신민당을 해산하여 성낙현 의원의 의원직을 박탈했다.

그리하여 1969년 12월 5일 보궐선거가 실시됐고 공화당은 변절한 성낙현 후보를 의리를 내세워 공천했고, 신민당은 성낙현 후보의 변절에 책임을 통감하고 후보 공천을 포기했다.

이에 군소정당들은 메뚜기가 제철을 만난 듯 모든 정당이 후보들을 공천하여 7명의 후보들이 난립했다.

지난 총선에 출전했던 대중당 박점수, 자민당 남원우, 통사당 서권수 후보를 비롯하여 보궐선거 단골후보인 정의당 황성, 체육인인 민주당 성권승, 대한비료 사장인 민중당 성보경 후보들이 출전했다.
 창녕 보궐선거를 거부하고 후보자조차 내지 않기로 한 신민당은 앞으로 공명선거 보장책 마련에 총력을 기울이기로 했다.
 중앙당에서 "당에 공헌도 없고 하필 변절자라고 비난받은 사람을 공천할 게 뭐냐"는 이론이 제기됐으나 의리론을 내세워 공천을 강행하자, 지구당에서는 "개헌 찬성을 이유로 낙하산 공천을 하는 것은 어불성설"이라며 반발하기도 했다.
 민주공화당은 이곳에서의 만일의 패배는 1971년 선거에 좋지않은 영향을 미칠지도 모른다는 우려에 젖어 당력을 총집결시켰다.
 민주공화당은 공명선거를 이룩하겠다던 당초의 다짐과는 달리 성낙현 후보에 대한 배신 논쟁이 점화되자 행정선거, 타락선거를 가속화시켰다.
 민주공화당은 문창탁 사무차장이 상주(常駐)하고 김택수 원내총무, 김효영 경남도지사, 윤치영 당의장 서리, 백남억 정책위의장, 박준규 의원들이 적극적인 지원유세를 벌렸다.
 "신민당이 이번 선거를 포기한 것은 당내 사정 때문이었다"는 성낙현 후보는 "당선 돼 상경하면 나를 변절자로 몬 매스콤을 상대로 텔레비죤 성토를 벌이겠다"고 기염을 토했다.
 돌다리도 두들겨 본다는 공화당의 전략으로 신민당의 무공천 틈새를 비집고 성낙현 후보는 50%가 넘는 득표율을 올리며 지난 총선에서 군(郡)지역 당선된 야당 3총사(서민호, 우홍구, 성낙현)의 명성을 다시 한 번 과시했다.

□ 득표상황

후보자	정당	연령	주요 경력	득표 (%)

성낙현	민주공화당	46	7대의원(지역구)	34,512(63.0)
박점수	대중당	51	회사원	13,999(25.6)
서권수	통일사회당	35	상업인	1,651(3.0)
성보경	민중당	46	대한비료사장	1,447(2.6)
성권승	민주당	30	연무관 사무총장	1,431(2.5)
황 성	정의당	34	교육연구회장	885(1.6)
남원우	자민당	42	인권옹호지부장	843(1.6)

(8) 전남 나주: 부정선거구로 낙인이 찍혀 공화당에서 제명되고 대법원에서 선거무효판결을 받았으나 공화당 재공천으로 재당선된 이호범

지난 7대 총선에서 공화당은 국민대교수 출신으로 상공부 기획관리실장과 재무부차관을 지낸 이호범 후보를 공천하여 자유당 출신으로 3대와 4대의원을 지내고 6대 총선에서도 자민당 공천으로 당선을 일궈낸 신민당 정명섭 후보를 꺾도록 기대했다.

한독당 청년부장인 장봉기 후보와 3대의원을 지낸 민주당 최영철 후보도 등록했다가 최영철 후보가 중도사퇴하여 장봉기 후보만이 파수꾼 역할을 수행했다.

정치신인인 공화당 이호범 후보는 저돌적인 선거전략으로 3선의원인 정명섭 후보를 4만 5천여 표차로 꺾고 국회에 등원했다.

이호범 후보는 73.8%인 66,315표를 득표한 데 비해, 정명섭 후보는 23.2%인 20,871표 득표에 머물렀다.

총선 이후 1년 8개월이 지나 대법원은 "이 지역구 선거는 행동대가 조직되어 이호범 후보의 당선을 위해 조직적으로 정명섭 후보 선거원을 미행, 협박, 폭행하는 등 난동을 부렸고, 선거관리위원회는 공정하고 자유로운 선거관리 집행을 하지 못했다는 사실이 인정된다"고 판시하며, 이호범 후

보의 당선무효 판결을 내렸다.
 김진만 공화당 원내총무는 "나도 정치를 하는 사람이지만 이호범 씨가 국회의원직을 상실할 만한 법적 과오가 있었더라도 정치적 과오가 있었는지 여부를 심판하기 위해서라도 재입당이 필요하다"고 역설했고, 공화당은 정우회의 이호범 의원을 재입당시켜 공천하는 과감함을 보였다.
 김영삼 신민당 원내총무는 "공화당이 스스로 부정선거 지역구라 하며 당선자를 제명한 후 대법원 확정판결에도 불구하고 그를 재공천한 도전적 태도를 국민의 이름으로 심판하는 데 있다"면서, "또 다시 공명선거가 이뤄지지 않는다면 더 할 얘기가 없다"고 한탄(恨歎)했다.
 이번 재선거에는 대법원의 당선무효 판결에도 불구하고 공화당의 재공천을 받은 이호범 후보와 지난 총선에서 차점 낙선한 신민당 정명섭 후보가 재격돌 했다.
 보궐선거 단골 후보인 민중당 황성 후보와 지난 총선에도 출전했던 정의당 신봉훈, 당무위원으로 활약하고 있는 통사당 정동훈 후보들도 당명을 받들고 출전했다.
 지칠줄 모르고 지역구 구석구석을 찾아다니며 공화당 조직을 재가동한 이호범 후보가 이번 재선거에서도 신민당 정명섭 후보를 큰 표차로 따돌리고 재당선의 기쁨을 맛보았다.
 정명섭 후보는 지난 총선에서의 45,444표차의 격차를 이번 재선거에서는 22,053표차로 좁히는 데 만족해야만 했다.
 정성태, 김상현 의원들은 "한 몫 보려고 벼르던 막걸리 집들이 허탕을 칠 정도로 현금만이 난무했던 선거"라고 나주 재선거의 타락상을 개탄했다.

 □ 득표상황

후보자	정당	연령	주요 경력	득표 (%)

이호범	민주공화당	39	재무부차관	51,219(61.0)
정명섭	신민당	59	3선의원(3,4,6대)	29,166(34.8)
정동훈	통일사회당	37	통사당 상무위원	1,777(2.1)
진봉훈	정의당	35	정당인	1,036(1.2)
황 성	민중당	32	학원강사	718(0.9)

(9) 전남 보성: 2년 동안 끌어온 선거소송에서 일부지역 무효판결을 받아내 재선거에서 승리를 환호(歡呼)한 신민당 이중재

　지난 7대 총선에서 공화당은 황성수 전 국회부의장을 낙천시키고 양달승 대통령 정무비서관을 공천했고, 신민당도 이정래 지역구의원을 배제하고 이중재 전국구의원을 전략 공천하여 자웅을 겨루도록 했다.
　전남 농민회장인 자유당 박종면 후보와 전남매일 보성지사장인 민중당 김재규 후보가 출전했다가 김재규 후보는 선거운동 기간중에 사퇴했다.
　보성군에서 인구가 가장 많은 벌교읍 출신인 양달승 후보는 벌교읍을 주축으로 서진(西進)하고, 신민당 이중재 후보는 보성읍을 기축으로 동진(東進)하는 대결양상을 펼쳤다.
　선거 결과는 공화당 양달승 후보가 31,868표(51.7%)를 득표하여 28,651표(46.4%)를 득표한 신민당 이중재 후보를 3,217표차로 꺾고 국회 등원에 성공했다.
　벌교읍장과 벌교지서장이 투표의 공개지시를 하고, 양달승 후보가 제철소의 보성지역 건설에 대한 대통령 지시각서 위변조혐의로 공화당으로부터 제명당하고 구속당한 사실이 공표되었음에 불구하고, 선거일을 2년을 훌쩍 넘기고서 대법원은 벌교읍 제1투표구에서 제10투표구에서의 선거무효를 판결하여 벌교읍에서만 재선거를 실시하게 됐다.

벌교읍장과 지서장들이 유권자들에게 공개투표를 종용했고, 유권자 3,500명을 매수한 사실 등을 무효 판결의 근거로 제시했다.
일부지역 재선거이기 때문에 벌교읍을 제외한 득표를 안고서 전개한 벌교읍내에서의 선거전은 치열했다.
양달승 후보는 공화당 조직을 활용하여 벌교 출신임을 내세워 토착민에 호소한 반면, 이중재 후보는 개헌 반대를 내걸고 야당 붐 조성에 주력했다.
재선거 결과 공화당 양달승 후보는 7,335표를 득표했고 신민당 이중재 후보는 5,168표를 득표하여 양달승 후보가 2,167표 앞섰으나, 벌교읍을 제외한 지역에서 이중재 후보가 3,131표 앞서 이중재 후보가 964표차로 승리하여 의원 뱃지를 인계받았다.
승리한 이중재 후보는 "지역의 벽(壁)이 높은 것을 새삼 느꼈다"고 술회했다.

□ 득표상황

후보자	정당	연령	주요 경력	득표 (%)
이중재	신민당	42	6대의원(전국구)	28,730(49.3)
양달승	만주공화당	39	대통령 비서관	27,766(47.6)
박종면	자유당	50	전남 농민회장	1,120(2.0)
김재규	민중당	36	전남매일 지사장	694(1.2)

(10) 고성-통영: 신민당의 정당 해산으로 신민당 김기섭 후보가 후보 자격을 상실하여 신임투표에서 승리하여 의원직을 이어간 최석림

지난 7대 총선에서는 국민대 재단이사장인 신민당 김기섭 후보와 자유당 출신으로 4대와 6대의원을 지낸 공화당 최

석림 후보가 충무-통영과 고성의 자존심을 걸고 맞대결을 펼쳐 최석림 후보가 53,149표를 득표하여 김기섭 후보를 8,791표차로 꺾고 3선의원에 등정했다.

제8대 총선이 1년여 정도 남은 시점에서 대법원은 충무-통영-고성의 선거 일부지역 무효판결로 최석림 의원의 의원직이 상실됐다.

대법원은 고성군청 직원들이 관내에 자주 출장하여 선거인들에게 무형의 영향을 끼쳤다는 혐의로 93개 투표구 중 77개 투표구의 선거무효를 판결했다.

중앙선관위는 "후보를 공천한 정당이 해산될 경우 후보자격도 상실된다"는 명문(明文)규정으로 신민당이 해체되어 김기섭 후보의 자격이 상실됐다.

김기섭 후보는 현재 신민당 지구당위원장이지만 해체 전의 신민당과 현재의 신민당은 법상(法上)으로 전혀 별개의 정당이기 때문이다.

"정당에서 제명된 자가 무소속으로 출마할 수는 없으나 재선거 공고 당시 총선 때의 소속 정당을 취득하고 있는 경우는 유효하다"는 선관위의 유권해석을 받고 공화당은 최석림 의원을 복당(復黨)시키고 재공천하는 꼼수를 발휘했고, 이에 신민당은 정치 도의의 배신(背信)이라고 항의했다.

선거일을 눈앞에 두고도 거리에는 선거 포스터나 입간판 하나 나붙지 아니한 거리에 선관위의 공명선거 현수막이 드문드문 나부끼고 있었을 뿐이다.

공화당은 당원 및 지방 유지들을 모아 단합대회라는 당원교육을 실시한 다음 간단한 막걸리 파티나 열어 유권자들에게 선거무효 판결의 내용을 "선거관리위원회의 관리가 잘못했기 때문이지 최석림 후보나 유권자들이 잘못해서 선거무효 판결이 내린 것이 아니다"라고 선거부정 시비(是非)에 대해 설명해 주었다.

곳곳에는 "재판에 지고 국회에서 쫓겨나서 무슨 낯으로 또 선거를 치르느냐"는 내용의 출처를 알 수 없는 삐라가 뿌려지기도 했다.

"투표를 안 해도 최석림 후보가 이겼다는데 투표는 왜 합니까"고 무관심한 태도를 보인 유권자들로 투표율은 50%를 넘지못 할 것이라는 전망이다.

주민들의 무관심과 저조한 투표율이지만 선거라는 요식절차를 밟아 공화당에서 제명됐으나, 공화당에 복당한 최석림 후보가 의원직을 이어가는 명분을 되찾았다.

□ 득표상황

후보자	정당	연령	주요 경력	득표 (%)
최석림	민주공화당	44	3선의원(4, 6, 7대)	39,547(100)
김기섭	신민당	51	국민대 재단이사장	등록 무효

제3장 남침야욕에 불탄 북괴의 끊임없는 도발

1. 무장특공대 청와대 습격과 울진-삼척 침투
2. 미국 해군 정보함 푸에블로호와 KAL기 납치
3. 헤아릴 수 없이 남파되고 검거된 간첩단
4. 북괴의 어선원 납치와 어로한계선 남하
5. 남북의 대치(對峙)상황을 정치적으로 활용

1. 무장특공대 청와대 습격과 울진-삼척 침투

(1) 북괴의 무장특공대 31명이 청와대를 향해 진군

 1968년 1월 21일 채원식 치안국장은 서울 종로구 청운동과 서대문구 홍제동에 무장 간첩단이 침입하여 군경(軍警)과의 교전 끝에 1명을 생포하고 5명을 사살했으며 나머지는 추격 중이지만, 대간첩작전을 지휘하던 최규식 종로경찰서장이 전사하고 민간인 5명이 희생되었으며 경관 2명도 중상을 입었다고 발표했다.
 윤필용 육군 방첩부대장은 "서울에 침입한 무장간첩들은 간첩의 한계를 넘어선 정규군의 유격작전 활동과 같다"면서, 이들은 개념상 간첩이라기보다는 무장 유격대 내지 무장 특공대로서 "이들은 청와대 습격과 요인 암살이란 단일 목적을 위해 2년 동안 특수교육을 받은 결사대(決死隊)"라고 밝혔다.
무장특공대는 파주 삼봉산에서 4명의 청년에게 들켰었는데도 청년들을 협박만 했을뿐 죽이지 않고 놔준 채, 당초 예정했던 침입로를 따라 서울까지 진군했다.
 이들은 청와대를 수 백미터 남겨놓고 청운동 고개에서 최규식 종로경찰서장에게 저지될 때까지 단 한 번의 검문도 검색도 없이 일사천리로 청와대 부근까지 접근했다.
 그들은 군사분계선을 넘어 우리 측 비무장지대에서 1박(泊)한 후 미군 구역의 방책을 가위로 끊고 넘었으며, 임진강은 동결(凍結)돼 있어 걸어서 쉽게 건넜다.
 국방부는 서울에 침투한 무장간첩은 북괴 인민군 장교로서 31명이며 그들의 임무는 청와대 공격이라고 국회에서 보고했다.

대간첩본부는 북괴의 유격대 31명 중 14명이 사살되고 1명이 폭사하고 1명(김신조)이 생포됐으며, 15명을 추적 중이라고 발표했다.
 북상하는 유격대 3명을 만나 추격 중 이익수 대령이 유격대원이 난사한 기관단총을 맞고 전사했다.
 무장공비들은 무기는 소련제이고 피복은 일본제인 것으로 밝혀졌다.
 북괴 특공대 총대장인 김종읍 상위의 시신(屍身)을 생포된 김신조가 확인했다.
 북괴 무장특공대 청와대 습격은 무위로 끝났고 특공대 31명 중 김신조 대원만 생포되고 30명은 모두 사살됐지만 우리 장병도 21명이나 희생됐다.

(2) 특공대의 출현은 국군 복무기간의 연장(延長)으로

 정부는 북괴의 무장특공대 침입사건과 미군 함정 푸에블로호의 납북 사건을 '안전에 대한 위협 행위', '가장 중대한 휴전협정 위반'으로 단정하고, 북괴의 만행을 전 세계 자유애호국가의 규탄을 면치 못할 것이라는 각서를 우단트 유엔 사무총장에게 전달했다.
 시민들은 북괴의 섬찍한 만행을 규탄하며 뒤늦은 출동 등 엉성한 방첩엔 울분을 토로했다.
 특공대가 휴전선을 넘어 침입했다는 정보를 듣고도 이호 내무부장관은 골프를 즐기고, 그렇게 쉽게 특공대가 서울의 심장부까지 침투할 수 있는 허술한 방어태세에 김성은 국방부장관이 도마위에 올랐다.
 판문점 군사정권위원회에서 스미스 미군 소장은 북괴 무장유격대의 서울 침입사건은 북괴의 극악한 도발과 침략의 새로운 형태의 일부라고 항의했다.

일본 요리무리신문은 북괴 무장공비의 침입사건을 "북에서 내려온 것인지 남에서 일어난 것인지 확인할 수 없다"고 보도하여 한일관계가 요원(遼遠)함을 느끼게 했다.

북괴특공대 소탕작전 중 전사한 21명의 장병들에 대한 합동 장례가 엄수됐고, 전국 곳곳에서는 북괴의 만행을 규탄하는 대회가 개최됐다.

서울 운동장에 10만 명이 모여 김일성 화형식도 거행하는 북괴 만행 규탄 궐기대회를 개최했다.

김신조의 기자간담회에서 미군 기자는 미군 2사단 지역의 철조망 뚫고 침입했느냐, 일본 기자는 입고 있는 옷이 일본제가 맞느냐에 집요(執拗)한 질문을 던졌다.

무장특공대의 청와대 습격은 향토예비군의 무장을 촉진했고, 군인들의 복무 기간이 2년 6개월에서 3년으로 연장되어 "신조 때문에 신조 때문에 오늘도 보초를 선다"는 개사(改詞)된 군가가 군인 막사에서 우렁차게 울려퍼졌다.

(3) 신민당의 반대에도 불구하고 향토예비군 창설

박정희 대통령은 북괴의 무장공비 침입 등 도발행위에 대비하기 위해 250만 재향군인 전원을 무장시키고 그에 필요한 무기공장을 건설하겠다고 발표했다.

국방부는 북괴의 도발행위에 대비하기 위해 사병의 복무기간을 2년 6개월에서 3년으로 6개월 연장했다.

국방부에서는 전 장병의 제대를 보류시켰다. 그리하여 "신조 때문에 오늘도 보초를 선다"는 유행가가 맴돌았다.

박정희 대통령은 "우리 고장은 우리 힘으로 지켜야겠다는 결의를 가지고 향토 방위체제를 강력히 구축해야 한다"고 강조했다.

박정희 대통령은 "일부 인사들이 향군 무장을 반대하는 진의를 알 수 없다. 이러한 잠꼬대같은 무책임한 정치인들의 얘기를 믿을 필요가 없다"면서, "250만 향군에 대한 창설을 착착 진행시켜 150만의 향군 편성은 완료했다"고 덧붙였다.

박정희 대통령은 "북괴가 우리 국민 또는 군·경으로 가장하여 교묘한 수단으로 침투하고 있는 만큼 전 국민들이 감시의 눈과 귀를 동원해서 적을 소탕(掃蕩)해야만 한다"고 강조하고, "공산당 전력에 대항할 수 있는 조직 태세를 갖추어야 하며 조직으로 싸워야지 입으로만 반공이나 애국으로 공산당을 막을 수 없다"고 말했다.

향토예비군법이 국회 국방위원회에서 만장일치로 통과되어, 신민당은 국방위원들에 대한 징계론이 대두됐다.

정부는 35세까지는 예비군에 편성하고, 36세에서 50세까지는 제2예비역에 편성하여 보충역으로 활용했다.

1968년 4월 1일 드디어 향토예비군이 창설됐다. 향군의 무장은 1·21공비침입과 푸에블로호 납북사건을 계기로 박정희 대통령의 특별 지시로 일하면서 싸우고 싸우면서 일하자는 구호를 내걸었다.

신민당에서는 선(先)조직 후(後)법개정의 모순을 지적하며, 현재의 병력으로도 충분함에도 정치적 목적을 두고 향토예비군을 조직하여 지휘계통의 혼란상도 초래했다고 지적했다.

기독교연합회는 일요일 향토예비군 훈련을 거부하며 소집불응을 결의했다.

유진오 신민당수는 향토예비군법 폐기투쟁을 선언했다. 유진오 신민당수는 불법조직으로 중대한 헌정파괴라며 향토예비군법을 반대했다.

신민당의 불참속에 향토예비군 설치법안이 변칙 통과되자 일방적인 통과는 용서 못할 폭거라고 항변했다.

군·경이 예비군을 동원하여 서울, 경기지역에서 간첩 색출(索出)작전을 펼쳐 1만여 명을 연행(連行)하여 심문을 함과 동시에 여관, 용의지역 등의 수색을 벌였다.
이들의 무더기 연행으로 경찰 보호석이 초만원을 이루는 부작용도 있었다.
　민방위군의 무장을 위해 현역군인 출신인 박경원을 내무부장관에 기용하기 위한 이번 개각엔 이호, 권오병을 법무부장관, 문교부장관에 재가용함으로써 박 대통령은 7부 장관을 경질하는 대폭개각을 단행했다.
　내무엔 박경원, 재무에는 황종률, 법무에는 이호, 문교에는 권오병, 농림에는 이계순, 교통에는 강서룡, 체신에는 김태동을 기용했다.

(4) 울진, 삼척 지역에 무장공비 110여 명 침투

　1968년 11월에는 경북 울진과 강원 삼척에 무장공비 30여 명이 출몰하여 부락민들을 감금하여 협박하고, 무차별 총격을 가하여 4명을 살해하고 위조지폐를 사용했다.
　대간첩대책본부는 강원, 경북 일부에 을종(乙種) 비상사태를 선포하고 소탕전을 벌여 3명을 사살했다고 발표했다.
　공비의 신고길에 나선 주민이 공비들에게 붙잡혀 주민들 앞에서 참살(慘殺)을 당하기도 했다.
　임충식 국방부장관은 해상으로 삼척, 울진에 침투하는 공비의 규모는 60명이며 28명을 사살하고 포위망을 압축하고 있다고 발표하면서, 국민 성원속에 큰 전과(戰果)를 올렸다고 치하했다.
　강원도 삼척의 외딴 가옥에서 일가족 3명이 참살되어 공비들의 만행으로 보고 수색전을 벌였다. 공비 신고에 공헌한 민간인 17명에게 위로금을 지급했다.

국방부는 무장공비 2명을 생포했으며 이들은 김신조가 속했던 124부대 장교로 판명됐다.
　화전민(火田民) 한 가족 5명이 학살되고 예비군 1명도 피살되는 등 공비의 만행이 확대되어 수색대는 긴급 포위망을 펴고 수색전을 전개했다.
　경북 울진에서는 공비들이 기관총을 난사하여 일가족 3명을 학살하고, 사찰(寺刹)에 침입하여 여승(女僧)을 학살하고 유숙하는 학생을 납치하는 만행을 저질렀다.
　삼척에서는 신고주민이 무참하게 살해당한 상황에서도 중학생과 교사들의 재빠른 신고로 많은 무장공비들을 소탕할 수 있었고, 향토예비군들이 소탕작전에서 맹활약했다.
　군사정권위에서 미국 대표는 울진, 삼척지구 무장공비 침투는 휴전이후 최대의 도발이라고 북괴 대표단에 항의했다.
　유엔에 무장공비의 침투와 만행을 특별보고하기 위해 언커크 조사단이 울진, 삼척에서 조사활동을 벌였다.
　자수하거나 생포된 4명의 공비들의 공동 기자회견이 있었고 울진, 삼척에 침투한 공비는 113명으로 109명이 사살된 것으로 집계됐다.
　강추위 속에서의 소탕작전으로 아군도 33명이 전사하고 민간인 16명이 희생됐다고 대간첩대책본부의 중간발표가 있었으며, 수많은 국군과 민간인들의 희생을 불러왔다.
　북괴의 후방교란 작전의 일환인 무장공비의 침투는 피아(彼我)간에 살상으로 많은 희생이 있었을 뿐 공산당의 당세 확세에 결코 도움이 되지 않는다는 것을 각성하고 근절되기를 바랄 뿐이다.

(5) 전국 곳곳에 간헐적(間歇的)으로 수많은 무장공비 침투

　북괴는 1968년 김산조 일당의 청와대 습격, 1969년 울진-

삼척 대규모 무장공비 침투 이외에도 전국 곳곳에 무장공비를 투입하여 불안감을 조성했고, 특히 3선개헌을 위한 정국불안, 대선이나 총선 기간중 극성(極盛)을 부려 정치적 고려가 있었던 것이 아닌가 하는 의구심을 불러왔다.

 우리나라도 실미도 사건에서 어렴풋이 짐작되듯 무장군인들을 북한지역에 투입하는 게 아닌가 하는 우려감도 짙게 풍겼다.

○ **1967년** 6월 21일 부평 소사에서 무장괴한이 방범대원에 총을 쏘고 도주했다. 한옥신 치안국장은 대간첩작전사령부를 신설하겠으며, 6월 들어 7곳에 무장간첩이 출현하여 10명을 사살했으나 군·경과 민간인도 11명이 전사했다고 발표했다.

○ 6월 24일에는 전북 임실에 8인조 무장간첩이 출몰하여 3명을 사살하고 추적 중이며, 경관 1명과 고철주이 2명이 피살됐다.

○ 6월 29일에는 녹음을 틈타 강원도 강릉과 영월에 무장간첩이 수 명 출몰하여 11명을 사살했으나, 신고하려던 주민이 피살됐다.

○ 7월 3일에는 강원도 양구에 무장괴한이 기습하여 중대장 등 7명이 전사하고 5명이 부상당했다. 강원도 명주에서도 출몰하는 무장간첩 2명을 사살했다.

○ 7월 5일에는 전남 장성에 무장괴한 15명이 출몰하여 1명을 잡고 1명을 사살했다. 강원도 강릉에서도 무장간첩 10명을 사살했다.

○ 7월 6일에도 강원도 명주와 철원에서 무장공비 1명을 각각 발견하여 사살했다.

○ 7월 19일 전북 정읍에서 무장간첩 10명이 출몰하여 격전끝에 무장간첩 5명을 사살했지만, 아군 1명도 전사했다.

○ 7월 20일 무장간첩단이 지리산에 12명, 삼척에 26명, 포항에 18명등 56명이 출몰하여 군·경이 34명을 사살하고 추격 중이다.
○ 7월 22일 경북 봉화 대병산에 무장간첩 6명이 출현하여 1명을 사살했지만 신고한 민간이 1명이 희생됐다.
○ 7월 24일 강원도 영월 녹다리 하천에 무장괴한 6명이 출몰하여 고기잡이 농부를 위협했고, 강원도 속초와 전북 순창에서 무장공비 1명을 각각 사살했다.
○ 7월 31일 이리역 부근 열차 안에서 권총을 빼들고 수류탄을 터뜨리려는 무장간첩을 두 시민이 기민한 동작으로 체포하여 90여 명의 승객을 위기일발에서 구출했다.
   또한 동해안의 양양, 속초와 경북의 영양 등 3곳에 무장괴한이 출몰하여 2명을 사살하고 1명을 생포했다.

○ **1968년** 1월 21일 서울에 북괴 무장간첩단 31명이 출몰하여 교전했으며 종로경찰서장 등 6명이 피살됐다.
○ 5월 1일 국제전신국에 유리창을 돌로 깨고 던진 수류탄이 폭발하여 7명이 중경상을 입었으며 간첩의 소행으로 보고 비상계엄령을 서울·경기지역에 발령했다.
○ 6월 29일 군·경 합동으로 솔개미 작전을 펼쳐 전국에서 무장공비 3명을 사살했다.
○ 8월 5일 경기도 문산에 수효(數爻)를 알 수 없는 무장괴한들이 4곳에 출몰하여 우리 수색대가 교전을 벌여 8명을 사살하고 기관단총 7정, 실탄 1천여 발을 노획했다.
○ 8월 13일 전국 곳곳에서 무장공비를 발견하여 6명을 사살했다.
○ 8월 21일 제주 서귀포 해안에서 기동타격대에 의해 무장공비 12명을 사살하고 2명을 생포하면서 무장간첩선도 나포했다.

○ 11월 4일 충남 서산군에 무장공비 2명이 출현하여 교전 끝에 사살했으나 소병민 소령 등 4명도 전사했다.
○ 11월 6일 경북 울진에 무장공비 30명이 출현하여 3명은 사살했으나 민간인 4명이 피살되어 정부에서는 을종사태를 선포했다.

○**1969년** 1월 14일 울진, 삼척에 침투한 무장공비 113명을 소탕하고 을종 비상사태를 해제했다.
○ 3월 17일에는 강원도 주문진에 무장공비 수명이 출몰하여 해상으로 도주했으나 우리 해군이 무장간첩선을 격침하여 공비 시체 7구를 인양(引揚)했다.
○ 5월 26일 북괴의 도발이 올해 들어 50번째이며 전국 곳곳에서 무장괴한 3명을 사살했다.
○ 6월 8일 무장간첩선이 휴일 밤에 강원도 북평에 침입하여 1가족 5명이 희생됐으며, 우리 해군이 퇴로를 막고 포위망을 압축하여 북평 앞바다에서 격침시켰다.
○ 6월 13일에도 전남 흑산도 앞바다에 무장간첩선이 출현하여 육해공군 합동작전으로 간첩선을 침몰시키고 무장특공대 15명을 섬멸했다.
○ 6월 16일 전북 부안에서 어민의 재빠른 신고로 전·경이 합세하여 무장공비 3명을 사살하고 고무보트 1척을 노획했다.
○ 6월 17일 전남 흑산도에 상륙한 무장공비 6명을 사살하고 잔당 2명을 군·경이 수색을 벌였다.
○ 6월 26일 서울에서 시민의 신고로 정계와 학원의 침투를 획책한 무장간첩 2명을 검거했다.
○ 7월 14일 경기도 김포에서 수류탄을 투척(投擲)한 무장공비 1명을 생포했다.
○ 7월 26일 전남 흑산도에 출몰하는 무장공비 3명을 사살

했으나 아군도 10명이 사망하거나 부상을 당했다.
○ 8월 19일 경기도 문산과 충남 서천에서 무장간첩의 조장(組長)이 자수하여 간첩 6명을 검거했다.
○ 9월 18일 전남 완도 근해에서 경비정이 간첩선에 의해 격침되어 5명이 절명했다.
○ 9월 22일에는 전북 군산 앞바다에서 어선을 가장한 북괴 무장간첩선을 해·공군 합동작전으로 나포하고 공비 4명을 사살했다.
○ 9월 24일에는 전남 흑산도 해상에서 고정간첩의 침투를 위해 접근하는 북괴 무장간첩선을 4시간 추격끝에 격침시키고 승무원 15명을 수장(水葬)시켰다.
○ 9월 25일 경북 영일군 해변에서 해병대와 예비군의 작전으로 무장공비 1명을 생포했다.
○ 10월 13일에는 경기도 양주에 무장공비 3명이 침투하여 민가에서 식량을 훔쳐 도주한 것을 중부전선에서 발견하여 사살했다.
○ 10월 14일에도 전남 소흑산도 근해에서 해·공군 합동작전으로 대형간첩선을 격침시키고 무장공비 20명을 섬멸했다.
○ 10월 21일에는 서울과 대구에서 무장간첩 4명과 그들에게 포섭된 3명을 일망타진했다.

○1970년 3월 13일에는 경북 영덕 해안에서 무장공비 2명을 사살하고 도주한 무장공비의 소탕작전을 전개했다.
○ 4월 4일에는 서해 격렬비열도 해안에서 북괴의 무장간첩선 1척을 추격끝에 격침(擊沈)시키고 무장공비 15명을 섬멸했다.
○ 4월 30일 경기도 연천에서 무장공비 3명을 사살하고, 대간첩대책본부는 북괴의 녹음기(綠陰期)를 이용한 도발 격

화를 경고했다.

○ 5월 5일에는 충남 안면도 해상에서 고정간첩 한인동 등을 대동하고 월북하려고 침투한 북괴 공작선 1척을 격침시키고 무장공비 3명을 사살하였을 뿐아니라 간첩단 21명을 일망타진했다.

○ 6월 29일 경기도 영흥도 앞바다에서 무장간첩선 1척을 나포하고 무장공비 6명을 사살하는 전투에서 전투경찰 3명도 전사했다.

○ 7월 28일 강원도 주문진 앞바다에서 해·공군 합동작전으로 무장간첩선 1척을 격침시켰다.

○ 9월 21일 경기도 영종도에서 무장공비 2명을 사살했으나 아군도 2명이 전사하고 3명이 부상을 당했다.

○ 9월 29일 남해 가덕도에 침입한 무장공비 3명을 사살했으나 경찰과 예비군 2명도 전사했다.

2. 미국 해군 정보함 푸에블로호와 KAL기 납치

(1) 북괴는 미국 해군 정보수집 보조함 푸에블로호 납치

 1968년 1월 24일 미국 국방성은 미해군 정보수집 보조함 푸에블로호가 동해의 공해상에서 북괴의 4척의 무장한 초계정과 미그기 2대의 위협아래 나포(拿捕)되어 원산항으로 납치됐다고 발표했다.
 민간인 2명을 포함한 83명이 승선한 푸에블로호는 엔진이 모두 꺼졌으며 무전 연락도 되지 아니한 상황에서 원산항으로 끌려갔으며, 공해상에서 납치된 것은 미국 해군 역사상 처음있는 일이다.
 906톤의 푸에블로호가 납치된 현장에 세계 유일의 미국 핵추진 항공모함으로 6만 6천 5백 톤인 엔터프라이즈호가 미국 해군 기동함대를 이끌고 항진중에 있었다.
 러스크 미국 국무장관은 "그들이 취한 행동면에서 보아 일종의 전쟁 행위"라고 규정했다.
1968년 1월 27일 존슨 미국 대통령은 푸에블로함 납치는 침략행위로 북괴 도발에 단호히 조처하겠다고 선언했고, 러스크 국무장관은 푸에블로호는 즉각 송환해야 한다고 촉구했다.
 미국 존슨 대통령은 해군, 예비역에 동원령을 내리고 유엔 안보이사회를 소집하여 푸에블로호 송환을 위한 강온(强穩) 양면 공세를 취했다. 한편 오키나와에 있는 2개 제트기 대대도 한국 기지로 이동했다.
 북괴는 푸에블로호 선원들은 법에 따라 처벌받아야 하며 미국의 보복 기습이나 어떠한 도발에도 대처할 태세를 갖췄다고 선전했다.

판문점 군사 정전위에서 스미스 소장은 푸에블로호의 공해상에서의 납북(拉北)은 국제법상 당연히 배상을 요구할 권리가 있다고 주장하자, 북괴의 박중국 대표는 북괴의 영해를 침범했다고 주장했다.

 골드버그 유엔주재 미국대사는 유엔 안보리에서 북괴 함정들이 푸에블로호의 나포를 미리 목표로 선정하여 계획적이었다고 밝혔다.

 미국 워싱턴포스트지는 소련에서는 푸에블로호와 북괴 간첩의 교환설을 흘렸다고 보도했지만, 우리 외무부에서는 있을 수 없는 일이라고 일축했다.

유엔 안보리에서 송환 교섭이 정체상태에 빠지자 판문점 정전위에서 스미스 소장과 북괴의 박중국 대표간에 비밀 협상이 전개됐으나 북괴의 영해 침범 사과 요구로 협상은 난관에 봉착했다.

 미국과 북괴의 비밀회담을 규탄하는 데모가 미국 대사관 앞에서 벌어졌고, 한국 노총에서는 회담 중지를 요구하는 성명서를 발표했다.

 미국의 신축성있는 새로운 제의로 푸에블로호의 교섭이 급진전된 것으로 알려졌고, 미국의 서면(書面)사과로 푸에블로호가 금명간 석방될 것이라는 풍문이 나돌았다.

 미국이 영해를 접속수역으로 표현하며 직접적인 사과는 회피했으나 북괴에 사과(謝過)하고 푸에블로호의 석방이 임박한 것으로 알려졌다.

 푸에블로호 승무원 82명이 납북된지 336일 만에 28차의 회담을 걸쳐 귀환했다.

"승무원들의 귀환을 위해서 서명했지, 행위의 불법성을 인정한 것은 아니다"라고 미국은 해명했지만, 석방문건은 영해 침범의 시인(是認)사과와 재침범을 않을 것이라는 보장(保障)문구를 담고 있었다.

이는 존슨 대통령의 퇴임을 앞둔 조급성의 결과였다.
　초조와 흥분 속에서 판문점 돌아오지 않는 다리를 건너 승무원들은 돌아왔다.
　미국 해군은 해도 등을 증거로 제시하며 푸에블로호는 공해에서 피납됐다고 뒤늦게 해명에 급급했다.

(2) 미국 해군 정찰기도 격추됐으나 미국의 태도는 미온적

　1969년 4월 16일 미국 해군 정찰기가 31명의 승무원을 태운 채 북괴의 피격으로 추락하여 잔해(殘骸)가 동해에서 발견된 것으로 알려졌다.
　구축함 2척과 비행기 26대가 급파되어 한미 공군이 수색에 참가했으며, 닉슨 대통령은 긴급안보회의를 소집했다.
　닉슨 대통령은 정예함대를 동해로 출동시키고 공해 상공에서 계획적 급습이라고 비난하며, 항공미사일을 동해에 상주한 무장 엄호속에 정찰 비행을 계속하겠다고 밝혔다.
　박정희 대통령은 관계관회의를 소집하여 미국의 단호한 조치를 촉구했다.
　정찰기는 공해 상공에서 격추된 것이 확인됐으며 항모(航母) 레인저호와 구축함 2척이 긴급 증파됐다.
　미국은 닉슨 독트린정책의 시금석이 되고 있으며 군사행동을 자제하는 분위기이나 일부에서는 핵을 사용한 보복 주장도 제기됐다.
　판문점 정전위에서 미국은 계획된 도발로 재발없게 보장을 요구하며 북괴에 엄중 항의했다.
　미국은 동해 특별함대를 편성하고 정찰기를 또 공격하면 예고없이 강력하게 보복하겠다고 으름장만 놓았을 뿐이다.
　북괴는 미국 헬기 승무원 3명을 억류 108일 만에 판문점을 통해 석방하고 정찰기 격추는 유야무야됐다.

박정희 대통령은 북괴의 계속적인 도발은 미국의 유화(宥和)정책 때문이라며 이제라도 보복조치를 취해야 한다고 주장했다. 그리고 대게릴라전의 독자적인 작전권을 반스 미국 대통령 특사에게 전달했다.

(3) 승객 51명을 태운 강릉발 서울행 KAL기 납북

1969년 12월 12일 51명의 승객을 태운 강릉발 서울행 KAL기가 대관령 상공에서 북으로 기수를 돌려 함경남도 선덕비행장에 강제 착륙했다.
 정부는 국제적십자와 우방국들에 외교적 조치를 취했다면서, KAL기가 북상할 때 2대의 전투기가 추격했으나 시간이 늦었다고 밝혔다.
 최두열 치안국장은 KAL기 피납사건은 간첩의 소행으로 보고있다면서 45명의 신원을 파악했으며, 2명을 용의선상에 올려놓고 수사중이라고 밝혔다.
 전국에서 북괴만행 규탄대회가 개최돼어 "납북기 즉각 송환하라"는 분노의 함성이 메아리쳤고, 멸공(滅共)결의도 새롭게 다짐했다.
 정부는 KAL기와 승객의 송환 교섭을 위해 군사정전위원회가 개입해 줄 것을 미국측에 요청했다.
 1958년 12월 KNA기 납북사건 이래 두 번째인 이 사건은 남파간첩의 월북을 위한 수단보다는 한반도내에 새로운 긴장사태를 조성하기 위한 북괴의 계획적인 해적(海賊)행위로 간주됐다.
 이번 사건은 북괴가 1967년 무력에 의한 적화통일 야욕을 밝힌 후 잇따라 취해온 무장공비 침투 등 대남 적화통일(赤化統一) 기도가 더욱 가속되고 있다는 우려를 자아냈다.
 한국에 불안감을 조성하여 외국인의 투자 의욕을 줄이고

경제발전을 저해시키려는 저의와 함께 자신의 존재를 과시하고 싶은 책략이 숨어있는 것으로 분석됐다.

납북된 KAL기는 일본에서 전세(傳貰)계약으로 도입되어 소유권은 일본에 있어 송환 과정에 일본의 개입도 불가피했다.

치안국은 KAL기 납북 주범은 고정간첩으로 강릉자혜병원장 최헌덕이며 부조종사 최석만, 하수인 조창희를 공범으로 치밀한 계획에 의해 이뤄졌다고 밝혔다.

주범 최헌덕은 1951년 1·4 후퇴 때 함흥에서 남하했으며 서울대 의대를 졸업했다.

경북 포항 출신인 최석만은 조종사로 공군 중령까지 진급했으나 타의로 예편되어 항상 불만으로 쌓여 있었고, 속초 CID 타격대장을 지낸 육군 상사 출신인 조창희는 낭비벽이 심하고 노름빚에 시달려 온 것으로 알려졌다.

(4) 승객은 소환됐으나 또 다른 KAL기 납북 기도

KAL기 사건에 대한 인책으로 백선엽 교통부장관의 사표를 수리하고 장성환 대한항공사장을 임명했다.

정부는 인질 흥정은 하지 않겠으며 여객기 납북은 세계가 규탄하고 있으며 납북기를 즉각 송환하라는 성명을 발표했다.

북괴 적십자사는 희망자들만 일방적으로 KAL기 납북승객을 송환하겠다고 우리 적십자에 통보했다. 다만 송환 일자와 기체에 대한 언급은 없었다.

남산 야외음악당에 40만 명이 모여 북괴의 세균적 만행과 KAL 납북에 대한 규탄대회를 개최했다.

KAL기 탑승자 51명 가운데 12명을 억류하고 39명을 납북(拉北) 65일 만에 판문점을 통해 자유의 품으로 돌아왔다.

귀환 승객들은 기자회견에서 KAL기는 고정간첩 조창희의 단독범행으로 조창희는 비행기가 대관령을 넘자 권총으로 기장과 부기장을 위협하여 기수를 북으로 돌려 함흥 연포 비행장에 강제 착륙했으며, "못 돌아온 분들을 생각하면 자유의 품 안에서도 편한 잠을 이룰 수 없다"고 울먹이며 북괴의 만행을 규탄했다.

 귀환 승객들은 12명의 억류는 북괴의 지시에 불응(不應)한 탓이라고 말했다.

 정부는 국제적십자와 중립국을 통해 억류된 12명에 대한 송환 교섭을 벌이겠다고 발표했다.

 판문점 군사정권위에서도 파격적인 교섭을 벌여 자유의사를 확인할 것을 촉구했으나 성과는 없었다.

 1971년 1월 23일에는 승객 55명을 태운 속초발 김포행 KAL기의 객석에 있던 괴한이 수류탄을 들고 월북을 강요했으나 기장의 기지(機智)로 동해안 모래밭에 불시착하여 납북을 모면했다.

 범인은 폭력 전과가 있는 기와공 김상태로 기내(機內)에서 사살됐으나 수류탄의 폭발로 1명이 사망하고 16명이 부상을 입었다.

 승무원들이 짜고 북녘항으로 위장했고 보안관의 사격으로 범인을 명중했으나, 수류탄 폭발을 막으러 범인을 덮쳤다가 사망하게 됐다.

 대담한 조종, 정확한 사격, 살신(殺身)의 기습으로 지옥행을 꺾은 자유대한의 함성이었다.

3. 헤아릴 수 없이 남파되고 검거된 간첩단

(1) 세계를 경악시킨 동백림 간첩단 사건

1967년 7월 8알 김형욱 중앙정보부장은 동유럽에 유학한 교수나 학생들을 중심으로 194명이 관련된 대규모 간첩사건을 적발하여 이를 수사중이라고 발표했다.

김형욱 중앙정보부장은 이들이 북괴로부터 받은 공작금이 10만여 불에 달하며 황성모 교수는 민족주의비교연구회(민비연)를 만들어 불온사상을 고취해 왔다고 발표했다.

구속자 가운데는 임석진(조교수), 정하용(조교수), 조영수(강사), 천병희(강사), 황성모(조교수), 최창진(조교수), 김중한(조교수), 김종대(강사), 강성종(박사), 장덕상(특파원), 이응로(재불화가), 윤이상(음악가,재서독 한인회장), 이희세(재불화가), 조상권(재불 유학생회장) 등이다.

김형욱 중앙정보부장은 데모를 선동하고 정부 전복을 음모한 민비연 관련자 7명을 추가 구속했다고 발표했다.

중앙정보부는 동베를린을 거점으로 한 북괴 대남 적화(赤化)공작단 수사의 결과를 3차로 발표했다.

동 발표에서 윤이상 부부는 평양에서 3주간 머물면서 공작금 1천 5백 달러를 받아 귀환했다고 발표했다.

중앙정보부 5차 발표에선 농림부차관인 주석균은 세계식량대회 참석차 유럽에 대표로 파견되어 동베를린에 잠입하여 북괴공작금 1천 달라를 제공받고 한국의 농업경제 등을 제보한 북괴 간첩이라고 발표했다.

김형욱 중앙정보부는 북괴가 가까운 장래에 게릴라전을 전개하기 위한 근거지 구축을 위해 전술적 기도를 하고 있다면서, 동백림 대남간첩단이 청와대까지 침투했었다는 사실을 기자회견에서 발표했다.
 동백림사건의 첫 공판에서 정하용 경희대 조교수 등 피고인 등은 공소사실을 대체로 시인했으나 주석균, 이응로 피고인 등을 동백림 갔다온 공소사실은 시인했으나 간첩행위에 대해서는 부인했다.
 임석진 피고인은 동백림에 29차례나 방문하고 노동당에 입당한 것은 북괴에 대한 호기심 때문이었다고 항변했다. 임석진 피고인은 주민들의 생활상 등을 본 결과 선전과는 딴판인 것을 알게 됐다고 폭로했다.
 1967년 12월 6일 재판부는 조영수, 정규명 피고에 사형, 정하용, 윤이상, 강빈구, 이준 피고에게 무기징역을 선고하는 등 법정은 긴장과 불안속에 숙연(肅然)했다. 사형이 선고된 두 피고들은 핏기가 가신 채 고개를 떨구었다.
 서울고법은 동베를린 사건 재항소심에서 정규명, 정하용에게 사형을 선고하고 윤이상 피고에게는 10년 징역형을 선고했다.
 다만 이응로 화백은 형집행정지로 석방했다.
대법원은 정규명, 정하용, 임석균을 비롯하여 중형이 선고된 12명에 대해 "원심이 간첩죄와 잠입죄를 적용한 것은 법적용의 잘못이며 증거없이 사실을 인정하여 중형을 선고하는 등 양형부당의 잘못이 있다"고 판시하고, 서울고법에 환송 조치했다.
 그러나 가벼운 형을 선고받은 이응로 피고인 등 9명에 대해서는 상고를 기각했다.
 동백림 사건에 대한 대법원 판결에 불만을 가진 괴벽보가 나붙고 괴편지가 나돌고 있으나 범인색출에 실패하자, 공화당은 사법권 독립을 위협하고 있다며, 신민당은 무능수사관의 문책을 요구하며 범인 체포와 배후의 철저한 규명을 정부에 요구했다.

애국시민회 명의로 대법원장에게도 괴편지를 우송하고 담당 판사에겐 협박 편지를 보냈다.
　공화당 김의준 의원은 "괴벽보는 정의의 포스터"라고 하여 한바탕 공방전이 벌어졌다. 김의준 의원은 우리의 국시가 바뀌지 않는 한 발언을 취소할 수 없다고 논박했다.
　1967년 8월 15일 동베를린 사건 담당판사로서 괴벽보와 괴편지 소용돌이에 휘말린 최윤모 대법원 판사가 "재판을 불신하고 덤벼들면 슬픈 일"이라며 사표를 제출했다.
　유진오 신민당 총재는 "괴벽보 사건은 권력기관의 소행으로 사건을 해결 못 하면 정권을 내놓으라"고 신민당 기관지인 민주전선에서 질타했다.

(2) 판문점에서 위장귀순(僞裝歸順)한 이수근 간첩 사건

　북괴의 중앙통신 부사장으로 재직중 판문점을 통해 1967년 3월 22일 귀순하여 화제를 일으켰던 이수근은 반공연사로 활동해 왔다.
가발과 콧수염으로 변장하고 북괴로 탈출 기도한 이수근이 사이곤서 체포 압송됐다.
　중앙정보부는 간첩의 사명을 띠고 위장 귀순했으며 인척인 배경옥과 김포 공항을 탈출했으나 홍콩 공항에서 중앙정보부 직원들과 난투극을 벌였으며, 캄보디아를 거쳐 북괴로 복귀하려 했다고 발표했다.
　중앙정보부는 이수근은 북괴의 지령에 의해 귀순했고, 한국에서 합법적인 신분을 취득한 뒤 적화통일이 될때까지 잠복(潛伏)하라는 지령을 받았다고 발표했다.
　귀순시기가 아리숭하고 거만스런 첫 거동과 회견 때 오버액션 등이 의심스러웠으며, 수사기관에서 눈치를 채고 추적하자 탈출을 시도한 것으로 추정됐다.

1968년 4월 10일 이수근은 공작암호문을 북괴에 보내는 등 공소사실을 공판정에서 시인했다. 5백여 시민은 공판정에 입정(入廷)을 하지 못 해 아우성을 치며 소동을 벌렸다.
이수근은 자유에 숨은 붉은 첩자로 밝혀진 셈이다.
1969년 2월 13일 서울지검 최대현 부장검사는 이수근과 배경옥에게 국가보안법, 반공법, 외환관리법 위반혐의로 각각 사형을 구형했다.
이수근 피고는 핏기를 잃은채 태연을 가장했으며 가발 재연에 방청석에서는 실소가 만개(滿開)했다.
1969년 7월 3일 붉은 간첩으로 위장한 833일만에 이수근의 사형이 서울구치소에서 집행됐다.

(3) 북괴 공작금으로 국회 침투를 시도한 김규남 사건

1969년 5월 14일 김형욱 중앙정보부장은 유럽, 일본을 통한 북괴 간첩단 사건을 발표했다.
주범 박대인은 동베를린을 거쳐 평양을 왕래했으며 공작금을 받아 반미, 민중봉기를 획책했다면서 공화당 김규남 전 국구 의원 등 18명을 구속했다.
민주공화당 창당 전 사전조직인 재건동지회에 참여했던 김규남 의원은 보성지구당위원장으로 활약하다가 양달승 후보에게 밀려 낙천됐으나 전국구 후보에 발탁됐다.
김규남 의원은 6·25 당시 민청맹원으로 부역한 사실이 있으며 도일(渡日)하여 조총련계와 접선한 혐의를 받았다.
제헌국회 프락치사건 이래 처음으로 김규남이 북괴의 지령을 받고 국회의원이 되어 국회에 침투했다는 데서 충격을 주었다.
검찰은 일본 거점 간첩단 사건의 김규남(전 국회의원), 박노수(법학박사), 임문준(사진업), 김희병(여관업) 등 4명에

게 사형 등 관련자 전원에게 중형을 구형했다.
 법원은 김규남, 박노수, 임문준 피고들에게 사형을 선고했다.

(4) 데모를 선동하고 국가전복을 기도한 통일혁명당

 중앙정보부는 통일혁명당을 조직하여 국가전복을 기도한 김종태 등 73명을 일망타진했다.
 김종태는 4차에 걸쳐 북괴를 왕래하면서 김일성과 면담하고 북괴 대남총국장 허봉학의 지령과 미화 7만 달러 등을 수령하여 지하당을 조직하여 반정부, 반미데모를 주동한 것으로 알려졌다.
 서울지검은 중앙정보부로부터 송치된 60명 중 1차로 23명을 국가보안법, 반공법 위반 등으로 구속 기소했다.
 서울지검 공안부 임두빈 검사 등은 "김종태를 수괴로 한 통일혁명당은 베트콩식 연합조직을 결성하여 무장봉기하여 정부를 전복코자 하였으며, 북괴로부터 7만 달러를 수령하여 청년 학사주점을 운영하여 학생, 지식인 등을 포섭해 왔다"면서 김종태, 김경락, 이문규(시인), 이재학, 이관학, 김승환 등 6명에게 사형, 5명에게는 무기징역, 19명에게는 5년~15년 징역형을 구형했다.
 1월 22일 서울지법에서는 반국가활동 등 범증(犯證)이 뚜렷하다며 통일혁명당 사건과 관련하여 김종태, 김경락, 이문규, 이재학, 이관학, 김승환에게 사형 등 24명에게 중형을 선고했다.

(5) 전국 각처에서 득시글거리는 간첩단 행각

 1960년대 우리나라는 동백림 간첩단, 위장 귀순한 이수근,

국회에 침투한 김규남, 국가전복을 기도한 통일혁명당 간첩 사건 이외에도 간헐적으로 간첩 검거를 발표했다.
그리하여 주위에 누군가도 간첩일까 하는 불신과 불안감에서 대공 사찰기관인 중앙정보부 간첩 수사에 불안감과 간첩에 대한 공포에 휩싸인 시대였다.

○1967년 7월 11일 민비연 관련 7명의 간첩단을 발각하여 구속했다. 이들은 데모를 선동하고 정부 전복의 음모를 꾸몄다가 체포됐다.
○ 12월 16일 검찰은 황성모 피고에 무기등 관련자에게 중형을 구형했으나 재판부는 황성모 피고에게 징역 3년을 선고하고 다섯 피고에게 무죄를 선거하는 등 순수한 학술 단체로 인정하여 가볍게 처벌했다.
 민비연 항소심에서 이듬해 황성모에게 징역 2년, 김중태에게 징역 1년 6월을 선고했다.
○ 9월 31일에는 전주발 이리행 열차 안에서 수류탄에 맞선 격투끝에 간첩을 생포하여 승객 90명을 위기일발에서 구해냈다. 강원도 양양에서도 무장간첩 4명을 사살하고 1명을 생포했다.
○ 10월 16일 개헌반대 등 지령을 받고 남파한 북괴 무전간첩 2명과 포섭된 17명을 일망타진했다.
○ 11월 3일 전남과 제주에서 대남공작금을 받아 암약해 온 정은조, 명노섭, 박경규 등 7명의 고정간첩을 일망타진했다.
○ 11월 21일 북괴로부터 요인 암살과 정부전복 지령을 받고 암약해 온 김배영 등 무전 간첩단 일당 6명을 부산에서 검거했다.

○1968년 2월 1일 군사기밀, 정보를 타진하고 지하당 조직

을 획책하여 이발관을 차려놓고 암약한 북괴 무전 간첩단 32명을 일망타진했다.
○ 2월 6일 정부는 반공법시행령을 개정하여 간첩을 신고하면 상금을 1백만 원으로 상향하고 심사는 간소화했다. 또한 민간인 사상의 원호도 보강했다.
○ 3월 25일 서울시경은 서울 근교에 아지트를 두고 농촌, 공장, 학원에 침투하여 간첩활동을 해온 홍춘희 등 고정(固定)간첩 12명을 일망타진했다.
○ 4월 20일 서울과 충청도에 아지트를 두고 문화계 침투를 노린 한가족 간첩단 6명을 검거했다.
○ 6월 26일에는 서울, 경기지역에서 군·경·예비군이 간첩색출작전을 합동으로 펼쳐 여관, 용의지역 수색을 벌여 1만여 명을 연행하여 경찰서 보호실이 초만원을 이룬 소동을 벌였다.
○ 7월 20일 전남 목포를 거점으로 출판사를 차려 선동하고 북한을 13차례 왕래하여 공작금 1천 8백만 원을 받아 암약한 27명의 대규모 간첩단을 체포했다.
○ 12월 21일 동남아와 서독에서 암약하는 국제간첩단을 적발하여 3명을 체포하고 68명을 신문했다. 이들이 소지한 소련제 무전기와 난수표 등을 압수했다.
 이들은 4차례 북한을 왕래했으며 수뇌부는 김중태, 이문규, 김경락 등이다.

○ **1969년** 2월 서울시경은 고창 해안을 거쳐 서울잠입을 시도한 남파 간첩 2명을 검거했다.
○ 6월 22일 무장공비가 6·25 참배요인을 노려 국립묘지 현충문을 폭파하려다 실패하고 1명은 폭사했고 잔당은 잠적했다.
○ 8월 2일 전북 고창 해안을 거쳐 서울에 잠입한 남파간

첩 2명을 검거했다.
○ 9월 30일 북괴로부터 일본을 거쳐 잠입하여 유언비어를 유포하는 남파간첩 2명을 비롯한 간첩단 12명을 일망타진했다.
○ 10월 4일 전남 광주 일대에서 지하공작을 벌인 간첩 이봉노와 오기태를 검거했다.
○ 10월 8일 북괴 노동당 소속 전북조직책 진락현 등 간첩망 일당 10명을 일망타진했다.
○ 10월 14일 군산부두 노조원 간첩 김석영, 조총련 간첩 정종덕 등 고정간첩 9명을 검거했다.
○ 11월 19일 원주에서 6·25 때 월북하여 남파된 김석윤과 그에 포섭된 3명 등 간첩단 4명을 검거했다.
○ 10월 21일 중앙정보부는 서울과 대구에서 무장간첩 4명과 그들에게 포섭된 3명 등 7명을 검거했다.
○ 11월 19일에도 중앙정보부는 남파간첩 4명을 체포했다.

○ **1970년** 9월 29일 조총련의 지령을 받고 국내에 잠입하여 간첩활동을 한 김대봉 등 간첩단 5명을 검거했다.
○ 10월 17일 조총련계와 연락하며 평양을 수시로 왕래하며 정계 침투를 획책한 북괴노동당 간첩 22명을 검거했다.

○ **1971년** 3월 24일 강원도 동해에 침투하여 지하당을 구축한 두 무장간첩과 포섭된 3명의 귀환 어부를 검거했다.
○ 4월 8일 전북 전주를 거점으로 암약해 온 박광찬 부부를 비롯한 일단 3명을 검거했다.
○ 4월 9일 일본을 거점으로 한 북괴간첩에 포섭된 예비역 육군대령 민영락을 고영호의 자수로 체포했다.
○ 4월 15일 택시운전사의 신고로 부산에 침투하여 요인살해를 획책한 강남택, 이상철 간첩을 검거했다.

○ 4월 20일 민중봉기를 조성하고 무력침투 전쟁 유발을 획책한 교포대학생이 포함된 간첩단 10명과 서울대 강사 등 관련자 41명을 검거했다.
○ 4월 23일 함양, 남원을 거점으로 지하당 건립을 목표로 암약한 오정문 등 간첩단 13명을 검거했다.
○ 5월 14일 전남 보성을 근거로 통일혁명당 재건을 기도한 유낙진을 두목으로 한 간첩단 11명을 검거했다.

4. 북괴의 어선원 납치와 어로한계선 남하

(1) 어선과 어부 납치와 끊임없는 어로 분쟁

 북괴의 우리나라 어선의 납북과 어선원의 납치는 지속적으로 반복됐고, 납북간의 동·서해에서의 어로 경쟁은 치열하여 분쟁이 끊이지 아니했다.

○**1967년** 5월 29일 연평도 근해에서 북괴 함정이 우리 어선의 납북을 기도하면서 총격을 퍼부어 4명이 죽고 11명이 실종됐다.
우리 해군도 경고사격을 하는 한편, 우리 어선도 어로저지선을 지나치게 접근하거나 넘지 않도록 지도를 강화했다. 이러한 도발행위가 이미 6건 발생한 것으로 알려졌다.
○ 11월 4일 동해안에서 북괴 무장선이 40분간 기관포를 난사하여 우리 어선 10척과 어부 60명을 납북했다.
북괴 측에서 60척을 포위하여 "선수를 북으로"라고 앙탈을 부렸으나 50척은 탄우(彈雨)를 뚫고 탈출했다.
○ 11월 8일 북괴가 기관총을 난사하여 명태잡이 어선 4척과 어부 32명을 납북했다.
○ 12월 5일 동해 어로저지선 근해에서 북괴군의 총격에 의해 어부 6명이 사망하고 8명이 중상을 입었다.
○ 12월 26일 북괴 함정이 쇠갈퀴를 던져 어부 30명을 태운 채 명태잡이 어선 5척을 끌고 갔다.

○**1968년** 1월 8일 속초 북방 해안에서 북괴정(北傀艇)에 의해 어선 7척과 어부 41명이 납북됐다.
○ 1월 12일에도 동해 어로저지선 근해에서 북괴의 함정(艦

艇)이 들이받아 1척은 침몰되고 두 척은 납북됐다. 납북된 어부는 20여 명으로 추정됐다.
○ 6월 17일 연평도 근해에서 북괴정에 포위 돼 어선 5척이 피납중이라며 휴전선 너머에서 SOS후 소식이 끊겼으며, 승선어부는 44명으로 파악됐다.
○ 7월 2일 연평도 근해에서 조업하던 어부 3명이 납북됐다.
○ 10월 31일 속초 근해에서 북괴 쾌속정이 기관포를 발사하여 어선 7척과 52명의 어부를 납북했다.
○ 11월 9일에도 북괴는 동해 어로한계선 근해에서 어선 3척과 어부 52명을 납북했다.

○ 1970년 6월 6일 20명이 승선하여 어선 보호중인 해군 방송선이 북괴의 두 고속포함의 기습으로 15분간 교전(交戰)으로 선체도 대파된 채 북괴에 납북됐다.
○ 7월 11일 백령도 서남방에서 북괴 경비정의 총격으로 29명이 승선한 어선 5척이 납북됐다.
○ 1971년 1월 7일 백령도 근해에서 북한 경비정의 기관포 사격으로 1척은 침몰했으나 1척은 구조됐다.

(2) 월선 납북어부 의법(依法)처리와 어로한계선 남하(南下)

○ 1967년 12월 18일 북괴에 납북된지 60일만에 납북어부 20명이 인천항에 도착하여 귀환했다.
○ 12월 27일에도 배 11척을 타고 납북어부 46명이 속초항으로 돌아왔다. 귀환한 어부들은 핏기 없는 얼굴이지만 가족들은 환호성을 질렀다.
○ 12월 26일 내무부는 귀환한 어부들을 수산업법, 반공법 위반으로 입건토록 지시했다.

○ 1968년 1월 9일 납북됐다 돌아온 어부 45명을 보안법 등 위반혐의로 무더기로 첫 구속했다.
○ 11월 1일 납북된지 150일만에 납북어부 288명이 인천항으로 귀환했다. 경찰은 어로한계선 침범여부를 조사키로 했다.
○ 11월 6일 송환 어부중 선장 등 20명을 구속 송치했다. 신용관 해양경찰대장은 월선(越線)어부들은 반공법을 적용하여 간첩으로 모조리 구속해야 한다고 주장했다.
해양경찰서는 월선한 어선 44척의 어선원 90명을 무더기로 입건했다.
속초지청 조관옥 검사는 북괴수역인 줄 알면서도 고의로 북괴수역을 침범하고 군사비밀 등을 제공한 장득필 선장 등 납북됐다가 귀환한 어부 54명을 반공법 위반 혐의로 징역 2년 6월을 구형했다.
○ 11월 23일 정부는 동해안의 어로저지선을 5마일 남하(南下)하고 월선어부에 대해서는 반공법을 적용하기로 국무회의에서 의결했다.

○ 1969년 1월 6일 동해 어로저지선을 넘어 명태잡이를 한 어선 15척의 어부 90명을 입건했다.
○ 2월 25일 속초에서 납북됐다 송환된 어부를 가장하여 군경과 예비군의 배치 등을 탐지한 간첩단 15명을 검거했다.
○ 2월 27일 간첩침투와 납북예방을 위해 서해 어로저지선을 남하하여 조기잡이에 크나큰 영향을 미쳤다.
○ 5월 29일 동해상에서 납북된 어선 23척과 어부 150명이 거진항에 귀환했다. 이들을 검찰은 모두 구속방침을 밝혔다.

○ 11월 3일 납북어부 31명이 인천항으로 귀환했으며 고의적으로 월선한 22명은 구속할 방침이다.

○ 1970년 11월 30일 남북어부 32명이 8개월만에 인천항으로 귀환했다. 심사가 끝나는대로 귀가 조치할 계획이다.
○1971년 3월 22일 남북 어부 36명이 악몽의 260일만에 속초항으로, 6척의 어부 32명은 인천항으로 귀환했다.

1970년대 이후에는 어선원 납치와 월선조업이 크게 줄어들었다. 우리나라 국방력의 강화로 어로한계선에 해군이 배치되어 월선조업을 강력하게 저지했을 뿐아니라 어로한계선을 남하하여 납북어선이 함께 조업하는 상황이 소멸됐기 때문이다.
 어민들의 지속적인 어로한계선 북상요구로 남북한간의 대치보다 조업구역 조정이 필요한 상황이 됐다.

5. 남북 대치(對峙)상황을 정치적으로 활용

(1) 북괴의 비무장지대에서의 끊임없는 도발

1953년도 휴전이 성립됐지만 휴전선에서의 남북대치(對峙)상황은 치열하게 전개됐고, 끊임없는 북한도발은 국민을 불안하게 했으며 불안심리는 정권 안정으로 직결되는 것이 아닌가라는 의혹을 자아냈다.

북괴의 도발이 남한을 집어삼키겠다는 남침의 야욕인지, 대치상황에서 우발적인 사고인지는 알 길은 없지만 1960년대의 도발은 1970년도에는 대부분 사라진 상황을 이해할 수는 없었다.

○1967년 7월 3일 양구군 방산면 비무장지대에서 무장괴한이 기습하여 중대장 등 7명이 전사하고 5명이 부상을 당했다.
○ 7월 6일 동부전선 비무장지대에서 북괴의 기습으로 국군 11명이 전사하고 11명이 부상을 입었다.
○ 7월 15일 강원도 명주 동부전선에서 간첩 3명을 사살했으나 아군도 2명이 전사했다.
○ 7월 17일에는 파주에서 북괴군의 기습공격으로 미군 2명이 전사하였지만 북괴군 1명을 사살했다.
○ 7월 19일에도 동두천에 무장괴한 20명이 침공하여 30분간 교전을 벌여 아군 2명이 총상을 입었다.
○ 8월 11일에는 임진강 북쪽 비무장지대에서 북괴군이 미군 트럭을 기습공격하여 3명이 전사하고 17명이 중경상을 입었다.
○ 8월 21일에는 경기도 연천에서 대간첩작전 수행 중 북

괴 무장군과 접전이 벌어져 3명을 사살했지만 대대장 등 6명이 전사했다.
○ 8월 29일 판문점 부근 미군부대에 북괴군 10여 명이 자동화기로 기습공격하여 미군 1명과 카투사 2명이 전사하고 26명이 부상을 당했다.
○ 9월 13일 경의선 운정역에 TNT가 장치되어 군수품을 실은 화차 6량이 탈선하고 2량이 대파했는데 간첩의 소행으로 추정됐다.
○ 9월 20일 북괴 해안에서 함포 사격으로 어로작업 중인 우리 어선 1척이 침몰했다.
○ 9월 21일 정부는 접적(接敵)지역의 통금시간을 간첩만행에 대비코자 밤 10시부터 새벽 4시까지 연장하기로 했다.
○ 10월 20일 중부전선 초소에 북괴군이 곡사포(曲射砲) 사격을 가해 아군 6명이 사상했다.
○ 11월 3일 동해안 휴전선 인근에서 북괴 무장선의 총격으로 어선 1척이 납북됐다.

○ **1968년** 4월 2일 동부전선 전방초소에서 교대근무 중 지뢰를 밟아 장병 7명이 순직했다.
○ 4월 15일 판문점 남방에서 북괴군이 UN군 스리쿼터에 기습적으로 총격을 가해 카투사와 미군 6명이 사상됐다.
○ 4월 18일 판문점 부근 비무장지대에서 북괴군 20여 명이 매복했다가 기습공격하여 아군 6명이 사상했다.
○ 4월 30일 북괴군은 동부전선과 서부전선에서 도발하여 국군순찰대, 카투사 등 8명의 사상자를 냈다.
○ 6월 19일 중부전선 비무장지대 2곳에서 북괴군과 교전을 벌여 북괴 병사 7명을 사살했다.
○ 6월 22일 서부전선에 북괴군과 4시간 교전을 벌여 북괴군 7명을 사살했다.

○ 6월 25일 기념일에도 동부전선에서 북괴군과 1시간 교전끝에 북괴군 4명을 사살했다.
○ 7월 30일 서부전선 비무장지대에서 북괴군의 총격으로 미군 2명이 피살됐지만 북괴군 3명을 사살했다.
○ 8월 5일 서부전선 문산 부근에 출현한 무장공비 8명을 네 곳에서 사살했다.
○ 8월 6일 판문점 부근에서 북괴병의 총격으로 카투사 등 3명이 전사했다.
○ 8월 13일 국군은 중부전선과 서부전선에 무장공비 6명을 사살했다. 캠핑학생 2명이 간첩으로 오인받아 잠복군인들에게 피살되는 불상사도 일어났다.
○ 8월 14일에도 중부전선에서 공비 3명을 발견하여 사살했다.
○ 8월 26일 동부전선에서 아군 수색대가 무장공비 3명을 발견하여 사살했다.
○ 8월 28일 동부전선 비무장지대에서 무장공비 4명을 사살했다.
○ 9월 2일 국군은 동부전선과 서부전선 수색과정에서 북괴 공비를 발견하여 3명을 사살했다.
○ 9월 21일 서부전선과 동부전선의 비무장지대에서 국군 잠복조가 북괴 무장공비 5명을 발견하여 사살했다.
○ 9월 25일 서부전선 휴전선 남방에서 북괴 무장공비를 두 곳에서 발견하여 14명을 사살하고 기관단총 등을 노획(鹵獲)했다.
○ 9월 30일 중부전선 비무장지대 3곳에서 무장공비를 발견하여 8명을 사살했다.
○ 10월 19일 중부전선의 비무장지대에서 수색대가 북괴 무장공비 8명을 사살했다.
○ 10월 20일 중부전선에서 북괴군이 곡사포를 쏘아 국군

2명이 사망하여 4명이 중상을 입었다.
○ 11월 4일 서해안과 휴전선에 침투하는 무장공비 11명을 사살했으나 보안분견대장 소 소령 등 아군 4명도 전사했다.
○ 11월 9일 중부전선에 침투한 무장공비 5명을 사살했다.

○ **1969년** 3월 7일에는 DMZ에서 미군 헬기가 정찰 중 추락하여 7명이 사망했고, 그것을 조사하는 국군에 북괴군이 총격을 가하여 4명이 사상했다.
○ 4월 16일 미국정보기가 북괴 미그기 2대의 피격으로 추락하여 31명이 사망했고 잔해가 발견됐다.
○ 4월 18일 미국은 정보기가 공해상에서 피격됐다며 엄중 항의했고 미군 항모가 북괴 근해에 상주했다.
○ 5월 26일 서부와 중부전선에서 북괴병의 도발이 올해 50번째 발생했으며 북괴병 3명을 사살했다.
○ 7월 12일 서부전선에서 수색대가 무장공비 1명을 발견하여 사살했다.
○ 7월 28일 서부전선에서 은밀히 침투하여 강력 돌파전술을 구사하는 공비들을 교전끝에 3명을 사살했으나 아군도 2명이 전사했다.
○ 8월 18일에서 서부전선 휴전선 부근에서 북괴의 대공포에 의해 미군 헬기 1대가 추락하여 승무원 3명이 사망했다.
○ **1970년** 11월 9일에는 강화도 율도에 상륙하려는 무장간첩 1명을 생포, 1명을 사살했으며 아군도 2명이 전사했다.

(2) 박정희 대통령의 3선개헌을 전후에 도발이 극심

 휴전선에서의 남북대치와 분쟁은 예견된 상황이었지만 3선개헌을 구상하고 여론을 조성한 1968년도와 3선개헌안의 국회통과와 국민투표를 전후한 북괴의 도발은 극성스러웠고 극심했다.

 그러나 쥐 죽은 듯이 조용한 1970년대 접어들어 대통령선거에서 박정희 대통령은 대선후보 연설에서 "북괴가 1968년 김신조 일당이 쳐들어왔을 때 야당은 이를 정부의 야당탄압을 위한 위기조성이라 소리쳤고 북괴는 국민들의 자발적인 봉기라고 우기었다"고 말하고, 박정희 후보는 김대중 후보는 10년 안에는 전쟁이 없다고 주장하고 있지만 지금의 정세는 6·25 사변의 전야(前夜)를 방불케하고 있으며 앞으로 4년간이 가장 위험한 시기라고 안보론을 재점화했다.

 박정희 대통령은 민족운명을 정치적 제물로 삼지 말도록 경고했지만, 북괴의 도발을 정치적으로 활용한 것이 아닌지 하는 의혹을 떨쳐버릴 수는 없었다.

일부에서는 제7대 총선의 부정으로 인한 여론악화와 3선(三選)개헌을 원활하게 추진하고 국민의 여론을 돌리기 위해 동백림간첩 사건을 중앙정보부가 조작하고 위장간첩 이수근도 반공연사로서 활용가치가 떨어지자 용도폐기 하였을뿐이라는 설을 제기했는데 이를 뒷받침할 증거는 제시되지는 아니했다.

더구나 데모를 선동하고 국가전복을 기도한 통일혁명단 간첩사건으로 희생된 수많은 사람들과 북괴로부터 공작금을 받아 불온사상을 고취하였다는 민족주의비교연구회(민비연)으로 고초를 받은 지식인들의 진상을 밝혀주지 못하고 있는 것도 사실이다.

 헤아릴수 없는 간첩단과 전국 도처에서 발생하는 무장공비, 휴전선에서 끊임없이 일어나는 도발과 분쟁도 현재 상황에서 이해하거나 상상할 수 없는 것도 엄연한 사실이다.

제4장 급변하는 세계 속에서 대한민국의 위상(位相)

1. 확전(擴戰)과 평화회담을 오락가락한 월남전선
2. 미·소의 우주개발 경쟁과 인류의 달 정복
3. 제3차 중동전쟁과 중공의 국제무대 등장
4. 우리나라 외교의 한계와 세계의 동향
5. 민정 2기 시대상황을 반영하는 사건모음

1. 확전(擴戰)과 평화회담을 오락가락한 월남전선

(1) 평화회담이 열리고 있지만 월남전역은 전쟁 중

1967년에도 미군은 북위 17도선 부근의 비무장지대를 진격하고 벤하이강 건너에서 격전을 벌여 월남전은 새 국면으로 접어들었다.

미국 비행기는 하노이 화력발전소를 겨냥하여 하노이 도심까지 폭격했으며 공중전도 치열하게 전개했다.

미국은 1967년 8월 14일 하노이, 하이퐁, 중공 접경지역과 라오스의 호지명 루트에 북폭을 대폭 확대했다.

월맹은 중대한 도발행위라고 비난한데 대하여 미국은 확전이 아니라고 발뺌했다.

미국은 하노이 접경 화력발전소를 재차 폭격했으며, 미군기 2대가 중공령에서 피격으로 격추됐다.

미국의 관변소식통은 북한 조종사 50여 명이 월맹에 파견되어 전투에 참가하고 있다고 보도했다.

11월 16일에는 월맹군이 미군 공군기지에 포격을 가하여 탁토 계곡이 불바다로 변했고, 월남전이 전면 재검토됐다.

1968년 1월 31일에는 베트콩이 나트랑, 다낭 등 10개 시를 일제히 기습하여 공방전이 치열하게 전개됐다.

베트콩은 사이곤 미국 대사관을 6시간 동안 점거했고, 대통령 관저도 피격을 당했다.

베트콩 특공대는 20개조로 편성하여 월남의 작전본부를 습격하여 격전이 전개됐으며, 다낭에서는 8시간 동안 피의 접전을 전개했다.

나트랑에서는 한국군과 베트콩이 백병전을 펼쳤다.

베트콩의 계속적인 대공세로 월남 전역에 계엄령이 선포되고 사이곤에서는 민간인에 대한 소개령이 발동됐다.
 베트콩의 대공세는 선거를 앞둔 미국의 반전(反戰)여론을 자극하기 위한 것으로 불길한 격전의 서곡으로 보였고, 존슨 미국 대통령의 중대 조치가 예견되었다.
 1968년 2월 5일에는 월맹군이 케산 기지를 대공세하여 861고지에서 혈전이 전개됐고, 중부전선인 후에와 다낭에서도 격전이 벌어졌다.
 월맹군이 전차를 앞세운 돌격으로 케산 월남 특수진지를 함락시켰고 사이곤에서는 격전이 전개됐다.
 2월 19일에도 공산군이 월남의 47개 시에 공세를 취하고 사이곤 공항에도 포격을 실시하여 연합군은 즉각 반격하여 혈전이 지속됐다. 그러나 주월한국군의 평정(平定)지역은 평온을 유지했다.
 연합군의 공세 격퇴가 성과를 거두고 월맹군은 후에시에서 철수했다. 그러나 사이곤을 사면에서 포위하여 교외에서 격전이 벌어졌다.
 베트콩은 또 다시 사이곤의 대공세를 경고했다. 공산군은 케산기지 공격을 개시하고 사이곤 탄손누트 공항에도 맹포격을 가했다.
 미국은 존슨 대통령의 승인하에 하노이 항구시설에 첫 폭격을 실시했고, 하이퐁 도심 주차장에도 무차별 폭격을 실시했다.
 공방 25일 만에 월남군은 후에시를 드디어 탈환하고 공산군의 거점인 왕궁도 점령했다.
 미군기는 월맹 심장부를 연타해 무선수신소등을 폭파했다. 1969년 2월 25일 공산군이 사이곤을 포위하고 공세를 펼쳐 도심 14km에서 혈전을 전개했다. 베트콩은 100여 개 도시에 일제히 포격했고 비행기 14대도 파손됐다.
 3월 6일 베트콩이 사이곤 등 34개 도시에 일제히 공격하고 미국은 북폭과 함포사격을 개시했다.
　베트콩이 30여 기지에 포격을 가하는 공세로 사이곤에서는 50분간 치열한 시가전(市街戰)이 전개됐다.
　미국이 폭격기 126대를 동원하여 월맹 남부지역을 강타하는 북폭을 재개했다.
　미군과 월남군은 캄보디아 작전도 전개하여 거대한 공산군 기지를 공격하여 1천 8백여 명을 사살하는 전과도 올렸다.
　5월 13일 닉슨 대통령이 협상의 호전에 큰 관심을 갖고 월남문제에 대한 중대 발표를 앞둔 시점에서 베트콩이 165개 기지에 대한 일제히 포격을 가하며 공세에 돌입했다.
　공산군의 대반격 작전으로 미군 기지가 기습당했고, 프놈펜도 실함(失陷)위기에 빠지는 등 캄보디아 전선이 전면 확대됐다.
　11월 23일 캄보디아 전선에 소련제 탱크도 목격됐으며, 중공군 4천여 명이 캄보디아에 잠입한 것으로 알려졌다.
　미국은 전투기 450대를 출격시켜 하노이 근교 등에 대규모 폭격을 감행했다.
　미국 닉슨 대통령은 성탄, 신정, 구정의 휴전을 동의하되 베트콩이 확전하면 즉각 북폭을 재개하겠다고 선언했다.
　미국 전투기 400대가 호지명 루트를 강타하자, 월맹군은 라오스 전역에서 대공세를 벌여 격전이 벌어졌다.
　1970년 2월 1일 미군기 400대가 호지명 루트를 강타하고 월맹군 7만 명은 라오스 전 지역에서 대공세를 강화하여 월남전은 격렬해졌다.
　2월 4일 인도지나 전역에서 전투가 격화됐다. 월맹군은 자르평원을 대공세하고 월남군은 크메르 대작전을 전개했다.
　3월 1일 월남군과 월맹군이 라오스 31고지에서 탱크전을 벌이며 연일 혈전을 전개하여 쌍방의 피해가 막심했다.
　1970년 3월 19일 캄보디아에 우파 쿠데타가 발생하여 시아누크공이 실각하고 공산분자에 대한 검거령을 내린 론놀 정권이 수립됐다.

3월 20일 베트콩 3만 명이 캄보디아를 침공하여 국경지대를 점령하고 수도 프놈펜에 육박했다.

5월 7일 캄보디아 전선이 확대되어 포위압축으로 실함(失陷)위기의 프놈펜을 구출하기 위해 미군과 월남군 5만 명이 투입됐다.

미국 공군의 대규모 지원에 힘입어 미군과 월남군 5만 명이 투입되어 라오스 접경에서 최대작전을 전개하고 캄보디아에도 2만 명이 진군했다. 중공은 라오스군의 단호한 궐기를 호소하고 좌시하지 않겠다고 경고했다.

월맹군이 호지명 루트에 대반격전을 개시하여 라오스 7개 진지가 실함되고 증원군 접근이 불가능하여 포위된 월남군 수백 명이 전사했다.

월맹군이 라오스 30고지에 육박하여 월남 공정대를 전멸시키고 점령했으며 31고지에서 최대의 격전이 전개됐다.

월남 공수대도 라오스에 투입되어 라오스 전역이 불바다로 변했다.

주은래 중공수상이 군부수뇌들을 대동하고 월맹을 방문하여 인지(印支)의 공산세력을 적극 지원할 것을 다짐했다.

베트콩이 월남 전역에 대공세를 감행하여 사이곤 등에서 시가전이 벌어져 350명의 사상자를 냈다.

베트콩이 사이곤 도심의 폭격을 감행하여 독립궁 일대가 폭격을 맞았고 50명 이상의 사상자가 발생했다.

미·월 연합군은 단폭(斷爆)선언 이후 캄보디아 국경지역에서 최대 격전을 벌여 공산군 300명을 사살했다고 발표했다.

5월 1일 미군은 B52기로 맹폭하고 공수단을 투입하여 캄보디아 진격을 개시했다. 미국은 북폭을 재개하여 월맹 남부의 포대를 강타했다.

11월 30일 사이곤 재판소에 폭탄이 터지는 등 베트콩이 총공세령을 내려 월남 전역이 전쟁으로 다시 불붙었다.

베트콩이 45개 도시에 일제히 포격을 가했고 단폭 이후 최대 접전을 벌였다.

사이곤 도심에서도 두 차례나 접전이 전개됐다. 미군 100여 명이 전사했다. 공산군이 사이곤을 포위하여 공세를 강화했다.

(2) 길고 긴 협상(協商) 끝에 월남전은 종전을 향해

1968년 2월 26일 하노이 항구시설에 대한 첫 포격을 개시하자 우단트 유엔 사무총장은 협상개시를 선언했고, 존슨 미국 존슨 대통령은 선(先)보장을 강조했다.

4월 1일 미국 존슨 대통령은 대통령에 지명돼도 수락하지 않겠으며 북폭의 즉시 중지 명령을 내렸다.

월맹이 호응하면 전면 단폭하겠으며 협상을 위해 일방적인 축전(縮戰)도 단행하겠다고 선언했다.

그러나 월맹의 반응이 없자 북위 17도에서 20도 사이 월맹에 대한 북폭은 계속되어 영·불에게는 큰 충격을 주었고 미국의 비둘기파들은 일제히 비난하고 나섰다.

월맹은 존슨 대통령의 협상 제의를 수락하여 단폭, 종전을 위한 준비회담의 예비단계에 들어갔다.

호지명은 존슨 대통령의 제의를 검토하고 영·불·소에서는 잠정적인 휴전을 모색하며 협상을 타진했다.

미국에서는 특사급으로 제네바 회담을 제의하자, 월맹에서는 캄보디아 프놈펜에서의 회담을 역제의했다.

미국과 월남의 평화회담이 불란서 빠리에서 개최하기로 합의했다. 미국은 참전 우방국들과 긴밀하게 협의하겠다고 약

속했고 첫 의제는 북폭 중지로 결정됐다.
 협상이 무르익은 과정에서 베트콩은 TNT로 사이곤 TV 방송국을 폭파하고 33명을 살상했다.
 휴전협상의 물코가 트인 시점 미군기 500대가 160회에 걸쳐 출격하는 등 대규모 북폭이 단행됐다.
 중공은 월맹과 미국의 협상을 방해하기 위해 월맹에 군사과 경제원조의 단절 압력을 행사한 것으로 알려졌다.
 미국과 월맹의 빠리회담은 의제에 난항이 예상된 가운데 1968년 5월 10일 개최됐다.
 해리만 미국 대표는 비무장지대는 존중돼야 한다고 주장한 반면, 투이 월맹 대표는 단폭이 선결 요건이라고 주장했다.
 10월 31일 존슨대통령은 티우 대통령과 합의하여 월맹에 대한 단폭을 결정했다.
파리회담에 베트콩과 월남이 참여하기로 했고, 우리 정부도 파리회담 참여 등 긴급대책을 협의했다.
미국은 월맹에 단폭, 상응 축전 등을 포함한 일괄평화안을 제시했다. 이 평화안에는 월남과 베트콩도 협상에 참여하는 것으로 되어있으며 티우 월남 대통령은 전면 단폭에 반대하여 공동선언에 서명을 거부한 것으로 알려졌다.
 월맹이 미국의 단폭 제안을 수락하여 월남 전역은 사실상 휴전에 들어갔으며 공산군 7개 사단이 철수했다.
 티우 월남 대통령은 협상에 베트콩이 참석하는 한 단폭을 반대한다는 입장을 재천명했다.
미국은 베트콩의 독립단체 인정을 종용했으나 티우 대통령이 거부하여 월맹과의 직접 협상을 고수할 수밖에 없었다.
 참전국의 동의하에 미국 존슨 대통령이 전면 단폭을 선언하여 종전이 임박했다.
 월남정부는 포로 140명을 석방했다. 빠리회담에 월남과 베트콩이 참여하게 됐으며 정부는 긴급대책협의에 들어갔다.

화평으로 급선회한 이번 선언은 협상의 진전은 유동적이지만 이제는 연정 수립에 초점이 맞춰졌다.
　9월 4일 월맹 대통령인 호지명이 심장마비로 향년 79세로 사망했다. 월맹은 우선 집단지도 체제를 유지할 것으로 전망됐다.
　월남 전선에 포성은 멈췄으나 티우 대통령은 전면 단폭엔 동의하나 빠리회담에는 불참을 선언하고, 월맹은 존슨 대통령의 제의를 수락하되 종전시까지는 항쟁을 계속하겠다고 선언했다.
　티우 대통령의 대표파견 거부와 월남 국회의원들의 존슨 대통령의 단폭 항의 데모로 파리 4자회담은 위기에 직면했다. 파리회담에 참석한 베트콩 빈 대표는 총선과 연정 등을 요구했다.
　연정을 강요 하지않고 주권을 존중한다는 조건에 부응하여 월남이 빠리회담에 참석하기로 결정했다.
　월남 키 부통령이 인솔한 월남대표단이 빠리에 도착하여 월맹과 양자회담을 진행케 됐다.
　37대 대통령에 취임한 닉슨 대통령은 미국은 평화의 구축자라며 대결의 시대에서 협상의 시대가 도래했다고 선언하면서 파리회담에 힘을 실어 주었다.
　빠리회담에서는 미·월남 측에서는 비무장지대 복원을 주장했고, 공산 측에서는 미군의 철군과 연정 구성을 요구하여 대립상태를 지속했다.
　닉슨 대통령은 상호 철수, 월남군 강화, 축전 등 3개 조건 중 하나만 충족돼도 월맹과 비밀 철군(撤軍)협정을 체결할 용의가 있다고 밝혀 빠리회담이 새로운 전기(轉機)를 마련했다.
　베트콩은 무조건 철군을 완화하여 총선 관리를 위한 과도 연정 구성 등 평화 10개안을 제시하여 닉슨, 키선저가 예의 검토에 들어갔다.

　닉슨 대통령은 국제적인 감시하에서 총선을 실시하고 12개월 내 상호 철군을 제안하면서, 군사적 승리는 있을 수 없다면서 월맹에 평화협상을 촉구했다.

　재개 사흘 만에 미군은 북폭을 중지하고 정찰기 보호 목적의 응전은 계속하겠다고 밝혔다.

　미국은 월남의 동의를 받아 베트콩 지역 통치권을 인정하는 월남 분할을 구상한 것으로 알려졌다.

　미국 전역에서 수백만 명이 모여 사상 최대의 반전(反戰) 데모를 벌였으며 백악관 난입도 기도했다.

　존슨 미국 전 대통령은 러스크 국무장관의 제의에 의한 북폭 중지를 후회한다고 월남전을 회고했다.

　미국 닉슨 대통령은 제네바식 확대 평화회의 개최를 제의하고 인도 지나 전역에서 현 위치에서 휴전을 주장하면서, 월남전의 해결엔 정치 협상이 필요하여 내년까지 주월미군 26만 명을 철군하겠다고 밝혔다.

　공산군 측에서는 닉슨 제안을 거부하고 공산군이 캄보디아에서는 최대 공세를 취하면서 빠리회담에서는 휴전과 미군 철수로 논쟁만을 벌였다.

　닉슨 대통령은 1972년에 월남전을 끝내겠다는 소신을 확인했다.

　미국 닉슨 대통령은 1971년 5월까지 주월미군을 15만명 철군하겠다고 밝히면서, 월맹이나 베트콩이 잔류미군을 위협하면 중대 결과를 초래할 것이라고 경고했다.

(3) **월남전과 연계(連繫)하여 추진되는 주한미군 감축**

주한미군 감축이 몰고 올 한국경제 주름살로 1년에 3억 달러를 잃게 되고 건설, 용역업체 1천여 개가 문을 닫고 4만 명이 실직자로 전락하게 된다고 우려했다.
 그러나 미국은 미군을 장단기 단계에 의해 감축하고 국군 현대화를 위해 10억 달러를 제공하겠다고 밝혔다.
 박정희 대통령은 자주국방이 이룩될때까지 미군의 철군은 불가하다면서 외교 교섭을 통해 강력 반영하겠다고 밝혔다.
 미국은 주한미군 감축을 통고했고, 포터 주한미국대사는 세부계획은 한국과 협의하겠으며 해외주둔군 철수에 따른 일부분이라고 얼버무렸다.
 정부는 1970년대 후반까지 연기를 요청하며 장기적인 방위 협조 모색에 방점을 두었다.
이에 미국 국방성은 "감군(減軍)은 대한방위공약을 바탕으로 이뤄지도록 하겠다", "한국군 현대화에 장기적인 원조를 하겠다"고 약속했다.
 WP지는 한국 외무부는 국군현대화와 방위공약없는 감군협의는 거부하겠다는 입장인데 비해, 미국은 국방예산 축소 여론에 굽혀 레어드 국방장관은 구체적인 숫자를 밝히지 않지만 감군(減軍)은 2만 5천명 선일 것이라고 보도했다.
 신민당도 감군계획 철회를 촉구하는 성명을 발표했다.
 미국은 1971년 6월까지 감군은 하되 규모와 시기는 한국과 협의하겠다는 방침인 반면, 한국은 국군현대화의 선행(先行)이 없는 감축 반대의 입장을 고수했다.
 닉슨 독트린에 의해 외국 주둔군 철수계획은 한국의 정면 반발로 도전을 받게 된 셈이다.
 애그뉴 미국 부통령은 한국군이 현대화되는 5년내에 주한미군을 전면 철수하게 될 것이라고 했으나, 박정희 대통령은 2만 명 감축에 대한 동의를 거부하고 미국은 추가로 감군하지 않겠다고 정부는 발표하는 등 혼선을 빚었다.
 미국 국무성은 "주한미군 전면 철수계획은 없다"고 애그뉴 부통령의 발언을 해명하며, 한국군이 현대화가 돼야 토의하겠으며, 주한미군의 규모와 무관하게 북괴가 도발하면 즉각 반격하겠다고 약속했다.

미국 국방성은 1970년에 이미 1만 명을 감축했다고 발표했다.

미국 닉슨 대통령은 1차로 2만 명의 주한미군 철군이 끝난 뒤 2차 감축은 한국에 심각한 영향을 미친다는 의견에 동의하여 무기한 연기하라고 지시했다.

(4) 주월 한국군의 동향과 한·월 밀월관계 유지

월남이 민정이양을 앞두고 국민 대통령 후보 11명이 등록하여 선거전이 포문을 열었다. 10명의 민간인에 구엔 반 티우 장군이 군인 대표로 출전했다.

민간 후보들이 정부의 부정선거를 규탄하며 출마 철회도 불사하겠다고 경고하는 혼탁한 선거가 진행되었다.

월남의 정·부통령선거는 예상대로 우리나라와 같이 군부 출신 티우, 키 후보가 163만 표를 얻어 대승을 거두었다.

그러나 상원의 3분의 2는 가톨릭계가 장악하여 불교도 등의 반발이 예상됐다.

월남은 민정수립에는 성공했으나 티우 대통령과 키 부통령이 조각을 둘러싸고 극심한 갈등을 겪고 있으며, 군부 숙청과 불교도 분열로 심각한 상황을 맞고 있다.

존슨 미국 대통령은 4만 6천 명의 병력을 월남에 파견하고 있는 한국에 1개 사단 규모인 3만 명의 한국군 증파를 요청했다고 AP통신이 보도했다.

신민당은 국가안보를 위해 있을 수 없는 일이라고 월남의 증파를 반대했으며, 김현철 주미대사는 사실무근이라고 밝혔다.

미국 존슨 대통령과 박정희 대통령이 하와이 호놀룰루에서

두 차례 정상회담을 가졌으며, 여기에서 주월 한국군 증파 논의가 있었을 것으로 추정됐다.

 이 회담에서 북괴 침략에 즉각 지원을 다짐하고 월남 평화를 위해 함께 노력하며 군사 원조를 계속하기로 공동성명으로 발표했다.

 유진오 신민당수는 국군의 월남 증파에 반대 입장을 밝혔으나, AP통신은 군사소식통을 이용하여 한국군을 5천 명 증원하여 5만 5천 명을 유지할 것이라고 전망했다.

 월남에 파견된 우리나라의 맹호, 청룡, 백마, 십자성, 백구부대는 신형 장비를 갖추고 공산군 1만 652명을 사살하고 포로 2,878명을 잡았다.

 활발한 대민 사업도 전개하여 120만 주민들을 보호중에 있으며, 우리 국군도 1,032명이 사망하고 2,690명이 부상을 입었다.

 11월 12일 월남 퀴논에서 주월사 헬기가 맹호부대 시찰을 가던 중 악천후로 야산과 충돌하여 영관급 장교 8명이 전사했으며, 파월 4년 동안 최대의 비보로 폭우가 주월사령부의 기둥들을 삼키고 말았다.

 정부는 월남전 해결을 위한 빠리 회담이 미·월맹간의 비밀 협상을 통해 급진전되고 있다고 판단하고 종전 단계에서 다른 참전국들과 함께 협상에 직접 참여하기 위한 작업에 착수하는 한편, 참전국들과의 공동보조를 위한 외교 교섭을 강화했다.

 4월 1일 정부는 월남종전협상 참여 교섭을 참전국들과 협의했으며, 특별작업반 편성과 현지 정세 분석 등을 방콕 외상회의 때 이미 제기했었다.

 박정희 대통령은 방한중인 티우 월남 대통령과 정상회담을 갖고 명예로운 종전 공동보조를 확인하고, 협력확대 협정과 전후(戰後) 복구 참여에 한국에 우선권을 주기로 합의했다.

최규하 외무부장관은 월남군의 단계적 감축 방안을 발표하며 불원간 주월한국군 1개 사단을 철수하겠다고 밝혔다.

　주월한국군은 1972년에 완전 철수하겠다고 정부의 방침을 월남에 통고했으며, 1971년에는 1만 5천 명을 철수할 계획이라고 아울러 발표했다.

2. 미·소의 우주개발 경쟁과 인류의 달 정복

(1) 미국을 앞질러 우주경쟁의 선두에 우뚝 솟은 소련

 소련의 무인우주선 비너스 5호가 130일 동안 3억 5천km를 여행한 끝에 금성에 하강(下降)하는데 성공했다고 소련 타스통신이 보도했다.
 1967년 10월 20일 소련의 비너스 4호가 금성에 자동 낙하산으로 첫 연착했다.
금성의 대기권은 탄산가스로 가득찼고 운무(雲霧) 속 신비를 90분간 전송했다. 금성의 표면은 암석이며 단세포의 서식가능성도 있는 것으로 알려졌다.
미국과 영국에서는 우주개발에의 거보(巨步)라고 찬양했다.
 1970년 1월 27일 소련의 비너스 7호가 금성에서 온도, 기압 등 과학정보를 송신했으며, 금성 도착 후 첫 신호는 사람이 살 수 없다고 분석됐다.
신비의 샛별인 금성은 생물이 살 수 없는 지옥의 혹성으로 판명됐다.
 1968년 10월 31일 3일 간격을 두고 발사된 2개의 무인(無人) 인공위성이 우주의 궤도를 선회하다 지상에서의 원격조정에 의해 사상 처음으로 자동 도킹에 성공한 것이다.
 이로써 소련의 두 개의 무인위성의 우주 도킹에 성공하여 우주정거장 건설이 가능해졌으며, 우주정거장 조립 실험을 마치고 소련 무인우주선 소유즈 2호는 귀환했다.
 소련 소유즈 3호가 발사되어 우주에서 두 번째 랑데부와 우주정거장을 조립할 것으로 알려졌으며, 지상에서 조정으로 3시간 뒤 두 우주선은 자동 분리됐다.
 1969년 1월 16일 소련은 유인(有人)우주선 소유즈 4호를

발사하여 소유즈 5호와 바꿔타기 실험에 착수했으며, 또한 우주정거장 조립 시도도 병행했다.
소련은 소유즈 6호와 7호와 8호를 발사하여 궤도 선회 중 새로운 우주선 편대로 우주정거장 조립 실험을 실시했다.
1969년 9월 21일 소련의 존드 5호가 최초로 달 선회 탐색에 성공하고 귀환했으며, 소련은 달 주위를 돌며 우주정거장 실험을 위해 존드 6호를 발사했다.
소련은 무인 달 우주선 루나 15호를 발사하여 달의 지질표본을 갖고 귀환토록 했다.

(2) 인류 최초 달을 정복한 미국 우주비행사 암스트롱

1967년 11월 10일 미국 서베이어 6호가 처음으로 달 상공 비행에 성공했고, 달의 중앙만 지점에 연착하여 사진도 전송했다.
이로써 달 정복에의 새 이정표를 세웠으며 아폴로 우주계획의 서막(序幕)을 장식하게 됐다.
서베이어 6호의 로봇이 3m를 뛰어 2.4m를 나는데 성공하여 사람의 달 착륙에 확신을 갖게 됐다.
미국 우주선 서베이어 7호가 달의 표면 사진을 전송했고, 달의 표면은 자갈과 바위로 뒤덮여 있으며 굴토(掘土)를 하기 시작했다.
1968년 10월 12일 미국의 유인 우주선 아폴로 7호가 지구 궤도를 11일 동안 720만km를 비행하여 도킹 실험과 달 왕복 예행연습을 성공리에 마쳤다.
최초로 달 궤도를 선회하는 유인 우주선인 아폴로 8호가 발사됐고, 아폴로 8호가 달 인력권에 돌입하여 궤도를 10회 돌면서 사진 촬영에 성공했다.
인류 최초의 육안으로 표면 관찰이었으며 TV로 생방송 됐으며, 달의 표면은 사장(沙場)같은 것으로 보였다.
 11월 24일 아폴로 9호가 발사되어 궤도 선회 중 모선(母船)과 착륙선의 도킹이 성공하여 달 착륙의 마지막 예행연습을 마쳤다.
 미국은 3인의 우주인이 탑승한 우주선 아폴로 10호가 달 인력권에 접근하여 외계에서 본 지구의 영상을 보내왔다. 세 우주인은 바꿔타기도 성공했으며 우주여행을 황홀한 장관이라고 호평했다.
 달 표면 15km까지 접근하여 육안 관찰한 달은 자갈밭이라고 TV로 방영했으며, 그리고 달 착륙의 가능성도 확인했다.
 1969년 7월 15일 아폴로 11호가 발사되어 드디어 역사적 여정에 들어가자 1백만의 인파가 흥분의 도가니에 빠졌다.
 아폴로 11호는 모자선 도킹과 배열 작업을 끝내고 달 항로를 쾌주했으며, 드디어 미국 유인우주선 아폴로 11호가 달에 착륙하여 암스트롱 등 3인이 흙, 암석 등을 채취하고 지구기념비를 꽂은 뒤 30m 거리를 보행하고 지진계 등을 남긴 뒤 달을 떠났다.
 닉슨 대통령은 세 우주인에 격려 전화를 했고 온 세계가 장도를 축원했다. 우주비행사 암스트롱은 7월 21일 달의 고요한 바다에 착륙하여 신비의 베일 속에 감추었던 달은 인류에 의해 정복되는 역사의 신기원을 맞이하게 됐다.
 그는 모든 것은 선명하고 장관이라며 달 표면은 잔모래알로 걷기 쉬웠다는 메시지를 보냈고 암석 28kg을 채취하여 귀환했다.
11월 19일 콘라도 선장이 이끈 아폴로 12호가 달에 착륙했다. 콘라도 선장은 달의 분화구에 내려가 서베이어 부품을 회수하고 55억 년 동안 채집을 기다린 암석 45kg을 채취하고 귀환했다.

1970년 2월 6일 미국 아폴로 14호의 비행사들은 달에 연착하여 손수레를 끌며 핵추진 연구장치를 설치했다.
 이로써 달의 지각, 구조, 생성, 진화과정이 밝혀지게 됐다.

3. 제3차 중동(中東)전쟁과 중공의 국제무대 등장

(1) 제3차 중동전쟁에서 이스라엘이 수에즈 운하 장악

 1967년 6월 6일 이스라엘과 아랍제국(諸國)간에 전면전에 돌입했다. 이스라엘은 시리아, 이집트 등 6개국에 선전포고를 하고 양국 수도에 폭탄 세례를 퍼부었다.
 공습과 지상에서 치열한 전투가 벌어져 아랍기 374대, 이스라엘기 161대가 격추됐다고 양측에서 주장했다.
미국, 영국, 불란서 등은 중립을 선언하고 소련과 함께 휴전을 지지했다.
 이스라엘과 아랍의 분쟁은 1947년 11월 유엔 총회에서 팔레스타인 지역을 유태인국과 아랍국의 분할을 의결하여 비롯됐다.
1948년 5월 이스라엘이 독립국을 선포하자 이집트, 사우디아라비아, 이라크 등 6개국이 침입하여 제1차 중동전쟁이 일어났고 유엔의 중재로 휴전이 성립됐다.
 이집트의 나셀 대통령이 수에즈 운하 국유화로 1956년 제2차 중동전쟁이 발발(勃發)했고, 유엔군이 철수하자 나셀 대통령이 아카바만을 봉쇄하여 제3차 중동전쟁이 발발한 것이다.
 아랍권은 미국, 영국과 단교하고 수에즈 운하를 봉쇄하고 송유도 중단했다. 이집트군은 이스라엘군과 치열한 전투를 벌여 예루살렘을 점령했다고 발표했다.
 이스라엘군이 파죽지세(破竹之勢)로 수에즈 운하까지 진격하여 아카바만 봉쇄도 붕괴됐으며, 아랍권은 후퇴를 자인했고 유엔 안보리는 기한부 휴전을 결의했다.
 이스라엘 특공대가 아랍국가들의 테러에 보복하기 위해 레바논 공항을 기습하여 여객기 13대를 파손했다.
1968년 3월 22일에도 수에즈 운하와 레바논 국경에서 이스라엘과 아랍권의 충격전이 발생했다.
　12월 30일 그리스 아테네 공항에서 이스라엘 여객기기를 아랍 게릴라에 의해 피습되자 이스라엘이 요르단의 베이루트 공항을 공격했다.
　유엔 안보리는 베이루트 공항의 기습에 대해 이스라엘을 탄핵키로 했다.
　이스라엘이 시리아 기지를 폭격하고 다마스커스 교외에선 공중전이 전개되는 등 이스라엘과 아랍공화국의 포격전이 치열하게 전개했다.
　1969년 3월 10일 이스라엘과 아랍공화국의 포격전이 치열하고 공중전도 전개하여 수에즈 정유공장은 불바다로 변했다.
양 진영은 서로 군비 확충 줄달음으로 위기의 소용돌이에 강대국 이해가 얽혀 해결의 실마리가 더욱 꼬여만 갔다.
　4월 30일 이스라엘 특공대가 나일강 다리를 폭파하고 카이로의 수에즈 도하(渡河) 고압선을 파괴했다.
　10월 7일 아랍공화국 미그기 72대가 이스라엘의 레이더, 미사일 기지를 맹공격했고, 이스라엘이 이집트, 리비아, 요르단, 시리아, 이라크, 레바논, 사우디아라비아를 상대로 한 중동전은 계속 불타고 있었다.
　1970년 2월 13일 이스라엘기가 카이로 철강공장을 포격하여 민간인 165명이 사망했다고 이집트 방송이 보도했다.
　소련은 아랍공화국에 레이다, 로케트 등 중무기를 대량으로 공수했다.
　이스라엘은 미국의 안보확약을 받고 미국의 평화안을 수락하여 조건 없이 3개월 동안 휴전하겠다고 발표했다.
　8월 8일 수에즈 운하 양쪽에 50km의 DMZ를 설치하는 평화협상안에 합의하고 중동전의 휴전이 발효됐다.
 이로써 확전에는 일단 제동이 걸렸으나 팔레스타인 난민 문제가 중동 평화의 걸림돌로 다가왔다.
 한편 시리아군이 내전속에 허덕이고 있는 요르단을 침공하여 북부 국경에서 격전을 벌였으며, 이스라엘도 요르단에 출격하여 게릴라들을 공격하여 전쟁은 격화됐다.
 후세인 요르단 국왕과 아라파트 팔레스타인 게릴라 지도자가 요르단 내전의 종식을 선언하며 전국에 전투 중지령을 내렸다.
 팔레스타인 게릴라들은 요르단 사막 비행장에서 납치하여 억류 중인 스위스, 미국, 영국 여객기 3대를 폭파시키고 승무원 38명을 억류했으나 승객 259명은 무조건 석방했다.
 시리아에서 무혈 쿠데타가 발생하여 아사드 국방부장관이 집권하여 팔레스타인 게릴라의 해체를 요구했다.

(2) '죽(竹)의 장막'에서 일어나고 있는 중공의 변화

 중공의 수도 북경에서 수만 군중이 소련대사관을 포위하여 반소데모를 벌였으며, 소련과 중공은 우수리강을 두고 국경 충돌을 벌였다.
 소련의 수도 모스크바에서도 12만 명이 모여 중공대사관을 포위하여 투석하는 등 반중공 데모를 벌여 맞불 작전을 전개했다.
 1969년 3월 3일 소련과 중공의 우수리강 주변에서 국경 충돌로 양국 경비대 수 명의 사상자가 속출했다.
 3월 8일 모스크바에서 12만 명이 모여 반중공(反中共) 데모를 벌였으며, 이들은 대사관을 포위하고 투석했다.
 중소국경분쟁이 격화되어 소련에서는 미사일, 전폭기 등을 배치하고 중공은 다만스키 지역에 포격을 재개했다.

중공이 소련과 또 국경에서 충돌했으며 신강성에서 탱크와 기갑차를 동원하여 총격전을 벌였다.
 3월 13일 중공은 청나라 때 조약은 부당하며 강점한 영토를 내놓으라며 대소국경선 재검토를 선언했고, 소련은 북평 대사관 폐문을 들어 반중공 외교 공세에 돌입했다.
 3월 21일 국경분쟁이 악화됐으며 다만스키서 포격전이 벌어졌고 소련은 미사일과 전폭기를 배치했다.
 6월 12일 소련과 중공이 신강성에서 국경충돌이 벌어져 탱크와 기갑차가 동원되어 총격전을 벌였다.
 10월 3일 소련, 중공군이 국경서 철수하고 모스크바선 통상회의가 개최했다.
 1967년 8월 23일 홍위병들이 영국대사관에 난입하여 방화하는 등 난동을 부려 대사는 중상을 입고 관저는 수라장이 됐다. 영국은 중공인에 금족령을 내리고 단교를 검토했다.
 홍콩사태에 대한 보복으로 수교 17년 만에 단교 위기에 몰렸다.
 10월 30일 문화대혁명하의 중공은 남녀노소가 북치며 데모로 지새우고 자나깨나 모택동을 외쳐댔으며 빈부격차가 심해졌다.
 중국 공산당 중앙위원회는 국가 주석 유소기를 반혁명 범죄혐의로 모든 공직에서 축출했다고 발표했다. 그러나 유소기의 일급 보좌관인 등소평 공산당 총서기의 운명에 대한 언급은 없었다.
 중공의 국가주석인 유소기가 반혁명 두목으로 낙인찍혀 완전 실각했다고 홍기지가 발표했다.
 1969년 4월 2일 중공은 13년 만에 개최된 공산당 대회에서 모택동의 후계자로 임표를 지명하고 총서기에 주은래를 선임했다.
 친모파와 반모파가 국경지대에서 탱크까지 등원하여 중공

군끼리 혈전을 전개했다.
 중공이 2년 동안 다섯 차례의 원폭 실험을 한 뒤 신강성 상공에서 수소폭탄을 성공적으로 폭발시켰다고 북경 방송이 보도했다.
 주은래 중공수상은 "이번 핵실험 성공의 최대 의의는 미소의 핵독점을 깨뜨렸다는 사실에 있다"고 의미를 부여했다.
 이번 폭탄은 7메가톤급으로 상공에서 투하하는 방식으로 폭발한 것으로 알려졌다.
 1970년 4월 27일 중공은 무인인공위성을 발사하여 지구궤도에 진입시키는 데 성공하여 다섯 번째 우주국가가 됐고, 대륙간 탄도탄(1CBM)의 운반능력을 보유하고 있음을 과시했다.

(3) 중공에 대한 추파(秋波)와 국제무대 등장은 초읽기

 1967년도 유엔 총회에서 중공 가입안이 찬성 45표, 반대 58표, 기권 17표로 부결됐다.
 1968년도 중공의 유엔 가입안이 반대 58표, 찬성 44표로 부결됐고 미국이 제안한 중요사항안은 통과했다.
 미국은 중공의 유엔 가입을 저지하기 위해 각국 유엔 대표에 막후교섭 등 총력 저지에 나섰다.
 1969년도 중공의 유엔 가입이 찬성 51표, 반대 49표로 3분의 2 획득에 실패하여 또 좌절됐다.
 중공 주은래 수상은 어떠한 나라도 침략할 의사가 없다면서 일본과의 우호조약 체결을 제의했다.
 일본과 중공은 각서 무역협정을 체결하고 올해에도 7천만달러 규모의 교역을 결정하면서 일본은 기존의 시장을 뺏길까봐 중공 진출을 서둘렀다.
 그러나 협정체결과는 별개로 중공은 월남전을 확대하는 미국에 가담하는 등 국군주의의 부활하는 것에 대해 일본을 맹비난했다.

서방국들의 반대를 무릅쓰고 불란서가 중공을 승인한 데 이어 캐나다가 중공을 승인하자 자유중국은 단교를 선언했다.

캐나다의 중공 승인은 정치이념보다는 방대한 중공 시장에 눈독을 들인 실리(實利)에서 나온 조치였다.

이탈리아도 중공을 정식 승인하여 대사를 교환하되 대만의 영유권은 유지하기로 했다.

에티오피아도 중공을 승인하고 대사급 수교하기로 합의했다고 공동성명을 발표했다.

이로써 중공의 유엔가입 저지는 한계수위에 달했고 미국에서도 중공의 유엔 가입은 2~3년 내에 이루어질 것으로 전망했다.

이는 중공의 유엔 무시 정책에서 탈피하고 유엔 가입에 일보 접근했으며, 미국도 관계 개선을 희망하며 자유중국의 무마가 관권이 되고 있으며 국제 역학의 개편 조짐을 보이고 있다.

1971년 4월 8일 중공이 초청한 미국 탁구단이 북경에 도착하자 중공의 정부와 언론계에서 대규모 환영에 나섰다. 조그마한 탁구공에 거대한 정치 장벽이 무너지게 됐다.

미국 탁구단은 각계각층의 친절에 의아해하며 만리장성 관광과 북경 밤거리 쇼핑을 즐겼다.

미국 닉슨 대통령은 달러 통제 완화, 입국비자 간소화 등 관계 개선안을 발표하며 직접교역을 허용할 방침을 세웠다.

미국은 자동차, 곡물 등 비전략물자 143개 품목에 대한 대중공 금수조치를 해체하고 중공 수입상품을 자유화했다.

닉슨 대통령은 외교관계 수립은 장기적인 목표지만 중공 방문을 희망한다고 밝혔다.

4. 우리나라 외교의 한계와 세계의 동향

(1) 우리나라 외교의 지향점은 오로지 한국 단독 초청

1967년 11월 1일 UN에서 한국의 단독초청안이 찬성 58표, 반대 28표로 가결되어 우리나라의 국제적 지위는 확고한 것으로 확인되어 외교부는 축제 분위기이다.

남북한 동시초청안은 찬성 37표, 반대 50표로 부결됐다.

최규하 외무부장관은 "우리나라의 국제적 지위의 확고함은 여전하다"고 자화자찬했다. 우리나라의 외교는 오로지 유엔의 단독초청안 찬표 구걸(求乞)에 매달렸다.

1968년 11월 8일에도 유엔 정치위원회는 통한결의안(統韓決議案)을 찬성 67표, 반대 23표, 기권 23표로 압도적으로 통과시키고 공산권에서 제안한 유엔군 철수 등은 모두 부결됐다.

유엔에서는 남북한 동시초청안은 찬성 40표, 반대 55표, 기권 28표로 부결되고, 한국 단독초청안은 찬성 67표, 반대 28표, 기권 28표로 통과됐다.

당시 우리나라 외교는 통상 등은 도외시하고 오로지 유엔에서 한국 단독초청안에 찬표를 구걸(求乞)하는 데만 집중됐다.

유엔 정치위원회에서 언커크 해체, 유엔군 철수 등은 부결됐으나 통한결의안은 찬성 71표, 반대 29표, 기권 22표로 가결됐다. 이것은 표방위 전술에 안간힘을 쏟은 다각적인 친선외교의 결실이다.

1969년 유엔 정치위원회는 한국 단독 초청은 찬성 63표, 반대 31표, 기권 25표로 가결됐다. 이에 김동조 주유엔대사는 공고한 한국의 외교적인 기반을 입증한 것이라고 자화자찬했다.

 남북한 동시초청안은 찬성 40표, 반대 54표로 봉쇄하여 한국외교는 평년작을 유지했다.
 해마다 표결의 재확인을 지향하고 실속있는 통일안을 추진하고 중립국은 표 구걸을 위한 순방보다 경제협력 위주의 외교로 전환해야 할 것이다.

(2) 일본 적군파(赤軍派)의 JAL기 납치 소동

 1968년 3월 31일 기장(機長)이 "여기가 평양이다"고 속여 피납 JAL기가 김포공항에 착륙했다.
 119명의 승객을 태운 JAL기는 일본의 극좌(極左) 학생단체인 적군파 소속 괴한들에 의해 북괴로 갈 것을 강요당했으나 김포공항에 착륙하여 위기를 모면했다.
 동경에서 후쿠오카로 가던 중 북괴로 기수를 돌리라는 위협을 받은 기장은 급유가 필요하다는 설득으로 후쿠오카 공항에 기착했다가 5시간 대치 뒤 자폭 위협에 의해 평양을 향해 비행 중 공군 장병 30여 명이 북괴군처럼 위장한 서울 김포공항에 불시착했다.
 "자폭하겠다"고 위협하는 납치범들에게 "승객들만이라도 내리게 하라"고 회유와 설득에 나섰으나 실패했다.
 주한 가나야마 일본대사도 "무고한 승객들만 내려보내면 북한으로 가는 것을 보장하겠다"고 거듭 타일렀으나, 평양행만을 고집하여 인도적인 견지와 일본 측의 부탁에 따라 이륙을 허가할 가능성도 짙어졌다.
 정일권 국무총리는 승객 안전에 최선을 다하고 있으며 승객이 희생될 강경책을 회피하겠다는 입장을 밝혔다.
 일본 정부는 납치된 여객기 승객들에게 더 이상의 고통을 주지 않기를 바라며 야마무라 운수성 차관을 승객 대신 인

질로 태워 납치범들과 함께 평양에 갈 것을 제의했다.

일본 운수성 차관과 승무원 3명이 비행기에 남고 승객 103명은 구출되어 일본으로 귀환했다.

풀린 승객들은 범인은 9명이며 칼로 위협했다고 밝혔으며, 비행기는 동해를 거쳐 북한 쪽으로 날아갔다.

끈질긴 설득이 유효했으며 이번 사건에서 한일 간의 이견은 없었다.

신범식 문화공보부장관은 "승객 구출은 자유의 승리"이며 "인도적 입장에서 최선을 다했다"는 담화를 발표했다.

북괴는 범인들의 무기를 뺏고 냉대했으며 JAL기의 무단 착륙을 트집 잡아 탑승자의 안전을 보장하지 못하며 JAL기의 송환도 거부했다.

재일교포의 북송 문제로 얽혀 있는 일본과 북괴의 협상에 의거 JAL기와 운수성차관 등 승무원들은 일본에 조기에 귀환했다.

일본 운수성차관은 잠을 재우지 않고 선전영화를 관람토록 했고 "불법이지만 봐 준다"고 으름장을 놓기도 했다고 회고했다.

(3) 소련의 장갑차에 무너진 체코슬로바키아 프라하의 봄

1967년 3월 13일 폴란드와 체코슬로바키아 등 동구권에서 자유화 궐기로 반정활동이 펼쳐졌다. 폴란드의 수도 바르사바에서는 자유화를 외치며 민병대와 유혈충돌을 벌였다.

폴란드의 반정데모는 지방으로까지 확대되어 전국에서 데모대와 경찰이 충돌했다.

7월 19일 소련과 체코슬로바키아의 자유화개혁을 둘러싸고 정면 충돌했고, 소련은 자유화를 포기하라고 주장하고 있으나 체코는 개혁을 늦출 수 없다는 체코선언문을 발표했다.
　7월 24일 소련은 수뇌회담 실패에 대비하여 체코 국경에서 대규모 기동훈련을 실시했다.
　7월 27일 체코의 두브체크 서기장은 소련의 압력에 굴복하지 않고, 자유화 노선을 사수하겠다며 자유화와 독자노선을 추구하는 2000어(語)를 선언했다.
　8월 21일 바르샤바 조약국가인 소련, 폴란드, 동독, 헝가리, 불가리아 등 5개국 공산군이 체코로 침입한데 이어 소련 탱크대와 장갑차들이 프라하에 진입하여 공산당사 건물과 프라하 방송국을 포위했다.
　체코 정부는 국민들은 냉정을 유지하고 진주군에 대한 적대행위를 삼가하라고 방송했다.
　체코의 자유화 세력들은 탱크와 장갑차를 앞세우고 전국을 유린하고 있는 20만 명의 동구권 5개국의 군대에 피나는 주권수호 투쟁을 전개했다.
　8월 22일 루드비크 체코 대통령은 "점령군이 철수하여 사태를 수습해야 한다"고 주장하고, 체코 국민들은 이젠 더 이상 물러설 수 없다며 주권수호 투쟁을 선언하고 소련 탱크에 육탄전(肉彈戰)을 벌여 피의 항쟁을 벌였다.
　소련이 체코의 보수파들을 구제하기 위한 국제적 비난을 무릅쓴 기습으로 동서 관계가 냉수대에 빠졌으며, 소련의 영도력에 금이 가 세계 공산당 대회가 유산될 것으로 예상됐다.
　알바니아, 루마니아 등 공산국들도 소련을 한결같이 규탄하고 있으며 체코의 프라하는 공포의 도가니에 빠졌다.
　2만 명이 데모를 벌린 프라하는 피의 항쟁이 계속되고 있으며, 체코에서는 철군을 안 하면 총파업을 하겠다는 입장인 반면, 소련에서는 친소정권이나 군정이 수립돼야 한다고 서로 최후통첩을 보냈다.

지식인 검거 선풍을 일으킨 소련은 체코 경찰을 무장해제 시키고, 변절자들과 새 정부 수립을 협의했고, 유엔 안보리 에서는 소련군의 즉각 철수를 촉구했다.
스보보디 체코 대통령이 돌연 모스크바에 도착하여 철군과 새 정권 수립을 싸고 비밀담판을 전개한 것으로 알려졌다.
8월 27일 소련과 체코는 두브체크 정권을 인정하고 소련 군의 잠정적인 체크 주둔에 합의했다. 바르샤바 조약국인 4개국도 찬동했고 소련군은 체코 청사에서 철군했다.
체코는 언론통제 등 시련을 겪게 됐고, 두브체크는 뒷수습에 무거운 짐을 지게 됐다.
9월 1일 체코와 소련은 주권을 존중하여 조건부 철군에 합의했고, 두브체크는 국민들에게 울먹이며 자유화 노력을 계속하되 유혈사태는 피해야 한다고 호소했다.
프라하에서는 1천여 명의 군중들이 굴욕적인 타협에 항의하는 데모를 벌였고, 체코 국민회의는 소련군의 점령은 불법이며 담판 인준을 거부할 기세이다.
그러나 체코 지도층은 강경파와 온건파로 분열되었으며 체르니코 수상은 언론통제를 선포했다.
소련군이 또 군정을 위협하여 개혁파들이 중앙위원회에서 총사퇴했고 두브체크의 실각설이 나돌았다.
체코는 소련으로부터 3억 달러의 차관 제공과 가스공급 등 통상협정 서명으로 경제적 예속을 벗어날 수 없었다.
체코는 소련과 점령군 철수를 토의하기 위한 전권회담을 제의했으나, 소련은 무조건 복종을 통첩하고 두브체크의 제거도 획책했다.
소련과 체코의 회담을 마치고 체코 점령군은 무기한 주둔하고 언론 통제도 강화하기로 공동성명을 발표했다.
소련군 2개 사단이 상주한 상황에서 체코 수상 체르니크는 소련측 요구에 굴복하여 내각을 친소파로 개편했다.

또한 언론통제 등 소련의 요구에 굴복하여 4만 명을 검거하고 언론통제 등으로 사실상 자유화를 포기한 것으로 알려졌다. 언론검열 폐지를 주장하며 체코의 전 대학이 동맹휴학하여 폐문됐다.

1968년 1월 22일 체코에서는 6만여 명의 시민들이 점령군 철수를 요구하며 반소데모를 벌였고, 전국에서 단식 농성투쟁이 전개되어 체코의 반소항쟁은 절정을 이뤘다.

40만 학생이 집결하여 반소항쟁을 벌였으며 체코는 전국에 비상사태령을 발동했다.

잇단 분신자살 기도와 소련군 시설을 공격하는 등 체코의 정정은 초긴장 상태이며, 스보보다 대통령은 소련군이 재개입할 수 있다고 대국민에게 경고했다.

체코의 반소데모에 탱크까지 동원하여 수십 명의 사상자를 냈으며, 백만 노동자는 도보로 출근하며 항의했다.

체코의 반소데모에 소련은 재진주를 경고하고 강압책을 발동했고, 소련은 국경 비상령을 발동하고 언론인을 대량 숙청했다.

4월 8일 두브체크 체코공산당 제1서기가 실각하고 친소파 후사크가 승계하고 3천 명 검거 선풍으로 프라하의 봄은 종말을 향해 달렸다.

두브체크 축출에 항의하여 프라하 대학생들은 동맹 휴강에 돌입했으며 노조도 합세했다.

8월 21일 체코의 반소 데모가 투석전, 난투극으로 돌변하여 절정을 이뤘고 경찰은 기관총을 난사했고 탱크까지 동원하여 수십 명이 사상했다.

체코는 시크 전 부수상 등 2천어 선언자인 개혁파 모두를 숙청했다.

노조, 학생 등의 반소세력이 주목되고 있으나 체코의 자유화의 물결은 사라졌다.

두브체크는 격하되고 내각도 총사퇴하여 체코 개혁파는 전면 거세되고 개혁정책은 완전 백지화 됐다.
　소련의 체코 침공의 여파로 알바니아가 바르샤바 조약에서 탈퇴하여 동구권에서 고립되어 중공 편향을 더욱 강화했다.

(4) 동서 냉전 속에서 세계의 주요 동향

○ 1968년 1월 19일 미국과 소련은 핵확산 금지안에 완전 합의하고 국제원자력기구에서 사찰하기로 했다.
○ 4월 5일 흑인지도자 킹 박사가 호텔에서 백인 총에 맞아 피살되자 흑인들의 약탈, 투석 등 곳곳에서 폭동이 일어났다.
　미국의 20개 시에서 흑인 폭동이 유혈 충돌 사태로 번져 미국 전역에 비상사태가 선포됐다. 이틀 동안 사망자가 47명에 달했다.
○ 4월 27일 미국은 네바다주에서 TNT 백만톤급의 사상 최대의 핵실험을 단행했다.
○ 8월 8일 미국 공화당 전당대회에서 닉슨 후보가 록펠러와 레이건을 꺾고 대통령 후보로 지명됐다.
○ 8월 26일 불란서가 남태평양에서 수소 폭탄실험을 성공했다고 발표했으나 규모, 형태는 비공개됐다.
○ 8월 29일 미국 민주당 전당대회에서 험프리가 매카시와 에드워드 케네디를 누르고 민주당 대통령 후보에 지명됐다.
○ 11월 7일 미국 대통령선거에서 공화당 닉슨 후보가 290표를 얻어 191표를 얻은 민주당 험프리 후보를 꺾고 8년만에 정권을 되찾았다. 그러나 상·하원은 민주당이 장악했다.
○ 1968년 3월 26일 데모가 만연된 파키스탄 아유브칸 대통령이 하야하고 야하칸 육참총장에게 정권을 이양함과 동시에 전국에 계엄령을 선포했다. 이로써 의회민주제가 뒷걸

음쳐 친위쿠데타로 규정됐다.

○ 4월 28일 국민투표에서 패배하자 불란서 드골 대통령은 "개혁 반대는 유감이며 내일부터 새 역사가 시작될 것"이라며 하야했다.

○ 1969년 11월 18일 동파키스탄의 벵갈만 주변에 태풍 및 해일로 14개 섬이 물속에 잠겨 주민 110만 명이 사망했다.

○ 12월 17일 폴란드에서 물가앙등에 항거한 반정부 폭동이 발생하여 군대가 투입되어 진압 중 162명이 사상됐다.

○ 1970년 3월 27일 동파키스탄이 독립을 선언하자 정부군이 투입되어 전면적인 내전이 전개되어 다카 등 도처에서 전투가 치열해졌다.

5. 민정 제2기 시대상황을 반영하는 사건 모음

(1) 후진국 양태(樣態)를 보여준 끊임없는 인명사고

1960년대 후반 우리나라는 자타가 인정하는 후진국으로 인명(人命)을 경시하는 사건사고가 너무나 빈번했다.

피할 수 있는데도 부주의나 시설미비 등에 의한 대형 교통사고, 당국의 조치로 예방할 수도 있는 전염병의 만연(蔓延), 부주의로 인한 연탄가스나 익사 사고들이 전국 각처에서 쉼없이 발생했다.

○ **1967년** 6월 7일 전방부대에서 지뢰(地雷)교육 중 지뢰가 터져 장병 8명이 폭사하고 19명이 중경상을 입은 참사가 발생했다.
○ 6월 16일 신축중인 대구 청구대 5층 건물이 무너져 인부 등 40명이 매몰되었고 7명이 압사했다. 사고원인은 철근 부족으로 판명됐다.
○ 7월 6일 경북 예천에서 무허가 폭약이 터져 6명이 폭사하고 5명이 중상을 입었는데 경찰에서는 허위보고했다.
○ 7월 10일 공군 전투기가 민가(民家)에 추락하여 조종사 등 6명이 참사했다.
○ 7월 12일 강원도 양구 무반동총 사격훈련장에서 불발탄을 처리하다 폭탄이 터져 장병 9명이 폭사하고 4명이 부상을 당했다.
○ 10월 17일 경북 김천에서 해인사로 관광가던 버스가 계곡에서 굴러 42명이 참사하고 12명이 중상을 입은 대형참사가 벌어졌다. 유명사찰 순례길이며 대부분 노년층 부인들이었다.

○ 12월 21일 폭풍으로 속초 앞바다에서 어선 3척이 조난되어 어부 44명이 실종됐다.
○ 12월 25일 금속공장에서 석유난로가 폭발하여 10대 여공 7명이 참사하고 10대 소년공 6명도 중화상을 입은 사고가 발생했다.

○ **1968년** 1월 8일 경남 함양에서 버스가 금호강으로 굴러 41명이 사망하고 60명이 중경상을 입은 대형참사가 발생했다. 버스는 산산조각나고 장바구니 등은 강 위에 둥둥 떠다녔다.
○ 3월 18일 부산 시외 전신전화국에 큰 불이 나 교환수 6명이 소사하고 42명이 뛰어내리다 중경상을 입었다. 시외전화는 모두 끊어졌다.
○ 3월 19일에는 육군의 스리쿼터가 춘천호에 빠져 장병 7명이 익사하는 어처구니없는 사고가 발생했다.
○ 4월 12일에는 서울 시내 삼각지에서 버스와 전철이 충돌하여 34명의 승객들이 중경상을 입었다.
○ 4월 18일 경기도 포천 산정호수에서 통행금지된 커브길을 달린 짚차가 호수에 빠져 7명이 모두 익사했다.
○ 5월 20일 경북 안동에서 만취한 신영식 육군하사가 극장 입구에 수류탄을 던져 50명이 폭사하고 35명이 부상을 입었다. 체포된 신 하사는 냉정한 사회에 복수하려 던졌다고 실토했다.
○ 5월 24일 충남 장항 앞바다에서 화물선이 침몰하여 13명이 익사하고 17명이 행방불명됐다.
○ 5월 25일에도 장항 유부도 근해에서 무허 화물선이 전복하여 16명이 사망하고 5명이 실종됐으나 40명은 무사히 구조됐다.
○ 6월 18일 논산훈련소에서 수류탄 투척 교육을 받다 오

발(誤發)로 훈련병 9명이 폭사하는 어처구니없는 사고가 발생했다.

○ 6월 22일 충주에서는 국민학생들이 수류탄을 주워 놀다 6명이 폭사하고 2명이 중상을 입었다.

○ 6월 24일 강원도 춘천호에 버스가 수심 30m 호수에 곤두박질하여 20명이 사망하고 30여 명이 부상을 입고 구조됐다.

○ 강원도 춘성에서도 마이크로버스가 춘천댐 얼음 위로 굴러 8명이 숨지고 12명이 중경상을 입었다.

○ 7월 17일 중부와 영남지방의 집중호우로 28명이 사망하고 9명이 실종됐으며, 벼 수확도 백만 석이 감소할 것 같다고 이계순 농림부장관이 밝혔다.

○ 8월 5일 속리산 관광버스가 금강 상류에 추락하여 5명이 사망하고 33명이 부상하는 교통사고가 발생했다.

○ 8월 17일 태풍 폴리가 영남지역을 강타하여 47명이 사망하고 20여 척의 선박이 파손하고 2만여 명의 이재민이 발생하고 19억 원의 재산 피해를 줬다.

○ 8월 23일 경인지역 일대에 집중 폭우로 산사태가 발생하여 28명이 사망했다. 안양역의 침수로 경부선도 불통됐다.

○ 9월 6일 전국적으로 뇌염이 창궐하여 372명 발생하여 86명이 사망했다.

○ 9월 30일 서울 서대문구 응봉동 판자집 500동 2천 가구 철거 과정에서 안개 속에 철거반원들과 주민들이 난투극과 투석전을 벌여 90여 명이 중경상을 입은 불상사가 일어났다.

○ 10월 9일 청원과 함양에서 정원 2배를 태운 버스가 고개에서 120m 벼랑으로 굴러 21명이 죽고 150명이 중경상을 입었다.

○ 10월 21일 아궁이의 사신(死神)이 고개를 들어 수학여행 하던 교사 등 10명이 연탄가스 중독으로 사망했다.
○ 10월 26일 폭우와 폭설의 이변과 해일이 덮친 속초시는 물바다가 됐다. 사망 18명에 이재민 2만 명의 재앙이 덮쳐왔다.
○ 10월 28일 설악산 등반대 대학생 9명이 등반 경험이 없고 장비도 미비하여 조난을 당하여 7명이 사망·실종되고 2명이 중태이다.
○ 10월 31일 경남 산청에서 장례버스가 귀로 중 양천강에 떨어져 48명이 사망하고 31명이 중경상을 입은 대형 참사가 발생했다. 만취(滿醉)운전으로 무너진 길에 미끄러져 50m 벼랑에 굴러떨어져 차체는 산산조각 났다.
○ 12월 6일 저기압타고 기어든 사신(死神)인 연탄가스로 하루동안 18명이 숨졌고 거의가 셋방살이이며 한가족 4명이 참변당하기도 했다.
○ 12월 17일 연탄난로 과열로 세탁소에 불이 나 7명이 타 죽었다. 이들은 방범철책에 갇혀 피해나오지 못했다.
○ 12월 20일 서울 신설동에서 부부싸움 끝에 석유풍로가 엎어져 5명이 소사(燒死)하고 판자집 80채가 소실됐다.

○ **1969년** 1월 9일 서울 휘경동 건널목에서 버스와 열차가 충돌하여 17명이 사망하고 69명이 중경상을 입었다. 열차에 밀려 버스가 76m 끌려가다 불탔다.
○ 1월 31일 천안역에서 열차끼리 충돌하여 41명이 사망하고 102명이 중경상을 입은 대참사가 일어났다. 이는 기관사 과실로 판명되어 기관사를 구속했다.
○ 2월 18일 해외원정 등반대가 설악산 훈련 중 조난(遭難)되어 10명이 실종됐다. 죽음의 계곡에서 눈사태를 만나 닷새째 소식이 끊겨 구조가 절망상태이다.

○ 4월 22일 강원도 철암 광산에서 갱내에 수맥이 터져 광부 11명이 가스중독으로 사망했다.

○ 4월 23일 영천과 영주에서 작업중인 육군 트럭이 벼랑으로 굴러 장병 12명이 사망하고 21명이 부상을 당했다.

○ 4월 25일 중부지방의 집중호우로 한강교 받침대가 떠내려가고 하천이 범람하여 사망·실종 55명이며, 재산피해도 2천만 원이 발생했다.

○ 5월 5일 광주(光州)의 시내버스가 범람한 강물에 200m 떠내려가 승객 15명이 몰살됐다.

○ 5월 26일 서울 관철동 크라운 카바레에 큰 불이 나 종업원 7명이 소사했다.

○ 6월 7일 정신착란증을 앓고 있는 육군하사가 카빈총을 난사하여 5명이 피살되고 5명이 중상을 입었으며 본인도 머리를 쏴 자살했다.

○ 6월 30일 경기 포천에서 사냥 금지구역에서 뜸부기 사냥하다 엽총으로 어린이 9명에게 중경상을 입혔다.

○ 7월 1일 서울의 무허가 버나 공장에서 카바이드가 폭발하여 4명이 즉사하고 행인 12명이 부상하는 사고가 발생했다.

○ 7월 14일 경기도 가평 북한강에서 무당 태워 굿하다 놀이배가 뒤집혀 9명이 익사했다.

○ 7월 18일 수도권 일원에 집중호우로 인한 산사태 등으로 23명이 사망하고 이재민이 1,027명이 발생했다. 오목교 방치로 목동 일대가 고립됐다.

○ 7월 21일 300mm의 폭우로 전북 남원이 물바다로 변하여 가옥 3천 채가 침수되고 전라선이 끊겼으며 10명의 사망자가 속출했다.

○ 7월 23일 공군의 전천후 요격기가 엔진고장으로 민가에 추락하여 민가 2채가 전소하고 어린이 등 10명이 사망했다.

○ 7월 28일 경기도 양평과 경남 창원에서 운전 부주의, 핸들 고장으로 버스가 강으로 굴러 22명이 즉사하고 64명이 중경상을 입었다.
○ 7월 31일 전국적인 호우로 사망·실종이 36명이고 교통이 두절(杜絶)되고 재산피해도 수 억원에 이르렀다.
○ 8월 1일 전국적인 폭우로 산사태 등으로 강원도 화천에서 61명이 참변을 당하는 등 183명이 사망하고 이재민 2만여 명이 발생했다. 피해액이 52억 원에 달했다.
○ 8월 23일 세기항공의 파이퍼 헬기가 뇌우(雷雨)에 휘말려 안성산에 추락하여 조창대 의원 등 5명이 참사했다.
○ 8월 25일 전남 화순탄광에서 지하 120m에서 암반이 무너져 광부 6명이 압사했다.
○ 9월 3일 콜레라로 오진을 일으킨 조개류에 붙은 비브리오균으로 전국에서 346명이 발병하여 27명이 사망하여 괴질(怪疾)소동을 빚었다.
○ 9월 15일 영호남에 집중호우와 사망·실종이 396명, 피해액 71억 원대에 이르렀다.
○ 9월 17일 비브리오균으로 알려졌던 괴질은 콜레라라로 판명됐고 서울까지 북상하여 346명의 환자가 발생하여 84명이 사망했다.
○ 9월 18일 창녕 남지에 나룻배가 기관고장으로 교각을 들이받고 뒤집혀 80명이 익사하고 40여 명은 구조됐다. 창녕 경찰서장을 인책 파면했다.
○ 9월 27일 콜레라가 45개 지역으로 번져 발병자가 1천 명을 돌파하고 사망도 91명에 달했다.
○ 10월 7일 전국적으로 발생한 콜레라 환자는 1천 3백 7명이 발생하여 115명이 사망하고 166명이 치료중이다.
○ 10월 30일 서울 청운동에서 버스가 브레이크 파열로 300m 굴러 92명이 중경상을 입었다.

○ 11월 4일 전국적으로 1,396명이 발병하여 125명이 사망한 콜레라 오염을 해제했다.
○ 11월 5일 경기도 안성에서 암매상이 숨겨논 폭약에 꼬마들의 불장난으로 인화하여 한마을이 불바다가 되어 7명이 소사하고 49명이 중화상을 입었다.
○ 11월 7일 전남 화순탄광 지하 130m 갱 속에서 불이 나 8명이 질식사하고 12명이 구출되어 입원했다.
○ 11월 14일 파주, 울산에서 숙직실에 잠자던 우체국 직원 6명이 연탄가스 중독으로 절명했다.
○ 12월 17일 서울 청계천 주변에 연탄난로의 과열로 큰 불이 나 8명이 소사하고 판자집 129채를 전소했다.

○ **1970년** 1월 6일 인천 목적도 앞바다에서 저인망 어선이 침몰하여 선원 9명이 실종되고 3명은 무인도에 표류 중 해군이 구조했다.
○ 1월 8일 썰매타다 빠진 차남을 구하러 장남과 부모가 차례로 뛰어들어 얼음을 못 헤어나 참변을 당했다.
○ 1월 17일 공사장에서 석유난로가 엎어져 반도와 조선 아케이트로 불이 옮겨져 소방 호스도 얼어 점포 200여 개가 전소하여 10억 대의 피해가 발생했다.
○ 1월 21일 발작한 간질환자가 낫을 휘둘러 2명 죽고 8명이 중태다. 간질환자가 버스를 몰다 버스가 추락하여 50여명이 중경상을 입기도 했다.
○ 2월 13일 충남 공주에서 빙판의 커브길에서 버스가 8m 아래 개울로 굴러 10명 죽고 50여 명이 중상을 입었다.
○ 3월 4일 휘발유를 잘못 다뤄 인쇄소에 불이 났고, 비상구가 잠겨 탈출을 못해 5명이 소사했다.
○ 3월 17일 경남 창녕에서 시동이 안 걸려 버스를 밀고 가다 낭떠러지로 굴러 승객 12명이 즉사하는 어처구니 없는

참사가 일어났다.
○ 4월 8일 서울 마포 창전동 와우아파트가 자재부실과 겨울공사 등으로 붕괴되어 33명이 죽고 26명이 묻힌 참사가 일어났다. 김현옥 서울시장의 사표가 수리됐다.
○ 4월 13일 동대문구 용두동 청계천에 불이 나 판자집 343채를 태우고 1명이 죽고 이재민(罹災民) 3천 명이 발생했다.
○ 4월 15일 철원군 동송읍에서 길가에 있던 지뢰를 주워 만지다 장병 8명이 사상됐다.
○ 6월 10일 충북 제천역에서 두 화물열차가 충돌하여 2명이 죽고 화차 14량이 전소했다.
○ 6월 25일 서울의 집중호우로 곳곳에서 7천 채의 가옥이 침수되고 축대가 붕괴되어 19명이 사망하거나 실종됐다.
○ 7월 6일 영남지역 폭우로 칠곡에서 산사태로 18명이 압사하는 등 전국적으로 44명이 사망하고 22억 원 재산피해를 입었다.
○ 7월 18일 전국적인 호우로 국민학교 전면 휴교령을 내렸고 사망·실종 26명, 재산피해 15억 원으로 집계됐다.
○ 7월 20일 경북 고령 금산재에서 폭우로 패인 웅덩이를 피하려다 버스가 92m 벼랑으로 굴러 24명이 죽고 44명이 중경상을 입었다.
○ 8월 3일 전국적으로 피서인파 170만 명에 달했고 해수욕장마다 바가지 요금이 극성을 부린 가운데 익사자도 26명에 도달했다.
○ 8월 7일 폭서(暴暑) 속에서 구보 훈련 중 제3군 사관생도 5명이 일사병으로 졸도하여 순직했다.
○ 8월 10일 동인천역 지하상가 입구에서 부실 증축공사 진동에 못이겨 3층 건물이 무너져 7명이 압사하고 24명이 중경상을 입었다.

○ 8월 12일 경남 창녕에서 진성콜레라가 상가 돼지고기 먹고 발생하여 전국적으로 번져 85명이 발병하여 7명이 사망했다. 그리고 18개 해수욕장도 폐쇄됐다.
○ 8월 22일 고속버스가 추풍령에서 운전 부주의로 41m 벼랑으로 굴러 25명이 사망하고 22명이 중상을 입었다.
○ 9월 1일 대풍 빌리호의 영향으로 감귤 70% 감소 등으로 15억 원의 손해와 사망·실종이 21명으로 집계됐다.
○ 9월 17일 경남 양산에서 스프링이 부러져 버스가 언덕으로 굴러 13명이 사망하고 50명이 중경상을 입었다.
○ 9월 18일 전국적인 집중호우로 산사태와 제방이 무너져 200채의 가옥이 붕괴되고 39명이 사망했다.
○ 9월 28일 운전수의 음주운전으로 강원도 대관령에서 버스가 250m 벼랑으로 전락하여 14명이 사망하고 11명이 중상을 입었다.
○ 10월 15일 충남 아산에서 버스와 열차가 건널목에서 충돌하여 유류탱크의 폭발로 소풍가던 중학생 45명이 소사했다.
○ 10월 17일 원주 삼광터널에서 열차와 버스가 충돌하여 수학여행가던 학생 14명이 사망하고 54명이 중경상을 입었다.
○ 10월 19일 통제지역에서 캠핑하는 학생 3명을 작전상 미스로 간첩으로 오인하여 사살했다.
○ 10월 29일 인천제철 용광로 밑바닥이 녹아 쇳물 30톤이 흘러 직공 30명이 사망하고 8명이 화상을 입었다.
○ 11월 2일 부산 영도구 비탈길에서 버스가 운전부주의로 바다에 떨어져 6명이 사망하고 59명이 중경상을 입었다.
○ 11월 6일 강원도 의암호에서 나룻배가 동승한 암소의 소란에 휘말려 뒤집혀 33명이 익사하고 31명이 구조됐다.
○ 12월 10일 강원도 도계탄광에서 900m 지하의 갱벽이

무너져 26명 매몰됐다가 17명은 극적으로 탈출했다.
○ 12월 15일 서귀포-부산행 객선 남영호가 남해 먼바다에서 침몰하여 319명이 참사했고 표류하던 12명은 구출됐다.

○ **1971년** 1월 5일 울진과 삼척에 한파에 강풍과 해일이 겹쳐 70명이 실종되고 선박 24척이 파손됐다.
○ 1월 7일 전남 여수항에서 90명이 탑승한 여객선이 침몰하여 30명이 사망하고 2명이 실종됐다.
○ 1월 9일 만취 해병이 부대에서 노름하다 돈을 잃자 발악으로 M16소총으로 무차별 사격으로 7명을 죽이고 2명이 중상을 입었다.
○ 2월 3일 무허강습소에서 석유난로가 폭발하여 과외공부하던 어린이 7명이 소사하고 4명이 중화상을 입었다.
○ 2월 16일 강원도 장성탄광에서 연결쇠고리가 빠져 광차 9량이 곤두박질하여 12명이 죽고 14명이 부상을 당했다.
○ 3월 2일 경부고속도로 추풍령고개에서 버스 3대가 충돌하여 8명이 죽고 42명이 중경상을 입었다.
○ 3월 20일 인천 부평에서 채석장 인부가 폭약을 잘못 다뤄 폭약의 폭발로 5명이 폭사했다.
○ 3월 29일 대구역 부근 건널목에서 간수의 경보(警報)착각 신호로 열차와 버스가 충돌하여 승객 10명이 참사하고 32명이 중상을 입었다.
○ 5월 10일 경기도 가평에서 버스가 급커브길 돌다 20m 벼랑에서 북한강으로 추락하여 창살에 갇혀 77명이 사망하고 14명만 구조됐다.

(2) 시대상황을 적나라하게 보여준 사건들의 모음

후진국의 상황을 탈피하기 위한 안간힘을 쏟고 있는 정부의 몸부림과 시대의 상황을 알 수 있는 자료를 모아 정리했다.
○ **1967년** 7월 13일 1970년 아시아경기를 과중한 경비때문에 박정희 대통령 지시로 포기했다. 아시아경기대회 개최권을 정식 반납하여 협의 끝에 태국 방콕에서 개최키로 했다.
○ 7월 19일 농어촌에 향보단(鄕保團)을 조직했다. 대상은 18세에서 35세까지이며 동원체제를 갖춰 방첩, 방범활동을 하도록했다.
○ 7월 25일 무역자유화의 일환으로 네거티브제를 실시하여 수입금지 73품목, 수입제한 353 품목으로 확정하고 3만여개 상품을 자유화했다.
○ 9월 22일 서울시는 462억 원을 투입하여 한강개발 3차 개발계획을 수립하고 황무지인 여의도(汝矣島)를 시가로 개발하기로 했다.

○ **1968년** 6월 1일 여의도 윤중제를 준공하여 수중도시의 꿈을 실현했다. 공사비는 7억 원을 들었으며 국토개발의 산 증거로 활용됐다.
○ 6월 20일 내무부는 멸공(滅共)소년단과 부녀단을 조직하도록 전국 시·군·읍·면에 지시했다.
○ 8월 21일 1969년도 새해예산을 3,266억 원을 확정하고 내국세는 1,966억 원으로 추정했다.
 국방비는 15%인 486억 원이고 공무원 봉급은 23%인 753억 원이다. 장기차관으로 미국 쌀 25만 톤을 도입하기로 했다.
○ 9월 7일 쥐가 당신의 생명과 재산을 노린다는 캠페인을 전개했다. 한 해 33만 톤의 식량을 축내고 있으며 대구시민분의 양곡이다. 쥐는 페스트 등 전염병을 옮기고 축대 등을 뚫고 누전(漏電)화재 90%를 일어키는 장본인이 쥐라며 박

멸운동을 전개했다.

○ 9월 11일 정부는 예금과 대출의 금리를 년리 최고 25.2%로 결정하여 적용토록 했다.

○ 9월 27일 그늘진 종로3가 사창가를 없앴다. 포주빚은 무효화하고 출입자 명단을 공개하기로 하고 창녀(娼女)들은 선도하여 취업을 알선하기로 했다.

○ 10월 9일 아동들의 지옥문인 중학입시제를 없애고 지원에 의한 입학제가 처음 실시된 서울에는 101,409명이 지원하여 469학급이 모자란 상황이다. 서울시내 중학은 6개 학군을 세분하여 추첨했고 부산은 3개 학군, 인천은 2개 학군으로 나누었다.

○ 10월 13일 제19회 멕시코 올림픽이 개최되어 108개국 7천여 명의 선수들이 참가했다. 북괴선수단은 호칭에 생트집을 잡고 퇴각했다.

○ 제19회 멕시코 올림픽 대회에서 10개 종목 55명의 선수를 파견하여 권투의 지용주 선수가 은메달, 장규철 선수가 동메달을 차지하여 36위를 기록했다.

○ 11월 2일 검찰은 조직깡패 2단계 소탕작전을 벌여 563명을 검거했다. 두목급은 사형을 구형할 예정이며 건설단원들도 재범하면 가중처벌할 계획이다.

○ 11월 26일 국회는 국민교육헌장을 통과시켜 모든 행사장에서 낭독하도록 했다. 우리는 민족중흥의 역사적 사명을 띠고 이 땅에 태어났다는 헌장은 민족고유의 전통확립을 강조했다.

○ 11월 30일 서울시내 전차를 철거하고 시영버스 50대를 증차했다. 그리하여 마포종점은 역사속으로 사라졌다.

○ 12월 28일 문교부는 한글전용을 반대한 전남대 유정기 교수를 파면 조치했다. 한글 전용 반대하다 파면된 유정기 교수에 대해 법원은 "집단적 행위가 아니므로 파면을 취소

하라"고 판결했다.
○ 12월 3일 김현옥 서울시장은 서울시내 판자촌 77만 평 위에 240억 원을 들여 서민아파트 2천 동을 짓겠다고 밝혔다.

○ **1969년** 3월 14일 중학부 시험실시와 함께 대전중 등 6대 도시의 일류교를 모두 폐쇄키로 했다.
○ 10월 17일 우리나라 10월 1일 현재 인구는 2천 9백 95만 3천명이다. 1년 동안 79만 2천 명이 늘었다. 북한은 1천 80만 명으로 추정되며 세계 19위를 기록하고 있다. 서울시는 397만 2천 명으로 세계 10위의 도시로 발돋움했다.
○ 1968년 5월 21일 유진오 신민당수는 1·21 사태를 역용하여 긴장사태를 너무 조성 말라고 경고하고, 향군무장과 향토예비군법도 반대한다는 성명을 발표했다.
○ 2월 7일 영호남을 잇는 남해안의 대동맥인 경전선(순천-진주)이 개통됐다. 44개월만에 80km를 완공하여 지역발전이 기대되며 전남, 경남 양도 주민 대표는 친선의 악수를 교환했다.
○ 2월 10일 대학생들이 향군장비 구입을 위한 모금운동을 전개하고 스님들도 북괴 만행을 규탄하는 횃불 데모를 펼쳤다. 재일교포도 3천 명이 참가하여 동경에서 북괴 규탄 궐기대회를 개최했다.
○ 3월 26일 우리나라 최초로 가톨릭 의대 의사진 40명이 동원되어 콩팥이식 수술에 성공했다.
○ 4월 2일 제3차 경제개발 계획의 목표연도인 1976년의 경제규모를 GNP 130억 달러(68년 50억 달러), 수출 28억 달러, 년평균 성장목표는 10%, 1인당 국민소득은 370달러로 설정했다.
○ 4월 16일 국민학교 교사 및 교육대생들은 교직에 8년간

봉사하는 조건으로 병역을 면제하는 특전을 부여했다.
○ 4월 17일 광부(鑛夫) 2천 명을 서독에 파견키로 양국간 합의했다.
○ 4월 30일 깡패 101파 320명을 검거하고 경찰의 비호가 드러나면 엄단하겠다고 경고했다.
○ 5월 31일 금융통화위원회는 현행금리를 인하하여 예금은 년리 22.8%, 대출은 년리 24.0%로 조정했다.
○ 6월 4일 월 3만 원 보장한다는 구인광고로 취업사기를 벌이고 있으며 이들은 거의 인신매매에 집중하고 있어 경찰이 실태조사를 하여 단속할 계획이다.
○ 8월 9일 아직까지 라디오가 강자지만 TV시대가 개막되어 수상기가 30만 대에 이르고 MBC가 개국(開局)됐다.
○ 8월 13일 70년도 예산규모는 4,299억 원으로 국방비가 1,109억 원으로 25.8%를 차지했고 공무원 봉급 등은 578억 원으로 13.4%를 차지했다.
○ 10월 30일 서울 중학 무시험진학과 지방에서도 8개교로 확정했다.
○ 11월 1일 돈 받고 정답 누설 등으로 공무원 채용시험의 부정이 적발되어 8명이 구속됐다.
○ 11월 15일 운크타드는 후진 90개국의 국민소득 등을 분석하여 랭킹을 발표했다. 1위는 이스라엘, 2위는 알젠틴, 10위 멕시코, 22위 필리핀, 32위 인도, 55위 월남, 90위 에멘인 가운데 한국은 18위로 선두그룹에 속했다.
○ 12월 1일 대검은 폭력배, 치기배에 대한 제5차 일제단속을 실시하여 첫날에만 232명을 검거했고 1천 명을 수배했다.
○ 12월 20일 미국의 대한특별 원조액은 5천만 달라로 확정됐다. 국회는 강제 저축을 위한 저축증대법안이 전격 통과시켰다.

○ 12월 26일 삼각지에서 강남을 연결하는 제3한강교가 개통됐다. 길이는 915m이고 폭은 27m였다.
○ 12월 30일 1960년대 아시아의 교훈은 정치안정이 선결되어 균형성장만이 자립 성취의 길이며 문화, 역사가 달라 서구의 개발이론은 부적합이 입증됐다.
 빈곤의 악순환은 인습, 인구팽창으로 벗어나기가 어렵고 선진국의 외면으로 남과 북의 빈곤의 격차는 더욱 벌어졌다.
○ **1970년** 1월 1일 숫자로 행선지를 표시하는 우편번호제(郵便番號制)가 처음으로 실시되고 바야흐로 컴퓨터 시대가 도래했다.
또한 국내에서 콩팥이식 수술에 성공하여 장기이식이 상례화되고 1971년에는 서울에 지하철이 개통될 예정이다.
○ 1월 28일 병역면제에 가담한 병무청 직원 50명을 입건하고 압력과 청탁한 고위인사도 소환했다. 6개 병무청장을 직위해제하고 현역 대령을 임명했다.
○ 3월 7일 보전등기(保全登記) 안 된 땅만 물색하여 인감을 위조하여 엉터리 등기를 한 후 서울 강남땅을 10억 대 사기를 한 일당 12명이 검거됐다.
○ 3월 19일 서울 한강변에서 요정가에서 요화(瑤花)로 칭호된 정인숙 양이 오빠의 총에 맞아 승용차 안에서 피살됐으나 많은 의문을 남겼다.
○ 4월 1일 1백만 톤을 제강할 수 있는 포항종합제철 기공식을 가졌다. 외자 1억 달러와 내자 230억을 들여 1973년에 완공할 목표이다.
○ 4월 8일 해외거주하는 병역미필자로 귀국불응자 231명의 명단을 공개하고 저명인사가 많은 친권자를 고발조치했다.
○ 4월 22일 병역기피 공무원 2,224명으로 재점검에선

27%가 합격하여 병역비리가 만연되어 있음을 증명했다.
○ 5월 8일 전국적으로 우물이 없어 냇물을 먹는 인구가 150만 명에 달해 수인성 전염병에 무방비상태이다.
○ 5월 9일 문화공보부가 태고종(太古宗)등록을 접수하고 대처승측 종단을 인정하여 불교분쟁이 새 국면으로 접어들었으며 비구승측은 무효화 투쟁을 벌였다.
○ 5월 11일 기피자 신고가 4만 명을 넘어 30세 이하는 년내에 입영조치하겠다고 발표했다.
○ 6월 9일 보건사회부는 대장균이 들끓는다는 이유로 한강, 금강, 낙동강, 극락강, 전주천에서의 수영을 금지했다.
○ 7월 7일 전장 428km인 경부고속도로가 개통되어 민족의 오랜 꿈이 실현됐고 4시간 반만에 주파가 가능했다.
○ 8월 26일 주한미군 1만 명 감축의 여파로 문산, 동두천에서 미군 기관 한인 종업원 600명이 감원 통보를 받았다.
○ 11월 3일 추곡값 한 가마 7천 원으로 작년보다 30% 올려 250만 섬 수매하기로 결정했다.
○ 11월 14일 청계천 피복근로자 전태일이 근로기준법을 껴안고 분신(焚身)자살하며 "내 죽음 헛되이 말라"고 외쳤다.
○ 11월 25일 우리나라 총인구는 3,146만 994명이며 585만 가구에 주택수는 443채로 조사됐고, 인구증가율은 년 1.92%이다.
○ 12월 16일 방콕에서 개최된 아시아 대회에서 금 18개, 은 13개, 동 23개로 일본에 이어 2위를 차지했다.
○ 12월 26일 대입 예비시험 합격자를 발표했다. 커트라인은 138점으로 46%선이며 대학정원의 2배인 지원자의 45%만 합격했고 7만 명은 낙방했다.
○ 12월 29일 치맛바람과 가난이라는 동화를 썼다고 학부모들이 교사 불러내 폭행하자, 이에 항의하여 교사 35명이 집단 사표를 제출했다.

○ **1971년** 2월 9일 제3차 5개년 개발계획을 확정하여 발표했다. 총 투자금액은 3조 8,969억 원이고 년평균 경제성장율은 8.6%이다. 인구증가율은 1.5%로 억제하고 GNP는 389달러가 목표이다.

○ 2월 17일 179억 원을 들여 잠실도(蠶室島)개발에 착수했다. 방수제를 쌓아 283만 평을 육지와 연결시켜 종합경기장 건설 등 집중개발키로 했다.

○ 2월 18일 일본 아사히신문의 주선으로 한필성, 한필화 남매가 30분 동안 통화해 남과 북 혈육의 몸부림이 3천 만의 심금(心琴)을 울렸다.
한필성이 일본에 건너갔으나 한필화가 북괴선수단과 함께 북행하여 만남이 이뤄지지 못했다.

○ 3월 16일 수도권 지하철 1호선 계획을 확정하여 서울역-청량리 구간을 4월에 착공하여 259억 원을 들여 1973년에 완공하기로 했다.

제3부 제7대 대통령선거와 제8대 국회의원선거

제1장 신민당 대선후보로 40대의 김대중 등장
제2장 영남과 호남의 지역대결이 펼쳐진 대선
제3장 공무원의 정치적 중립이 지켜진 제8대 총선

제1장 신민당 대선후보로 40대의 김대중 등장

1. 신민당의 당권(黨權)은 유진오에서 유진산으로
2. 신민당의 대선후보는 김영삼이 아닌 김대중

1. 신민당의 당권(黨權)은 유진오에서 유진산으로

(1) 당수를 총재로 격상시켰으나 주도권을 행사하지 못한 유진오

 신민당은 유진오 당수의 "집단지도체제에서는 능력껏 일할 수 있는 여건조차 마련돼 있지 않다면서 당수직을 그만 둘 수밖에 없지 않느냐"고 역설하여, 단일지도체제에 부총재를 3명 두기로 절충했다.
 신민당 전당대회에서 유진오 당수를 단일지도체제의 총재로 재추대했다. 부총재는 유진산, 정일형, 이재형을 선출했다.
 유진오 총재는 "당의 결속과 민주주의를 위한 투쟁"을 다짐했다.
 유진오 총재는 김영삼, 김대중, 정해영, 유청, 임문석을 무임소 정무위원에, 서범석, 김성숙, 박기출, 김세영, 김홍일, 박찬희, 김판술, 이상돈, 이충환, 태완선을 지도위원으로 선임했다.
 신민당은 국회부의장에 윤제술, 사무총장에 고흥문, 원내총무에 김대중, 정책위의장 정헌주를 내정했다.
 김대중은 의원총회에서 가(可) 16표, 부(否) 23표로 부결되어 유진오 체제에 시련을 안겨줬다.
 김대중 의원이 지명되면 결국 인준이 안 될 것이라는 김영삼 의원의 예견대로 김대중 원내총무가 부결되자, 유진오 총재가 정성태 의원을 지명했으나 김영삼 의원계의 반발로 1차 인준에 실패한 후 막후조정을 거쳐 2차에 어렵게 통과됐다.
 신민당 상임위원회는 유진오 총재가 지명한 정무위원과 지도위원 인준에 실패하여 1개월 이상 인사파동을 겪었다.
 인준안이 상정되자 정무위원으로 지명된 김재광, 장준하, 지도위원에 지명된 조한백, 홍익표, 임철호 등 비주류 인사들이 사퇴하여 혼선을 빚게 된 것이다.
 신민당은 진통 끝에 총무 채문식, 조직 유치송, 선전 송원영, 청년 조흥만 부장을 선임했다.
 신민당은 정성태 원내총무의 사표를 수리하고 유진오 총재가 지명한 김영삼 의원을 만장일치로 선출했다.
 국회법에서 임시국회는 재적의원 4분의 1인 44인 이상의 요구로 열리게 되어있는데 신민당의 의원은 44인으로 임시국회 소집요구서를 제출했는데 일본에 체류중인 한통숙(전국구) 의원이 "국회 소집요구서에 서명한 바 없다"고 국제전보로 통보하여 논란이 됐다.
 김영삼 신민당 원내총무는 한통숙 의원의 요구서 서명 번의를 정보정치의 소산으로 단정하고 진상을 규명하겠다고 선언했다.
 한통숙 의원의 서명 거부가 확인되어 결국 국회 소집은 좌절됐다.
 한통숙 의원의 도일(渡日)과 전보가 알쏭달쏭한 상황에서 신민당 단독으로 국회 소집이 불가능하면 공화당의 동의 없이 정치 숨통이 막힌 심상찮은 신호탄으로 보여졌다.
 신민당에서는 한통숙 의원의 행위에 대해 "돈 받고 자리를 팔았으니 본전 생각 나는 것도 무리가 아니다"라고 비꼬기도 했다.
 임시국회 소집 요구에 공화당이 불응하자 신민당은 10.5구락부의 동의로 가까스로 소집요구서 요건을 갖췄으나 낙선자들의 반발에 부딪쳤다.
 이중재 전남 보성 낙선자는 "부정선거의 심볼인 10.5구락부와 제휴한 건 그들의 존재가치를 인정해주고 앞으로 부정선거라는 용어조차 말살해 버리려는 국민 배신행위"라고 극구 비난했다.

(2) 총재에 재추대됐으나 와병(臥病)으로 총재로서 위상을 확립하지 못하고 시위소찬한 유진오

신민당은 제3차 전당대회를 개최하여 유진오 총재를 재추대하고 어떠한 개헌도 단호히 반대하며 평화적 정권교체, 대중경제 구현의 정강정책을 채택했다.

신민당은 유진산, 정일형, 이재형, 조한백 부총재를 선임하고 윤제술, 고흥문, 김영삼, 정헌주, 유청, 김원만, 김대중, 정해영, 김재광, 김세영, 태완선, 이상돈 정무위원을 선출했다.

신민당은 조직책 심사위원회를 유진산, 고흥문, 김영삼, 정일형, 조한백, 홍익표, 양일동으로 구성하여 조정에 성공했다.

김영삼 원내총무의 1971년 대통령 선거에 나설 신민당 후보지명에 출마할 것을 선언하고 원내총무직을 사퇴하여, 신민당 지도부는 신임 원내총무에 정해영 의원을 선임했다.

정해영 원내총무는 "등원 문제를 자꾸 거론하는 것은 누워서 침 뱉는 격"이라며 완강하게 등원을 거부하여 공화당의 단독 국회를 묵인했다.

김상현 의원은 "야당이 국회 불출석으로 공화당은 국민투표 과정에서 빚어진 각종 비위를 은폐하게 됐다"고 국회 출석을 촉구했으나, 신민당 지도부는 국민투표 후 좌절감에 젖어 예산심의와 국정감사를 스스로 포기하는 투쟁 부재를 보였다.

서울지법은 8회 공판까지 무단히 법정에 출두하지 않은 조윤형(성북) 의원을 "공소사실 자체는 경미하나 법을 무시하는 행위이며 또한 도주의 우려가 있다"고 영장을 발부하여 구속됐다.

조윤형 의원은 1966년 11월 시국 강연회에서 "장준하 씨가 사카린 원료 밀수와 관련하여 박정희 씨를 밀수의 왕초라고 한 이야기는 우리 국민이 모두 알고 느끼는 것이다"라고 한 발언이 대통령 명예를 훼손한 혐의로 1967년 5월 서울지검 정명래 검사에 의해 불구속 기소됐다.

신민당과 10.5구락부의 임시총회 소집은 편법이라며 이병희 의원의 보류동의로 조윤형 의원 석방결의안은 처리되지 못했다.

(3) 유진산 체제가 출범하자 윤보선은 신민당을 탈당

유진오 신민당 총재는 총재직을 사퇴하고 전당대회는 예정대로 개최하되 대통령 후보의 선출을 연기해야한다는 소신을 밝혔다.

그러나 김영삼 의원은 서범석, 김은하, 김형일, 조윤형, 김현기, 이기택 의원들을 포섭하여 대통령 후보 조기 지명 대책을 협의했다.

김영삼 의원은 "동시 지명이 옳다는 소신에는 변함이 없으나 당의 단결된 모습을 국민들에 보여 거당적인 지지를 받기 위해 태도를 바꾸었다"고 말했다.

이번 전당대회에 앞서 이철승, 신도환, 김준섭, 홍영기, 박종길, 강선규, 최용근, 신기복, 신정호, 이희승, 황호동, 김목일, 이재환, 강을순 등이 신민당에 입당했다.

윤길중 등 혁신계 인사들의 입당을 주선해 온 양일동은 "이제 신민당은 명실공히 단일 제1야당이 되었다"고 흐뭇한 표정을 지었다.

신민당은 자유당과 합당하여 이재학, 조순, 홍창섭, 손도심, 김의준, 김진원, 이형진, 신인우, 홍경선 등이 신민당원으로 탈바꿈했다.

"1971년 선거에서 신민당이 집권하지 못하면 이 나라는 영원히 선거 없는 총통시대가 올 것"이라는 김대중 의원은 하루빨리 후보지명을 해야 할 것을 강조했다.

이 회견에는 김응주, 김상현, 박종률, 최성석, 유제연, 이용희, 김창환 지구당위원장 등이 배석했다.

와병한 유진오 총재의 퇴진에 따라 신민당 전당대회에서 유진산을 새로운 당수로 선출했다. 윤보선, 유진오, 박순천, 이상철을 고문으로 추대했다.

1차 투표에서 유진산 286표, 이재형 192표, 정일형 125표로 과반수를 얻지 못해, 2차 투표에서 유진산 후보가 327표를 득표하여 276표를 득표한 이재형 후보를 밀쳐내고 당선됐다.

전당대회에서 직선키로 한 정무위원은 유진산 당수에게 위임했다.

유진산 당수는 고흥문, 김영삼, 양일동, 이충환, 김대중, 김원만, 김응주, 김세영, 김형일, 박병배, 박기출, 정해영, 정성태, 조한백, 홍익표, 이철승, 윤길중, 최영근을 지명하고 한독당 대표 이태구를 위해 정무위원 1석을 늘리기로 했다.

양일동, 홍익표가 부의장으로 선출되고 사무총장에는 고흥문, 원내총무에는 정해영을 유임시키며 유진산 체제가 출범했다.

유진산 체제에 반감(反感)을 가진 윤보선 전 대통령은 "신민당이 공화당 통치 질서의 일부분으로 전락하고 말았음을 느끼게 되어 탈당한다"는 변을 남기고 민중당 탈당에 이어 신민당도 탈당했다.

(4) 평지풍파를 일으킨 공화당의 의원겸직 파동

정부는 함태탄광 탈세혐의로 김세영 의원 구속동로 요청을 했다.

이효상 국회의장은 김세영 의원이 가야산업과 근해상선의 이사로 영리업체 겸직을 들어 의원직 상실을 통고했다.

공화당은 김종철 의원도 한국화약 이사로 겸직 금지조항에 저촉된다고 이효상 의장에게 처리를 위임했다.

신민당은 이원영(전국구) 의원도 영리업체 겸직이라고 주장하며 의원 겸직파동이 파장을 몰고왔다.

신민당은 김봉환, 박주현, 고재필, 이윤용, 신동준, 김주인, 송한철, 김용순, 최익규 의원들도 겸직의원이라 주장하여 이효상 국회의장은 법사위에 7명의 의원의 자격심사를 회부했다.

공화당은 김세영, 김종철 의원 자퇴로 매듭짓자고 주장한 반면, 신민당은 해당자 모두 심사해야 한다고 정치공세를 펼쳐 대치했다.

이효상 국회의장은 국회 본회의에 김세영, 김종철, 이원영, 이윤용, 김용순, 최익규, 박주현, 고재필 의원 등에 대한 의원자격 심사요청서를 본회의에 보고했다.

이효상 국회의장은 김세영 의장의 의원직 사퇴를 허가하여 의원직을 상실했다.

이효상 국회의장은 겸직이 밝혀지면 국회법에 따라 퇴직시키겠다고 밝혔으나, 특별조사위원회에서는 반대 입장을 표명했고 공화당은 유야무야로 넘겨졌다.

이효상 의장은 특조위에서 결론을 내지 못하면 직권으로 겸직을 판단하겠다고 밝혔다.

신민당은 김장섭, 박준규, 문태준, 김재소 의원들도 겸직

의원이라고 추가로 제시하여 특별조사위원회의 활동의 연장을 요구했다.
 여·야는 서로 체면 유지선에서 결말을 짓기 위해 2~3명 희생 시킬지도 모른다는 추측이 나돌았으나 보고서는 사실 유무도 판단치 않고 늑장을 부려 결국 겸직 파동만 있었을 뿐 대규모 의원직 사퇴는 일어나지 않았다.

2. 신민당 대선후보는 김영삼이 아닌 김대중

(1) 신민당의 세대교체(世代交替)와 40대 기수론(旗手論)

11월 8일 신민당의 쇄신과 문호개방을 주장하며 김영삼 의원이 대통령 지명전에 나서겠다고 선언했다.

고흥문 사무총장은 "당내에서 대여문제를 앞두고 독자적인 행동을 취하는 것은 잘못된 일"이라고, 이재형 부총재는 "시기적으로 보아 현명치 못한 행동"이라고 비난했다.

공화당 김재순 대변인은 "누구나 야심을 갖는 것은 좋으나 큰 재목이 되느냐가 문제"라고 논평했다.

김대중 의원은 대통령 후보 경선에 대해 "패배할 경우에는 깨끗이 승복하고 상대방의 선거사무장이 되겠다"고 김영삼 의원과 약속했다는 연설회에는 이대우, 천명기, 박종률, 이용희 등 40여 명의 지구당위원장들이 참석했다.

유진산 신민당수는 "투표는 있다 해도 선거는 없고 의사당은 있다 해도 국회는 없고 정당은 있어도 정치는 없는 막다른 골목으로 민주주의를 몰아넣고 있다"면서 등원을 거부했다.

이러한 와중에 장준하, 박재우 의원의 신당 태동 움직임에 탈당을 권유하는 사태로까지 번졌다.

신민당은 신당 추진 움직임에 "총선거를 1년 앞두고 계절풍같이 일어나는 주기적인 현상으로 가슴 아픈 일"이라고 비난했다.

유진산 신민당수는 정치공백 7개월의 매듭을 풀기위해 국회 등원을 약속하면서 선거제 개선, 지방자치제를 촉구했다.

유진산 신민당수는 "비분강개(悲憤慷慨)해서 죽기는 쉬워도 의를 위해 살기는 어려운 것"이라며 의회주의 소생을 위해 총력을 기울여야 한다고 역설했다.

민주공화당은 이효상 국회의장을 밀쳐 넘어지게 한 송원영 의원을 국회에서 제명키로 결정하여 파란을 일으켰다.

그러나 송원영 의원이 우발적이라며 자진 불출석하여 격돌을 모면했다.

이효상 국회의장은 의장 직권으로 송원영 의원 징계동의안을 전격 발의하자, 신민당은 정치적 배신행위라고 비난했다.

신민당 조윤형 의원은 "한강변에서 오빠 정종욱에게 권총으로 살해된 정인숙의 주변과 배후가 밝혀지지 않기때문에 세간에 갖가지 의혹과 풍설이 나돌고있다"면서, "세간에선 정인숙 여인의 아들이 모 씨의 아들이라 하는데 이 여인의 아버지를 찾으면 사건 배후가 밝혀질 것"이라고 주장했다.

유진산 신민당수는 "오는 6월의 신민당 대통령 후보 지명대회에 출마하지 않겠다"고 선언했다.

신민당은 6월로 예정했던 대통령 후보 지명 전당대회를 9월에 개최하기로 결정했다.

김영삼, 김대중 의원들은 예정대로 지명대회를 주장했지만 후보경선에 나서는 40대들에 노장층에선 못마땅하여 후보 옹립을 위한 사전 준비가 돼 있지 않다는 명분을 들어 연기했다.

(2) 신민당은 의외로 김대중 의원을 대선후보로 선출

신민당은 대통령 후보 지명 전당대회를 9월 28일로 확정했으나 40대 후보 단일화, 유진산 당수, 당외 인사 등 세 갈래로 혼선을 빚고 있다.

유진오 고문은 대통령 후보에 출마하겠다며 그의 건강상태를 유세를 통해 보여주겠다고 밝혔다. 그는 만장일치로 추대되지 못한다면 40대 후보와 표결로 대결해도 좋다는 뜻을 밝혔다.

유진산 당수도 "당이 대통령 후보로 나설 것을 명령한다면 십자가를 메겠다"고 밝히면서, "후보 조정작업이 주효하다면 나의 결심을 고집하지 않겠다"는 조건을 달았다.

유진산 신민당수는 김영삼, 김대중, 이철승을 자택으로 불러 그 자신은 후보에 출마하지 않는다는 전제 아래 세 사람에 대한 택일 지명권을 일임해 달라고 요구하자 김영삼, 이철승은 즉석에서 이를 수락했으나 김대중은 즉답을 보류하며 고문단(유진오, 박순천, 이상철, 정일형, 이재형) 등 6인 원로들에게 일임할 것을 제의했다.

유진산 신민당수는 김영삼 후보를 추천하면서 "신민당의 단합을 위해 김영삼을 중심으로 내년 선거에 거당적으로 임하자"고 지지를 호소했고, 이철승은 지명에 복종하겠다는 서약서를 제출하여 반발할 수 없었다.

이철승 후보는 신상 발언을 통해 "당의 결정에 불만이 없다. 그에 따르며 지명된 김영삼 의원에 축하한다"고 밝혔다.

신민당은 대통령후보 지명대회에서 김대중 의원을 선출했다. 1차 투표에서는 김영삼 421표, 김대중 382표, 무효 82표로 과반수 득표에 실패하여 2차 투표에서 김대중 458표를 득표하여 과반수(443표)를 넘어 후보로 확정됐고, 김영삼은 410표로 1차 투표보다 줄어들었다.

후보로 지명된 김대중 후보는 "오늘의 승리는 결코 개인의 것이 아니며 당과 국민의 것으로 한없이 감사를 드린다"고 당선소감을 밝혔고, 유진산 신민당수는 "김영삼 의원을 심판의 참고로 추천했으나 나의 관찰보다 대의원의 판단이 현명했다"고 변명했다.

김영삼 의원도 "정권교체를 위해 김대중 후보를 기꺼이 밀겠다"고 공언했다.

김대중 후보의 지명은 보수야당의 전통과 체질에 비추어 볼 때 하나의 혁명으로 평가되었다.

2차 투표 직전에 구민주당 신파의 김대중, 이철승의 합작과 비주류 이재형의 가세로 구민주당 구파의 진산계와의 민주당 시절의 신구파의 대결이 재연됐다.

유진산 신민당수가 추천한 김영삼 후보의 역전패는 반진산 무드에 기인한 것으로 당권에 대한 불신임으로 간주되었다.

(3) 김대중 후보의 향토예비군 폐지와 4대국 보장론

김대중 후보는 1971년 선거를 통해 집권하면 "대통령 3선 조항을 폐지하는 헌법개정을 하고 향토예비군 제도를 폐지하겠다"고 공약하고, "관권이 전단(專斷)하는 행정선거를 물리치고 민중선거로 표를 사수하면 정권교체라는 명예혁명이 실현될 것"이라고 주장했다.

미, 소, 중공, 일본의 4대 강국에 의한 전쟁억제 보장, 향토예비군 폐지 등 김대중 후보의 안보공약에 대해 공화당은 "국기(國基)를 흔드는 중대 오류"라며 선거쟁점화의 즉각 중지를 요구하자, 신민당은 "알찬 국방을 하자는 것"이라고 일축했다.

정래혁 국방부장관은 김대중 후보의 향토예비군 폐지공약은 향토예비군의 조직과 운영을 교란하고 북괴의 침략을 촉진하기 때문에 철회를 요구했고, 최규하 외무부장관은 4대국의 보장론은 할슈타인 원칙의 전면 철폐가 어려워 불가능하다고 국회에서 답변했다.

민주공화당은 선거법 협상을 거부하며 신민당이 향토예비군 폐지를 철회하지 않으면 예산도 단독으로 처리하겠다고 으름장을 놓았다.
 이에 김대중 후보는 두 개의 안보공약은 불변이며 우리가 내정(內政)을 개혁해야 미국의 지원이 계속될 것이라고 주장했다.
 박정희 대통령은 행주산성에서의 대승은 자주국방의 귀감이며, 국방 문제를 정략으로 이용한다는 것은 불가하다고 입장을 밝혔다.
 시민들은 후보 정견에 정부와 공화당이 신경질적인 반응은 한심하다며, 단독 국회에서 예산처리는 어불성설이라고 성토했다.
 신민당 김대중 후보는 향토예비군 폐지 대안으로 향토경비대를 조직하여 년 1회 훈련하여 후방전력을 확보하는 방안으로 대체하자, 공화당은 향토예비군 해체의 주장을 철회한 것으로 간주했다.

(4) 신한당에 이어 국민당을 창당(創黨)한 윤보선

 윤보선을 중심으로 창당을 서두르는 가칭 민주통일국민회의는 김상돈, 김선태, 설창수, 정화암, 조중서, 주병환, 함석헌 등 발기준비위원을 밝혔다.
 서민호 대중당수는 진보적 정강정책을 채택한다면 신당과 합당할 용의가 있다고 밝혔다.
 윤보선 전 대통령은 장준하, 함석헌 등을 포섭하여 "신민당은 공화당 통치체제의 일부분으로 가담하고 있으므로 국가와 국민의 이익을 위해 투쟁하는 야당다운 야당이 필요하다"고 기성야당의 존재가치를 송두리째 부인하면서, 선명야당의 기치를 내걸고 신당 창당을 선언했다.
 윤보선은 국민당 발기인대회를 열고 "범국민적 애국세력을 조직화하여 구국 운동을 앞장서고자 한다"고 밝혔다.

신당은 준비위원장에 윤보선을 추대하고 조한백, 김상돈을 부위원장으로 선출했다.
 국민당으로 당명을 정한 신당은 창당대회를 열고 윤보선을 총재로 선출하고 대통령후보 지명은 보류했다.
결국 신민당 공천탈락자의 이삭줍기 정당을 벗어나기는 힘들 것으로 전망됐다.
 국민당은 윤보선을 대선후보로 지명했으나 윤보선 총재가 후보지명을 거부해 7인 수권위원회(신각휴, 함덕용, 이동화, 신중목, 조중서, 이홍주, 신태악)가 지명토록 했다.
 국민당은 대통령 후보에 박기출을 지명하자 장준하 등 일부인사들이 탈당 기미를 보였다.
 5백여 명이 모인 인천유세에서 윤보선 후보는 "4년 전에는 내가 대통령 후보로 나왔을 때 박기출 씨가 찬조연사였는데 이번에는 뒤바뀌어 내가 박기출 후보의 찬조연사로 나왔다"면서 신민당과 신민당 대선 후보를 맹공격했다.

제2장 영남과 호남의 지역대결이 펼쳐진 대선

1. 민주공화당의 대선을 향한 전열(戰列)정비
2. 신민당은 조직보다 붐 조성에 역점
3. 박정희 후보와 김대중 후보의 유세대결
4. 영남권의 묻지마 투표로 대승(大勝)한 박정희

1. 민주공화당의 대선을 향한 전열(戰列)정비

(1) 탈당한 김종필과 구주류계를 다시 모아 진군나팔을

 박정희 대통령은 1971년 선거에 대비하여 강경파인 오치성 사무총장을 무임소장관에 발탁하고 온건파인 길재호를 복귀시켜 극심한 당내 부조화에 협조 무드 강화 조치를 내렸으며, 온건파가 원내 전략을 주도할 가능성이 높아졌다.
 박정희 대통령은 김용식(외교), 유재홍(국방), 박종홍(문교), 함병춘(정치), 임방현(사회) 등 특보 9명을 임명하여 청와대 보좌진을 보강했다.
 박정희 대통령은 국무총리에 백두진 의원을, 중앙정보부장에 이후락 주일대사를 임명하는 등 대폭적인 개각을 단행했다.
 박정희 공화당 총재는 예상을 뒤엎고 공화당의장 서리에 백남억을 임명하고 김종필, 윤치영, 정일권을 고문으로 추대했다. 제명된 김용태 의원을 복당시켜 당무위원에 임명했다.
 민주공화당은 3월 17일 전당대회를 개최하여 박정희 대통령을 후보로 지명했다. 또한 부총재제를 신설하여 김종필을 임명하고 백남억 당의장을 인준했다.
 민주공화당 백남억 당의장은 헌법 3선 조항 물의에 대한 해석을 "박정희 대통령은 이번 대통령 선거에 한해서 출마할 수 있으며 1975년에는 출마가 불가능하다"고 밝히자, 신민당 김수한 대변인은 "지난 선거 때에도 3선 출마를 절대 않겠다고 공언했던 사실로 미뤄보아 신빙성이 의심스러우며 박정희 대통령 자신이 말하더라도 믿기 어렵다"고 논평했다.

민주공화당과 신민당은 사전선거운동에 대한 논란을 빚었다. 공화당은 김대중 대선후보의 유세를 고발할 방침이고, 신민당은 공약 남발에 법적 조치를 강구하겠다고 대응했다.

(2) 김대중 후보에 대한 대적(對敵)은 신설된 김종필 공화당 부총재가 전담

민주공화당 김종필 부총재는 충청지역 유세에서 "야당후보가 내세운 공약은 실현가능성이 하나도 없다"면서, "그 공약을 모두 추진하려면 5천 억 원의 예산이 필요하기 때문이다"라고 주장했다.

김종필 부총재는 예비군 폐지 공약에 대해 "세계의 낙원인 스위스에도 예비군이 있는데 북괴의 남침 가능성이 있는 우리나라에서 예비군을 전면 폐지하겠다는 것은 시대착오적 발언"이라고 비난했다.

김종필 부총재는 "박정희 대통령이 3선개헌을 결심한 것은 장기집권을 위한 발상이 아니라 국가와 민족을 위해 희생을 무릅쓰겠다는 심정으로 십자가를 지기로 한 것"이라고 옹호했다.

김종필 부총재는 10년 집권은 장기집권이 아니라고 전제하며 "통일 기반 구축과 국제적 발언권을 강화하기 위해서는 공화당내에 박정희 후보외에 대통령이 될 사람이 없다"고 돌변했다.

김종필 부총재는 "영남에 공장을 많이 지은 것은 적은 재원을 효과적으로 쓰기 위한 것이며 호남 푸대접이나 충청도 푸대접을 하기 위한 것이 아니다"라고 지역 불균형을 옹호했다.

김종필 부총재는 "국민투표를 통해 1975년까지만 연임할 수 있다는 것이 분명함에도 신민당의 총통제(總統制)운운은

정치적으로 이용하고 있는 것"이라고 거듭 반박하면서 유신 체제의 임박을 부정했다.

(3) 행정력을 총동원한 민주공화당의 전술은 여전

 민주공화당은 북괴의 도발에 대비한 국가안보와 정국안정, 국군의 효과적인 통솔, 중단없는 경제건설을 통한 통일기반 조성 등을 위해 박정희 후보의 3선 집권을 주장하고 있고, 신민당은 장기집권 문제와 부정부패, 국군의 정치적 중립과 향토예비군 폐지, 대중경제 그리고 평화적 정권교체를 내세워 열띤 공방전을 벌였다.

 행정선거의 양상은 여전(如前)하여 장관, 시·도지사, 군수는 물론 경찰서장, 시·읍·면장까지 현지 시찰에 나서고, 공무원들은 휴가를 당겨 연고지에 출장하고, 국정보고에서 정부 업적 영화 상영은 다반사이고, 기공식 공약으로 곳곳에서 선심 공세를 펼쳤다.

 새마을 가꾸기 운동, 농촌진흥회, 마을금고, 어머니회까지 활기를 띠고 행정 PR에 앞장섰다.

2. 신민당은 조직보다 선거 붐 조성에 역점

(1) 김대중 대선후보에 대한 시비(是非)와 논란

　신민당은 전당대회를 총선 이후로 연기하고 선거대책기구를 구성하기로 정무회의에서 의결했다.
　서울지검 최대현 부장검사는 김대중 후보를 망원동 난민촌에 들려 "가난에서 벗어나 잘 살아봅시다"라는 등의 발언을 문제삼아 사전선거운동 혐의로 입건했다.
　국회는 김대중 후보 일행과 경찰간에 빚어졌던 충돌사건에 대해 공화당은 사전선거 운동이라고, 신민당은 관권 탄압이라고 격론을 벌였다.
　신민당 이재형 의원은 선거대책본부장에 정일형 의원의 임명에 반발하여 "신민당은 정권을 교체할 의사도 능력도 자격도 없는 집단"이라고 비난하며 신민당을 탈당했다.
　김대중 후보댁에 폭발물이 투척되어 정국을 긴장시켰다. 인명과 가옥에 피해는 없었으나 정치테러 등 다각적인 방향에서 수사를 진행했다.
　범인은 오래 전부터 치밀한 계획에 의해 범행을 저질렀으며 단독범행으로 단정했다.
　검찰은 김대중 후보 조카인 15세인 김홍준을 폭발물 사건의 진범으로 단정하여 수감했다.
　김홍준 군은 "명절 때 가족을 놀려주기 위한 우발적 장난"이라고 주장하고 있으나 검찰은 정치테러를 가장함으로써 사회불안을 문란케 할 고의에서 저지른 소행으로 단정하고 방증수사를 펼쳤다. 그러나 신민당은 조작이 분명하다면서 임시국회의 소집을 요구했다.
　김홍준 군의 아버지 김대의는 김홍준 군은 화약의 조작을 모른다고 범인임을 부인했다.
 김홍준군은 자백을 번복하고, 도화선과 화약의 출처를 밝히지 못한 채 검찰은 물증 보강 재수사에 돌입했다.
 유일한 목격자라는 가정부도 강압에 못 견뎌 허위 진술을 했다고 진술을 번복했다.
 구속적부심에서 "구속 자체가 부당하다"는 판결과 소명자료 불충분으로 김홍준 군은 석방됐다.
 정일형 신민당 선거대책본부장 댁에 불이 나 선거 관련 기밀서류가 모두 불탔다.
 경찰은 고양이가 아궁이로 옮긴 종이에 인화하여 화재가 발생했다고 주장한 반면, 정일형 의원은 개가 짖어 연락을 받았으며 갑자기 불길이 솟았다고 주장했다.

(2) 야당 붐 조성을 위한 개헌발의 운동도 물거품

 김대중 후보는 부통령 신설과 향토예비군의 무조건 폐지를 공약했다.
 김대중 후보는 "내가 집권하면 헌법의 3선조항을 중임조항으로 환원하겠다"면서, "개헌 국민발의를 위한 50만 명의 서명운동을 벌이겠다"고 밝혔다.
 이에 공화당 김창근 대변인은 "대통령선거를 목전에 두고 개헌발의 운운하는 것은 난센스이며 이번 선거에서의 패배를 사전에 호도(糊塗)하려는 조작극으로 본다"고 비판했다.
 신민당은 야당의 붐을 노려 개헌 발의운동을 강행하겠다는 결의를 보였으나, 공화당은 "선거운동을 위한 편법이라며 위법"이라고 주장하고, 선관위의 유권해석도 "특정 정당의 선거운동으로 간주되어 위법"이라고 공화당을 지원했다.
 신민당은 개헌발의 서명운동은 헌법상의 기본권으로 중단은 불가하다며 선관위에 재질의했다.

중앙선관위는 부통령제 신설 추진은 물론 당원을 상대로 한 개헌 운동도 위법이라고 유권해석했다.
 신민당은 비례대표제를 폐지하고 무소속 후보 출마를 허용하고 통금 해제, 차관(借款)의 국가관리 등의 다채롭고 다양한 공약을 남발했다.

3. 박정희 후보와 김대중 후보의 유세대결

(1) 이번 대선에서도 7명의 주자들이 난립

 이번 대선에서는 선거법에 따라 1번 공화당 박정희, 2번 신민당 김대중 후보가 되고 정당 이름의 가나다 순서에 따라 3번 국민당 박기출, 4번 민중당 성보경, 5번 자민당 이종윤, 6번 정의당 진복기, 7번 통사당 김철 후보 등 7명이 등록했다.
 국민당은 대통령선거를 포기했고 윤보선 총재는 박기출 후보에게 사퇴를 종용했고, 박기출 후보는 "내가 정권을 잡으면 혼란이 오기 때문에 이번 대통령선거를 보이콧하겠다"고 선언했으나, 진복기 후보는 "나의 정강, 정책을 공화당 박정희 후보나 신민당 김대중 후보가 받아들인다면 후보를 사퇴할 용의가 있다"고 협상을 제의했다.
 김철 통사당 후보는 "이번 선거를 통해 박정희 정권을 교체시킬 수 있는 가능성이 보인 만큼 나는 민주주의 기본질서를 수립할 수 있는 정권교체를 이룩하기 위해 스스로 후보를 사퇴하고 재야세력을 한 곳으로 집결시켜야겠다는 결론에 도달했다"면서 김대중 후보의 지지를 위해 후보직을 사퇴했다.

(2) 김대중 후보는 전국을 순회하며 90회 연설

 김대중 후보는 경북지역 유세에서 "민주국가에서는 한 사람이 아무리 정치를 잘해도 장기 집권하면 흐르는 물이 썩듯이 부패하고 만다"고 평화적 정권교체를 역설했다.
 김대중 후보는 "박 대통령은 1963년 당시 경상도 표만 가지고 대통령이 된 것이 아니고 전라도에서 윤보선 씨보다 40만 표를 더 주었기 때문에 대통령이 됐다"면서 지역감정의 일소를 역설했다.

김대중 후보는 "국군은 특정 정당이나 개인의 사병이 아니므로 국민의 지지가 곧 군의 지지이며 양자의 지지가 양립할 수 있다"고 강조했다.

김대중 후보는 "이 나라를 마지막 독재의 수렁에서 구출하는 데 새로운 각성과 궐기 있기를 바라며 총통제(總統制)의 검은 마수가 이 나라 민주주의의 마지막 생명의 줄을 끊는 것을 좌시하지 않을 것"이라고 강조했다.

김대중 후보가 "공화당이 다시 집권하면 선거조차 없는 총통제를 추진하게 될 것"이라고 주장한 데 대해, 김종필 부총재는 "신민당이 총통제 운운함은 이를 정치적으로 악용하려는 처사"라고 반박했다.

김대중 후보는 "내가 4년 전 국회의원 선거 때 3선 개헌은 안 한다. 내가 개헌을 한다고 떠드는 것은 야당의 모략이라고 말했습니다. 박 정희 대통령은 3선개헌은 절대로 안 한다더니 그 후로부터 2년 뒤에 3선개헌을 결행해 버렸습니다. 또 내가 이번에 정권교체를 못 하면 앞으로 총통제 개헌을 할 것이오. 선거조차 없는 1인 독재체제가 될 것이라고 말하자 공화당은 야당의 모략이라고 나오고 있습니다"라고 총통제를 주장했지만, 신민당조차도 반신반의했다.

김대중 후보는 "한국의 진실한 안보는 민주적인 정권교체 실현, 부정부패와 특권 경제체제로 국민의 불만, 불신의 소리를 없애며 한국에서 민주주의 승리가 입증됨으로써 미국 등 우방의 지지와 성원이 늘어나 종전과 같은 고립에서 벗어나는 것이다"고 역설했다.

김대중 후보는 "집권하면 신민당 내외의 민주주의적 지도급 인사들을 망라한 민주 거국내각을 구성하겠다"면서, "인물 기용은 지역과 세대와 능력을 참작하고 이번 선거라는 역사적 시점에 취한 각자의 태도 등이 평가 대상이 될 것”이라고 말했다.

김대중 후보는 "소선거구제는 지역 대표를 내는 것이 본질이므로 2, 3개 군에서 의원 한 사람을 내는 현행 제도는 본질에서 모순될 뿐 아니라 그 지역의 여론을 반영시키지 못하기 때문”이라며 1군 1 의원제를 주장했다.

김대중 후보는 "공화당은 누가 아니면 방공도 국방도 건설도 안 된다고 주장하고 있는데, 이런 식으로 가면 누가 아니면 동쪽에서 해가 안 뜬다고 말하게 될지도 모른다”고 반박했다.

김대중 후보는 "주월국군의 철수로 병력의 사정이 호전될 뿐 아니라 입영 못 한 보충역이 47만 명이나 있는 현실에 비추어 군의 복무기간은 법대로 2년으로 단축해야 한다”고 말했다.

김대중 후보는 "박정희 후보는 목포에서 3선 개헌은 절대로 하지 않을 것을 다짐하고 3선을 할 것이라고 말하는 것은 야당의 모략이라고 강력히 부인했지만 2년이 못 가서 3선개헌이 안 되면 당장에 대통령 자리를 그만두겠다고 말하면서 3선개헌을 감행하지 않았는가”라면서, "4선 출마여부는 3선이 되고 난 다음의 이야기기 때문에 지금으로써는 아무런 의미가 없으며 박정희 후보의 4선 불출마 선언을 믿을 사람이 없을 것”이라고 주장했다.

김대중 후보는 전국 방방 곳곳을 누비며 90여 회에 걸쳐 연설하는 강행군을 펼쳤다.

(3) 이번이 마지막 정치연설임을 유난히 강조한 박정희

박정희 후보는 "성급한 남북교류는 실현성 없는 공론에 불

과하며 4대국 보장론은 사이비 평화론자의 공상(空想)에 지나지 않는다"고 야당의 주장을 공박하고, "조국 통일의 지름길은 오직 혼란없는 안정 속에 국력을 배양하는 것"이라고 역설했다.

"북괴는 지금이라도 늦지 않으니 평화통일을 위한 나의 8.15 선언을 즉각 수락하라"고 촉구하기도 했다.

제3차 5개년계획이 완료되면 우리나라 경제는 완전 자립하고 국민소득은 4백 달러를 넘어서 아시아에서 일본 다음가는 부강국이 되어 상위중진국으로 올라서게 되고, 모든 농어촌은 초가집 대신 기와집 속에서 전깃불과 전화와 텔레비죤을 즐길 수 있는 문화생활을 하게 된다고도 주장했다.

민주공화당 박정희 후보는 대구 수성천변 연설에서 풍신수 길은 나와 같이 키는 조그마하고 바싹 말랐지만 패기만만해서 일을 저지를 것 같다고 정사 황윤길이 말했고, 6·25 때 정보국에 근무하며 비상 대책 강구를 주장했다면서, 국가안보에 관한 문제는 당리당략에 이용할 수 없는 것이라고 경고했다.

박정희 후보는 김대중 후보의 10년안에는 전쟁이 없다는 주장에 대해 "작금의 정세는 6·25 사변의 전야를 방불케 하는 것"이라며 "앞으로 4년간이 가장 위험한 시기로 본다"고 안보론을 재점화했다.

박정희 후보는 "무책임한 발언을 일삼고 있는 야당인사에게 민족의 운명을 개인의 정치적 제물(祭物)로 삼지말라는 국민적 통고를 보낸다"고 간첩들의 준동을 활용했다.

박정희 후보는 "북괴가 1968년 김신조 일당이 쳐들어 왔을 때 야당은 이를 정부의 야당탄압을 위한 위기 조성이라 소리쳤고, 북괴는 국민들의 자발적인 봉기라고 우기었다"면서, "야당이 선량한 국민들을 선동하여 불법데모를 유발해놓고도 그 책임을 뒤집어 씌우기 위한 허위 선전을 일삼고 있다"고 비난했다.

박정희 후보는 광주 유세에서 "일부 야당인사들이 혈연, 지연 등 전근대적인 요인을 악용하여 지역감정을 선동함으로써 국민의 단결을 파괴하려 들고 있다"고 지역감정을 거론하고, "이번 선거가 마지막 선거가 아니라는 것은 국민 누구나 알고있고 이런 말은 우리나라 민주주의를 부인하며 우리의 기본적 헌법 질서를 유린하는 중대한 망언(妄言)"이라고 주장했다.

박정희 후보는 한 번만 더 할 수 있는 기회를 달라고 말한 데 대해 찬성한 것이지 몇 번이라도 해도 좋다고 허가한 것이 아니지 않느냐고 말해, 이번만 출마하고 다음에는 출마하지 않을 것을 분명히 했다.

10만 청중이 모인 부산유세에서 박정희 후보는 "이번이 대통령으로 출마하는 마지막 기회"임을 밝혀, 1975년 선거에는 다시 출마하지 않을 것을 분명히 했다.

박정희 후보는 "야당은 총통제 운운해서 내가 언제까지나 집권할 것 같이 허위선전을 일삼고 있으나, 3선개헌 국민투표에 한 번만 더 할 수 있도록 여러분이 허락한 것이지 몇 번이고 해도 좋다고 지지한 것은 아닐 것이며 이 기회가 나의 마지막 정치연설이 될 것"이라고 유신으로 영구집권의 속내를 감추면서 말했다.

박정희 후보는 "내가 몇 백 억원의 재산을 가지고 있다는 것을 여러분이 밝혀낸다면 나는 그 돈을 도시의 판잣집을 기와집으로 고치거나 농민들의 영농자금에 쓰도록 내놓겠다"고 말했다.

4월 26일 박정희 후보는 이번이 마지막 유세이며 정권을 계승할 후계자를 육성하겠다고 역설했다.

(4) 찬조 연사들도 대통령 선거에서 일익(一翼)을 담당

유진산 신민당수는 "두 번 해서 그 자리를 못 나가는 사람이 세 번 해서 그 자리를 나가겠는가. 그 때에 가서는 네 번 하겠다 할 것이 뻔하다"고 주장했다.

유진산 당수는 "공화당이 혼란없는 안정이라 하나 백성이 하고 싶은 말을 못하고 듣고 싶은 말을 못 들은 채 꼼짝 못한 나머지 조용하다면 이런 조용함이 안정이냐"고 따지면서, "그것은 독재요 위압정치요 공포정치"라고 비난했다.

신민당 김영삼 의원은 "공화당은 신민당이 집권능력이 없다고 하지만 신민당이 일치단결해서 이처럼 총력을 기울이는 것은 집권 능력을 그대로 입증하는 것"이라고 지원 유세에 나섰다.

5·16 장학회(정수장학회)는 라디오, 신문, 방송 등 500억원의 재산으로 진실한 소유자는 박정희 대통령 자신이라는 항간의 이목이 크고 부인할 근거도 없다.

백남억 공화당의장은 "낮에는 야당 밤에는 여당 행세하는 사람들이 어떻게 부정부패를 없앨 수 있겠는가"고 반문하고, "부정부패는 박정희 대통령만이 일소할 수 있다"고 강조했다.

또한 백남억 당의장은 "선동을 일삼는 야당사람들은 빨갱이와 마찬가지며 이들은 공산당이 아니더라도 공산당과 비슷한 수법을 쓰고 있어서 서글픈 생각마저 든다"고 주장했다.

정일권 공화당 고문은 "북괴가 10년안에는 공격하지 않는다고 야당 모(某) 씨가 주장한 것은 북괴 김일성에게 공격을 해달라는 것과 마찬가지"라고 공격대열에 참여했다.

자유당 시절 반공청년단장으로 활약한 신도환 의원은 "공화당 정권 역시 국민들의 장기 집권에 대한 염증을 깨닫지 못하고 3선을 가도하여 이번 선거에서 부정선거를 저지른다면 자유당과 꼭 같은 말로를 걷게 될 것"이라고 역설했다.
4월 23일 국민당은 대통령 선거를 포기했고, 박기출 후보는 사퇴 수락을 선언했다.

4. 영남권의 묻지마 투표로 대승(大勝)한 박정희

(1) 민주공화당 박정희 후보가 94만여 표차로 승리

4월 27일 대통령선거에서 공화당 박정희 후보가 6백 34만 표를 득표하여 94만 표차로 승리했다.

박정희 후보의 승리는 지역의식이 뒷받침 한 표의 동서(東西)현상과 공화당의 방대한 조직, 선전, 자금 및 행정력 동원이 승인을 이루고, 신민당의 패배는 유세로 조성한 야당 붐과 인기를 표로 고착시키는 데 실패한 때문이었다.

지난 두 번의 대선에서도 다른 지방에서의 열세를 만회하고 거의 독자적으로 박정희 후보를 두 번이나 당선시켰던 영남권에서는 이번에는 3배 이상의 압도적인 몰표로 호남과 서울에서의 김대중 후보의 강세를 억누르고 낙승을 보장했다.

호남에서 호남권보다 160만 표가 많은 영남권에서의 박정희 후보를 지지하는 강도(强度)에 미치지 못한 것이 패인이었다.

지역감정에 치우친 이성 잃은 투표 성향은 통일을 앞둔 민족 단결과 국민 총화를 해치지 않도록 획기적인 조치가 필요할 것이다.

민주공화당은 운동과정에서 지역감정을 없애자고 호소하면서도 소단위 조직활동에서는 흑색선전 등을 통해 유권자들의 지역감정을 자극한 것도 사실이었다.

민주공화당은 176만 명의 기간 조직을 일선 표밭에 투입하여 사랑방좌담회와 이·동의 말단 조직을 활용하여 두더지 작전을 펼쳤다.

신민당은 지방유세에서 집권 공약을 발표하여 선거전을 정책대결의 차원으로 이끌어 올리긴 했지만, 공약의 남발로 장기집권과 부정부패 등 공화당의 최대 약점을 중점적으로 부각시키지 못하고 정권교체 이후의 혼란을 걱정하게 하는 부작용을 우려하게 됐다.

박정희 후보가 부산과 서울 유세에서 "이번이 마지막 출마"라는 선언을 막바지에 퍼뜨림으로써 야당에게 군정이래의 번의(翻意)의 역정(歷程)을 상기시켜 재반박할 여유를 주지 않고 극적인 효과를 거두도록 세심한 배려를 했다.

신민당은 정권교체의 실현을 비관하는 패배주의와 정권인수 태세에 대한 유권자들의 신임을 얻지 못한 반면, 공화당은 안정을 희구하는 중소득층에 침투하여 안정과 건설을 택하도록 호소한 것이 주효했다.

전국의 득표율은 79.9%로 1967년의 85.0%에 비하면 낮은 편이다.

민주공화당세가 압도적인 경북은 85.4%인 반면 신민당세가 우세한 전남은 79.9%의 투표율로 비교적 낮았다.

이번 선거에서의 표차는 94만 여표로 1967년의 116만 표보다는 다소 줄어들었다.

같은 영남 안에서도 대도시 유권자가 농촌 유권자에 비해 공화당의 지지 강도가 약한 것은 지역의식 속에서도 여촌야도의 경향이 남아있다는 증거였다.

박정희 후보는 경남북에서 3배의 차로 압승했고 부산, 강원, 충남북, 제주에서 우세를 보였고, 김대중 후보는 호남에서 2배차로 강세를 보인 반면 서울과 경기에서 가까스로 승리했다.

지역의식(地域意識)이 강한 투표 성향에서 김대중 후보는 호남보다 유권자 수가 160만여 표나 많은 영남세에 밀려 고배를 마시게 됐다.

전남에서 곡성과 전북의 진안과 무주에서 박정희 후보가

승리했다.

  군소정당이 이번 선거에서 불과 1.6%의 저조한 득표율을 보인 것은 유권자들의 선거 의식과 양당정치에 대한 일반의 기대가 커졌다는 것을 보여줬다.

(2) 이번 대선의 승패의 갈림길은 지역의식(地域意識)

  박정희 후보가 "지금 정세는 6·25 사변 전야(前夜)를 방불케 한다"고 말한 것은 전체 국민에게 일종의 긴장감 내지 불안감을 고조시켜 공화당의 집권의 계속 의지를 고취시키는 결과를 가져왔다.
  김대중 후보는 국민들이 흔히 큰 변화를 바라지 않는 것이 일반 심리인데도 너무 공약을 많이 내세워, 국민들에게 뭐든지 바꿔 혼란이 올지도 모른다는 우려를 낳게 한 일면도 있었다.
  영남의 경우 정상적인 이성으로 투표를 했다기보다는 심하게 말하면 맹목적으로 독기를 갖고 표를 던졌다.
이른바 순진한 다수로 불리는 계층의 유권자들이 박정희 후보의 현직 대통령이라는 권위에 압도당하는 것도 공화당에 상당히 유리하게 작용했다.
  민주공화당은 조용한 선거를 내세워 사실상 야당 붐을 억제해 놓고, 야당붐이 난 것처럼 만들어 야당을 들뜨게 한 뒤 속으로 표를 낚아챈 두더지 작전을 전개했다.
  현재의 여건과 상황에서 신민당이 정권을 인계할 태세가 되어있지 않다는 점에서 사실상 정권교체가 불가능한 여건이라고 볼 수 있고, 우리나라엔 아직 야당이 존재할만한 여건이 되어있지 않다는 말도 나돌았다.
  민주공화당은 강원, 제주와 충청지역에 물량을 집중시켜 승리함으로써 호남지방을 고립화시켜 지역의식을 더욱 고정화시켰다고 볼 수 있다.
 각급 행정공무원들이 상상할 수 없을 정도로 선거에 관여해서 행정PR 선거라고까지 불리게 된 것은 개탄스러운 일이다.
 민주공화당은 청중동원에 군 트럭이 동원하여 청중수 부풀리기에 나섰다.
 이번 선거의 총 유권자는 1,555만 236명이다.

(3) 우리나라 선거의 원류(源流)가 되어버린 지역감정(地域感情)

 이번 선거는 민족분열의 무서운 씨앗마저 잉태할지도 모를 말초적 지역감정이 우리 선거 사상 처음으로 심각하게 노출된 선거이다.
 이성을 벗어난 듯한 편재적인 투표 성향은 모두 말초적 지역감정에서 연유됐거나 이를 교묘하게 작용시킨 데서 나온 결과다.
몰지각(沒知覺)한 정치인들이 이 같은 소지를 정략에 이용하여 우선 표를 모아놓고 보자는 생각으로 부채질한 데서 더욱 걷잡을 수 없이 불붙기 시작했다.
 찬조연사나 일선 지구당당원들은 은근히 지역감정을 강조하여 지역의식을 불러일으켜 표를 모으려는 이중적인 전략을 폈다.
 민주공화당은 "전라도 대통령을 뽑으면 경상도 푸대접 내지는 보복이 온다"는 관념들을 흑색선전을 통해 불어넣었고, 신민당은 "전라도에서 이번에는 꼭 대통령을 내어 푸대접을 면해야 한다"는 의사를 호남 유권자들에 고취시켜 표를 모으려 했다.
 게다가 호남에서는 "지금 경상도에서는 자기들 출신 대통령을 다시 뽑으려고 기를 쓴다"고 선전하여 반작용을 기대하는가 하면, 영남에서는 "지금 호남에서는 똘똘 뭉쳐 김대중을 뽑으려 한다"고 은근히 경쟁심리를 부채질하는 등 표를 모으기 위한 이른바 흑색선전이 난무했다.

막바지에 부산 등 영남 지방에서는 공화당이 주도하여 "전라도여 뭉쳐라"는 등의 내용의 벽보를 붙여 주민들의 지역의식을 자극했다는 얘기가 실제로 일어났다.

내가 모셨던 부산 서구 홍복태 동대신1동장은 공화당 관리장 출신으로 투표 전날 지역감정을 부추기는 벽보 붙이는 무용담을 자랑삼아 늘어놓곤 했다.

민주공화당 찬조 연사는 "경상도 사람치고 박정희 대통령 안 뽑을 사람 있느냐"고 반문하면서 노골적으로 지역의식을 강조했는가 하면, 김대중 후보가 "전라도민은 단결해서 나를 뽑아주어야 한다"고 했다면서 "이런 사람이 전라도 대통령은 할 수 있지만 어떻게 대한민국 대통령이 될 수 있느냐"고 경상도 유권자들을 부채질했다.

신민당도 호남지방에서 경상도 정권하에서의 전라도 푸대접 사례를 강조하거나 부채질하여 득표로 연결시키고자 했다.

부산, 경북, 경남인 영남권에서는 박정희 후보에게 64.3%인 261만 표를 던졌으나 김대중 후보에게 34.9%인 141만 표를 투표하여 120만여 표차를 만들었다.

반면 전북과 전남인 호남에서도 김대중 후보에게 62.3%인 141만표를 투표하고 박정희 후보에겐 34.8%인 78만 표를 던져 엇비슷한 비율을 보였지만 유권자수에서 160여 만명 이상의 격차로 57만여 표 뒤진 결과를 가져왔다.

지역감정의 발로는 영남 출신들은 필승을, 호남 출신들은 필패를 가져올 수밖에 없는 인구구조였다.

□ 시·도별 투표성향

	박정희(%)	김대중(%)	진복기	박기출	이종윤
합계	6,342,828	5,395,900	122,514	43,753	17,823
부산	385,999(55.7)	696,582(43.6)	1,974	2,518	583
경북	1,333,051(75.6)	411,116(23.3)	9,838	6,438	2,374
경남	881,119(73.4)	310,595(25.6)	6,993	1,634	1,634
영남소계	2,610,169(64.3)	1,418,293(34.9)	18,505	10,590	4,591
전북	308,850(35.5)	535,519(61.5)	21,162	3,167	1,646
전남	479,737(34.4)	874,974(62.8)	31,586	4,362	2,122
호남소계	788,587(34.8)	1,410,493(62.3)	52,748	7,529	3,768
서울	805,772(45.2)	1,198,018(51.3)	6,881	4,811	1,426
경기	687,985(48.9)	696,582(49.5)	13,770	6,547	2,995
강원	502,722(59.8)	325,556(38.7)	7,326	2,985	1,390
충북	312,744(57.5)	222,106(41.1)	7,326	2,662	1,154
충남	556,632(53.5)	461,978(44.4)	6,989	5,285	2,322
제주	78,217(48.9)	57,004(31.1)	1,784	398	177

※ 투표율은 평균 79.9%이었으며 경북은 85.4%, 경남은 83.2%로 비교적 높았으나, 전남·전북은 80.0% 수준으로 비교적 낮았다.

(4) 선거에 대한 불복과 선거 무효소송 제기

김대중 후보는 "박정희 후보의 승리는 결코 정당한 것이 아니며 이번 선거에서 보여준 국민의 평화적 정권교체에 대한 애절하고 열화같은 열망이 불법, 부정으로 짓밟히고 이제는 다시는 선거에 의한 정권교체는 바라볼 수 없게 된 이 시점에서 불법 부정선거는 묵인할 수 없다"고 밝혔다.

민권수호협의회에서는 "이번 선거는 관권의 개입이라기 보다 관권이 주동이 된 행정력 선거이며 원천무효"라고 주장하며 정부의 사후조처를 촉구했고, 신민당에서는 "이번 부정선거의 책임자인 박경원 내무부장관과 이후락 중앙정보부장을 즉각 파면 조치하라"고 요구했다.

김대중 후보도 "박정희 대통령에게 축하의 화분을 보낼 수 없는 선거전이 된 것을 슬프게 생각할 따름이다"라고 부정선거를 에둘러 비판했다.

제3장 공무원의 정치적 중립이 지켜진 제8대 총선

1. 민주공화당의 공천후보 선정과 필승전략
2. 유진산의 전국구 파동으로 고전이 예상된 신민당
3. 총선의 흐름과 군소정당 후보들의 발버둥
4. 신민당이 예상을 뒤엎고 강세를 보인 총선 결과

1. 민주공화당의 공천후보 선정과 필승전략

(1) 높은 경쟁률을 자랑한 공화당 지역구 후보 공천 신청

 3선개헌으로 박정희 대통령이 재집권한 제8대 총선에는 집권여당인 공화당 공천을 위해 여야를 망라하여 많은 후보들이 구름처럼 몰려들었다. 공화당 지역구별 신청자 현황은 다음과 같다.

〈서울특별시〉
○종로(김재곤, 한상룡, 박노일), ○중구(박인각, 이명은), ○동대문갑(민관식), ○동대문을(강상욱), ○성동갑(정봉중), ○성동을(민병기), ○성동병(박준규), ○성북갑(신영철), ○성북을(김인순), ○성북병(박경희, 이병일, 김인성, 허명), ○서대문갑(한격부, 오유방), ○서대문을(임택근), ○서대문병(오익상), ○마포(김현옥), ○용산(김신), ○영등포갑(장덕진), ○영등포을(이찬혁, 임민규), ○영등포병(조효원), ○영등포정(박충훈)

〈부산직할시〉
○중구(조시형, 한남석, 김종규, 김종득), ○영도(연일수), ○서구(박찬종), ○동구(유호필, 이종순, 서성준), ○부산진갑(김임식), ○부산진을(최두고), ○동래갑(양찬우), ○동래을(양극필, 최병순, 송병진, 임갑수, 김성희, 장지륜)

〈경기도〉
○인천갑(유승원), ○인천을(최정환), ○인천병(김숙현, 심

일운), ○수원(이병희), ○의정부-양주(이윤학, 박봉영, 이진용, 문재준), ○광주-이천(차지철), ○포천-연천-가평(오치성), ○여주-양평(서상린), ○평택(이윤용, 이봉득, 최영희), ○화성(홍사승, 손도심, 예영창, 이승재, 김동섭, 신계범), ○파주(신윤창, 박명근), ○김포-강화(김재소, 장준영, 김재춘, 이돈해), ○시흥(이영호, 박영성, 윤승택, 박창원, 이재현), ○고양(김유탁, 이강익), ○부천-옹진(오학진, 송석홍)

〈강원도〉
○춘천-춘성(김우영, 이수복, 한희철, 박승하), ○원주-원성(김용호, 김병렬, 문창모, 함재훈, 장윤), ○강릉-명주(최익규, 최돈웅, 김진한, 정순응, 최용관, 조석환), ○홍천-인제(신철균, 이교선, 이재석, 김현호), ○영월(장승태, 엄정주, 고백규), ○철원-화천-양주(김재순), ○속초-고성-양양(김종호, 한병기, 정훈), ○횡성-평창(이우현, 김낙범, 문병태, 장석윤, 정원균, 오문근), ○삼척(김진만)

〈충청북도〉
○청주(정태성, 장덕진, 한원전, 박기운, 최광룡), ○청원(민기식, 김홍설), ○충주-중원(이종근, 정상희), ○옥천-보은(육인수), ○괴산(안동준, 김원태, 김사달), ○영동(정직래, 이동진, 정구중, 장석완, 박성광, 전우영, 남상진), ○진천-음성(오원선, 이정석), ○제천-단양(김유택, 이해원, 김종훈, 장효식, 유건모, 김경, 박재도)

〈충청남도〉
○대전(김용태, 임호, 신기훈), ○대덕-연기(김제원), ○공주(이병주, 김학준, 김영옥), ○논산(윤덕병, 주동준, 방영

현, 임순식), ○부여(김종익), ○서천(구상섭, 김종갑, 이섭, 이상익, 김경락, 문형원), ○보령(최종성, 윤세민, 최병일), ○홍성-청양(장영순, 김지준, 김지현, 고기영, 서병훈, 정호기), ○예산(박병선, 이재희, 박선린, 윤병구, 윤규상, 최익렬, 한인수, 김현익), ○서산(이상희, 박완교, 김창곤, 김동열, 김영수, 표수창, 이희균, 박승규, 유기상), ○당진(김두현, 원용석, 유해준, 박준선, 박경영), ○아산(이민우, 이한우, 김세배, 이원교, 최재현), ○천안-천원(김종철, 유상현, 김종택, 김재홍), ○금산(길재호)

〈전라북도〉
○전주(김용진, 박영기), ○군산-옥구(고병만, 차형근, 채기묵, 채영석), ○이리-익산(김길선, 김성철, 윤부병, 이응구, 채영철), ○완주(김용환, 박종석, 배병철, 유기정, 유범수, 임성희, 천광석), ○진안(고주상, 전휴상), ○무주-장수(김광수, 김진영, 길병전, 송재황, 전정구, 최규홍), ○임실-순창(김재기, 이정우, 한도연, 한상준), ○남원(김길수, 박정식, 안균섭, 유광현, 육영복, 이만기, 이용재), ○정읍(박두선, 은재표), ○고창(신용남, 이호종, 진의종), ○부안(이병옥), ○김제(장경순)

〈전라남도〉
○광주갑(최정기), ○광주을(김남중, 정래정, 남영순, 정광식, 정의식, 최인영), ○목포(강기천), ○여수(김봉채, 김상영, 유경식), ○여천(김관봉, 김중태, 김종석, 박준남, 이우헌, 황병규), ○순천-승주(강길만, 김우경. 성동준, 신용우, 조규순), ○장성-담양(고재필, 김대한, 김요건, 박래춘), ○화순-곡성(문형태, 양삼석), ○구례-광양(김광영, 김선주, 박준호, 양승언, 이현재), ○고흥(신형식, 유연창, 지영춘),

○보성(김금석, 박종면, 송지현, 양달승, 이백래, 황성수), ○장흥(길전식), ○영암-강진(김희달, 문경수, 신방현, 윤재명, 이동식, 하복철), ○완도(김이호, 김중길, 정간용, 지익표, 최우근, 황인섭), ○해남(김병순, 김봉호, 김안일, 민영남, 신경종, 임충식), ○무안(김두철, 나판수, 이호풍, 황의선), ○신안(박찬문, 배길도, 이기남, 정판국), ○나주(박만영, 이호범, 임부택, 임인채), ○광산(박재룡, 박종태, 오중열), ○영광(백종진, 정병택), ○함평(윤인식), ○진도(손재형, 이남준, 조복준)

〈경상북도〉
○대구중(이만섭, 서복섭), ○대구동(이원만), ○대구남(이효상), ○대구서(박찬, 배정원, 최상규), ○대구북(강재구), ○포항-울릉(이성수, 하태환, 김동하, 김병윤), ○영일(김장섭, 정무식, 김성룡), ○김천-금릉(백남억, 박용준), ○경주-월성(이상무, 김원기, 김준훈, 김종해, 이영표, 김상은), ○달성-고령(김성곤), ○선산-군위(김봉환, 윤천주, 장월상, 조익환, 김영조), ○의성(김상년, 오상직, 김충수, 신영목, 오해근, 우동철), ○안동(김대진, 이보형, 김익기, 권오훈, 김원국, 김구직), ○영덕-청송(문태준, 김중한, 신광택, 신정휴), ○영양-울진(오준석, 김광준, 남재한, 조수영, 오석만, 김용식, 최순열), ○영천(이원우, 권오태, 정진화, 정재일, 주동식, 권성근, 조헌수, 성호용, 권혁중, 윤기섭, 김호칠), ○청도(박숙현, 박진희, 김준태), ○경산(박주현, 서국신, 서돈수), ○성주-칠곡(송한철, 여기동, 석정길), ○상주(김천수, 김인, 박용섭, 김민하, 이시우, 송세환, 박용희, 구창수, 장세진, 홍정표), ○문경(고우진), ○예천(정진동, 권상하), ○영주(김창근), ○봉화(권성기, 권호연, 박장수, 문학술, 김시섭)

〈경상남도〉
○마산(한태일, 최우영, 박경환, 김한득), ○진주-진양(구태회, 정영수), ○충무-통영(김종길, 김기석, 박희철, 최중일, 정태석, 김안국, 박평문, 방효현), ○고성(최석림, 최재구, 박정만, 김수명), ○거제(김주인, 이학만), ○진해-창원(하광호, 진설), ○삼천포-사천(최세경, 이낙화, 장소익), ○하동(엄기표, 김용순), ○함안-의령(김창욱, 방성출, 전달수, 하성관, 이상철, 조정제, 이중섭), ○창녕(성낙현, 신영주, 이한두, 정호문), ○산청(정우식, 김공휴, 심상선), ○합천(김삼상, 변종봉, 박환수, 권해옥, 정용택, 배원효), ○밀양(공정식, 이재만, 김형덕), ○양산-동래(노재필, 최찬택, 박강덕), ○울산-울주(박원주, 설두하, 김호경, 서영수, 김종태), ○김해(김택수, 유정렬, 김영병, 조규택, 박병구, 김기식), ○남해(최치환, 정영보, 김갑찬, 김종길, 김정기), ○거창-함양(민병권, 백남권, 이희대, 노영한)

〈제주도〉
○제주-북제주(양정규, 홍병철), ○남제주(현오봉, 강대헌, 강승훈, 이문석)

(2) 현역의원 61명을 낙천시킨 민주공화당 공천

민주공화당은 서울 종로를 제외한 152개 지역구의 사실상 국회의원 공천자인 지구당 대책위원장을 발표했다.
이번 공천은 공천을 신청한 120명의 현역의원 중 지역구 40명, 전국구 21명 등 61명을 탈락시켰다.
또한 공천을 신청하지 아니한 정대천(성북병, 4대의원),

예춘호(영도, 2선 의원), 양순직(논산, 2선 의원), 박성호(금산, 지구당부위원장), 신동관(남해, 7대의원)을 공천했고, 춘천-춘성에는 홍천-인제에 공천을 신청한 신철균을 공천했다.

지난 7대 총선에는 신민당 공천으로 당선됐으나 공화당으로 변절한 임갑수(동래), 성낙현(창녕) 의원들도 공천을 받았고, 항명파동에 의한 제명으로 축출했던 예춘호(영도), 양순직(논산), 정태성(청주) 의원들과 제명당한 후 대중당으로 출전하여 당선된 신용남(고창) 의원도 재공천의 기쁨을 맛보았다.

자유당 시절에는 자유당으로, 민주당 시절에는 민주당으로 활동했던 해바라기성 정치인으로 불리워질 수 있는 민관식(동대문), 박준규(성동병), 정대천(성북병), 김재순(철원-화천-양구), 김진만(삼척), 이정석(진천-음성), 김종철(천안-천원), 황성수(보성), 이원만(대구중), 백남억(김천-금릉), 김성곤(달성-고령), 구태회(진주-진양), 현오봉(남제주) 의원들도 건재함을 과시했다.

이번 공천에서 탈락한 지역구 현역의원들은 3선개헌을 진두지휘한 김택수(김해) 의원을 비롯하여 이진용(의정부-양주), 이윤용(평택), 신윤창(고양-파주), 김재소(김포-강화), 김우영(춘천-춘성), 김종호(속초-고성-양양), 안동준(괴산), 정직래(영동), 오원선(진천-음성), 이상희(서산), 김유택(제천-단양), 이민우(아산), 차형근(군산-옥구), 김성철(이리-익산), 유범수(완주), 한상준(임실-순창), 정래정(광주을), 이우헌(여천), 이현재(구례-광양), 김병순(해남), 배길도(신안), 이호범(나주), 박종태(광산), 이남준(진도), 김장섭(포항-영일-울릉), 이원우(영천), 김천수(상주), 최석림(고성-통영-충무), 한태일(마산), 김주인(거제), 김용순(하동-사천-삼천포), 김창욱(함안-의령), 김삼상(합천-산청),

설두하(울산-울주), 최치환(남해), 양정규(제주-북제주) 등이고 길재호 사무총장은 중도에 포기했고, 이승춘(홍천-인제)과 이동녕(문경) 의원들은 공천을 신청하지 않았다.

전국구 출신으로 윤천주(선산-군위), 김성희(동래을), 이성수(포항-울릉) 의원들도 공천을 신청했지만 공천에서 탈락했다.

공천 탈락한 전직 의원들이나 유명 인사로는 조시형(부산중), 이종순(부산동), 양극필(동래을), 문재준(의정부-양주), 손도심(화성), 김재춘, 이돈해(김포-강화), 박승하(춘천-춘성), 문창모, 함재훈(원주-원성), 최돈웅, 정순응(강릉-명주), 엄정주(영월-정선), 장석윤(횡성-평창), 박기운(청주), 정상희(충주-중원), 이동진(영동), 김학준(공주), 김종갑(서천), 김지준(청양-홍성), 박병선, 윤병구(예산), 원용석, 박준선(당진), 채기묵, 채영석(군산-옥구), 임성희(완주), 김광수, 전정구(무주-장수), 안균섭(남원), 이호종, 진의종(고창), 황병규(여천), 김선주(구례-광양), 양달승, 김금석(보성), 김봉호, 민영남(해남), 나판수(무안), 하태환(포항-영일), 김성룡(영일), 김종해, 이영표(경주-월성), 오상직, 김충수(의성), 김익기, 권오훈(안동), 김중한(영덕-청송), 김광준(영양-울진), 권오태, 조헌수, 김호철(영천), 김준태(청도), 김민하, 홍정표(상주), 방성출, 이상철, 조정제(함안-의령), 신영주(창녕), 변종봉(함양), 이재만(밀양), 김정기(남해) 등을 들 수 있다.

(3) 박정희 대통령의 전국 유세와 중진의원들의 가세

민주공화당은 "박정희 총재가 재임기간 동안 소신껏 일할 수 있도록 원내 안정세력을 확보할 수 있게 해 달라"고 호소하며, 조용하고 후유증없는 선거를 목표로 뛰고 있다.

"신민당의 진산파동으로 유리할 것"이라며 전체의석의 3분의 2선 확보를 낙관했다.

박정희 총재는 지방유세에서 "국회에 야당의원이 많아 원내 안정세력이 흔들리면 정치가 동요되고 경제건설을 할 수 없게 되며 사회가 불안해지고 나라 전체가 혼란과 불안 속에 빠져 북괴가 도발할 수 있는 여건 속에 처하게 될 것"이라며 안정을 역설했다.

민주수호국민협의회는 "최근의 신민당 당내분규는 여야간에 년례로 누적된 비열한 암거래가 빙산의 일각으로 노출된 사례로서 야당의 존립이유가 이처럼 부인되는 정치풍토는 마땅히 국민의 지탄을 받아야 한다"고 주장하고, "이 사건에 관련된 모든 여야 정치인이 즉각 정계에서 물러날 것"을 요구했다.

박정희 총재는 "야당은 내가 독재를 한다고들 허위선전을 하고 있으나 독재를 하는 사람이 얼굴을 새까맣게 그을려가면서 여당의원을 뽑아달라고 호소하며 전국 곳곳을 돌아다니겠느냐", "야당은 반대를 위한 반대만을 해야만 선명(鮮明)야당인 줄 아는 비뚤어진 생각을 갖고 있으며 혹시나 야당 사람 중에 정부가 하는 일을 옳다고 얘기했다가는 사쿠라로 몰리고 더욱이 정부 일에 조금이라도 찬성했다가는 왕사쿠라로 몰아치는 고약한 생리를 버리지 못하고 있다"고, 유진산 전 신민당수를 옹호하고 신민당을 전례없이 신랄히 비난했다.

박정희 총재는 "내가 독재를 할 생각이 있었다면 지난 1963년 민정이양도 하지 않고 국회도 없이 국정을 10년 이상 끌어왔을 것"이라면서, "나는 독재를 한 일도 없었고 할 생각도 없고 앞으로도 독재를 안 할 것"이라고 공약했다.

이어 박정희 총재는 "국제정세가 급변하는 여건속에서 선거 때라고 예비군 폐지나 북괴가 남침하지 않는다는 등의 말을 하는 정치인은 대한민국 정치인의 자격이 없다"고, 곧 북괴가 남침할 상황이라고 말했다.

김종필 부총재는 부산 지원 유세에서 "박정희 대통령이 앞으로 4년 국정을 마무리하고 물러나겠다고 한 만큼 그 어른의 공약이 성실히 지켜지는 것을 보자"면서, "총통제 운운은 신민당이 의석을 많이 얻기위해 꾸며낸 말"이라고 유신체제를 전혀 짐작하지 못했거나 어렴풋이 알면서도 거짓말을 늘어놓았는지도 모를 일이다.

그는 "박정희 대통령은 좋은 정치철학을 갖고 있어 4년 후에는 약속대로 그만두게 될 것"이라며 꿈에 부풀어 있었다.

그는 "야당의원을 국회에 많이 보내는 것은 대통령을 나무에 올려놓고 야당보고 흔들라고 하는 것과 같다"고 비유하기도 했다.

김종필 부총재는 "까맣던 박정희 대통령의 머리털이 반백이 된 것은 야당이 박정희 대통령의 속을 썩혀 드렸기 때문"이라고 나이가 들어 반백이 된 것을 야당 탓으로 돌리는 기민함도 보였다.

김종필 부총재는 이번 선거에 여촌야도의 벽을 깨뜨리기 위해 안간힘을 쏟기 위해 83회 8천여 km를 누볐다.

정일권 전 국무총리는 "지역감정을 선동하는 사람들은 민족의 총화를 방해하는 사람들"이라며, "이 좁은 나라가 두 동강 난 것도 가슴 아픈 일인데 지역감정을 선동하여 우리의 단결에 금이 가게 한다면 이것은 북괴 김일성이 가장 원하는 일이 될 것"이라고 주장했다.

길재호 사무총장은 "대통령은 박정희 대통령을 뽑았지만 국회의원은 맘대로 뽑겠다는 생각이 유권자들의 마음이 표면화된 것"이라고 저조한 공화당의 성적을 변명했다.

2. 유진산의 전국구 파동으로 고전이 예상된 신민당

(1) 신민당의 총선주자 선정(選定)의 숨은 뒷얘기들

신민당은 공천심사위원회(양일동, 정일형, 윤제술, 김영삼, 이철승, 김재광, 김응주, 김원만, 이중재, 박영록)를 개최하여 공천심사요강과 일정을 협의했다.

신민당은 종로 등 11개 지구를 제외한 142개구의 국회의원 후보자를 공천했다.

이번 공천에서 번복된 지역구는 정읍(김택술⇨유갑종), 대구중(한병채⇨이대우), 안동(김충섭⇨박해충), 김해(김환기⇨김용관), 김제(유흥철⇨김기옥), 고흥(지영춘⇨정기영), 영광(정헌조⇨정병원), 상주(김달호⇨조남극) 등이고 의정부-양주(신동균), 고양(이교성, 한익홍), 포항-울릉(문달식), 청도(반재현), 삼척(김우영), 대전을(김태룡), 대덕-연기(김지복, 송좌빈), 여천(신순범), 영등포정(윤명운), 종로(미정) 등은 보류됐다.

현역의원 중 유진오, 박순천, 김정렬, 김홍일, 이민우, 편용호는 공천을 신청하지 아니했고 공화당 공천신청자 가운데 진의종(고창), 엄정주(영월-정선), 강대헌(남제주), 임성희(완주), 신관우(청원), 김수명(고성) 후보는 공천됐으나 김우영(삼척), 지영춘(고흥), 길기수(금산), 황호현(횡성-평창) 후보들은 번복되거나 탈락했다.

(2) 유진산 신민당수의 전국구 파동의 여운

5월 7일 유진산 신민당수가 돌연 지역구를 포기하고 전국구 1번으로 등록하여 당내에서 심하게 반발하여 신민당의 기능이 사실상 정지했다.

신민당의 양일동, 고흥문, 정일형, 김원만, 윤제술, 김영삼, 이철승, 김상돈, 서범석 등 주요 간부들은 긴급대책회의를 열고 유진산 당수의 당수직과 전국구 후보직 사퇴를 요구키로 했다.

지역구 공천자들은 유진산 신민당수가 매당(賣黨)행위를 했다고 규탄하는 바람에 당의 이미지가 추락하여 선거운동에 막대한 지장을 초래하고 있다고 주장했다.

누차 영등포갑구 출마를 다짐해온 유진산 당수가 지역구를 포기하고 전국구로 등록한 것은 매우 충격적으로 받아들여졌으며, 6대 국회 때 빚어졌던 진산파동에 이어 제2의 진산파동으로 번져갔다.

일부 당원은 관훈동 중앙당사에 몰려와 유진산 당수, 양일동 부의장 등에게 탈당계 제출과 총선 거부 등을 요구하며, 유진산 당수의 사직을 요구하고 집기를 둘러엎는 등 소란을 피워 신민당 당사 안은 온통 아수라장이 됐다.

신민당원들은 "당을 팔아먹은 진산 나오라. 총선을 보이코트 하라"는 등 신민당 해체를 요구하며 고함을 쳤고, 일부의 당원들은 "피땀 흘려 만든 당인데 왜 해체하느냐, 사쿠라만 몰아내면 될 것 아니냐"고 맞서 입씨름이 오고갔다.

김대중 대선후보는 "유진산 당수가 의혹에 찬 지역구 포기로 당을 사지(死地)로 몰아넣고 그것이 당내 파쟁의 소산인 양 돌리려 함은 국민을 우롱한 처사로 유진산 당수는 물러나야 하며, 나는 국민과 신민당을 위해 모든 투쟁을 다하겠다"고 선언했다.

김대중 후보는 운영위의 수권기구인 6인위원회에서 고흥문, 홍익표, 정일형 등이 유진산 당수를 제명하고 나를 내세워 새로운 당수로 추천하여 국민이 의욕을 갖고 다시 4·27선거와 같은 호응을 기대할 수 있다는 판단에서 당수직을 수락했다고 발표했다.

그는 신민당의 혼란으로 고초를 받고 있으니 가슴 아픈 심정이며, 동지들의 빗발치는 독촉과 애원을 듣고 숙고 끝에 적어도 유진산 당수 아래서는 선거를 치를 수 없으므로 유진산 당수는 물러나야 한다고 생각됐다고 밝혔다.

유진산 당수는 "그들이 무슨 권한이 있길래 나를 제명했는가"라고 반문하며, 6인위원회의 제명 조치를 불법이라고 단정했다.

유진산 당수는 "이런 중대한 시기에 남에게 누명(陋名)을 뒤집어씌우고 당권 도전 작난(作難)을 하는 것은 있을 수 없으며, 이것은 선거전에서 싸우고 있는 동지들에게 찬물을 끼얹는 일로 용납될 수 없으며 끝까지 규명하겠다"고 강경한 어조로 말했다.

그는 "내가 돈을 가지고 일본으로 도망갔느니 하는 말을 하는 사람들의 인격이 의심되고, 이 유진산이 지역구를 팔아넘겼다는 생각을 고치지 않으면 우리의 앞날은 암담한 것이야"라고 덧붙였다.

유진산 당수는 "많은 사람들이 나 더러 지역구를 포기하고 유세지원을 해 달라고 애절하게 요청해 전국구로 나서게 된 거다. 젊은 사람이 조직력도 있고 아버지가 정치자금도 댈 능력이 있어 장덕진 정도는 문제가 없다고 생각했다"고 지역구를 포기하고 박정훈 후보를 공천한데 대해 어처구니없는 해명으로 일관했다.

신민당의 고홍문, 김대중, 정일형, 홍익표 등 4인이 모여 유진산 당수를 제명하고 김대중 대선후보의 당수 권한대행을 결정했으나, 유진산 당수는 "6인위원회 결정은 불법"이라고 맞서 전국구 파동은 새로운 양상으로 접어들었다.

(3) 김홍일 전당대회 의장을 당수 권한대행으로

유진산 신민당수의 돌연한 번의는 당원들의 분노와 비판과 당수의 사퇴요구로 번졌다.
이는 자칫하면 야당궤멸의 상태를 빚어내 야당 스스로 일당독재의 소지를 만들어줌으로써 국민을 배반하는 결과를 가져올지도 모를일이다.
소박한 국민에게 부정선거 때문이 아니라 야당이 저 꼴이니까 선거에 질 수밖에 없다는 인상을 주게됐다.
국민들은 이런 이미지의 정치인은 국민 앞에서 정치 무대에서 사라져야 한다고 생각했고, 신민당원들은 소아에 대한 집념을 버리고 신민당이 무너지면 자신들의 정치적인 장래도 크게 영향을 미친다는 점을 인식해야 한다고 역설했다.
"신민당수가 부지런해서"라고 변명하며 직접 전국구 후보명단을 들고 선관위에 제출한 것은 동지에 대한 신의를 저버리고 거인다운 풍채는 고사하고 정객을 가장한 정상배의 행적일 따름이며, 의심의 암귀(暗鬼)에 가득 찬 정치 행각이란 비판을 받을 수밖에 없게 됐다.
일시나마 불리한 진산파동을 겪은 신민당은 유진산 신민당수와 양일동, 고흥문, 홍익표 운영위원회 부의장들이 사퇴하고 김홍일 전당대회 의장이 당수 권한대행을 맡는 선에서 일단 수습됐다.
김대중 대선후보는 "유진산 당수의 정계 은퇴 요구에는 추호도 변함이 없으나 당내 혼선이 계속될 수 없고, 지역구에서 싸우는 동지들을 외면할 수 없어 김홍일 권한대행을 전폭 지지 수락한다"고 말했다.
신민당내 주류측에서는 김홍일의 권한대행으로 김대중의 등장을 막아 현재 체제를 그대로 유지하고 승계하자는 계산이 깔려 있었다.
신민당은 이번 진산파동으로 모처럼 쌓아올린 당 이미지에 치명상을 입었고, 중대한 시기에 씻을 수 없는 잘못을 저지른 유진산의 탈선으로 진산시대는 조종(弔鐘)을 울렸다.

김홍일 신민당수 권한대행은 김대중, 윤제술, 윤길중, 김재광, 김형일, 이충환을 선거대책위원으로 임명하고 차장으로 김의택, 정헌주를 유임시켰다.

김홍일 신민당 당수 권한대행은 "공화당은 이번 총선에 주권적 독재를 위해 개헌선 확보에 온갖 흉계를 다하고 있으므로 국민은 중차대한 주권독재로 개발독재를 분쇄해 주기 바라며, 신민당이 개헌저지선을 확보 못하면 헌정에 종말이 올 것"이라고 호소했다.

김영삼 의원은 "이번 선거는 불법을 넘어 무법상태에 이르고 있으며 금력과 권력에 좌우되고 있다"고 주장했다.

3. 총선의 흐름과 군소정당 후보들의 발버둥

(1) 지역구, 전국구 687명이 등록하여 열띤 경쟁

이번 총선에는 567명의 후보들이 지역구에 등록하여 평균 3.8대 1의 경쟁률을 보였다.

공화당과 신민당은 153개 지역구에 모두 공천했으나 국민당이 121개, 통사당이 59개, 대중당이 53개, 민중당이 35개 지역구에 후보자를 공천했다.

전국구는 공화당이 40명, 신민당이 33명, 국민당 14명, 대중당 7명, 민중당 13명, 통사당 13명의 후보자를 공천하여 120명으로 모두 687명의 후보들이 등록했다.

민주공화당은 1번에 김종필 당부총재, 2번에 정일권 전 국무총리, 3번에 백두진 국무총리, 4번에 길재호 사무총장 등 40명의 후보자를 선정했다.

민주공화당은 전국구의 인선 원칙을 국가 발전에 현저한 공로가 있거나 공화당의 발전에 공로가 있는 자를 중점에 두었다고 밝혔다.

그 동안 물망에 올랐던 윤치영, 이석제, 이동녕, 김동하, 이영근 등은 내정된 것으로 알려졌으나 모두 탈락했다.

신민당은 유진산, 김대중, 홍익표, 김의택, 김홍일 등을 제외한 모든 공천자에게 헌금을 걷어 들여 전국구(錢國口)라는 별칭을 얻게 됐으며 당외 인사로는 이상조, 오세응 등 둘 뿐이다.

당초 거의 확실시 됐던 정일형 의원의 부인 이태영, 양일동 부의장의 동생인 양삼영은 부부와 형제 국회의원은 안 된다는 원칙에서 제외됐고, 김영삼이 추천한 김용성은 막바지에 김재광이 추천한 방성만을 밀쳐내고 의원뱃지를 달 수 있었다.

당초 21번을 내정됐던 방일홍은 김대중 후보와 유세 도중 밀착됐다는 오해로 경북 대구 출신인 이대우로 변경됐다.

신민당은 이번 국회의원 선거구호로 "1인독재 부정부패 야당보내 뿌리뽑자", "10년 세도 멍든국회 내 한표로 바로잡자", "육성하자 야당 키워주자 야당" 등으로 정했다.

신민당 지역구 후보 공천자 가운데 손권배, 심재갑 후보 외에도 양회수, 황남팔 후보들이 사퇴하여 부랴부랴 공천자를 교체했다.

(2) 영구 독재체제(永久 獨裁體制) 구축을 예견한 김대중 대통령 후보

김대중 대선후보는 "박정희 대통령이 진심으로 공명선거를 바란다면 행정선거를 조장하는 지방유세를 즉각 중지하라"고 촉구했다.

김대중 대선후보는 "유진산 씨는 신민당 간부들과도 아무런 상의없이 하룻밤 사이에 지역구를 포기하여 국민들이 과거부터 그에게 품고 있던 의혹을 한꺼번에 입증했다"고 힐난(詰難)했다.

김대중 대선후보는 "박정희 대통령은 두 번만을 올라가라고 했는데 억지로 세 번째 올라가 있기때문에 밑에서 흔들지 않으면 국민을 깔 볼 것"이라고 주장했다.

김대중 대선후보는 "공화당 정권은 이번 총선거가 끝나면 박정희 대통령이 주장하고 있는 이른바 민족주체세력 단합으로 남북통일을 대비한다는 명분아래 야당에 대해 거국내각 형성을 제의하고 정계개편 방향으로 정국을 몰고 가서 영구집권을 위한 새로운 계획을 세우고 있다"고 주장했지만, 여야 정치인이나 국민들은 아무도 믿어주지 않았다.

그러나 실제적으로는 1년이 지나지 않아 7·4공동성명을 발표하여 국민들을 통일의 환상에 젖게 하고, 10월에는 비상대권을 발동하여 10월 유신을 선포하고 영구 독재체제를 수립했다.

여기에 김종필은 국무총리로 유신체제 수립에 앞장섰고, 오세응과 채문식 등 야당인사들도 공화당으로 변절하여 유신시대의 총아(寵兒)로 떠올랐다.

(3) 308명의 후보자중 당선자 2명을 배출한 군소정당

민주공화당과 신민당의 양대 정당이 자웅을 거룬 선거전에 윤보선 총재가 창설한 국민당이 신민당 공천에서 배제된 전직 의원들을 이삭줍기하여 제3당으로 발돋움했다.

국민당은 지역구에 121명, 전국구에 14명을 등록하여 공화당과 신민당 후보들의 혈전을 활용하여 어부지리를 기대했다.

5대의원인 홍용준(성동병), 2대의원으로 농림부장관을 지낸 신중목(성북을), 3선의원인 윤형남(서대문을), 5대의원인 김산(서대문병), 6대의원인 이종순(부산 동구), 2선의원인 김훈(인천병), 3대의원인 도진희(수원), 7대의원인 이진용(의정부-양주), 2선의원으로 내무부장관을 지낸 장석윤(횡성-평창), 7대의원인 김우영(삼척), 4대의원인 신정호(청원), 4대와 5대의원을 지낸 조종호(제천-단양), 4대의원인 김창동(청양-홍성), 7대의원인 이현재(광양-구례), 3대와 4대의원인 이정휴(광산), 6대의원인 권오훈(안동) 4대의원인 반재현(청도), 4선의원인 최석림(고성), 5대의원인 윤병한(거제), 4대와 5대의원인 이재현(삼천포-사천), 4대의원인 김성탁(울산-울주), 5대의원인 서정원(김해) 후보들을 공천했고, 전국구에도 상공부차관을 지낸 함덕용 후보를 필두로 윤기대, 임춘원, 조정무, 5대의원인 김주묵 후보들을 공천하여 적어도 10석 이상의 당선을 기대했으나 경북 예천에서 칠곡, 영주군수를 지낸 조재봉 후보가 유일하게 당선됐을 뿐이다.

성보경 총재가 이끌고 있는 민중당은 지역구에 35명, 전국구에 13명 등 48명의 후보들을 공천했다.

유명인사로는 경남도의원인 김환기(영등포갑), 중앙정보부장을 지낸 김재춘(김포-강화), 공화당 공천에서 낙천한 7대 의원인 한태일(마산) 후보들이 지역구 후보로 출전했고, 성보경 총재, 문석규 중앙위원 등이 전국구에 출전하여 김재춘 후보가 당선을 일궈냈다.

서민호 대선후보가 신민당으로 변신하여 당의 체질개선이 불가피하여 한국독립당 후신임을 표명한 대중당은 지역구에 53명, 전국구에 함석희, 이필상 등 7명 등 60명을 공천했다.

5대의원을 지낸 정인소(진천-음성), 2대와 4대의원인 유승준(청양-홍성) 후보들이 출전했으나 당선자를 배출하지 못했다.

김철 위원장이 이끌고 있는 통일사회당은 지역구 59명, 전국구 13명 등 72명의 후보를 추천했으나 등록했다가 사퇴한 7대의원인 박재우(부산 동구) 후보를 제외하고 유명인사는 없었다.

전국구에 위원장 김철, 간사장 안필수, 대학교수 이청천 등이 출전했으나 모두 등록에 의의를 두어야 했다.

4. 신민당이 예상을 뒤엎고 강세를 보인 총선결과

(1) 민주공화당은 과반의석을, 신민당은 호헌선(護憲線)을 확보

1971년 5월 25일 총선거에서 공화당 113석, 신민당 89석으로 균형을 이뤘다.

공화당은 과반수선 103석을 10석이나 넘어 원내 안정세력을 구축하는 데 성공했으며, 신민당은 호헌선인 69석을 20석이나 넘어 원내 견제세력을 확보하여 여야가 의석 균형을 이루게 됐다.

군소정당으로는 김포-강화의 민중당 김재춘 후보와 예천의 국민당 조재봉 후보만이 당선됐고, 전국구 의석 배분에서 모두 제외됐다.

이번 총선에서 대도시의 야도(野都)현상은 더욱 두드러지게 나타나고 농촌에서도 야당 후보가 대거 진출하여 여촌의 투표성향이 크게 엷어졌고 대통령 선거 때의 지역에 따른 표의 동서현상은 나타나지 않았다.

김홍일 신민당수 권한대행은 "비록 과반수 확보는 미달했다 해도 호헌선이 넘도록 우리 신민당을 지지, 찬동해 준 국민의 위대한 민주 역량에 감동하며 감사드린다"고 밝혔다.

이번 총선에서 36명의 현역의원이 낙선했으며, 공화당이 26명, 신민당이 5명이며 공화당 공천에서 탈락된 뒤 군소정당으로 입후보했다가 낙선한 의원이 5명이다.

낙선한 의원 가운데는 이효상 국회의장을 비롯하여 박준규, 최두고, 이상무, 이종근, 서민호 의원들도 포함됐다.

낙선한 현역의원들은 공화당 공천으로 이효상(대구남), 최두고(부산진을), 박준규(성동병), 이원만(대구동), 이종근(충주-중원), 이만섭(대구중), 정태성(청주), 이백일(여주-양평), 박두선(정읍), 양순직(논산), 예춘호(영도), 이상무(포항), 김대진(안동), 박주현(경산), 송한철(성주-칠곡), 정진동(예천), 공정식(밀양), 노재필(양산-동래), 이영호(진해-창원), 김두현(당진), 유광현(남원), 김우경(순천-승주), 성낙현(창녕), 임갑수(동래), 김용진(전주), 신용남(고창) 의원 등이다.
　신민당 공천으로 서민호(고흥), 정상구(부산진갑), 박영록(원주-원성), 우홍구(의성), 김옥선(서천) 의원들이고 공화당 공천에서 낙천한 최석림(고성), 김우영(춘천-춘성), 이진용(의정부-양주), 이현재(구례-광양), 한태일(마산) 의원 등이다.
　중앙선관위는 정당별 총득표수를 공화당과 신민당의 득표 비율을 52.36% 대 47.64%로 집계하여 전국구 의석을 공화당 27석, 신민당 24석으로 배분했다.
　중앙선관위는 공화당은 546만 581표를 득표하여 48.8%를, 신민당은 496만 9,050표를 득표하여 44.4%의 득표율을 기록했다.
　국민당 45만 4천여 표로 4.1%, 민중당은 15만 5천여 표로 1.3%, 통사당은 9만 7천여 표로 0.9%를 득표했고 서민호 당수가 신민당으로 복귀한 대중당은 5만 9천여 표로 0.5%를 기록했다.

(2) 최다선 의원은 정일형, 최고령 의원은 75세의 유봉영

　지역구 당선자 153명 가운데 현역의원은 39.2%인 60명이고 초선의원은 49%인 75명이다. 전직 의원이 11.8%인 18명을 차지하고 있다.
　연령별 분포는 40대가 절반이 넘는 77명이고 50대가 44명을 차지하여 79%를 차지하고 있다.

최다선 의원은 7선인 정일형 의원이 차지하고 최고령 당선자는 75세인 유봉영(공화당 전국구) 당선자이다. 최연소 당선자는 31세인 조홍래 당선자로 함안-의령에서 당선됐다.

최소표차는 부산진갑의 공화당 김임식 후보가 신민당 정상구 의원을 32표차로 꺾고 설욕전을 승리로 장식했다.

정치방학 10년 만에 의정에 복귀한 3총사 이철승(전주), 양일동(성동갑), 윤길중(영등포병)가 있는가 하면 4성장군 출신인 민기식(청원), 임충식(해남), 문형태(화순-곡성) 당선자들을 들 수 있다.

여성 당선자는 전국구 후보로서 공화당의 김현숙, 편정희, 모윤숙, 신민당의 김윤덕 후보들이 당선권에 진입했다.

민주공화당의 김종익(부여), 김종필(전국구) 후보들이 당선되어 형제의원이 탄생했고 조윤형(성북갑), 이교선(홍천), 이해원(제천-단양) 후보들은 조병옥, 이재학, 이태용 전 의원들의 영식으로 2세의원이 됐다.

신민당의 최병길(청주), 심봉섭(경주) 후보들은 4번의 낙선 끝에, 신민당의 박일(밀양), 양해준(남원), 진의종(고창), 김상진(영도) 후보들은 3번의 낙선 끝에 당선의 열매를 맺을 수 있었다.

(3) 1975년 대통령 선거에 대한 환상에 젖은 정국

박정희 대통령은 제7대 대통령 취임에 앞서 공화당 부총재인 김종필을 국무총리에 발탁하는 새 내각을 구성하여 발표했다.

외무에는 김용식 외교특보, 법무에는 검찰총장 신직수, 문교에는 민주당 출신으로 대한체육회장인 민관식, 건설에도 민주당 출신으로 석탄공사 총재인 태완선을 기용했다.

언론에서는 1975년을 향한 정계의 새 판도가 예상되어 구심을 노린 포석이라며 10월 유신을 예상치 못하고 분석했다.
 김종필 국무총리는 정치 풍운따라 외유를 두 번이나 했으며 도전을 통한 승계보다 양도만을 바라는 길을 택했다고 평가했으며, 시험대 위에서 새 이미지 형성이 주목된다고 논평했다.
 민주공화당은 정책위의장은 길재호 사무총장을, 사무총장에는 길전식 의원을 발탁했다. 중앙위의장엔 김성곤 재정위원장을, 재정위원장에는 김진만 원내총무를 기용했다.
 낙선한 이효상 의장의 후임에는 백두진 국무총리를 재활용하고 국회부의장 장경순을 10년 동안 유임케 했으며 원내총무에는 민주당 출신인 김재순 의원을 내정했다.
 박정희 대통령은 "나는 1975년 선거에 대통령 후보로 출마하지 않을 것이며 공화당은 새로운 차원에서 당의 체제를 정비하여 국민들과 호흡을 함께하도록 하고, 8대 국회를 능률적이고 원만하게 운영해 나가도록 힘쓰라"고 10월 유신에 대한 연막전술도 펼쳤다.

(4) 진산계 수중(手中)으로 환원(還元)된 신민당의 당권

 신민당 선거사후처리 특별위원회 김형일 위원장은 등록마감일에 유진산 전 당수가 지역구를 포기하고 박정훈을 공천하고 이로 인해 당원들의 난동을 발생케 하고, 전 국민의 공분(公憤)을 사게 한데 대해 책임을 져야 하고, 김대중 대선 후보도 유진산 당수의 지역구 포기를 확인했음에도 불구하고 이를 만류치 않는데 대해 책임을 져야한다는 결론을 내렸다고 밝혔다.
 진산계가 다수를 차지하고 있는 중앙 당기위원회(위원장

김형일)은 진산계만의 참석으로 진산파동 때 난동을 주동한 이윤수, 김여산은 제명하고 난동을 방관한 정일형, 서범석, 김원만은 2년간 정권 조치하고 김대중, 고흥문, 홍익표에게 경고하는 전격적인 징계로 파문을 일으켰다.

신민당 전당대회에 당수 1차 선거에서 김홍일 당수 권한대행 407표, 김대중 대선후보 302표, 양일동 전 정무회의 부의장이 172표로 3파전이 전개됐고, 2차 투표에서 진산계의 전폭적인 지지를 받은 김홍일 후보가 444표를 득표하여 당선되고 370표를 득표한 김대중 후보는 낙선했다.

김홍일 당수는 국회 부의장에 자유당 출신인 정해영을 추천하고 정무위 부의장에 고흥문, 윤제술을 선임했다.

그리고 원내총무에는 김재광을 임명하고 정무위원은 주류 14명, 비주류 8명, 양일동계 3명으로 구성했다.

1972년 1월 26일 신민당은 전당대회를 개최하여 정일형, 이재형을 꺾은 유진산을 새로운 당수로 선출하고 윤보선, 유진오, 박순천, 이상철을 고문에 추대하고 정무위는 진산계가 과반을 차지했다.

(5) 제8대 국회에 등원하는 의원들의 면모(面貌)

〈서울: 공화당 1명, 신민당 18명〉

○공화당: 장덕진(재무부 재정차관보)
○신민당: 권중돈(4선의원), 정일형(6선의원), 송원영(7대의원), 유옥우(3선의원), 양일동(3선의원), 홍영기(2선의원), 정운갑(2선의원), 조윤형(3선의원), 서범석(5선의원), 고흥문(2선의원), 김재광(2선의원), 김상현(2선의원), 윤제술(5선의원), 노승환(서울시의원), 김원만(3선 의원), 김수한(7대의원), 박한상(2선의원), 윤길중(2선의원)

〈부산: 공화당 2명, 신민당 6명〉

○공화당: 김임식(6대의원), 양찬우(7대의원)
○신민당: 김응주(3선의원), 김상진(정당인), 김영삼(4선의원), 김승목(박순천 대표비서), 정해영(4선의원), 이기택(7대의원)

〈경기: 공화당 11명, 신민당 4명, 민중당 1명〉

○공화당: 유승원(6대의원), 김숙현(단국대 교수), 이병희(2선의원), 이윤학(공화당 총무부장), 차지철(2선의원), 오치성(2선의원), 서상린(2선의원), 최영희(7대의원), 박명근(대통령 비서관), 오학진(2선의원), 김유탁(7대의원)
○신민당: 김은하(2선의원), 천명기(김대중 비서실장), 김형일(2선의원), 이택돈(서울고법판사)
○민중당: 김재춘(중앙정보부장)

〈강원: 공화당 8명, 신민당 1명〉

○공화당: 김용호(7대의원), 최돈웅(강원상공회의소장), 이교선(5대의원), 장승태(7대의원), 김재순(3선의원), 한병기(뉴욕총영사), 이우현(7대의원), 김진만(4선의원)
○신민당: 홍창섭(2선의원)

〈충북: 공화당 6명, 신민당 2명〉

○공화당: 민기식(7대의원), 육인수(2선의원), 김원태(4대의원), 정구중(회사장), 이정석(2선의원), 이해원(성균관대 교수)
○신민당: 최병길(변호사), 이택희(정당인)

〈충남: 공화당 11명, 신민당 4명〉

○공화당: 김용태(2선의원), 김제원(경향신문사장), 이병주(7대의원), 김종익(7대의원), 이상익(중정 차장보), 최종성(건설부차관), 장영순(7대의원), 박승규(회사장), 김세배(대검 검사), 김종철(2선의원), 박성호(사법서사)
○신민당: 박병배(3선의원), 김한수(신문기자), 한건수(6대의원), 유제연(학교이사장)

〈전북: 공화당 6명, 신민당 6명〉

○공화당: 유기정(삼화인쇄 대표), 전휴상(3선의원), 길병권(전북 사무국장), 이정우(전북도지사), 이병옥(2선의원), 장경순(2선의원)
○신민당: 이철승(3선의원), 강근호(중앙대 교수), 김현기(7대의원), 양해준(전북도의원), 유갑중(정당인), 진의종(상공부차관)

〈전남: 공화당 15명, 신민당 7명〉

○공화당: 김상영(경제인협회 부회장), 김중태(전남 사무국장), 고재필(7대의원), 문형태(합동참모회의 의장), 박준호(광양군수), 신형식(6대의원), 길전식(2선의원), 윤재명(7대

의원), 정간용(7대의원), 임충식(국방부장관), 정판국(조선대 강사), 오중열(금북중교장), 박종진(공무원), 윤인식(7대의원), 손재형(4대의원)
○신민당: 정성태(5선의원), 김녹영(전남도의원), 김경인(목포시의원), 조연하(5대의원), 이중재(2선의원), 임종기(국회 전문위원), 나석호(서울고법 판사)

〈경북: 공화당 15명, 신민당 8명, 국민당 1명〉

○공화당: 강재구(영남주물 대표), 김병윤(포항시장), 정무식(중정 지부장), 백남억(3선의원), 김성곤(3선의원), 김봉환(2선의원), 김상년(정당인), 문태준(7대의원), 오준석(7대의원), 정진화(경북 사무국장), 박숙현(정당인), 김인(경북도지사), 고우진(철도청 창장), 김창근(2선 의원), 배성기(농업인)
○신민당: 한병채(변호사), 김정두(서울고법 판사), 신진욱(협성재단 이사장), 조일환(3선의원), 심봉섭(정당인), 박해충(5대의원), 이형우(경산 금융조합장), 김창환(정당인)
○국민당: 조재봉(영주군수)

〈경남: 공화당 9명, 신민당 9명〉

○공화당: 구태회(3선의원), 최재구(동국대 교수), 이학만(수산업), 최세경(부산일보사장), 엄기표(육군소장), 정우식(제주도지사), 김영병(공화당 훈련부장), 신동관(대통령 경호차장), 민병권(2선의원)
○신민당: 황은환(서울지검 검사), 김기섭(통영시장), 황낙

주(학교재단 이사장), 조홍래(정당인), 김이권(해군보안대장), 이상신(5대의원), 박일(정당인), 신상우(부산일보기자), 최형우(정당인)

〈제주: 공화당 2명〉

○공화당: 홍병철(대통령경호실 처장), 현오봉(3선의원)

〈전국구: 공화당 27명, 신민당 24명〉

○**민주공화당**: 김종필(2선의원), 정일권(국무총리), 백두진(2선의원), 길재호(2선의원), 김형욱(중앙정보부장), 권오병(법무부장관), 황종률(재무부장관), 이동원(7대의원), 이종우(문교부장관), 유봉영(조선일보 주필), 홍승만(변호사회 회장), 모윤숙(문인), 최용수(노총위원장), 이해랑(예총의장), 강병규(중앙대 교수), 강성원(서울신문 전무), 권일(재일거류민단장), 김성두(공화당 기획조사부장), 신광순(공화당 조직부장), 박태원(경기도지사), 박철(전남매일 사장), 전정구(변호사), 문창탁(공화당 사무차장), 장덕진(의사), 이도선(공화당 훈련부교수), 김현숙(육군 여군부장), 편정희(여성경제인 협회장)

○**신민당**: 유진산(5선의원), 김대중(3선의원), 홍익표(5선의원), 김홍일(7대의원), 김의택(3선의원), 유청(3선의원), 정헌주(3선의원), 이종남(2선의원), 이세규(예비역준장), 편용호(7대의원), 김준섭(5대의원), 채문식(교수), 이상조(동화통신 부사장), 신도환(4대의원), 김재화(재일거류민단장), 김용성(참의원), 강필선(회사장), 오세웅(재미민주협회 회장),

유성범(정당인), 정규헌(신민당 조직국장), 이대우(정당인), 오홍석(신민당 총무부장), 박종률(신민당 청년국장), 김윤덕(신민당 부녀국장)

제4부 지역구별 불꽃 튀는 격전의 현장

제1장 여촌야도(與村野都) 전형을 보여준 수도권
제2장 대선승리의 반작용으로 느슨해진 영남권
제3장 세월이 흐를수록 위축(萎縮)되어가는 비영남권
제4장 충성분자들의 결집체로 전락한 전국구

제1장 여촌야도(與村野都)전형을 보여준 수도권

1. 수도권 35석의 63%인 22석을 신민당이 차지
2. 수도권 35개 선거구 불꽃 튀는 격전의 현장으로

1. 수도권 35석의 63%인 22석을 신민당이 차지

(1) 수도권은 35개 선거구로 전국의 22.9%를 점유

 수도권은 지난 총선에서는 서울이 14개, 인천을 포함한 경기가 13개로 전체 27개 선거구였으나, 이번 총선에서는 인구의 도시집중화 현상으로 8개 선거구가 증설되어 서울이 19개, 경기가 16개로 도합 35개 선거구로 전국의 22.9%를 점유했다.
 이번 총선에서 성동병, 성북병, 서대문병, 영등포병, 영등포정, 인천병구 등 6개구가 증설되고 고양-파주, 시흥-부천-옹진 등 2개구가 분구되었다.

지난 총선에서는 신민당이 서울에서 13개 선거구를 석권하고 경기도에서 2개 선거구에서 승리하여 15개 선거구를 차지했고, 공화당은 서울에서 박준규 후보가 유일하게 승리했고 경기도에서는 11개 선거구를 석권하여 12개 선거구를 차지했다.
 그러나 이번 총선에서는 신민당이 서울에서 18개 선거구를 휩쓸었고 경기에서도 4개 선거구를 건져 올려 22개 선거구를 차지하여 35개 선거구의 63%를 차지했다.
 민주공화당은 서울에서 유진산 당수의 석연(釋然)치 아니한 지역구 포기로 영등포 갑구의 장덕진 후보가 당선됐고, 경기에서 16개 지역구의 75%인 12개 지역구를 휩쓸어 13명의 당선자를 배출했다.
서울에서는 신민당 후보들이 94.7%인 18개 지역구를 휩쓸었으나 농촌지역이 대부분인 경기도에서는 35%인 4개 선거구를 차지하여 여촌야도의 전형을 보여줬다.

(2) 지난 총선에서 당선된 15명은 재당선의 기쁨을

 신민당의 유진오(종로), 조한백(성동갑), 김정열(인천갑) 의원들은 정계를 은퇴했고 김홍일(마포), 유진산(영등포갑) 의원들은 전국구로 방향을 선회했고 장준하(동대문을) 의원은 국민당으로 옮겼다가 여건이 여의치 못하자 국회 진출의 꿈을 접었다.
 정일형(중구), 송원영(동대문갑), 조윤형(성북갑), 서범석(성북을), 김재광(서대문갑), 윤제술(서대문을), 김원만(용산), 박한상(영등포을), 김은하(인천을), 김형일(화성) 의원들은 신민당 공천을 받고 재출전하여 당선됐다.
 민주공화당의 이진용(의정부-양주), 이윤용(평택), 신윤창(고양-파주), 김재소(김포-강화) 의원들은 공천에서 탈락했고 박준규(성동을), 이백일(여주-양평) 의원들은 재공천을 받았으나 낙선했다.
 낙천한 이진용 의원은 국민당으로 당적을 바꿔 도전했으나 공화당 공천자인 이윤학 후보에게 무릎을 꿇었다.
 그리하여 이병희(수원), 차지철(광주-이천), 오치성(포천-연천-가평), 서상린(용인-안성), 오학진(시흥-부천-옹진) 의원들은 재공천과 재당선의 기쁨을 누렸다.
 지난 7대 총선에서 당선된 수도권의 27명 의원 중 신민당의 10명의 의원과 공화당의 5명의 의원 등 15명의 의원들만 귀환하여 귀환율은 55.5% 수준이었다.

(3) 신민당과 민주공화당이 서울과 경기를 양분

 신민당은 서울에서 현역의원인 정일형, 송원영, 조윤형, 서범석, 김재광, 윤제술, 김원만, 박한상 후보들은 재공천하고 유진산 당수와 김홍일 전당대회 의장을 전국구 당선 안정권에 배치했다.

종로에는 4선의원으로 국방부장관을 지낸 권중돈을, 동대문갑구에는 무안에서 3선을 일군 유옥우를, 성동갑구에는 3선의원으로 정정법에 묶여 10년 동안 정치방학을 한 양일동을, 성동을구에는 지난 총선에선 낙천에 불만을 갖고 한독당으로 출전했다 복귀한 홍영기 재선의원을, 성동병구에는 자유당 출신이지만 신민당에 의탁한 정운갑 재선의원을, 성북병구는 전국구의원으로 사무총장을 맡아 활약한 고흥문을, 마포에는 서울시의원으로 지역기반이 튼튼한 노승환을, 영등포갑구에는 전국구의원으로 대변인으로 활동한 김수한을, 영등포정구에는 헌법기초 전문위원 출신으로 5대 총선에선 사회대중당으로 당선됐다가 정정법에 묶여 있던 윤길중 재선의원을 공천하여 당선을 일궈냈다.

민주공화당은 경기도에 이병희, 오치성, 차지철, 서상린, 오학진 현역의원을 공천하여 재당선시켰고, 인천갑구에는 육군대령 출신으로 인천사장으로 활약했지만 지난 총선에서 낙선한 유승원을, 인천병구에는 6대와 7대 총선에서 연거푸 낙선의 고배를 마신 김숙현을, 의정부-양주에는 공화당 총무부장으로 활동한 이윤학을, 평택에는 국방부장관 출신으로 전국구 의원인 최영희를, 파주에는 대통령 비서관을 지낸 박명근을, 고양에는 공화당 기획조사부장 출신으로 전국구의원인 김유탁을 공천하여 당선을 일궈냈다.

신민당 현역의원인 김은하(인천을), 김형일(화성) 후보뿐 아니라 김대중 후보 비서실장인 천명기(여주-양평), 인권변호사로 알려진 이택돈(시흥) 후보들에게 패배한 것도 아쉽지만 중앙정보부장으로 활약한 민중당 김재춘(김포-강화) 후보에게 공화당 후보가 패배한 것은 뼈아픈 아쉬움을 남겼다.

그러나 공화당은 경기지역에는 오치성, 차지철, 서상린, 오학진, 유승원, 최영희 의원 등 혁명주체이거나 군인 출신들을 대거 포진시켰다.

(4) 평균 55%대 득표율로 당선된 수도권 후보들

서울과 경기의 유권자들의 투표 성향이 확연하게 구별된 선거전에서 수도권에서 최고의 득표율은 오치성(포천-연천-가평) 후보가 80.0% 득표율을 자랑했고, 최저의 득표율은 이윤학(의정부-양주) 후보가 40.7%를 기록했다.

70%가 넘는 득표율은 김재광(서대문갑) 후보가 73.2%, 고흥문(성북병), 김수한(영등포을) 후보들이 72.2%를 기록했고, 50% 미만의 득표율은 노승환(마포) 후보가 49.9%, 김재춘(김포-강화) 후보가 45.0% 득표율로 당선됐다.

60%가 넘는 득표율로 당선을 일군 후보들은 조윤형(성북갑), 서범석(성북을), 정운갑(성동병), 김상현(서대문을), 윤제술(서대문병), 김원만(용산), 김숙현(인천병), 김유탁(고양) 후보들이고 권중돈, 정일형, 송원영, 유옥우, 양일동, 홍영기, 박한상, 윤길중, 유승원, 김은하, 김형일, 박명근, 이택돈, 천명기, 최영희, 서상린, 오학진, 차지철 후보들은 50%대 득표율로 당선됐다.

2. 수도권 35개 지역구 불꽃 튀는 격전의 현장으로

| 서울특별시 |

〈종로〉 유진산 당수의 특별배려로 공천을 받은 권중돈 후보가 견제세력을 구축해야 한다는 유권자들의 열망에 힘입어 10년 만에 5선의원에 등극하여 국회에 등원

  우리나라 정치1번지로 일컬어지는 이 지역구는 지난 7대 총선에서는 신민당 대표위원으로 고려대 총장을 지낸 유진오 후보가 직접 출전하여 공화당의 창당주역으로 중앙위의장, 원내총무 등을 역임한 전국구의원인 김성진 후보와 5선의원으로 한국독립당을 창당하여 대통령 선거에 출마했던 전진한 후보를 가볍게 제치고 국회에 등정했다.
  체육인 자유당 신정수, 정치인 민중당 이동희, 서울시의원인 대중당 문학우 후보들도 얼굴을 내밀었다.
  이번 8대 총선에서 공화당은 한국은행 부총재 출신으로 한국일보 사장, 부총리 겸 경제기획원장관을 지낸 장기영 후보를 내세웠고, 신민당은 경북 영천에서 2, 3, 4, 5대 총선에서 당선되어 4선의원으로 민주당 정부 때는 국방부장관을 지냈지만 6대 총선에서 낙선한 권중돈 후보를 대항마로 내세웠다.
  7대 총선에는 자유당으로 출전했던 신정수 후보가 통사당으로, 국제직업학교장인 최주열 후보가 민중당으로 출전하여 4파전이 형성됐다.
  경제기획원 장관을 지내면서 '인간 불도저' 또는 '뛰면서 생각하는 25시'라고도 불리는 장기영 후보는 "정기(正氣)는

중공의 유엔 가입이 전망되는 70년대에 초당적인 통일기반을 구축하는데 일비지력(一臂之力)이 되겠다는 것이며, 객기(客氣)는 국회의원이란 사나운 시누이로부터 받은 며느리 설움을 풀기 위한 것"이라고 출마 소견을 밝혔다.

 장기영 후보는 1960년 민주당 구파의 지원으로 서울시장 선거에 입후보했을 때 이 지역에서만은 민주당 김상돈 후보를 눌렀다면서 부인을 대동하고 안방침투에 주력했다.

 진산계의 중진의원으로 유진산 당수의 특별배려로 이 지역구에 공천을 받은 권중돈 후보는 "종로와 같은 한국 제일의 정치지성 지역에서 야당후보를 밀어주지 않으면 야당의 설 땅이 없게된다"면서, 지역주민들의 반여정서를 충돌질했다.

 지역기반이 없고 자금과 조직의 열세인 권중돈 후보는 "건전야당을 육성하는 데 종로가 전진기지의 역할을 하자"며 당원들을 독려했다.

 두 후보는 안동 장씨와 안동 권씨로 서로 혼인도 못하는 사이로 호형호제하는 절친한 사이이며, 장기영 후보는 "언론인, 체육인의 한 사람으로 모범적인 공명선거를 하겠다"고 다짐했다.

 페어플레이 정신으로 비교적 공명선거가 실시된 선거전에서 조직은 없지만 견제세력을 구축해야 한다는 유권자들의 열망에 힘입어 권중돈 후보가 명망과 방대한 조직을 구비한 장기영 후보를 1만여 표차로 꺾고 10년 만에 5선의원에 등극했다.

□ 득표상황

후보자	정당	연령	주요 경력	득표 (%)
권중돈	신민당	58	4선의원, 국방부장관	46,768(55.8)
장기영	민주공화당	55	부총리, 한국일보사장	36,404(43.5)
신정수	통일사회당	29	4·19재단 운영부장	294(0.4)
최주열	민중당	43	국제직업학교장	279(0.3)

〈중구〉 민주공화당 창당요원으로 외무부장관을 지낸 정일형 후보의 7연승의 도우미로 전락하여 3연패 한 박인각

 서울역과 남대문시장을 끼고 있는 이 지역구는 굴욕적인 한일회담을 반대하기 위해 의원직을 내던졌던 정일형 후보가 지난 7대 총선에 신민당 공천을 받고 재출격하자, 심계원 국장 출신으로 지난 6대 총선에서 차점 낙선한 공화당 박인각, 의원직 사퇴에 따른 보궐선거에서 당선됐으나 신민당 공천에서 탈락하자 자유당을 업고 나온 신인우, 국민대 교수로 지난 7대 보궐선거에서 낙선한 한독당 박상원, 선거기간 중 중도사퇴한 정의당 경춘하 후보들이 출전했다.
 북한 출신으로 월남인들의 전폭적인 지지를 받은 정일형 후보가 2대, 3대, 4대, 5대, 6대, 7대 총선에서 연승을 거두고 6선의원으로 우뚝 솟아올랐다.
 민주공화당 박인각 후보는 6대 총선에 이어 연패했고, 호랑이 없는 골짜기에서 주인으로 군림했던 신인우 후보의 성적은 초라했다.
 이번 8대 총선에서도 정일형 의원이 최다선인 7선의원 고지를 향해 신민당 공천을 받고 달려나가자, 공화당은 두 번 연거푸 낙선한 박인각 후보를 내세워 세 번째 맞대결을 펼치도록 했다.
 정당인인 한덕순 후보가 국민당으로, 공익사업가인 김동열 후보도 민중당으로 출전했다.
 선거전은 공화당의 박인각 후보와 신민당의 정일형 후보의 각축전으로 전개됐으며, 두 후보 모두 이북 출신이며 기독교인으로 월남인과 영락교회 기독교인표 침투에 사활을 걸고 있으나 중첩되어 승패를 가늠하기는 어려웠다.

1950년 2대 총선 이후 한 번의 낙선도 없이 6연승을 달려 온 정일형 후보가 그 동안의 관록과 외무부장관을 지낸 인물론을 내세워 7연승을 이어갔다.

박인각 후보는 6대 총선부터 줄기차게 도전했으나 정일형 후보와 지지성향의 중첩(重疊)으로 3연패라는 수모를 당했다.

□ 득표상황

후보자	정당	연령	주요 경력	득표 (%)
정일형	신민당	67	7대의원(6선)	28,685(58.7)
박인각	민주공화당	54	심계원 국장	19,899(40.7)
한덕순	국민당	46	정당인	169(0.3)
김동열	민중당	52	정치인	152(0.3)

〈동대문 갑〉 세 번째의 맞대결에서 기독교인, 고려대 교우회, 호남 출향민들의 전폭적인 지지로 재선의원으로 발돋움한 송원영

지난 7대 총선에서는 13년을 다듬어 쌓아 온 아성을 지키고자 하는 4선의원인 공화당 민관식 후보와 지난 6대 총선에서 패배한 설욕을 씻고자 고군분투한 경향신문 정치부장 출신인 신민당 송원영 후보가 건곤일척 한판 승부를 벌여 송원영 후보가 동정표와 야당후보에 대한 표쏠림 현상으로 승리하여 국회 등원에 성공했다.

변호사 출신 정치인으로 얼굴을 자주 내밀었던 민주당 조기항, 정당활동을 한 민중당 김진태, 회사원인 한독당 조벽래, 패기에 찬 변호사인 자유당 김문수, 회사장인 통한당 김운식 후보들도 얼굴을 내밀었다.

이번 8대 총선에도 자웅을 겨뤘던 민관식 후보가 대한체

육회장으로 재무장하여, 송원영 후보가 신민당 대변인으로 활약한 바탕 위에 세 번째 맞대결을 펼쳤다.

회사장인 국민당 여현탁, 태창건업 사장인 대중당 서정학, 민선 면장 출신인 민중당 김윤식, 노동자인 통사당 하병욱 후보들도 출전했다.

4선(3, 4, 5, 6대)의원의 관록에다 대한체육회장, 약사협회 회장 등으로 정계의 헤비급인 민관식 후보와 신민당 대변인으로 활발한 원내활동을 해 온 송원영 후보가 3번째 맞붙은 숙명의 격전장이다.

4년간 패배의 설욕을 되씹어온 공화당 민관식 후보의 설욕과 이를 허용치 않으려는 신민당 송원영 후보간의 사력을 다한 격전이 전개됐다.

대한체육회장으로 중량감을 키워 온 민 후보가 4선을 하는 동안 벌여온 사업과 지연, 공화당의 조직표가 강점이라면, 대변인으로 세상에 얼굴을 알려 주가를 올린 송 후보는 고려대 교우회와 교회를 중심으로 한 사조직이 득표의 기반이다.

민 후보는 송 후보를 '반칙의 명수'라고 혹평하고, 송 후보는 민 후보를 '누명을 뒤집어씌우기에 안간힘을 다하는 더티 플레이어'라고 비난했다.

원외이면서도 '살기좋은 동대문'이라는 슬로건을 내건 민 후보는 체육회관, 동대문 시립도서관 건립, 태릉선수촌을 세계적인 규모로 키웠다고 자랑하고, 민 후보는 초선의원이지만 어느 관록의원 못지않게 의정활동이 활발하게 했고 국회 방청만도 4천 명을 시켜 왔다고 반격했다.

민 후보는 "겉으로만 야당이냐, 여당 중의 야당이야말로 동대문을 발전시킨다"며 홍보에 열중한 반면, 송 후보는 "골목에다 마이크를 걸어 놓고 하루 10여 군데씩 강연을 하여 청중수가 기하급수적으로 확산됐다"고 골목강연의 효능을 자랑했다.
 합동강연회에서 민 후보는 "이번이 마지막 출마"라고 배수진을 친 비장(悲壯)한 호소에 대해, 송 후보는 "그런 잔꾀에 넘어갈 사람이 아무도 없다"고 응수했다.
 조직은 민 후보가 우세하지만 도시 중에서도 서울 특유의 야당세를 주축으로 기독교인과 고려대 출신, 호남 출향민들의 전폭적인 지원으로 이번 총선에서도 송 후보가 1만여 표차로 승리했다.

□ 득표상황

후보자	정당	연령	주요 경력	득표 (%)
송원영	신민당	42	7대의원, 국무총리비서	48,456(56.2)
민관식	민주공화당	53	4선의원(3,4,5,6대)	36,717(42.6)
서정학	대중당	38	대한건업사장	337(0.4)
김윤식	민중당	44	지방의회의장	265(0.3)
하병욱	통일사회당	31	정당인	228(0.3)
여현탁	국민당	53	회사 대표	196(0.2)

〈동대문 을〉 범정부적인 지원과 120억 원에 달하는 지역사업을 전개하고도 지역과는 인연이 없는 생소한 인물들에게 연패를 거듭한 강상욱

 지난 7대 총선에서는 혁명주체로서 전국구 의원으로 서울시당위원장을 맡아 활동한 공화당 강상욱 후보가 사상계 대표로 윤보선 대선후보 연설원으로 활동하다가 반공법에 위반되어 구속된 신민당 장준하 후보와 한판 승부를 벌였다.
 옥중 출마한 장준하 후보를 위해 정운갑 사무총장이 선거사무장을 맡고 윤보선을 비롯하여 박순천, 함석헌, 박기출 등의 집중적인 지원유세와 사상계 대표로 쌓은 인망에 힘입어 장준하 후보가 대승을 거두었다.

경기도 용인에서 5대의원에 당선된 김윤식 후보는 대중당으로, 서울시의원이었던 김인화 후보는 민주당으로, 전북도의원이었던 신준수 후보는 한독당으로 출전했다.

정의당 이상주, 자유당 이상호, 통한당 오창욱 후보들도 출전했다.

이번 8대 총선에서는 지난 총선에서의 패배를 설욕하기 위해 최고위원, 6대의원을 지낸 강상욱 후보가 청와대 공보비서관, 대변인으로 재무장하여 공화당 공천으로 출전했다.

신민당은 윤보선 대선후보를 쫓아 국민당을 기웃거린 장준하 의원을 제명하고 전남 무안에서 3대, 4대, 5대의원에 당선됐으나 공화당 배길도 후보에게 6대와 7대 총선에서 연거푸 패배하고 상경한 유옥우 후보를 내세웠다.

언론계에 10년 근무한 송기철 후보는 대중당으로, 자민당 대변인을 지낸 김용대 후보는 민중당으로, 전국 노동학생총연맹위원장인 최종선 후보는 통사당으로 출전했다.

7대의원 선거 때 전국에서 가장 두드러진 지역개발을 해놓고도 고배를 마셨던 강상욱 후보는 이번 총선에서도 답십리에 경공업단지를 개발한다는 것을 비롯하여 120억원 규모사업의 공약을 이행했음에도 불구하고 지난 7대 총선에서 강 후보의 낙선을 두고 공화당은 서울 사람이 의리가 없다는 산 증거라고 혹평했다.

중랑천변과 청계천변을 준설하여 하천부지에 택지를 조성해서 이 주변의 판자촌을 모두 양성화하겠다는 공약뿐만 아니라 청량리역의 터미널화, 홍릉산 일대 판자촌의 양성화, 상하수도시설과 뒷골목포장 등에 50억원 투입 등 다양한 공약을 내걸은 강상욱 후보는 대통령 선거의 투표 결과를 보고 "네가 이 정도로 하는데도 표가 그 꼴이면 나도 총선에 출마 하지 않겠다"고 엄살을 피우기도 했다.

자유당 시절부터 독설가로 유명한 유옥우 후보는 "여당 후보가 아무리 많은 지역 공약을 하더라도 그것은 국민의 혈세를 전제로 하는 것"이라고 반격했다.

이 지역구에서 생소한 인물인 유 후보는 지역연고는 없지만, 유권자의 30%를 차지하고 있는 호남 출향인과 골수 신민당원의 협조를 기대할뿐이었다.

지역개발과 선심공세에 매료된 주민들과 호남 출향민들을 주축으로 한 반골 주민들과의 싸움은 유옥우 후보가 2천 5백여 표차로 승리하여 4선의원에 등극했다.

7대 총선 때 개표장에서의 난동으로 신문지상에서 지탄의 대상이 된 것이 범정부적인 지원을 받은 강상욱 후보의 패인 중 하나일 것으로 보인다.

□ 득표상황

후보자	정당	연령	주요 경력	득표 (%)
유옥우	신민당	56	3선의원(3, 4, 5대)	75,046(50.4)
강상욱	민주공화당	44	6대의원, 당대변인	72,437(48.7)
김용대	민중당	30	정치인	505(0.3)
최종선	통일사회당	28	한국공론사편집국장	488(0.3)
송기철	대중당	40	언론인	323(0.2)

〈성동 갑〉 정치활동정화법에 묶였다가 10년 만에 정치를 재개한 양일동 후보의 앞길을 활짝 열어준 공화당 정봉중

지난 총선에는 성북 갑-을구로 분구됐으나 이번 총선에서는 분구되어 성북 갑-을-병구로 세분됐다.

지난 7대 총선 때 성동갑구에서는 전북 김제에서 3대, 4대, 5대 총선에서 당선됐으나 6대 총선에선 공화당 장경순 후보에게 대패한 조한백 후보가 이 지역에서 4대, 5대, 6대 총선에서 당선된 유성권 의원을 밀쳐내고 신민당 공천을 받

고서, 낙천에 반발하여 민주당으로 옮겨 출전한 유성권, 재건국민운동 성동구촉진회장으로 지난 6대 총선에 출전하여 차점 낙선한 공화당 정봉중, 4대의원과 서울시장을 지낸 자유당 임흥순 후보들을 제치고 4선의원 반열에 올랐다.

7대 총선에서 유성권, 정봉중 후보들은 조한백 후보와 3파전을 전개했고 민중당 김제윤, 대중당 한석관, 정의당 진봉운 후보들은 완주했으나 서울시의원을 지낸 한독당 손진태 후보는 중도 사퇴했다.

이번 총8대 선에는 전북 군산에서 3대, 4대, 5대 총선에서 당선되고 민주당 정부시절 국방부차관으로 활약했으나 정정법에 묶여 10년 동안 정치방랑아였던 양일동 후보가 조한백 의원을 밀쳐내고 신민당 공천을 받아 출전했고, 6대 총선에선 민주당 유성권 후보에게, 7대 총선에선 신민당 조한백 후보에게 패배했던 서울주조협회 이사장인 정봉중 후보가 공화당 공천을 받고 3번째 도전했다.

한독당 당무위원을 지낸 이용구 후보가 국민당으로 출전하여 두 후보의 결전을 지켜봤다.

합동연설회에서 정봉중 후보는 "양일동 후보가 민주당 때 부정축재 명단에 오른 유일한 사람으로 알고 있다"며 인신공격하고, "신민당이 전국구 공천을 3~5천만 원 씩 팔았는데 그 주모자의 한 사람이 양일동이니 따져보라"고 유권자들이 요청했다고 공격했으나, 공격이 빗나가 정봉중 후보는 6대 총선에서는 유성권, 7대 총선에선 조한백, 8대 총선에선 양일동 후보들에게 3연패했다.

□ 득표상황

후보자	정당	연령	주요 경력	득표 (%)
양일동	신민당	58	3선의원(3, 4, 5대)	47,593(59.3)
정봉중	민주공화당	54	서울주조협회장	32,081(39.9)

| 이용구 | 국민당 | 35 | 한독당 당무위원 | 631(0.8) |

〈성동 을〉 지난 6대 보궐선거에서 당선된 후 정치적 방황을 하다가 공화당에서 영입한 민병기 후보를 꺾고 정치적 재기에 성공한 홍영기

 지난 7대 총선 때 성동을구에서는 경북 달성에서 4대 총선 때 민주당 공천으로 자유당 김성곤 후보에게 패배하고, 5대 총선 때는 민주당 공천으로 김성곤 후보의 불출마로 당선되어 청조회를 조직하여 활동하다가 6대 총선 때에는 공화당으로 전향하여 달성에 출격하고자 했으나 김성곤 후보가 터전을 잡아 자의 반 타의 반 이 지역구에 터전을 잡아 민주당 홍용준 5대의원을 꺾고 기반을 마련하여 7대 총선에도 연거푸 출전한 박준규 후보가 6대 총선에서의 패배를 설욕하고자 재출격한 신민당 홍용준 후보와 민주당 시절 김상돈 의원이 서울시장에 입후보하기 위해 사퇴하여 실시된 마포 보궐선거에서 당선된 민주당 신상초 후보들을 꺾고 3선의원 반열에 올랐다.
 서울시 농민회장인 자유당 어수철, 동국대 총학생회장인 통사당 김종대, 서울시의원을 지낸 대중당 최봉수 후보들은 완주했으나 통한당 김명환 후보는 등록했다가 사퇴했다.
 당선된 박준규 의원이 신설된 병구로 옮겨가 사실상 신설구인 이 지역구에 이번 총선에서는 대학교수로서 UN총회 한국대표로 활약한 민병기 후보가 공화당으로, 전북 순창에서 5대 총선 때 김병로 초대 대법원장을 꺾고 유명해졌으나 6대 총선 때는 공화당 한상준 후보에게 패배하고 윤제술 의원이 한일회담 반대투쟁을 위한 의원직 사퇴로 실시된 서대문을구 보궐선거에서 민중당으로 출전하여 자유당 시절

국회부의장을 지낸 임흥순 후보 등을 꺾고 재선의원이 된 홍영기 후보가 신민당 공천을 받고 출전했다.

지난 7대 총선에 대중당으로 출전했던 최봉수 후보가 국민당으로 출전하여 지역구의 터줏대감임을 과시했다.

홍영기 후보는 지난 총선에는 낙천에 반발하여 한독당으로 서대문을구에 신민당 윤제술 후보에게 도전하여 참패를 당하고 신민당에 귀순하여 이 지역구에 공천을 받은 행운을 잡았다.

서울 그것도 호남 출향민들이 많은 지역 특성을 살린 홍영기 후보가 구한말 명성황후 민비의 인척으로 대학교수인 민병기 후보를 큰 표차로 따돌리고 3선의원 반열에 올랐다.

□ 득표상황

후보자	정당	연령	주요 경력	득표 (%)
홍영기	신민당	52	2선의원(5, 6대)	45,849(57.6)
민병기	공화당	45	국제정치학회장	33,140(41.6)
최봉수	국민당	48	서울시의원	636(0.8)

〈성동 병〉 공화당의 불모지인 서울에서 전진기지를 구축했지만 8년간 군림한데서 온 권태감으로 참패를 당한 박준규

이번 총선에서 신설된 이 지역구에는 지난 7대 총선에서는 성동을구에서 맞대결을 펼쳐 당선된 공화당 박준규 후보와 신민당 공천으로 낙선하고 국민당으로 옮겨간 홍용준 후보, 통사당으로 낙선한 화양시장조합장인 김종대 후보들이 재대결을 펼쳤다.

총무처 인사국장, 농림부장관 출신으로 자유당 공천으로 충북 진천에서 4대 총선 때 민주당 이충환 후보를 꺾고 당선됐으나 5대와 6대 총선에는 연거푸 낙선하고 7대 총선에

는 신민당 사무총장과 전국구의원으로 활약한 정운갑 후보가 신민당 공천을 받아 출전했고, 육군 본부에 근무했던 한용수 후보도 대중당 공천으로 얼굴을 내밀어 박준규 3선의원과 정운갑 2선의원의 혈투를 지켜봤다.

서울시지부장, 외무위원장인 박준규, 농림부장관으로 재선의원인 정운갑, 서울에서 유일한 현역의원의 대결장이며 정운갑 후보가 자유당 출신인 반면 박준규 후보는 민주당 출신으로 변절한 정치인인 면에서는 동색(同色)이다.

"미우나 고우나 8년을 다졌다. 사업을 가장 많이 벌여 놓았으니 매듭을 지어야 한다"고 지역개발을 선점한 박준규 후보는 "공화당을 싫어하는 자들과의 설득만 끝내면 야당이란 고지밖에 가진 것이 없는 상대를 누를 수 있다"고 자신했다.

박준규 후보는 '서울의 홍일점', '영광의 홍일점', '서울대 교수를 지낸 지성의 심볼' 등의 구호를 외치며 "서울시민이 아끼는 양심적이고 지성적인 유일한 여당인물"이라는 이미지를 부각시키며, '변두리는 새서울로'라는 지역개발을 내세워 승세를 굳혀갔다.

신익희 선생의 연고지인 경기도 광주 지역의 편입으로 반서울 반농촌의 지역적 특수성을 가진 지역구와 외교통과 농림통인 현역의원의 맞대결에서 정운갑 후보는 "해공선생을 모셨던 우월감을 되살려 야당을 지지하자"고 호소했다.

정 후보는 "박준규 후보가 밀가루와 부녀계로 굳혀 온 난민지구 6개동을 잠식하여 승리를 굳히겠다"고 장담했다.

국민당 홍용준 후보는 "자유당하는 사람이 서울에 품팔이 출마했다"고 정운갑 후보를 공격했지만, 정운갑 후보가 예상 밖의 압도적 승리를 거머쥐고 3선의원으로 발돋움했다.

여당 불모지인 서울에 공화당의 전진기지를 구축하는데 성공한 박준규 후보가 4선을 목표로 최선을 다했지만 8년간 아성을 구축한데서 온 유권자들의 권태감과 조직관리를 소홀히 한데 온 부작용이 반공화당 정서와 겹쳐 대패를 하게 됐다.

□ 득표상황

후보자	정당	연령	주요 경력	득표 (%)
정운갑	신민당	57	7대의원(2선)	58,451(62.5)
박준규	민주공화당	45	7대의원(3선)	33,026(35.3)
홍용준	국민당	51	5대의원(성동을)	891(1.0)
김종대	통일사회당	30	화양시장조합장	889(0.9)
한용수	대중당	38	육군본부근무	227(0.3)

〈성북 갑〉 6대 총선에서부터 공화당 우만형, 정병태, 신영철 후보들을 차례로 꺾고 30대에 4선 중진의원 반열에 오른 조윤형

성북구는 지난 총선때까지는 갑-을구로 분구됐으나 이번 총선에서는 갑-을-병구로 세분됐다.
지난 총선 때 성북갑구에서는 조병옥 박사의 아들로 5대 총선 때 강영훈 의원의 사망으로 치러진 양주갑구 보궐선거에서 민주당 공천과 선배 의원들의 전폭적인 지원으로 가까스로 당선된 조윤형 후보가 6대 총선에는 성북의 터줏대감인 서범석 의원의 배려로 이 지역구에 터전을 잡아 내무부 차관을 지낸 공화당 우만형 후보 등을 꺾고 터전을 마련했다.
조윤형 후보는 7대 총선에도 신민당 공천을 받고서 우만형 후보를 대체한 공화당 정병태 후보를 비롯하여 개성에서 제헌의원에 당선된 자유당 이성득, 경남 함안에서 2대의원에 당선된 민중당 양우정 후보들을 꺾고 30대 초반에 3선의원

이 됐다.

특별재판소 심판관인 민주당 한동학, 정치인인 한독당 이용구, 신문기자인 통사당 함석희 후보들도 출전했다.

이번 8대 총선에 공화당은 신민당 조윤형 후보의 대항마로 정병태 후보를 동양방송 뉴스평론 주간인 신영철 후보로 교체했고, 극동고무 대표인 국민당 윤병익, 출판인인 통사당 이영실 후보들도 출전했다.

현역의원이란 잇점을 살린 조윤형 후보가 파리 소르본느대학 출신으로 TBC 논설주간으로 활약한 신영철 후보를 무려 3만여 표차로 꺾고 30대에 4선 중진의원 반열에 올라섰다.

신민당 조윤형 후보는 5대에는 경기도 양주 보궐선거에서 당선됐지만 6대 총선부터는 성북에 터전을 잡아 우만형, 정병태, 신영철 공화당 후보들을 차례로 꺾었다.

□ 득표상황

후보자	정당	연령	주요 경력	득표 (%)
조윤형	신민당	37	7대의원(3선)	58,713(66.5)
신영철	민주공화당	47	고려대 강사	28,317(32.1)
윤병익	국민당	43	극동고무 대표	1,002(1.1)
이영실	통일사회당	46	정당인	286(0.3)

〈성북 을〉 경기도 옹진 출신이지만 1954년부터 이 지역에 터를잡아 5연승을 달려 터줏대감으로 자리매김된 서범석

지난 7대 총선에는 경기도 옹진에서 2대의원에 당선됐다가 성북에 터전을 마련하여 4대, 5대, 6대 총선에서 연승을 이어온 서범석 후보가 신민당 공천을 받고 4연승을 향해 질주하자, 공화당은 회사대표인 김인순 후보를 내세워 저지하고자 했으나 1만 4천여 표차로 무너져 무위에 그쳤다.

군산시의원을 지낸 정의당 진복기, 제주에서 5대의원에 당선된 대중당 김성숙, 강원도 화천에서 5대의원에 당선된 김준섭 후보들도 저지운동에 동참했다.
언론인인 통한당 김성근, 자민당 이동원, 통사당 정운성 후보들과 건축업자인 한독당 김백규 후보들도 참전했다.
이번 8대 총선에도 지난 7대 총선에서 낙선한 공화당 김인순 후보가 재도전했고, 경남 거창에서 2대의원에 당선됐고 농림부장관을 지낸 신중목 후보가 국민당으로, 대성실업 대표인 이권민 후보가 통사당으로 출전했다.
선거 초반부터 승패가 확연하여 세간의 이목을 조명 받지 못한 지역구에서 경기도 출신이지만 이 지역의 터줏대감으로 자리매김된 서범석 후보가 지난 총선에서도 겨뤘던 김인순 후보를 가볍게 꺾고 6선의원에 등극했다.
철기 이범석 초대 국무총리가 설립한 민족청년단 핵심인물로 2대의원과 농림부장관을 지내다 족청계 숙청 때 파직된 신중목 후보가 정치적 재기를 위해 지난 총선에는 거창-함양에 출전했으나 낙선하고 이번 총선에는 이 지역구의 문을 두드렸으나 솟을대문은 높기만 했다.

□ 득표상황

후보자	정당	연령	주요 경력	득표 (%)
서범석	신민당	49	7대의원(5선)	67,040(65.5)
김인순	민주공화당	52	정당인	33,281(32.5)
신중목	국민당	68	2대의원, 농림부장관	1,677(1.7)
이권민	통일사회당	35	대성실업 대표	347(0.3)

〈성북 병〉 8년간 전국구를 맴돌았지만 풍부한 재력을 활용하여 야당성향표를 결집시켜 4만여 표차로 대승한 고흥문
이번 총선에서 신설된 이 지역구에는 신민당 사무총장 출신

으로 6대와 7대 연거푸 전국구 의원으로 맴돌았던 고흥문 후보가 이 지역구에 안착했고, 경기도 파주에서 자유당 공천으로 3대와 4대 총선에서 당선된 정대천 후보가 공화당 공천을 받고 출전하여 신설된 지역구의 주인이 되고자 했다.
육군대학 출신인 국민당 한흥, 언론인인 대중당 송순영 후보들도 출전했다.
재력을 구비하여 8년간 전국구 의원으로 활동하면서 지역에 터전을 마련한 고흥문 후보가 공화당의 하명(下命)공천을 받고 출전한 이제는 구시대 인물로 평가된 정대천 후보를 무려 4만여 표차로 꺾고 3선의원 반열에 올랐다.

☐ 득표상황

후보자	정당	연령	주요 경력	득표 (%)
고흥문	신민당	49	7대의원(2선)	63,919(72.2)
정대천	민주공화당	61	2선의원(3, 4대)	23,809(26.9)
한 홍	국민당	50	제1군사령부참모장	488(0.6)
송순영	대중당	30	언론인	329(0.3)

〈서대문 갑〉 서울시의원 출신으로 이 지역구의 터줏대감인 김도연 의원을 전국구로 올리고 3연승을 구가한 김재광

지난 7대 총선에서는 서대문구는 갑-을구였으나 이번 총선에서는 갑-을-병구로 증구됐고, 지난 7대 총선에서 서대문갑구는 한일회담 비준반대를 위해 의원직을 사퇴했던 김재광 후보가 신민당 공천을 받고 재선을 예약하고서 출전하자, 공화당은 2대의원, 국방부장관, 주영대사를 지낸 김용우 후보를 내세워 저지하고자 했으나 무참하게 무너졌다.
노동운동가인 대중당 현의암, 4월혁명동지회장인 한독당

김진출, 대한청년단 간부였던 민중당 김경석, 대한신문 사장인 자유당 최진원, 회양상선 사장인 통한당 민병린, 독립운동가였던 정의당 계성범 후보들도 출전했으나 모두 1%의 득표율도 올리지 못했다.

이번 8대 총선에서도 김재광 의원이 신민당 공천을 받고 3선을 향해 진군하자, 공화당은 김용우 후보를 30대의 군법무관 출신 변호사인 오유방 후보로 교체하여 출전시켰다.

지난 7대 총선에도 출전했던 대중당 현의암, 민중당 선전부장으로 활약한 김경석, 서울국립교도관 학교장인 통사당 김대석 후보들도 등록했다.

민주공화당 오유방 후보와 신민당 김재광 후보는 충북 청주 출신으로 동향이다.

서울시의원 출신인 김재광 후보가 서대문의 터줏대감인 김도연 의원이 전국구로 옮긴 틈새를 비집고 지역구를 차지하고서, 6대 총선에선 2대의원 출신인 조주영, 7대 총선에는 국방부장관을 지낸 김용우, 이번 총선에선 육군법무관 출신으로 정치초년병인 오유방 후보를 꺾고 3연승을 구가했다.

유진산 당수의 진산파동에 대해 김재광 후보는 "신민당은 진정한 민주주의 정당이기에 잘못이 있으면 당수도 몰아낼 수 있지만 다른 정당은 감히 엄두도 못 낼 일"이라고 해명했다.

□ 득표상황

후보자	정당	연령	주요 경력	득표 (%)
김재광	신민당	49	7대의원(2선)	52,580(73.2)
오유방	민주공화당	30	육군법무관	18,366(25.6)
현의암	대중당	44	정당인	375(0.5)
김대석	통일사회당	64	서울교도관학교장	279(0.4)
김경석	민중당	45	정당인	233(0.3)

〈서대문 을〉 유명한 아나운서로 널리 알려진 임택근, 전남 순천에서 3선의원에 등정한 윤형남 후보들을 꺾고 3선의원 반열에 오른 김상현

 지난 7대 총선 때 서대문을구에서 당선된 신민당 윤제술 의원이 신설된 병구를 선택하여 사실상 신설구가 된 이 지역구에 신민당은 한일협정 반대를 위해 윤보선 대선 후보를 쫓아 의원직을 내던진 윤제술 의원의 후임 선출을 위한 보궐선거에 민중당 공천으로 출전하여 자유당 임흥순, 추풍회 정인소, 보수당 고담룡 후보들을 꺾고 국회에 등원하고서 7대 국회에서는 신민당 전국구 행운열차에 탑승했던 김상현 의원이 신민당 공천을 받고 3선의원을 향해 진군나팔을 불었다.
 이에 공화당은 MBC 아나운서로 전국적으로 유명해진 임택근 후보를 영입하여 공천했다.
 전남 순천에서 3대, 4대, 5대 총선에서 당선됐던 윤형남 후보가 국민당으로, 이화여고 이사인 계성범 후보가 대중당으로, 신민당 청년부 차장이었던 주만진 후보가 통사당으로 출전했다.
 김대중은 대선후보 시절 비서실장을 지낸 김상현 후보 지원 유세에서 "이 사람은 나와 어머니가 다른 친형제와 같은 사이"라며, "박정희 정권이 이 세상에서 제일 미워하는 두 사람이 있는데 그것은 김대중과 김상현이다"면서, "김상현 의원을 당선시키는 것은 여러분이 나를 당선시키는 것"이라고 주장했다.
 김상현 후보는 아나운서로 유명한 임택근 후보를 2만 6천여 표차로 가볍게 제압하고 3선의원 반열에 올랐다.
 호남 출향민들의 지지를 기대하며 출전한 윤형남 3선의원

의 득표력은 정말 너무나 초라했다.

□ 득표상황

후보자	정당	연령	주요 경력	득표 (%)
김상현	신민당	35	7대의원(2선)	63,575(62.4)
임택근	민주공화당	39	문화방송 상무이사	37,210(36.5)
윤형남	국민당	50	3선의원(3, 4, 5대)	575(0.6)
주만진	통사당	30	대학생 반공연맹부회장	337(0.4)
계성범	대중당	72	서울상대 이사	136(0.1)

〈서대문 병〉 전북 김제에서 3대, 4대, 5대 총선에서 연승을 거두고 이 지역으로 옮겨와 6대, 7대, 8대 총선에서 3연승을 구가한 윤제술

지난 7대 총선 때 서대문을구에서는 한일회담 비준을 반대하기 위해 의원직을 사퇴했던 윤제술 후보가 신민당 공천을 받고서 사퇴로 인한 보궐선거에서 민중당 공천을 받고 출전하여 국회부의장을 지낸 자유당 조경규, 5대의원을 지낸 보수당 김명윤 후보들을 꺾고 당선됐으나, 신민당 공천에서 제외되자 한독당으로 옮겨 출전한 홍영기 의원과 상공부차관을 거쳐 중소기업협동조합 이사장을 지낸 공화당 박상운 후보들을 꺾고 5선의원이 됐다.

통한당 대변인으로 활약한 구자석, 승주군 별양면장을 지낸 대중당 심하택, 언론인인 통사당 이강백, 자민당 이종혜 후보들은 완주했으나, 서대문구청장을 지낸 자유당 조용환, 정치활동을 펼친 민중당 박형하 후보들은 중도에 사퇴했다.

서대문을구에서 당선된 윤제술 의원이 신설된 이 지역구로 옮겨 출전한 이번 총선에는 4대 총선 때 서대문을구에 민주당 공천으로 출전하여 자유당 최규남 후보에게 패배했으

나, 5대 총선에서 당선된 김산 후보가 국민당 공천으로, 유스호스텔 회장인 오익상 후보가 공화당 공천으로 출전하여 삼각편대를 이뤘다.

전북 김제에서 장경순 국회부의장과의 격돌을 피하여 이 지역구에 터전을 마련한 윤제술 후보가 노익장을 과시하며 6대 총선에선 문교부장관을 지낸 4대의원 출신인 최규남을, 7대 총선에서 상공부차관을 지낸 박상운을, 이번 총선에선 공화당 전남도사무국장 출신인 오익상 후보를 꺾고 3연승을 이어갔다.

김제에서 3연승을, 이 지역구에서 3연승을 이어간 윤제술 후보는 6선의원이란 금자탑을 쌓아올렸다.

윤보선 전 대통령의 지지세를 믿고 출전한 김산 후보는 2천여 표 득표에 머물렀다.

□ 득표상황

후보자	정당	연령	주요 경력	득표 (%)
윤제술	신민당	67	7대의원(5선)	48,083(65.7)
오익상	민주공화당	43	유스호스텔 회장	22,789(31.2)
김 산	국민당	72	5대의원(서대문을)	2,284(3.1)

〈마포〉 8,462채의 판자집을 헐고 200채의 아파트를 건립하겠다는 서울시장 출신인 김현옥 후보를 무너뜨린 마포동장 출신인 노승환

지난 7대 총선에서는 정계 은퇴한 박순천 의원을 승계하여 육군중장 출신으로 외무부장관을 지낸 김홍일 후보가 신민당 공천을 받고서, 대법관 출신으로 경기도 안성에서 5대의원에 당선된 공화당 김갑수, 4선의원으로 민주당 정부 시절 법무부장관과 내무부장관을 지낸 민주당 조재천, 2선의원으

로 대통령 선거에 두 번이나 출전하여 동메달을 차지한 추풍회 오재영 후보들을 꺾고 국회에 등원했다.
 민중당 박승현, 한독당 오재식 후보들은 완주했으나 통사당 안수추 후보는 중도에 사퇴했다.
 이번 8대 총선에서 신민당은 김홍일 의원 대신 서울시의원을 지낸 노승환 후보를 내세우자, 공화당은 부산시장을 거쳐 서울시장을 지낸 김현옥 후보를 공천하여 서울에서 교두보 확보에 심혈을 기울였다.
 한국웅변학회 이사인 국민당 고명관, 체신공무원 출신인 대중당 노초진, 인물춘추 발행인인 민중당 최진원, 아주산업 상무인 통사당 윤영덕 후보들도 출전했다.
 선거전은 정치신인들이지만 공화당의 혁명주체로서 부산시장, 서울시장을 거쳐 유명해진 김현옥 후보와 동장을 거쳐 서울시의원을 지낸 무명의 노승환 후보의 쟁패장으로 흘러갔다.
 김현옥 후보는 "일하고 또 일하겠습니다"라는 캐치프레이즈를 내걸고 일꾼으로서의 이미지 부각에 심혈을 기울였다.
 김 후보는 8,462채의 판자집을 헐어 200채의 아파트를 짓고 철로를 없애며 1,106개의 골목을 완전포장하겠다는 화려한 공약을 내걸고, 1만 7천 명의 공회당원을 동원하여 합정동과 망원동을 집중 공략했다.
 김현옥 후보는 "와우의 죄인 김현옥이 그 죄값을 일과 마포개발로 보상하기 위해 출마했다"며, 와우아파트 붕괴참사를 참회하기도 했다.
 노승환 후보는 2천여 회에 달하는 결혼 주례를 서는 등 몸으로 때우는 전법을 구사하면서, "김현옥 후보의 공약은 전부가 표를 얻으려는 일시적 감언이설 거짓말"이라며, 허구적인 공약이란 점을 강조했다.
 "서자 취급을 받아온 마포의 낙후성을 극복하고 야당만 뽑아 혜택을 못 받아온 마포구민들의 실의를 없애기 위해서는 잘 살 수 있는 환경이 필요하다"고 김현옥 후보는 강조했지만, 노승환 후보는 "선거자금 부족과 관권조직이 우리들의 취약점이기는 하지만 야당이 언제 돈 가지고 선거했느냐"면서 "몸으로 때우고 유권자의 높은 정치수준에 기대한다"고 당원들을 독려했다.

불도저 사장으로 널리 알려진 김현옥 후보에게 서울시의원을 두 번 지낸 노승환 후보는 마포의 야당세를 업고 20여년을 야당에 몸 담아온 투지와 지조를 내세워 시장과 동장의 대결에서 1,011표차의 아찔한 승리를 엮어냈다.

□ 득표상황

후보자	정당	연령	주요 경력	득표 (%)
노승환	신민당	43	서울시의원	62,212(49.9)
김현옥	민주공화당	54	부산시장, 서울시장	61,201(49.1)
고명관	국민당	30	웅변학회 이사	601(0.5)
최진원	민중당	56	인물춘추 발행인	268(0.2)
윤영덕	통일사회당	37	아주산업 상무	266(0.2)
노초진	대중당	58	체신공무원	112(0.1)

〈용산〉 윤보선 대선후보의 사퇴종용을 뿌리치고 김득황 내무부차관, 김신 공군참모총장들을 연파하고 4선의원 반열에 오른 김원만

지난 7대 총선에선 4대 총선에서 자유당 시절 국회부의장을 지낸 황성수 후보를 꺾고 국회에 등원했고, 5대 총선에도 당선되어 내무부차관을 지냈으나, 6대 총선에서 민주당 공천으로 출전하여 자민당 서민호 후보에게 패배한 김원만 후보가 신민당 공천을 받고 출전하여, 윤보선 대선후보의 사퇴종용을 뿌리치고 버티고서, 내무부차관을 지낸 공화당

김득황 후보를 가볍게 제압하고 3선의원 반열에 올라섰다.

정민회 사무총장을 지낸 대중당 한태준, 한독당 대변인으로 활약한 윤덕기, 신학대 강사인 민중당 박연춘 후보들은 완주했으나 예술청년단장인 통한당 이부규 후보는 중도에 사퇴했다.

김원만 의원이 신민당 공천을 받고 4선의원 고지를 향해 달린 이번 8대 총선에, 공화당은 김구 선생의 아들로 공군참모총장과 주중대사를 지낸 김신 후보를 내세워 한판 승부를 벌이도록 했다. 수도여고 교사였던 한상필 후보가 민중당으로 등록하여 파수꾼 역할을 수행했다.

지난 6대 대통령 선거에서 대중당으로 출전하였다가 야권 후보 단일화를 위해 중도 사퇴한 서민호 후보에게 감읍한 윤보선 후보는 서민호 후보가 출전한 지역구의 신민당 후보는 무조건 사퇴시키겠다는 약속을 했고, 서민호 후보는 6대 총선에서 당선된 용산에 출마코자 했으나, 김원만 후보의 연락 두절로 하릴없이 고향인 전남 고흥으로 낙향할 수밖에 없었다.

위기를 넘긴 김원만 후보는 지난 총선에선 내무부차관을 지낸 김득황 후보를 꺾는 기세를 타고, 공군참모총장보다 김구선생 아들로 더욱 알려진 김신 후보를 서울의 야당성향 표를 결집시켜 2만여 표차로 가볍게 꺾고 2연승을 달렸다.

☐ 득표상황

후보자	정당	연령	주요 경력	득표 (%)
김원만	신민당	62	7대의원(3선)	62,273(61.1)
김 신	민주공화당	48	공군참모총장	38,957(38.2)
한상필	민중당	45	수도여고 교사	632(0.7)

〈영등포 갑〉 사는 사람, 파는 사람의 의혹 속에서 서울에서

유일하게 승리하여 진산파동의 수혜자임을 입증한 장덕진

 한강 이남지역에서 유일한 영등포구는 4대 총선 이래 7대 총선까지 갑-을구로 분구됐으나 이번 총선에서는 갑-을-병-정구로 나뉘었다.
 지난 7대 총선 때 영등포갑구는 전북 금산에서 3대, 4대, 5대 총선에서 당선을 일궜으나 6대 총선에선 공화당 길재호 후보와의 대결에서 승산이 없자, 민정당 전국구에 내정된 백남훈 후보를 밀쳐내고 전국구 3번에 안착한 유진산 의원이 신민당 공천을 받고 출전하여, 조선일보 편집국장 출신으로 무임소장관을 지내고 일찍부터 터전을 잡고 조직을 갈고닦은 공화당 윤주영 후보를 1만 4천여 표차로 꺾고 5선의원에 등극했다.
 정치평론가인 민주당 백기완, 정당인인 자유당 박종대 후보는 파수꾼 역할을 수행했으나, 기독교회 장노인 한독당 신창균, 교육일보 사장인 자민당 노기만, 신민당원으로 활동했던 통사당 이명식 후보들은 선거 도중 줄줄이 사퇴했다.
 이번 8대 총선에서 신민당수에 오른 유진산 의원은 이 지역구 출마를 몇 번인가 약속했으나, 후보등록 당일 지역구 입후보를 포기하고 전국구 1번으로 선관위에 직접 찾아가 등록하여 유진산 공천파동을 불러왔다.
 유진산 당수는 대타로 전북 임실에서 자유당 공천으로 3대와 4대의원에 당선된 박세경의 아들로 29세인 무명의 박정훈 후보를 공천하여, 박정희 대통령의 인척으로 재무부 이재국장과 재정차관보를 지낸 공화당 장덕진 후보에게 지역구를 팔아넘겼다는 의혹에 휩싸였다.
 대양까스 사장인 국민당 왕제광, 통사당 조직국장을 지낸 대중당 이천재, 경남도의원을 지낸 민중당 김환기, 민중당 정책심의의장을 지낸 통사당 박기수 후보들도 등록했다.
 유진산 당수의 거취에서 오는 파는 사람, 사는 사람의 검은 이미지에 대해 장덕진 후보는 매우 불쾌하고 원망스럽다면서 "내가 야당 당수인 유진산에게 도전했던 것은 돈키호테였기 때문이 아니라 나대로의 철학과 포부가 있었다"면서, "이곳 싸움은 승부를 넘어 정치 근대화와 젊은이에게 정치도의를 보여주는 의회선거사상 가장 모범적이고 정치지망생들에게 힘을 주는 결과를 남길 생각이었다"고 장광설을 늘어놓았다.
 29세인 박정훈 후보도 고려대 재학시부터 6·3동지회에 관여했고 3선반대 범투쟁위원회 운영위원을 지내면서 정계에 입문코자 했다면서, "돈을 주고 공천을 샀다는 것은 추잡한 모략"이라고 공방을 벌이며 결코 매관매직이나 특혜를 받은 것이 아니었다고 강조했다.
 박정훈 후보의 부친은 유진산 당수와 절친이며 자유당 소속으로 전북 임실에서 3대와 4대의원을 지냈다.
박 후보는 '권력의 추종자와 항쟁자'라는 캐치프레이즈를 내걸고 젊은 동지들을 투입하여 붐 조성에 나섰다.
 "불미스러운 승리보다는 명예로운 패배"를 역설한 장덕진 후보는 외롭고 가난하게 자라난 소년이 가슴에 지녔던 "나같이 불우한 사람들을 없애자"는 꿈을 실현해 보기 위한 첫 도전이며, 내가 승리하는 것은 곧 서민의 승리라고 포장했다.
 "4·19와 6·3세대의 발판을 원내에 마련하고 족벌정치를 타도하고 독재자와 부정부패자를 색출하는 투쟁을 벌이겠다"고 선언한 박정훈 후보는 "제2의 청와대와 대결하고 있다"면서. "서울의 야당세를 이곳에서도 실현하자"고 안간힘을 쏟았다.
 사법·행정 양과에 합격하여 재무부차관보를 거쳐 청와대

경제수석을 거친 엘리트인 장덕진 후보와 고려대 학생회장을 거친 정치신인 박정훈 후보의 고려대 선후배의 대결은 진산파동이 없었더라면 한판의 명승부 선거전이었을지라도 숱한 의혹의 풍문 속에서 진산파동이 투표에 어떤 양상으로 반영되나로 세간의 관심을 받았고, 서울의 야성을 두려워한 장덕진 후보가 1만 9천여 표차로 승리하여 서울의 19개 선거구에서 유일한 당선자가 되어 진산파동의 수혜자임을 증명했을 뿐이다.

박기출 대통령 후보 선정과정에서 탈당한 신각휴 3선의원이 영등포갑구에 국민당 공천을 받아 왕제광 후보와 중복됐으나 등록 직전에 사퇴한 촌극도 벌어졌다.

□ 득표상황

후보자	정당	연령	주요 경력	득표 (%)
장덕진	민주공화당	36	재무부차관보	74,617(57.0)
박정훈	신민당	29	민권투쟁위조직부장	54,761(41.8)
김환기	민중당	40	경남도의원	794(0.6)
왕제광	국민당	38	대양까스 사장	572(0.5)
이천재	대중당	39	정당인	140(0.1)
박기수	통일사회당	46	정치인	등록무효

〈영등포 을〉 대구에서는 연거푸 낙선했지만 전국구의원, 한국노총 지도위원을 내세워 영등포에 뿌리를 내린 김수한

지난 7대 총선에선 5대 총선에서 대한법조단 공천으로 출전하여 4위로 낙선했으나, 6대 총선에서 민정당 공천을 받고 윤보선 대선후보 지지표를 결집시켜 3선의원 민주당 윤명운 후보를 꺾고 국회 등원에 성공한 박한상 의원이 신민당 공천을 받고 인권변호사의 스타로 떠올라 내각사무처 기획조정실장을 지낸 공화당 조효원 후보를 가볍게 제압하고

2선의원이 됐다.

4월혁명 동지회장인 대중당 김인태, 영남 학우회장인 한독당 이강섭, 재건국민운동 시흥군지부장인 정의당 김지환 후보들은 완주했으나, 서울시의원을 지낸 자유당 조영석 후보는 중도에 사퇴했다.

박한상 의원이 병구로 옮겨 신설구가 된 이 지역구에 공화당은 공장지대의 지역 특성을 감안하여 한국노총위원장을 지낸 이찬혁 후보를 내세웠고, 신민당은 5대 총선에는 대구 병구에 사회대중당 공천으로 출전하여 낙선하고, 6대 총선에도 대구 동구에 국민의당 공천으로 출전하여 5위로 낙선했으나, 7대 총선에는 신민당 전국구에 등재되어 국회에 등원하여 대변인으로 맹활약한 김수한 의원을 공천하여 이찬혁 후보와 한판 승부를 펼치도록 했다.

지난 7대 총선에 자민당으로 출전했던 노기만 후보는 대중당으로, 국민당 경리국장인 민병길 후보는 국민당으로, 정당인인 백철 후보는 통사당으로 출전했다.

능변가로 널리 알려진 김수한 후보는 경북 대구에서는 5대 총선에선 대구 병구에 사회대중당으로 출전하여 민주당 임문석 후보에게, 6대 총선에선 국민의당으로 출전하여 공화당 이원만 후보에게 패배했다.

신민당 전국구 의원으로 7대 총선에서 발탁된 김수한 후보는 한국노총 지도위원을 지낸 경력과 서울의 야당성향에 힘입어 한국노총위원장을 지낸 이찬혁 후보를 무려 3만 5천여 표차로 꺾고 영등포 지역에 뿌리를 깊게 내렸다.

□ 득표상황

후보자	정당	연령	주요 경력	득표 (%)
김수한	신민당	42	7대의원(전국구)	54,651(72.2)
이찬혁	민주공화당	47	한국노총위원장	19,388(25.6)

민병길	국민당	48	국민당 경리국장	798(1.1)
노기만	대중당	63	교육시보 사장	486(0.6)
백 철	통사당	36	정당인	284(0.4)

〈영등포 병〉 택시운전수 경력을 내세워 저변층의 조직확대에 박차를 가했으나 한국 인권옹호협회장의 명성에 눌려 연패한 조효원

 이 지역구는 지난 7대 총선 때 영등포 을구에서 자웅을 겨뤘던 국무총리 기획조정실장을 지낸 공화당 조효원 후보와 6대와 7대의원으로 인권옹호협회장으로 명성을 날린 신민당 박한상 후보들이 재격돌했다.
 광공업자인 국민당 박태흠, 아세아문화사 사장인 대중당 박승현 후보들도 출전했다.
 경희대 경영대학원장을 지낸 조효원 후보는 택시운전사 경력을 내세워 손수레 노동자 300명의 우신친목회, 노점상인 700명의 노점운영위원회를 조직하여 조직의 근간을 삼고 방대한 공화당 조직의 한 축으로 활용했다.
 그러나 능변가로 한국인권옹호협회장을 지내고 테러 대상자로 신문지상에 매일 오르내리는 박한상 후보의 적수가 되지 못하여 이번 총선에도 1만 8천여 표차로 무릎을 꿇어 박한상 후보의 3연승을 바라만 볼 수밖에 없었다.

□ 득표상황

후보자	정당	연령	주요 경력	득표 (%)
박한상	신민당	49	7대의원(2선)	60,367(58.6)
조효원	민주공화당	53	경희대대학원장	42,063(40.8)
박승현	대중당	32	언론인	357(0.3)
박태흠	국민당	39	정당인	307(0.3)

〈영등포 정〉 5·16혁명 이후 10년 동안 정계를 떠나있다가 혁신계의 거물임을 내세워 박충훈 경제수장을 꺾고 3선의원으로 발돋움한 윤길중

이번 총선에 신설된 이 지역구에 공화당은 예비역 공군소장으로 경제기획원장관을 지낸 박충훈 후보를 출전시켰고, 신민당은 헌법기초 전문위원 출신으로 강원도 원주에서 2대 의원으로 당선되고 5대 총선에선 사회대중당으로 당선된 혁신계 인물이었으나, 신민당에 합류한 윤길중 후보를 내세워 격전을 벌이도록 했다.

언론인인 대중당 전금웅, 노동운동가인 민중당 송석화, 국회의원 비서였던 통사당 장귀남 후보들도 등록했다.

"어둡고 그늘진 이곳을 밝고 명랑한 고장으로 만들겠다"고 지역사업에 캐치프레이즈를 내건 박충훈 후보는 "나를 뽑아주면 도로확장포장, 국민학교 증설, 뒷골목 블록화 외에 내년 중에 수도를 끌어오겠다"는 공약을 나열하며, "지난 10년간 주민들이 당연히 받아야 할 권익을 찾는 것에 불과하며 구청장이 아니라 동장 소리를 듣더라도 지역개발에 앞장서겠다"고 다짐했다.

윤길중 후보는 "박정희 정권이 민권을 짓밟고 백성을 주인 대접 않는 독재에 대한 대중계몽에 앞장서겠다"면서, 공화당은 윤 후보의 선전부장을 매수했으며 야당을 분열시키기 위해 이간질을 하고 폭력사태를 유발하는 외에 매표공작을 하고 있다고 주장했다.

주민들의 대부분이 호남 출신인 점을 감안하여 김대중, 김선태, 윤제술 등 호남 출신들을 찬조연사로 활용한 윤길중 후보가 5·16혁명으로 10년 동안 정계를 떠나있다 이번에 재기를 위해 발돋움하고 있는 혁신계의 거물임을 내세워 경제개발 5개년 계획을 추진한 박충훈 후보를 3천여 표차로 꺾

고 3선의원 반열에 올랐다.

□ 득표상황

후보자	정당	연령	주요 경력	득표 (%)
윤길중	신민당	54	2선의원(2, 5대)	38,442(51.9)
박충훈	민주공화당	52	부총리, 공군소장	35,046(47.3)
장귀남	통일사회당	29	4.19학생회부회장	309(0.4)
송석화	민중당	63	노동운동가	256(0.3)
전금웅	대중당	30	언론인	등록무효

경기도

〈인천 갑〉 혁명주체로 인천시장 시절부터 닦아온 기반과 지역사업 공적을 내세워 지난 총선의 패배를 씻고 재기에 성공한 유승원

인천시는 7대 총선 때까지는 갑-을구로 분구됐으나 이번 총선에서는 갑-을-병구로 나뉘었다.

7대 총선에서는 인천시장, 심계원 차장을 지낸 김정열 후보가 김재곤 3선의원을 꺾고 신민당 공천을 받고서, 육군대령 출신으로 인천시장을 재직한 프리미엄을 업고 6대의원에 당선된 공화당 유승원 후보를 예상을 뒤엎어 꺾고 국회에 등원했다.

신민당 공천에서 탈락한 김재곤 의원이 민주당으로 옮겨 출전했고, 한독당 김일성, 자유당 오규환, 자민당 김예호 후보들도 등록하여 후발주자 3파전을 전개했다.

이번 8대 총선에는 김정열 의원이 은퇴하고 인천변호사회 회장으로 활약한 사준 후보가 신민당 공천으로 출전하자, 지난 총선에서 석패하고 대통령 민정수석으로 재무장한 유

승원 후보가 공화당 공천을 받고 설욕전을 전개했다.

지난 7대 총선에서 낙선 후 청와대 민정수석으로 재무장한 유승원 후보는 인천수출산업공단 완성, 인천항 제2도크 완성, 경인선 전철 착공 등 업적을 내세우면서 "인천을 위해 누가 일을 많이 했나 보고 뽑아달라"고 호소했다.

이에 사준 후보는 "그 같은 일은 국회의원이 할 일이 아니라 인천시장이나 경기도지사가 할 일"이라고 반박하고, 국회의원은 야당을 보내 여당의 독주를 막아야 한다고 강조했다.

유승원 후보는 박정희 대통령이 인천 제2수출공단을 위해 8억 원 융자를 지시한 친필메모를 가지고 있다면서 지역사업을 구체적으로 나열한 것이 유권자들의 심금을 울렸고, 기간조직 이외에 각종 단체와 유대관계를 맺어 밑으로 파고드는 두더지 작전으로 지난 총선에서 8백여 표차의 패배를 설욕하고 재선의원이 됐다.

서울의 야당 붐을 이곳으로 유인하여 인천시민의 전통적인 야심을 일깨우겠다는 신민당의 전략은 지명도(知名度)에서 격차를 메우지 못하여 실패로 끝났다.

□ 득표상황

후보자	정당	연령	주요 경력	득표 (%)
유승원	민주공화당	49	6대의원, 인천시장	57,200(59.0)
사 준	신민당	58	검사, 변호사	39,810(41.0)

〈인천 을〉 김은하 의원 비서 출신인 국민당 박정열 후보의 야권성향표 잠식에도 불구하고 "정치란 하룻사이에 배우는 것이 아니다"라고 강조하며 3선의원 고지에 오른 김은하

지난 7대 총선에선 인천시의원 출신으로 민정당 공천을 받

고 공화당 김숙현, 민주당 김훈 후보들을 꺾고 국회에 등원한 김은하 의원이 신민당 공천을 받고 수성에 나서자, 6대 총선에서 패배한 공화당 김숙현, 민주당 김훈 후보들이 설욕전에 나섰으나 통합야당에 대한 인천시민들의 묻지마 투표로 무위로 돌아갔다. 정당인인 대중당 조남두, 회사원인 한독당 정명 후보들도 출전하여 파수꾼 역할에 만족했다.

이번 8대 총선에는 김은하 의원이 신민당 공천을 받고 3선의원 고지를 향해 전진하자, 인천상공회의소 소장인 최정환 후보가 공화당 공천을 받고 저지에 나섰다.

정당활동을 펼쳤던 국민당 박정열, 대중당 조남두 후보들도 3선 저지운동에 동참했다.

"정치초년생이지만 이곳에서 나의 모든 생애를 바쳤으며 죽도록 일해 보겠다"는 최정환 후보는 이 지역이 우리나라에서 가장 낙후된 곳이라면서 공화당 의원을 뽑아 내 고장을 발전시키도록 하자고 호소했다.

"어려운 여건에서 내 고장 발전을 위해 힘 자라는 데까지는 했다"는 김은하 후보는 허울 좋은 기업과 부실기업 업체들을 들어 공화당을 공격했다.

실향민들의 전폭적인 지원을 받은 김은하 후보가 "정치란 하룻밤사이에 배우는 것이 아니다"면서, 초선의원으로서는 지역개발이 불가능하다고 강조하여 김은하 후보 비서 출신인 국민당 박정열 후보의 야당성향표 잠식에도 불구하여 60%에 근접한 득표율로 3선고지를 점령했다.

김은하 후보와 사돈지간인 최정환 후보는 정치초년병으로서 페어플레이에 너무나 치우쳐 패배의 쓴잔을 마시게됐다.

□ 득표상황

후보자	정당	연령	주요 경력	득표 (%)
김은하	신민당	47	7대의원(2선)	47,604(59.4)

최정환	민주공화당	53	인천상공회의소장	30,708(38.3)
박정열	국민당	38	김은하 의원비서	1,494(1.9)
조남두	대중당	59	정당인	317(0.4)

〈인천 병〉 6대와 7대 두 번이나 낙선한 동정여론과 공화당의 조직 기반을 활용하여 꿈에 그린 여의도 입성에 성공한 김숙현

이번 총선에서 신설된 이 지역구에 6대, 7대 총선에서 공화당 공천을 받고 인천을구에서 연거푸 김은하 후보에게 패배하여 차점 낙선한 단국대 교수인 김숙현 후보가 공화당 공천을 받고 선점했다.

이에 신민당은 서울지법 판사 출신으로 서울 제2변호사회 회장으로 활동한 신현정 후보를 내세웠고, 국민당은 4대와 5대의원으로 6대와 7대 총선에서 연거푸 낙선한 김훈 후보를 공천했다.

두 번이나 낙선을 했지만 주례 서기, 무료변론 등으로 굳게 다져 논 기반을 바탕으로 김숙현 후보가 당선권을 넘나든 상황에서, 신민당 공천을 받은 심재갑 후보가 공천을 반납하여 부랴부랴 공천을 받은 신현정 후보가 야당 도시라는 이점에 기대를 걸고 뛰고 뛰었다.

연거푸 낙선에 따른 동정여론과 공화당의 조직 기반을 활용한 김숙현 후보가 조직을 구축하는 데 시간에 쫓기는 신현정 후보를 가볍게 꺾고 꿈에 그린 여의도 입성에 성공했다.

4대와 5대의원으로 민주당 정부시절 명성을 날렸던 김훈 후보의 득표력은 너무나 초라했다.

□ 득표상황

후보자	정당	연령	주요 경력	득표 (%)
김숙현	민주공화당	54	단국대 교수	33,579(62.9)
신현정	신민당	53	서울지법판사	18,512(34.7)
김 훈	국민당	61	2선의원(4, 5대)	1,315(2.4)

〈수원〉 병아리텃세, 뜨내기 후보 회자(膾炙) 속에서 지난 총선에서 신민당 후보로 출전했던 김두한의 지지 연설로 3선 가도를 달린 이병희

지난 7대 총선에선 중앙정보부 서울지부장 출신으로 공화당 공천을 받고 6대 총선에서 당선된 이병희 후보가 서민호 의원의 의원직 사퇴에 따라 실시된 용산 보궐선거에서 당선 됐으나, 국회 오물 투척사건으로 의원직을 사퇴한 청산리 전투의 영웅 김좌진 장군의 아들인 신민당 김두한 후보를 가볍게 제치고 재선의원이 됐다.

경북 김천에서 2대의원에 당선된 민중당 우문, 축산업자인 민주당 정금모 후보들도 출전했다.

이번 8대 총선에서 국회 운영위원장으로 활약한 이병희 의원이 공화당 공천을 받고서 3선의원 고지 선점에 나서자, 신민당은 서울 마포에서 제헌, 3대, 4대, 5대의원을 지내고 서울특별시장에 당선된 김상돈 후보를 공천했다.

경북 성주에서 3대의원에 당선된 국민당 도진희, 반혁명사 건으로 투옥됐던 통사당 이청림 후보들도 출전했다.

"이곳 저곳 찾아 다니면서 낌새 보아 출마하는 야당 후보에게는 빼앗길 수 없다"는 이병희 후보는 임기 동안 경기도청 이전, 연초제조창 준공, 삼성전자공장 유치 등 큼직한 업적을 남겨, 일 잘하는 1등 국회의원으로 평가를 받고 있으며, "내 고장 사람뽑아 내 고장 발전시키자"고 호소했다.

"지역, 학연, 자금 관계로만 따져볼 때는 하등의 승산이

없는 어리석은 일"이라는 김상돈 후보는 "고차원적인 정치 이념을 가지고 금권과 권력에 싸워 온 사람을 수원시민은 도울 것"을 기대했다.

김상돈 후보는 "서울을 보라. 여당 의원 한 사람밖에 없어도 발전되고 있지 않는가. 지역발전이란 여당 국회의원 때문에 되는 것이 아니다"라고 주장했다.

민주공화당의 조직은 금권과 행정력에 의한 생명 없는 조직이고, 신민당의 조직은 자연발생적이고 굳건한 조직이라고 믿고 있지만, 진산파동으로 인해 지성인들의 반응이 민감한 상황이다.

신민당 공천에서 탈락한 도진희 후보가 김상돈 후보 공격에 주력하여 김상돈 후보의 마포 포기를 둘러싼 금전수수설을 들어 인신공격을 퍼붓기도 하고, 7대 총선에 신민당 후보로 출전했던 김두한이 이병희 후보 찬조 연사로 등장하여 선거의 판세는 이미 기울었다.

"지난 4년 동안 조직이나 활동이 전혀 없다가 유세에서만 호소한다고 따라갈 수원시민은 없다"는 이병희 후보는 대통령 선거에서 패배했던 7천 표의 배(倍)를 역전승 할 것이라고 장담한 대로 1만여 표차로 대승을 거두고 3선의원이 됐다.

□ 득표상황

후보자	정당	연령	주요 경력	득표 (%)
이병희	민주공화당	44	7대의원(2선)	37,636(58.2)
김상돈	신민당	69	4선의원, 서울시장	26,277(46.7)
도진희	국민당	53	3대의원(성주)	467(0.7)
이청림	통일사회당	41	반혁명사건 투옥	261(0.4)

〈의정부-양주〉 비록 외지인이지만 야당의원이 된다면 이 지역에 무슨 도움이 되겠느냐고 호소하여 이진용, 강승구

토착 후보들을 꺾고 국회에 등원한 이윤학

 지난 7대 총선에서는 6대 총선 때 혈전을 전개했던 다섯 후보들이 재결투를 벌였다.
 3대, 5대, 6대의원을 지낸 신민당 강승구 후보와 한양영화사 회장인 공화당 이진용 후보가 설욕전을 전개하여 이진용 후보가 의원뱃지를 인계받았다.
 3대의원을 지낸 김종규 후보는 국민의당에서 한독당으로, 경기도의원을 지낸 신흥균 후보는 민주당으로, 언론인인 박찬정 후보는 추풍회에서 통한당으로 출전했으나 연거푸 낙선했고, 언론인인 이달승 후보가 자유당으로 처녀 출전했다.
 이번 8대 총선에서 공화당은 이진용 현역의원을 낙천시키고 사무총장 보좌역으로 활약한 이윤학 후보를 공천하자, 이진용 의원은 낙천에 반발하여 국민당으로 출전했고, 지난 7대 총선에서 석패한 강승구 후보도 신민당 공천을 받고 재도전했다.
 한미유경회 회장인 박찬정 후보는 통사당으로 옮겨 세 번째 출전했다.
 의정부, 동두천, 양주, 남양주로 구역이 나뉜 이 선거구는 현역의원을 밀쳐내고 공천을 받은 이윤학, 낙천에 반발하여 국민당으로 옮겨 출전한 이진용, 지난 총선에서 낙선하고 고진감래를 기대하며 4선고지 점령의 희망을 갖고 있는 강승구 후보들이 3파전을 전개했다.
 미군 철수로 인해 생계에 위협을 받고 있는 타향 출신의 사회적 불안층들이 많아 잠재적인 투표성향이 저변에 깔려 있지만, 이윤학 후보는 종합적인 관광지 개발과 원예단지, 한우단지를 육성하여 항구적인 생활대책을 세우겠다고 공약했다.

이윤학 후보는 강승구 후보가 골수 진산계라고 공격하여 야당 지지표의 분산으로 이진용 후보에게 빼앗긴 공화당 조직을 보충했다.

이진용 후보는 자신이 3선개헌에 반대했다고 공화당에서 공천을 받지 못했으나 김종필 부총재가 아무 당으로 나가 정치활동을 계속하라고 해서 나왔다는 사실을 홍보하는데 주력했다.

외지인이지만 야당의원이 되는 경우 이 지역에 무슨 이득이 있는가라고 실리(實利) 추구에 호소한 이윤학 후보가 공화당 공천에 낙천한 이진용, 지난 총선에서 낙선하고 조직을 방치한 강승구 후보를 어렵지 않게 따돌리고 국회에 입성했다.

□ 득표상황

후보자	정당	연령	주요 경력	득표 (%)
이윤학	민주공화당	43	공화당 총무부장	44,278(40.7)
이진용	국민당	50	7대의원(지역구)	31,671(29.1)
강승구	신민당	67	3선의원(3, 5, 6대)	31,597(29.0)
박찬정	통일사회당	42	한미유경회장	1,254(1.2)

〈광주-이천〉 혁명주체로 정권실세임을 내세워 정치신인들을 가볍게 제압하고 30대 중반에 3선의원 반열에 오른 차지철

지난 7대 총선에선 육군대위로 5·16혁명에 참여하여 최고위원을 지내고 6대 국회에서 전국구 의원으로 활동했던 공화당 차지철 후보가 신익희 국회의장의 아들로 광주에서 3대와 5대의원에 당선되고 지난 6대 총선에서도 민정당 공천을 받고 5대 총선에서 백두진 전 국무총리를 꺾고 이천에

서 당선됐으나 공민권 제한으로 중도퇴직했지만 공화당 공천을 받고 출전한 최하영 후보를 꺾고, 3선의원 반열에 오른 신민당 신하균 후보를 꺾고 재선의원이 됐다.

세무서장 출신인 민중당 권오전, 대중당 지구당위원장인 김홍수 후보들도 출전했다.

이번 8대 총선에서는 공화당 차지철 의원이 3선 고지를 향해 불도저처럼 달려가자, 신민당은 지구당위원장인 유기준 후보를 공천했고, 국민당은 광주읍 4H 연합회장인 곽인식 후보를 내세웠다.

동국대 출신으로 26세인 정기영 후보는 대중당으로 등록했다.

정권 실세로 널리 알려진 차지철 후보가 방대한 공화당 조직과 지역개발 공약을 독점하여, 유진오 신민당수와 같은 집안 출신이지만 정치신인인 유기준 후보를 가볍게 제압하고 30대 중반에 3선의원 반열에 올랐다.

유기준 후보는 서울의 야당 바람을 타고 광주 지방에서는 선전했으나 농촌지대이며 오지인 이천 지방에서는 야당바람이 엷어져 대결다운 대결을 펼쳐 보이지 못했다.

□ 득표상황

후보자	정당	연령	주요 경력	득표 (%)
차지철	민주공화당	36	7대의원(전국구)	54,021(57.8)
유기준	신민당	46	신민당 중앙위원	36,898(39.5)
곽인식	국민당	32	4H연합회장	1,692(1.8)
정기영(여)	대중당	26	상업	862(0.90)

〈포천-가평-연천〉 사무총장 오치성의 위명에 홍익표 5선 의원마저 혼비백산한 상황에서 무명의 정치신인에게는 버겁기만한 선거전

지난 7대 총선에는 육사 8기 출신으로 최고위원을 거쳐 6대 국회에서 공화당 전국구의원으로 활동한 오치성 의원이 공화당 공천을 받아들고, 6대 총선에서 민주당 공천으로 공화당 김용채, 자유당 한갑수, 자민당 허산 후보들을 꺾고 5선의원에 등극한 신민당 홍익표 후보를 꺾고 재선의원이 됐다.
 항일운동가인 대중당 백용기, 경기도의원을 지낸 민중당 이기우, 생염연구가인 한독당 장익병 후보들도 출전했다.
 이번 8대 총선에서는 공화당 사무총장으로 정계 실세로 급부상한 오치성 의원이 공화당 공천을 받고 3선의원 고지를 점령하며 수성에 나서자 신민당은 정치신인인 유재운 후보를 공천했다.
 포천군수를 지내고 6대 총선에는 민정당으로, 7대 총선에선 민중당으로 출전했던 이기우 후보가 이번 총선에선 국민당으로 출전했다.
 혁명주체이면서 지명도가 비교적 낮아 민정이양 시절인 6대 국회에서는 전국구 안정권에 배치됐던 차지철(광주-이천), 신윤창(고양-파주), 오학진(시흥-부천-옹진), 오치성(포천-연천-가평) 의원들이 지역에 뿌리를 내린 이병희(수원), 이백일(여주-양평), 서상린(용인-안성), 유승원(인천갑), 권오석(화성) 후보들과 함께 경기도 일원에 포진하여 7대 총선에선 서울 외곽지역을 석권했었다.
 이번 총선에선 지역에 굳건하게 뿌리를 내린 혁명주체들이 기반을 공고하게 다져 지역의 주인으로 유승원, 이병희, 차지철, 오치성, 서상린, 오학진 후보들이 우뚝 솟아올랐다.
 이백일 후보가 낙마했지만 최영희, 김재춘 후보들이 가세하여 경기 지역은 혁명주체들의 아성으로 돌변했다.
 가평의 터줏대감인 홍익표 전 의원이 오치성 후보와의 결전을 회피하여 무명의 정치신인인 유재운 후보를 내세웠으나 역부족을 실감했고, 포천군수 출신으로 득표력을 기대됐던 이기우 후보마저 1%의 득표력도 보여주지 못했다.

□ 득표상황

후보자	정당	연령	주요 경력	득표 (%)
오치성	민주공화당	45	7대의원(2선)	75,061(80.0)
유재운	신민당	37	정치인	18,065(19.2)
이기우	국민당	50	포천군수	755(0.8)

〈여주-양평〉 김대중 대선후보 비서실장의 명성과 이백일 후보에게 패배했던 유용식, 박주운 지지세력을 결집시켜 대승을 거둔 천명기

 지난 7대 총선에선 예비역 육군준장으로 수원시장을 지낸 이백일 후보가 낙천됐다가 막판에 기사회생하여 공화당 공천을 받고서 정치신인으로 야멸차게 도전한 신민당 천명기, 서울지법 여주지원장 출신으로 5대의원에 당선됐으나 6대 총선에서 석패한 박주운 후보들을 꺾고 재선의원이 됐다.
 대한청년단에서 활동했던 통사당 간만규와 지구당위원장인 민중당 유인설 후보들도 참전했다.
 이번 8대 총선에서는 지난 7대 총선에서 승패가 갈렸던 공화당 이백일 후보와 신민당 천명기 후보가 재격돌을 펼쳤다. 경기도의원을 지낸 국민당 장호덕 후보도 출전하여 3자대결을 기대했으나 중도에 사퇴하여 양자구도가 형성됐다.
 여주 출신인 장호덕 후보의 사퇴에 따라 양평 출신들의 대결장이 된 선거전에서 이백일 후보는 8년간 의정생활의 업적과 방대한 공화당 조직을 앞세워 풍성한 지역개발 공약으로 승기를 잡아갔으나, 신민당 천명기 후보가 3대와 5대의원을 지낸 친세기익 동생으로서의 기반과 서울법대 출신으

로 김대중 대선후보 비서실장 출신이라는 명성으로 야당 붐을 조성하여 이백일 후보에게 패배했던 4대와 5대의원 유용식, 5대의원인 박주운 지지세력을 결집시켜 예상을 뒤엎고 대승을 거두었다.

혁명주체세력으로 수원시장을 거쳐 재선의원인 이백일 후보의 패배는 경기도에 구축한 혁명주체 세력의 철옹성의 한 관문이 무너진 신호탄이었다.

□ 득표상황

후보자	정당	연령	주요 경력	득표 (%)
천명기	신민당	40	김대중 후보 비서실장	38,854(55.4)
이백일	민주공화당	50	7대의원(2선)	31,259(44.6)
장호덕	국민당	48	경기도의원	등록무효

〈용인-안성〉 30대 패기와 4·19세대의 주역임을 내세워 추격전을 전개했으나 서상린 의원의 아성을 돌파하기엔 역부족을 실감한 조종익

지난 7대 총선에서 육사 8기 출신으로 5·16혁명 주체로서 공화당 공천을 받고 6대 총선에서 국민의당 이교선, 민주당 김윤식, 추풍회 오재영 후보 등 구정치인들을 물리치고 당선된 서상린 후보가 혁명주체로서 위용(偉容)을 자랑하며 3대의원, 참의원을 지낸 자유당 신의식, 6·3동지회장을 지낸 민중당 이재우, 의사로 인술을 베풀어 덕망을 쌓은 신민당 강희갑 후보들을 꺾고 재선의원이 됐다.

남전 안성출장소장인 정의당 최봉관, 안성군청에 근무했던 한독당 조재형 후보들도 참전했다.

이번 8대 총선에 공화당은 서상린 후보를 내세워 3선고지를 점령토록 배려했고, 신민당은 학생연맹 최고위원을 지낸

정치신인 조종익을 공천했다.

운수업을 영위한 장응선 후보는 국민당으로 출전했다.

방대한 공화당 조직과 풍부한 자금을 활용하고 풍성한 지방건설 공약을 남발하며 8년간의 치적을 적극 홍보하여 당선권을 선점한 서상린 후보에게, 30대의 패기를 앞세우고 전국학생연맹 최고위원으로 4·19세대임을 내걸고 추격전을 전개하며, 중앙의 지원유세에 의한 붐 조성을 기대한 조종익 후보가 거세게 도전해 보았으나 역부족이었다.

□ 득표상황

후보자	정당	연령	주요 경력	득표 (%)
서상린	민주공화당	45	7대의원(2선)	42,717(52.3)
조종익	신민당	35	신민당 중앙위원	38,377(47.0)
장응선	국민당	32	운수업	545(0.6)

〈평택〉 육군참모총장, 국방부장관, 전국구의원 등 화려한 경력을 내세워 토박이 텃세를 강조한 유치송 후보를 가볍게 꺾은 최영희

지난 7대 총선에서는 6대 총선 때 자웅을 겨뤄 승패가 가려졌던 국회의장 비서 출신인 신민당 유치송 의원과 경기도의원 출신인 공화당 이윤용 후보가 재대결을 펼쳐 이윤용 후보가 4,115표차로 설욕하고 국회 등원에 성공했다.

4대의원을 지낸 자유당 정존수 후보가 추격전을 전개했을 뿐 대중당 안정용, 한독당 이병국, 민중당 김동진, 민주당 김진택, 통한당 정광순 후보들은 참전(參戰)하는데서 의의를 찾을 수 있을 것 같다.

이번 8대 총선에서 공화당은 이윤용 현역의원을 낙천시키고 육군참모총장 출신으로 국방부장관을 지낸 최영희 후보

를 내세웠고, 신민당은 6대 총선에서는 당선됐으나 7대 총선에서 낙선한 유치송 후보를 공천하여 자웅을 겨루도록 했다.

대학강사인 장기천 후보는 국민당으로, 통일 웅변협회장인 이진휘 후보는 대중당으로 등록했다.

3성 장군이며 외국대사, 국방부장관을 역임한 최영희 후보는 낙천한 이윤용 의원의 조직을 그대로 인계받아 마찰없이 공화당 조직을 가동하고 있고, 지난 총선에서 패배한 유치송 후보는 1백명의 투·개표 참관인들을 비밀리에 훈련했다.

할아버지 때 살다 이곳을 떠난 최 후보에 비해 이곳 태생으로 지역과 인연에서 우월한 유치송 후보는 "내 고장의 가난한 자손들이 국회에 나갈 수 없고 훌륭하게 될 수 없단 말이냐"고 호소했다.

신민당 전국구 후보 아니면 제3당 출마설이 파다하게 퍼졌던 이윤용 의원이 최영희 후보를 적극 후원하여 승기를 잡은 최 후보는 농촌근대화의 이상향을 만들겠다고 공약하여 유 후보를 4천여 표차로 어렵게 따돌리고 재선의원이 됐다.

국민당의 장기천 후보와 대중당의 이진휘 후보들이 젊은 세대임을 외치며 최, 유 후보를 공격하며 표 모으기에 나섰으나 크게 주목을 받지 못했다.

□ 득표상황

후보자	정당	연령	주요 경력	득표 (%)
최영희	민주공화당	50	7대의원(전국구)	36,087(51.5)
유치송	신민당	46	6대의원(지역구)	31,614(45.1)
장기천	국민당	32	대학강사	2,158(3.1)
이진휘	대중당	33	정당인	229(0.3)

〈화성〉 당락을 번복시킨 기개와 철저한 지역구 관리로 남양 홍씨 기반, 5대 총선에서 낙선의 지명도를 갖고 추격한 홍사승 후보를 가볍게 꺾어버린 신민당 김형일

지난 7대 총선에선 병사구참모장 출신으로 6대 총선에서 공화당 공천을 받고 민정당 홍봉진, 국민의당 서태원, 민주당 박상묵 후보 등 전직의원들을 제압하고 국회에 등원한 권오석 후보가 공화당 재공천을 받고서, 육군참모차장 출신으로 민정당 전국구 의원에 발탁된 신민당 김형일 후보를 가까스로 제압하고 당선됐다.

그러나 재검표 과정에서 빈대표, 쌍가락지표 등 무효표로 분류된 표에서 유효한 1,299표를 찾아내어 당선자가 권오석 후보에서 김형일 후보로 번복됐다. 6대 총선에도 출전했던 자유당 송영균, 정의당 이규호 후보와 새롭게 출전한 민중당 홍경선, 민주당 박만원 후보들도 함께 뛰었다.

이번 8대 총선에서 신민당이 김형일 의원의 3선고지 점령을 기대하며 공천하자, 공화당은 경기도 교육위원을 지낸 홍사승 후보를 공천했다.

사업가인 김연령 후보는 국민당으로, 한의학을 전수(專修)한 김진만 후보는 대중당으로 출전했다.

지난 총선에서 끈기있게 재검표 투쟁을 전개하여 당선자를 번복(飜覆)하고 의정단상에 오른 김형일 후보가 철저한 조직관리와 야당 중진으로서의 활동이 유권자들에게 긍정적으로 받아들여져, 홍사승 후보가 5대 총선에 무소속으로 출전하여 낙선한 지명도와 남양 홍씨의 문중 기반, 공화당 경기도지부 위원장으로서의 조직 활동을 내세워 추격전을 전개했으나 추격에 머물렀다.

☐ 득표상황

후보자	정당	연령	주요 경력	득표 (%)
김형일	신민당	47	7대의원(2선)	42,197(58.9)
홍사승	민주공화당	49	경기 교육위원	28,857(40.3)
김연령	국민당	42	정당인	396(0.6)
김진만	대중당	72	한의학	204(0.2)

〈파주〉 청와대 비서관 출신을 내세워 방대한 조직과 지역개발 공약으로 3선 고지를 향해 질주한 황인원 후보를 격파한 박명근

 고양과 병합된 지난 7대 총선에선 혁명주체로서 최고위원을 거쳐 6대 국회에서 전국구의원으로 활약한 신윤창 후보가 공화당 공천을 받고 출전하여 파주에서 5대의원에, 파주-고양에서 6대의원에 당선된 신민당 황인원 후보를 가볍게 제압하고 재선의원이 됐다.
 대중당 김인식, 민주당 최성면, 통사당 이연춘 후보들도 출전하여 지켜봤다.
 이번 8대 총선에서 공화당은 신윤창 의원을 낙천시키고 경제기획원 예산과장, 대통령비서관을 지낸 박명근 후보를 공천했고, 신민당은 2선의원으로 지난 총선에서 석패한 황인원 후보를 내세웠다.
 국만당 지구당위원장인 김인식 후보도 국민당으로 출전했다.
 청와대 비서관 출신임을 내세운 박명근 후보는 공화당의 방대한 조직과 지역개발 공약을 홍보하며 서울 바람의 영향은 오지나 농촌지대로 빠져나갈수록 엷어진다는 상황에 한결 여유를 가지고 선거전에 임했다.
 4대 총선에선 무소속으로 출전하여 낙선했지만 5대 총선에선 민주당 공천을 꿰어차 당선된 황인원 후보는 6대 총

선에선 민정당 공천을 받고 공화당 우종봉 후보를 꺾고 당선됐으나, 7대 총선에선 공화당 신윤창 후보에게 무너졌다.
 이번 총선에선 재선을 일군 조직을 추스르며 3선 고지를 향해 분투했으나 풍부한 자금을 활용하여 이·동장을 수족처럼 선거전에 이용한 박명근 후보의 적수가 되지 못하여 2승 3패의 전적을 안게 됐다.

□ 득표상황

후보자	정당	연령	주요 경력	득표 (%)
박명근	민주공화당	42	대통령 비서관	35,004(55.8)
황인원	신민당	50	2선의원(5, 6대)	26,876(42.8)
김인식	국민당	34	정당인	854(1.4)

〈고양〉 고양-파주 공화당 사무국장 출신으로 공화당 공천에서 밀려나자 신민당으로 전향하여 공화당 공천자와 일전을 벌인 임수현

 이번 총선에서 분구된 이 지역구에 공화당은 신윤창 현역의원을 낙천시키고 공화당 기획조사부장 출신으로 7대 국회에서 전국구의원으로 활약한 김유탁 후보를 내세웠고, 신민당은 김유탁 후보와 신도면 동향이며 공화당 고양-파주 지구당 사무국장 출신으로 행정개혁 전문위원으로 활약한 임수현 후보를 공천했다.
 사회사업가인 김백규 후보도 국민당으로 출전했다.
 임수현 후보는 공화당 고양-파주 지구당 사무국장 출신으로 공화당 공천에서 밀려 낙천되자, 곧 바로 신민당으로 전향하여 공화당 시절 가꾸어 온 공화당 조직을 되살리고 야권성향표를 결집시키며 당선권을 넘나들었으나, 전국구 의원 시절부터 분구를 염두에 두고 고향에 비밀조직을 구축하

며 고양을 공해가 많은 서울보다 살기 좋은 고장으로 만들 겠다는 다양한 건설공약을 내건 김유탁 후보에게 밀려 국회 등원을 다음 기회로 미루어야만 했다.

□ 득표상황

후보자	정당	연령	주요 경력	득표 (%)
김유탁	민주공화당	46	7대의원(전국구)	26,399(50.6)
임수현	신민당	48	공화당 사무국장	16,940(38.9)
김백규	국민당	47	사회사업	312(0.6)

〈김포-강화〉 장준영 공화당조직, 김재춘의 관록과 인산농축회의 사조직, 윤재근의 4선의원 조직과 야당 붐의 대결은 김재춘 후보의 일방적인 승리로 귀착

지난 7대 총선에서 공화당은 이돈해 의원을 낙천시키고 심도직물 대표인 김재소 후보를 공천했고, 신민당도 야당투사들을 배제하고 무소속으로 4선의원인 윤재근 후보를 공천했으나, 김포와 강화의 지역대결에서 김재소 후보가 압도적 승리를 거뒀다.

신민당 공천자로 내정됐다가 탈락한 김두섭 후보가 민주당으로 출전하여 추격전을 전개했고, 영선산업 사장인 민중당 이성우, 청소년 선도산업을 벌인 한독당 최창수 후보들은 완주했으나 통사당 고달영 후보는 중도에 사퇴했다.

이번 8대 총선에서 혁명주체로 중앙정보부장을 지낸 김재춘 후보가 공화당 공천에서 배제되자 민중당으로 출전했고, 공화당은 성균관대 동창회장으로 대통령 비서관을 지낸 장준영 후보를 내세우자, 신민당은 4선의원이지만 6대와 7대 총선에서 차점 낙선한 윤재근 후보를 내세웠다.

5대 총선에선 민주당 공천을 받고도 무소속 정준 후보에

게, 6대 총선에는 민정당으로, 7대 총선에는 민주당으로 출전한 김두섭 후보도 네 번째 출전했다.

청소년지도자인 대중당 최현칠 후보와 공화당 장준영 후보와 동명이인인 회사장인 통사당 장준영 후보도 출전했다.

공화당 공천 과정에서 김재소 현역의원, 이돈해 6대의원과 각축하다보니 공화당 조직을 오롯이 승계하지 못한 장준영 후보는 강화중고 동창회원들을 사조직으로 묶어 활용하고 있을뿐이다.

인산농축회를 창설하여 1만 2천 5백 가구에 신종 병아리를 대부하면서 키운 닭을 사들이는 방대한 조직을 만든 김재춘 후보는 "내가 안 된다면 그것은 바로 제3당 후보의 전멸을 뜻하는 것"이라고 밝혔다.

김재춘 후보는 '축산흥농'을 캐치프레이즈로 내걸고 농산물 처리 가공공장 설립과 대규모 양계단지 조성을 공약으로 내걸었다.

"공화당이 두 쪽나서 유리하다"고 주장하고 있는 윤재근 후보는 4선의원 관록을 내세워 야당붐 조성에 안간힘을 쏟고 있으며, 조상때부터 감리교 신자로 교회조직에도 뿌리를 내렸다.

민주공화당 장준영 후보는 "통사당 장준영은 충청도 장준영이고 나는 김포-강화의 장준영"이라고 홍보하는 해프닝도 벌어졌다.

장준영의 공화당조직, 김재춘의 사조직, 윤재근의 야당 붐의 대결에서 중앙정보부장의 관록과 재력, 사조직을 구비한 김재춘 후보가 대승을 거두고 국회에 등정했다.

장준영 후보는 공천탈락자인 김재소, 이돈해의 비협조가 결정적이며 동명이인의 출현도 표의 잠식에 기여했다.

윤재근 후보는 강화에서는 4선의원으로서의 관록을 내세우며 인연을 강조하였지만, 김포는 생소하여 관록에 걸맞지 않게 득표했으며, 김포에서 김두섭 후보의 선전도 당선권에서 멀어진 이유의 하나였다.

□ 득표상황

후보자	정당	연령	주요 경력	득표 (%)
김재춘	민중당	44	중앙정보부장	33,874(45.0)
장준영	민주공화당	38	대통령 비서관	20,821(27.7)
윤재근	신민당	60	4선의원(1, 2, 4, 5대)	16,048(21.3)
김두섭	국민당	41	정당인	3,078(4.1)
장준영	통일사회당	26	컹영상사 대표	935(1.2)
최현칠	대중당	26	종교인	501(0.7)

〈시흥〉 서울법대 출신으로 서울고법판사를 지낸 인권변호사를 내세워 공화당의 방대한 조직을 서울의 야당 바람으로 잠재운 이택돈

시흥과 부천-옹진이 병합된 지난 7대 총선에서 공화당은 옥조남 현역의원을 낙천시키고, 혁명주체로서 최고위원을 거쳐 6대 국회에서 전국구의원으로 활약한 오학진 의원을 공천했다.
신민당은 지난 6대 총선에서 국민의당으로 출전하여 차점 낙선한 박제환 후보를 내세웠다.
부천에서 2대와 5대의원에 당선되어 농림부장관을 지낸 박제환 후보는 당선권을 넘나들었으나, 혁명주체의 위세에 눌려 연패의 늪에서 허우적거렸다.
정치신예들인 자유당 박제상, 민주당 안동선, 민중당 이병상, 대중당 장석규 후보들도 출전했지만 1~2%대 득표율에 머물렀다.
분구된 이번 총선에서 공화당은 경기도 사무국장 출신으로 전국구의원으로 활동한 이영호 후보를 공천했고, 신민당은

서울고법 판사 출신으로 30대의 변호사인 이택돈 후보를 내세웠다. 중앙학원 원장인 박제상 후보는 국민당으로 출전했다.

박제상 후보는 6대와 7대 총선에는 자유당으로 출전했다.

국회 예결위원 출신으로 7대 전국구의원으로 활동하다가 선거구가 분구되면서 공화당 공천을 받은 이영호 후보는 안양읍의 안양시 승격, 한강을 이용한 공업용수 확보 등 지역공약과 저변 확대에 주력했다.

서울법대 출신으로 인권변호사로 명성을 얻은 이택돈 후보는 안양읍을 중심으로 형성한 야권 지지세력을 결집시키고, 서울과 인접한 지리적 여건을 활용하여 서울의 야당바람을 타고 현역의원의 이점을 안고 수성에 몰두한 이영호 후보를 가볍게 제압하고 국회 등원에 성공했다.

□ 득표상황

후보자	정당	연령	주요 경력	득표 (%)
이택돈	신민당	36	서울고법 판사	34,535(57.3)
이영호	민주공화당	57	7대의원(전국구)	24,324(40.4)
박제상	국민당	35	중앙학원 원장	1,364(2.3)

〈부천-옹진〉 지난 총선에선 2,187표 득표에 머물렀으나 이번 총선에선 24,807표를 득표하여 급신장했음을 널리 알린 신민당 안동선

이번 총선에서 분구된 이 지역구는 예비역 육군준장으로 6대 국회에는 전국구, 7대 국회에는 지역구의원으로 활동한 오학진 후보가 공화당 공천을 받고, 지난 총선에는 민주당 공천으로 2,157표 득표에 머물렀지만 신민당 공천을 받은 안동선 후보와 혈전을 전개했다.

국민당 지구당위원장인 박영규 후보와 통사당 장석규 후보들도 출전했다.

재선의원으로 지역구에 깊게 뿌리를 내린 오학진 후보는 신앙촌과 도서지방의 공화당 지지세에 힘입어 독주체제에 들어갔다.

30대의 패기를 앞세운 안동선 후보는 소사읍을 중심으로 한 야권성향표를 서울의 야당바람과 접목(接木)시켜 지난 총선에 2천여 표 득표에 그친 부진에서 탈피하여 2만 4천여 표로 12배의 신장을 기록했다.

□ 득표상황

후보자	정당	연령	주요 경력	득표 (%)
오학진	민주공화당	43	7대의원(2선)	30,742(54.2)
안동선	신민당	35	정당인	24,807(43.7)
박영규	국민당	27	정당인	739(1.3)
장석규	통사당	36	정당인	418(0.8)

제2장 대선승리의 반작용으로 느슨해진 영남권

1. 영남권에서 52% 당선율 수준에 머문 민주공화당
2. 영남권 50개 선거구 불꽃 튀는 격전의 현장으로

1. 영남권에서 52% 당선율 수준에 머문 민주공화당

(1) 영남권은 50개 선거구로 전국의 32.7%를 점유

영남권은 지난 총선에서는 부산이 7개, 경북이 20개, 경남이 15개로 도합 42개 선거구였으나 이번 총선에서 제3공화국의 영남권 집중개발에 따른 인구 증가로 8개 선거구가 증설되어 50개 선거구로 전국 153개 선거구의 32.7%를 점유하게 됐다.

이번 총선에서 동래을구가 신설되고 대구 서-북, 포항-울릉-영일, 경산-청도, 영주-봉화, 충무-통영-고성, 삼천포-사천-하동, 산청-합천 선거구가 분구되어 7개 선거구가 증설됐다.

지난 총선에서는 공화당이 부산에서 2개 선거구를 건져올리고 경북에서 18개, 경남에서 14개 선거구를 휩쓸어 42개 선거구의 81%인 34개 선거구를 석권했다.

신민당은 부산에서 김응주(중구), 김영삼(서구), 박기출(동구), 정상구(부산진을), 임갑수(동래) 후보들이 당선됐으나 경북에서는 조일환(대구 서-북), 우홍구(의성), 경남에서는 성낙현(창녕) 후보들이 유일하게 당선됐을 뿐이다.

그러나 이번 총선에서 신민당은 부산에서 부산진을(정상구), 동래갑(이종화)에서 석패했을 뿐 6개 지역구을 휩쓸었고 경남에서도 마산(황은환), 충무-통영(김기섭), 진해-창원(황낙주), 함안-의령(조홍래), 창녕(김이권), 합천(이상신), 밀양(박일), 양산-동래(신상우), 울산-울주(최형우) 선거구를 휩쓸었다.

민주공화당의 금성탕지요, 신민당의 불모지대인 경북에서

도 대구 중(한병채), 대구 동(김정두), 대구 남(신진욱), 대구서(조일환), 경주-월성(심봉섭), 안동(박해충), 경산(이형우), 성주-칠곡(김창환)에서 승리를 낚은 이변을 창출했다.
 국민당 조재봉 후보도 예천에서 당선되어 유일한 국민당 당선 후보가 됐다.

(2) 지난 총선에서 당선된 11명만이 재당선의 기쁨을

 신민당 공천으로 당선된 임갑수, 성낙현 의원들의 변절과 조창대 의원의 변사로 35명의 현역의원을 아우르게 된 공화당은 한태일(마산), 최석림(고성), 김주인(거제), 김용순(하동), 김창욱(함안-의령), 최치환(남해), 김삼상(합천), 설두하(울산-울주), 김택수(김해), 김장섭(월성), 이원우(영천), 박주현(경산), 김천수(상주), 이동녕(문경) 의원등 15명을 낙천시켜 대대적인 물갈이를 단행하고 21명을 재공천했다.
 공천에 반발하여 한태일, 최석림 의원들이 군소정당으로 출전했으나 모두 낙선했다.
 재공천을 받은 21명 가운데 제명 처분을 받았다가 복당한 예춘호(영도), 신민당에서 축출되었던 성낙현(창녕), 신민당에서 변절한 임갑수(동래을) 의원들을 포함하여 최두고(부산진을), 공정식(밀양), 노재필(양산-동래), 이원만(대구동), 이효상(대구남), 이상무(경주-월성), 김대진(안동), 송한철(성주-칠곡), 정진동(예천) 의원 등 12명이 낙선하여 불귀(不歸)의 객이 됐다.
 민주공화당의 재공천을 받은 구태회(진주-진양), 민병권(거창-함양), 백남억(김천-금릉), 김성곤(달성-고령), 김봉환(군위-선산), 문태준(영덕-청송), 오준석(영양-울진), 김창근(영주) 의원 등 8명의 의원만 귀환했을 뿐이다.

신민당 의원 8명 중 임갑수, 성낙현 의원들의 변절로 남은 6명 중 국민당을 기웃거린 박기출(부산동) 의원을 제외하고 모두 재공천을 받았으나 정상구(부산진갑), 우홍구(의성) 의원들이 낙선하여 김응주(부산중), 김영삼(부산서), 조일환(대구서) 의원들만 재당선되어 재당선의원은 42명의 의원 중 26%인 11명에 불과했다.

(3) 점유율 85.7%를 기록했다 52%로 급락한 민주공화당

민주공화당은 지난 총선에서 부산에서는 7개 선거구에서 2개 선거구(영도, 부산진을)에서 승리했지만 경북 20개 선거구에서 2개 선거구(대구 서-북, 의성), 경남 15개 선거구에서 1개 선거구(창녕)을 제외한 32개 선거구를 석권했다.
여기에 신민당 공천으로 당선된 임갑수(동래), 성낙현(창녕) 의원들을 전향시켜 영남권 42개 선거구에서 85.7%인 36개 선거구를 점유했다.
영남권은 막대기를 꽂아도 당선될 수 있다는 인식하에 15명을 낙천시키고 21명을 재공천하는 물갈이를 단행했다.
더구나 8개 선거구가 증설되어 23명의 정치신인들을 대거 공천했으나 최재구(고성), 이학만(거제), 최세경(삼천포-사천), 엄기표(하동), 정우식(산청), 김영병(김해), 신동관(남해), 강재구(대구북), 김병윤(포항-울릉), 정무식(영일), 김상년(의성), 정진화(영천), 박숙현(청도), 김인(상주), 고우진(문경) 후보들이 생환했을 뿐이다.
21명의 재공천 의원들 가운데 예춘호(영도), 최두고(부산진을), 임갑수(동래을), 성낙현(창녕), 공정식(밀양), 노재필(양산-동래), 이원만(대구동), 이효상(대구남), 이상무(경주-월성), 김대진(안동), 송한철(성주-칠곡), 정진동(예천) 의원들이 무더기로 낙선하여 8명의 의원들만 귀환했을 뿐이다.

금성탕지로 여겼던 공화당은 부산의 8개 선거구에서 2개 선거구(부산진갑, 동래갑)를 건졌고, 경남에서도 18개 선거구 가운데 절반인 9개 선거구에서 승리했을 뿐이다.

박정희 대통령의 고향인 경북에서도 24개 선거구에서 대구 북(강재구), 포항-울릉(김병윤), 영일(정무식), 김천-금릉(백남억), 달성-고령(김성곤), 군위-선산(김봉환), 의성(김상년), 영양-울진(문태준), 영덕-청송(오준석), 영천(정진화), 청도(박숙현), 상주(김인), 문경(고우진), 영주(김창근), 봉화(권성기) 등 15개 선거구에서 승리하여 26개 선거구를 차지하여 52%를 점유했을 뿐이다.

지난 총선에서의 85.7%를 상기하면 상전벽해를 실감할 수밖에 없었다.

(4) 50~60% 득표율로 당선된 영남권 후보들

군소정당 후보들이 몰락하고 공화당과 신민당 후보들이 각축전을 벌여 대부분 50%를 전후해서 승패가 엇갈렸다.

최고의 득표율은 거제의 이학만 후보가 경이적인 97.0% 득표율을 올렸고, 남해의 신동관 후보가 85.9%를, 달성-고령의 김성곤 후보가 73.9%의 득표율을 올려 은메달과 동메달을 차지했다.

60%가 넘는 비교적 높은 득표율을 기록한 당선자들은 이기택(65.9%), 김인(65.8%), 문태준(63.7%), 김영삼(63.2%), 정우식(62.9%), 권성기(62.1%), 박숙현(61.3%), 김병윤(61.1%), 김승목(60.7%), 정무식(50.7%) 후보들을 들 수 있다.

50% 미만의 득표율로 당선된 후보들은 김임식(48.1%), 김이권(46.6%), 최형우(47.8%), 최재구(49.4%), 박해충(47.8%), 조재봉(45.4%) 후보들이며 황은환 후보는 36.7% 득표율로 당선을 일궈냈다.

2. 영남권 50개 선거구 불꽃 튀는 격전의 현장으로

  부산직할시

〈중구〉 김응주, 김종규, 조시형의 대결이 이루어진 6대 총선 이래 2승 1패를 기록하며 4선의원 고지에 오른 김응주

지난 7대 총선에서는 6대 총선 때 맞붙였던 공화당 조시형 후보와 신민당 김응주 후보가 재대결을 펼쳤다.
민정당으로 출전했던 부산시장을 지낸 김종규 후보의 출전 포기와 부산시민들의 제1야당 후보에 대한 묻지마 투표에 힘입어 김응주 후보가 대승을 거두고 설욕했다.
경남도의원 출신인 민주당 최시효와 자유당 유영식, 20대의 정치신인 대중당 김성호 후보들도 참전했다.
이번 8대 총선에는 4대, 5대, 7대의원인 김응주 후보가 신민당 공천을 받고서 4선 고지 점령에 나서자, 부산시장 출신으로 6대 총선에는 민정당으로 출전했던 김종규 후보가 공화당으로 변신하여 출전했다.
시대복장 대표인 국민당 배용 후보와 경남도지사 선거에 입후보했던 대중당 정판수 후보들도 등록했다.
유권자들로부터 철저하게 외면당한 군소정당의 한계를 실감한 대중당 정판수 후보가 중도에 사퇴한 상황에서 민주당 시절 민선 부산시장으로 선출됐던 김종규 후보의 변신(變身)은 공화당 조직 내의 분열을 초래했고 정체성에 혼란을 초래했다.
1950년대 이후 20년 이상 군림한 김응주 후보에 대한 식상(食傷)함으로 한 때 혼선을 빚기도 했지만, 굳건하게 야

당을 지켜온 지조와 월남인들의 적극적 지지로 김응주 후보가 3천여 표차로 김종규 후보를 꺾고 4선의원으로 발돋움했다.

6대 총선 때 민정당으로 출전하여 민주당으로 출전한 김응주 후보와 함께 공화당 조시형 후보에게 고배를 마셨던 김종규 후보는 조시형 후보를 제치고 공화당 공천을 받고, 김응주 후보에게 도전해 보았으나 실패하여 3자대결에서 김응주 후보는 2승 1패, 조시형 후보는 1승 1패, 김종규 후보는 2패를 안게 됐다.

□ 득표상황

후보자	정당	연령	주요 경력	득표 (%)
김응주	신민당	60	7대의원(3선)	23,843(53.9)
김종규	민주공화당	58	부산시장	19,823(44.8)
배용	국민당	36	시대복장 대표	589(1.3)
정판수	대중당	43	정치인	사퇴

〈영도〉 공화당 의원으로 3선 개헌에 반대했다가 개헌에 찬성하고 공화당에 복당하여 변절시비에 휘말려 토박이 출신임에도 대패한 예춘호

지난 7대 총선에는 6대 총선에서 자웅을 겨뤘던 공화당 예춘호 후보와 신민당 김상진 후보가 재대결을 펼쳤다.

김상진 후보는 6대 총선에서 민정당으로 출전하여 차점 낙선하고 통합야당의 기치를 내걸고 동분서주했지만 원내부총무와 사무총장을 역임한 예춘호 후보를 따라잡기에는 역부족이었다.

패기가 넘친 대중당 박국영, 한독당 문영팔, 민중당 박성환 후보들도 등록하여 얼굴 알리기에 분주했다.

이번 8대 총선에서 세 번이나 차점 낙선한 신민당 김상진 후보와 공화당 예춘호 후보가 세 번째 맞대결을 펼쳤다.
국제신보 사회부장인 국민당 김일택, 한성체육관 이사인 대중당 이삼한, 기자로 활동중인 통사당 정주영 후보들도 참전하여 지켜봤다.
세 번째 맞대결을 펼친 예춘호 후보와 김상진 후보는 3선 개헌반대의 변절과 동정이 뒤범벅이 되어 혼전을 전개했다.
민주공화당의원으로 개헌에 반대했다는 점에서 관심을 끌었으나 다시 공화당에 복당하여 새로운 이미지 부각에 심혈을 기울이고 있는 예춘호 후보는 "내가 정치에 염증을 느낀 것은 사실이나 이 고장 발전을 위해서는 당락에 관계없이 출마한 것"이라고 변명하며, "지금도 3선개헌에 반대하는 신념에는 변함이 없으나 현실적으로 국민투표에서 개헌이 기정사실화 됐기 때문에 이를 추종한 것"이라고 역설하고, 8천여 명의 공화당조직과 풍부한 자금과 지역발전 공약으로 3선 진출을 기도했다.
"또 떨어지면 다시 싸울 기력이 없기때문에 이번이 마지막 출마"라며, 투지와 동정으로 추격전을 전개하고 있는 김상진 후보는 "3선 개헌을 적극 반대하던 예춘호 후보가 3선을 노리는 것은 아이러니가 아닐 수 없다", "대한민국 주식회사의 사장은 박정희, 전무는 백두진이니 감사는 이 김상진이가 맡아야 하지 않겠느냐"고 호소했다.
포항 출신으로 7백 가구의 경북 출신들을 주축으로 금속, 철공 노조를 침투하고 있는 김상진 후보는 "지조 지켜 싸운 일꾼 앞장세워 독재 막자"라는 구호를 앞세워, "이번 선거가 마지막"임을 강조하며 동정표 모으기에 심혈을 기울였다.
동아대 교수 출신으로 사무총장을 거쳐 중진의원으로 자리매김된 예춘호 후보는 "창당에 참여했던 내가 당내 민주주의를 위해 돌아온 것이 변절이냐"고 지조의 정의를 강조했다.

토박이 출신인 예춘호 후보는 경남공고와 동아대 동문들을 중심으로 사조직을 총동원하고 "이번에 당선되면 정계의 재편성으로 부정부패를 일소하겠다"고 포부를 밝혔지만, 공화당적을 떠난 2년여 년의 공백이 너무나 크고 새로운 이미지 부각에 실패하여 동정표를 끌어모은 김상진 후보에게 1만여 표 이상의 표차로 무릎을 꿇었다.

□ 득표상황

후보자	정당	연령	주요 경력	득표 (%)
김상진	신민당	37	정당인	39,169(57.8)
예춘호	민주공화당	43	7대의원(2선)	27,905(41.2)
김일택	국민당	47	국제신보 사회부장	350(0.5)
정주영	통사당	37	기자	212(0.3)
이삼한	대중당	29	체육관 이사	120(0.2)

〈서구〉 지역구를 옮긴 4대 총선에서는 낙선했지만, 5대 총선 이래 지역구에 뿌리를 내려 4연승을 이어간 김영삼

지난 7대 총선에서는 신민당 김영삼 후보의 4선 고지 점령을 저지하기 위해 공화당은 동아대 교수 출신으로 6대 국회에서 전국구의원으로 활약한 박규상 후보를 내세웠으나, 원내총무로서 중량감을 내세우며 3선의원인 김동욱 후보의 지지기반까지 흡수한 김영삼 후보의 적수가 되지 못했다.

당선보다는 얼굴 알리기에 주력한 대중당 정태수, 민주당 정금출, 통사당 임정상, 민중당 김종채, 자유당 전대욱 후보들은 1%대 득표율도 올리지 못했다.

이번 8대 총선에 공화당은 30대 초반의 검사 출신 변호사인 박찬종 후보로 교체하여 신민당 김영삼 후보의 5선 저지 기수로 활용했다.

지난 총선에도 출전했던 민중당 김종채, 정당활동을 펼친 국민당 박창종, 대중당 서우자, 통사당 정봉이 후보들도 등록했다.

민주공화당 박찬종 후보는 "이번 선거에서는 야당이 농촌에서 많이 당선될 것 같으니 도시에서는 여당을 뽑아주어야 한다"고 걸맞지 않는 논리를 전개했고, 신민당 김영삼 후보는 "서구의 대티터널은 내가 말해서 한 것이 아니라 부산시당국이 도시 균형에 따라 한 것"이라며, "서울에서는 여당 의원이 한 사람밖에 없는데도 세계 속의 서울로 발전하고 있지 않느냐"고 지역개발의 여당 독점을 신랄하게 비난했다.

이번 선거는 불법을 넘어 무법의 상태에 이르고 있다는 김영삼 후보는 "75년에 대통령이 될 사람을 안 뽑아주면 국민의 기대에 어긋나게 되는 것"이라고 호소했다.

거제에서 부산으로 옮긴 4대 총선에서는 자유당 이상용 후보에게 패배했지만, 김영삼 후보는 5대 총선 이래 사회대중당 강봉수, 부산의 거부인 공화당 신중달, 전국구의원인 공화당 박규상, 패기에 넘친 젊은 변호사 공화당 박찬종 후보들을 꺾고 철옹성을 구축했다.

□ 득표상황

후보자	정당	연령	주요 경력	득표 (%)
김영삼	신민당	43	7대의원(4선)	74,589(63.2)
박찬종	민주공화당	32	검사, 변호사	41,128(34.8)
박창종	국민당	38	정당인	1,061(0.9)
서우자(여)	대중당	27	동아대졸	656(0.6)
김종채	민중당	38	정당인	409(0.3)

| 정봉이 | 통일사회당 | 39 | 의사 | 218(0.2) |

〈동구〉 박순천 전 신민당 대표의 적극적인 지원과 부산의 야당 정서를 되살려 국회 입성에 성공한 박순천 대표 비서였던 김승목

지난 7대 총선에서 공화당은 동아대 농과대학장 출신으로 6대 총선 때 당선된 이종순 후보를 내세웠고, 신민당은 야당투사들을 배제하고 윤보선 대선후보의 찬조연사로 활약한 박기출 후보를 전략 공천했다.
동경의대 출신으로 혁신운동을 펼쳐온 박기출 후보가 의사로서의 인술과 구속된 경력, 통합야당의 후보임을 내세워 대승을 거두었다.
경남 진주에서 4대와 5대의원을 지낸 민주당 김용진, 다섯 번째 총선에 출전한 한독당 이상철, 경남도의원을 지낸 자유당 허인건 후보들을 비롯하여 대중당 오태웅, 통한당 김을갑 후보들도 참전했다.
이번 8대 총선에서 공화당은 동구청장 출신인 유호필 후보를 내세웠고, 신민당은 지구당위원장인 김승목 후보를 내세웠다.
6대의원을 지낸 이종순 후보가 국민당으로, 여섯 번째 도전한 이상철 후보는 대중당으로, 부산경제 기자인 윤경현 후보는 민중당으로 출전했다.
민정당 전국구의원으로 활동했으나 공천에서 배제되자 통사당으로 출전한 박재우 후보는 여건이 여의치 아니하자 중도에 사퇴했다.
민주공화당 유호필 후보는 "누가 무어라 해도 지역 사업이 제일"이라며 지역개발 사업을 중점 홍보했고, 김승목 후보

는 박순천 할머니를 사무장으로 옹립했다.
 이 지역구에서 4대와 5대 총선에서 당선됐던 박순천 전 신민당 대표가 자신의 비서였던 김승목 후보 지원을 위해 부산에 상주하며 맹렬하게 선거운동을 주도하자, 유호필 후보는 "치마폭 선거를 지양하자"고 호소했다.
 박재우 후보의 사퇴로 승기를 잡은 김승목 후보가 부산의 야당 정서를 자극하여 대승을 거두고 여의도 입성에 성공했다.

□ 득표상황

후보자	정당	연령	주요 경력	득표 (%)
김승목	신민당	41	정당인	53,499(50.7)
유호필	민주공화당	43	부산 동구청장	28,792(32.7)
이종순	국민당	65	6대의원(지역구)	3,866(4.4)
이상철	대중당	46	상업	1,627(1.8)
윤경현	민중당	32	부산경제 기자	311(0.4)
박재우	통일사회당	52	7대의원(전국구)	사퇴

〈부산진 갑〉 재해(災害)시민들에게 트럭으로 실어다 준 라면이 표로 돌아와 32표차로 정상구 후보를 누르고 재선의원으로 발돋움한 김임식

 지난 7대 총선에선 6대 총선에서 1,718표차로 승패가 갈렸던 공화당 김임식 후보와 신민당 정상구 후보가 또 다시 자웅을 겨뤘다.
 4대와 5대 의원을 지낸 이종남 후보를 따돌리고 신민당 공천을 받은 저력, 학원재벌가로서의 자금력, 창원 출향민과 동래 정씨 문중을 동원하여 7대 총선에서는 7,163표차로 김임식 후보에게 되갚아 주었다.
 경남도의원을 지낸 자유당 이성수 후보를 비롯하여 대중당

강경식, 한독당 김종태, 정의당 우희갑, 민주당 윤용수 후보들은 당선보다 얼굴알리기에 주력했다.

이번 8대 총선에는 공화당 김임식 후보와 신민당 정상구 후보가 세 번째 맞대결을 펼쳤다.

지난 총선에는 대중당으로 얼굴을 내밀었던 강경식 후보가 이번 총선에는 국민당으로 출전하여 야권성향표 잠식에 들어갔다.

1승 1패의 전적을 갖고 이번에 세 번째 맞대결을 펼치고 있는 김임식 후보는 학생 2천 5백 명을 가진 동의학교재단의 주인이고, 정상구 후보는 6천 5백 명을 거느리는 혜화학교재단의 창설자로써 모두 학교 조직을 발판으로 하고 있다.

김임식 후보는 지난 총선 때 정상구 후보가 유권자들에게 공화당을 가장하고 '돈 주었다 뺏기', '짝짝이 고무신 배부' 등의 흑색선전으로 '국회의원직을 속아 빼앗겼다'고 정상구 후보를 공격했다.

그는 흥국생명직원들을 동원하여 고지대 급수, 성지곡 수원지개발 등을 큰 업적으로 홍보했다.

부산에서 가장 혼탁한 선거전을 치르고 있는 이 지역구의 김임식 후보는 정상구 후보의 의원 재직시 외유문제를 비롯한 여러 문제의 신문기사를 오려내어 편집한 사용(私用) 신문을 만들어 유포하고, 재해민들에게 트럭으로 실어다 준 라면이 표로 돌아와 32표차로 아찔한 승리를 거두고 재선의원이 됐다.

□ 득표상황

후보자	정당	연령	주요 경력	득표 (%)
김임식	민주공화당	48	6대의원, 재단이사장	53,320(48.1)
정상구	신민당	46	7대의원, 참의원	53,288(48.1)

| 강경식 | 국민당 | 30 | 인권투위 위원 | 4,194(3.8) |

〈부산진 을〉 경력과 재력에서 용호상박을 이룬 혈전장에서 유권자들의 견제세력에 대한 지지 열기에 힘입어 자유당 구각(舊殼)을 벗고 신민당으로 변신하여 대승을 거둔 정해영

지난 7대 총선에선 6대 총선에서 맞붙었던 공화당 최두고, 신민당 신현오, 민주당 최시명 후보들이 재대결을 펼쳤다.
 부산수산대 출신으로 민주당으로 출전하여 지난 총선에서 11,750표를 득표한 최시명 후보와 동아대 출신으로 민정당으로 출전하여 14,098표를 득표한 신현오 후보가 신민당 공천을 놓고 불꽃 튀기는 접전을 벌여 신현오 후보가 승리하자, 최시명 후보가 민주당으로 출전하여 최두고 후보 승리의 도우미 역할을 했다.
 자유당 박명호 후보는 완주했으나, 대중당 백재용 후보는 등록했다 중도에 사퇴했다.
 이번 8대 총선에서 신민당은 3선의원을 향해 질주하는 공화당 최두고 후보에 맞서, 경남 울산 출신으로 울산에서 3대와 5대 총선에서 승리하고 야당으로 전향하여 민정당과 신민당의 전국구의원으로 원내총무도 지낸 정해영 후보가 신민당 주자로 선정됐다.
중앙당 출판국장인 최상진 후보는 국민당으로 출전했다.
 국회 건설위원장과 신민당 원내총무가 맞붙은 이 지역구는 모두가 현역의원일 뿐 아니라 원내 위치나 재력이 '눈에는 눈', '코에는 코'로 한 치의 양보도 없는 용호상박의 혈전장이다.
 동성재단을 주축으로 한 학원 관련 조직, 부산시지부장으로서의 공조직을 동원하여 2만 명의 고정표를 확보하고 있

는 최두고 후보는 "야당이 오히려 여당 행세를 할 정도로 물량 공세로 나오고 있다"고 비난하고, "정 후보는 고등학교밖에 못 나왔고 나는 대학원까지 나온 박사다. 당장 시험을 쳐 보자"고 인신공격을 하면서, 실력 대결을 제의하기도 했다.

이에 정해영 후보는 울산지역 출향민 6천 가구, 부산상고 동창회, 1천 명의 해선청년회를 동원하며 "나는 국회의원 16년에 가산을 탕진했지만 최 후보는 국회의원 8년에 억대의 치부를 했다"고 주장했다.

지난 총선에서 차점 낙선한 신현오를 사무장으로 옹립한 정해영 후보는 제1야당의 원내총무가 낙선하면 세계의 화제가 될 것이라고 여촌야도의 기질에 부채질을 했다.

최두고 후보는 공화당 조직 1만 8천 명, 동성재단 1만 2천 명, 경주 최씨 2천 8백 가구 등으로 승리를 장담하면서도 자금의 열세를 조직으로 카버하고 있다면서, 2천 7백 가구의 경주 최씨 종친회, 동성학원 5개 조직, 2만 명의 제자, 부산대 동창회 등 다채로운 사조직을 동원했다.

"최 후보가 8년 동안이나 기반을 다져왔고 방대한 조직을 활용하고 있어 고전하고 있다"는 정해영 후보는 견제세력을 키워주어야 한다는 부산시민들의 열망에 힘입어, 자유당의 구각을 벗고 2만여 표차로 최 두고 후보를 꺾고 5선의원에 등정했다.

□ 득표상황

후보자	정당	연령	주요 경력	득표 (%)
정해영	신민당	55	7대의원(4선)	69,182(58.9)
최두고	민주공화당	49	7대의원(2선)	47,355(40.3)
최상진	국민당	36	국민당 출판국장	990(0.8)

〈동래 갑〉 경남도지사, 내무부장관, 전국구의원으로 정권 실세임을 내세워 거세게 몰아친 신민당 광풍(狂風)을 헤치고 당선된 양찬우

동래구가 단일구였던 지난 7대 총선에서는 서적 판매상이지만 재야인사라는 명분으로 신민당 공천을 받은 정치신인 임갑수 후보가 부산시의원, 6대의원을 지내고 양찬우 내무부장관과 치열하게 공천 경합을 벌였던 공화당 양극필 후보를 예상을 뒤엎고 따돌렸다.
 조도전대 출신인 대중당 옥영진, 경희대 교수인 통사당 하은수 후보들도 출전하여 두 후보의 싸움을 지켜봤다.
 갑-을구로 분구된 이번 8대 총선에서 공화당은 육군대학 출신으로 내무부장관, 전국구의원을 지낸 양찬우 후보를 내세웠고, 신민당은 동아대 출신으로 검사를 거친 변호사인 이종화 후보를 공천했다.
 지난 총선에도 출전한 대중당 옥영진, 고교교사인 국민당 홍순태, 동부산중학 설립자인 사회당 박종태 후보들도 참전했다.
 양찬우 후보는 경남도지사 시절 관내 모든 장의사와의 계약으로 관(棺)을 주문한 곳이면 양찬우 후보의 조화(弔花)가 자동적으로 따라가도록 해 놓았다.
 정권실세임을 내세우며 방대한 조직을 활용하여 내무부장관 시절부터 맺어온 행정력을 총동원한 양찬우 후보에 대항하여 이종화 후보는 양찬우 후보의 호화주택 사진을 게시하면서 비난했다.
 거세게 몰아친 부산의 야당 바람과 "지난 대선에서 지역의식에 대한 반성으로 여당 견제"를 호소한 야당 후보들의 기세에 현역의원인 예춘호, 김임식, 임갑수 후보들은 낙선했지만 흥국생명 보험사장, 동의학원재단 이사장인 부산진갑

구 김임식 후보와 내무부장관을 거쳐 7대 전국구의원으로 활약한 이 지역구의 양찬우 후보는 신민당 광풍을 헤쳤고 승리했다.

□ 득표상황

후보자	정당	연령	주요 경력	득표 (%)
양찬우	민주공화당	45	7대의원(전국구)	41,717(55.6)
이종화	신민당	50	검사, 변호사	31,956(42.6)
홍순태	국민당	33	고교 교사	840(1.1)
박종대	통일사회당	34	동부산중학설립	346(0.5)
옥영진	대중당	54	회사원	152(0.2)

〈동래 을〉 혁신계 출신으로 혜성처럼 등장하여 신데렐라가 되었으나, 공화당으로 변절하여 유권자들의 호된 질책을 받고 정계의 뒤안길로 사라진 임갑수

 분구된 이 지역구는 지난 총선에는 신민당 공천으로 공화당 양극필 후보를 꺾고 당선된 임갑수 후보가 공화당으로 전향하여 출전했고, 신민당은 30대의 정치 신예로 6대 국회에서는 전국구의원으로 활동한 이기택 후보를 내세웠다.
 동방개발 사장인 국민당 유영열, 재건국민운동을 펼친 민중당 김진배, 사업가인 대중당 서명택 후보들도 출전했다.
 임갑수 후보의 변절시비가 최대 쟁점이 된 선거전에서 임갑수 후보는 "박정희 대통령의 8·15 선언이 평화통일 정책으로 혁신계 노선과 같아 공명했다"고 변명했지만, 공화당 낙선자 양극필 후보가 제기한 선거소송에서 신민당이 무관심하여 신민당을 이탈한 것이 정설로 알려졌다.
 "혁신당에서 신민당으로, 신민당에서 공화당으로 간 임갑수 후보는 다음에 어디로 가겠느냐"고 변절을 질타한 이기

택 후보는 "정치적 변절자가 국민들로부터 다시 지지를 받을 수 있느냐는 것을 보여주는 중요한 선거"라고 주장했다.

4·19 당시 고려대 학생위원장이었고 3선개헌 범투쟁위 청년위원장을 거쳐 최연소의원으로 신민당 전국구의원으로 진출한 이기택 후보는 "임갑수 후보가 사실상 선거를 포기한 것이 아니면 선거 마지막에 유권자들에게 돈을 돌릴 것"이라고 금권선거를 우려했으나, 변절시비를 극복하기 못한 임 후보는 사실상 선거를 내팽겨쳤다.

혁신계의 수장인 윤길중, 박기출과 함께 신민당에 합류한 임갑수 후보는 5대 총선에서는 낙선했지만 지난 총선에서 의외의 당선으로 신데렐라가 되고 혁신계와 족청세력 및 교원노조 교사들의 지원을 기대했으나, 변절시비에 휘말려 유권자들의 호된 질책을 받았을 뿐이다.

□ 득표상황

후보자	정당	연령	주요 경력	득표 (%)
이기택	신민당	33	7대의원(전국구)	34,471(65.9)
임갑수	민주공화당	50	7대의원(지역구)	15,674(30.0)
김진배	민주당	34	재건국민운동지부장	1,086(2.1)
유영열	국민당	43	동양개발 사장	891(1.7)
서명택	대중당	32	상업	187(0.3)

경상남도

〈마산〉 정당보다 인물 선택을 강요한 선거전에서 박경환, 한태일 후보들의 여권성향표 쟁탈을 관망하며 어부지리를 얻은 황은환

지난 7대 총선에서는 6대 총선 때 자웅을 겨뤘던 공화당

한태일 후보가 신민당 공천에서 탈락하고 한독당으로 출전한 강선규 후보와 재대결을 펼쳤다.

경남모직 사장 출신으로 지난 총선에서는 어처구니 없이 낙선했지만 심기일전하여 공화당 재공천을 받은 한태일 후보는 경남도청을 가져오겠다고 공약하고, 신민당의 공천 내홍의 틈새를 비집고 대승을 거두어 권토중래했다.

신민당은 강선규 현역의원을 밀쳐내고 대구고법 판사를 지낸 김영순 후보를 공천하여 자중지란(自中之亂)으로 의원직을 헌납했다.

마산시 체육회장으로 활약한 문삼찬 후보도 자유당으로 출전했다.

이번 8대 총선에서 공화당은 한태일 현역의원을 밀쳐내고 마산대학장을 지낸 박경환 후보를 공천하자, 한태일 의원은 민중당으로 옮겨 출전했다.

신민당도 부산지검 검사 출신인 황은환 변호사를 공천하자, 6대의원을 지낸 강선규 후보가 국민당으로 출전했다.

정치신인인 황길웅 후보는 통사당으로 참전했다.

4·19혁명의 진원지인 이 지역구는 여권성향표는 박경환, 한태일 후보가, 야권성향표는 황은환, 강선규 후보가 양분한 상황에서 2천여 명의 부두노조, 마산대학 제자들이 중심이 된 사조직을 가동하고 있는 박경환 후보는 "마산과 진주가 경쟁적으로 발전해 왔는데 진주에서는 공화당 후보가 되고 마산에서 야당 후보가 되면 마산은 영영 낙후되고 만다"고 주장하자, "나는 당선보다 권력에 아부하지 않아 떨어졌다는 것을 해명하기 위해 나왔다"는 한태일 후보는 "4년 전에 나도 여당을 뽑아야 지역발전 한다고 말했으나 사실은 그렇지 않다"는 논리로 반박했다.

17년 전 이곳에서 검사재직의 연고와 신민당 조직을 가동하며 여촌야도세에 따른 부동표 흡수에 승부를 걸고 있는 황은환 후보는 경남 함안 출신이고, 당선권을 넘나드는 박경환 후보는 경북 경산 출신으로 마산 출신인 강선규 후보는 '마산 사람의 마산'을 부르짖으면서 외래 후보의 배격을 호소했다.

황은환 후보는 "강선규 후보가 공화당을 상대로 싸우지 않고 신민당을 물고 늘어지는 것은 석연치 않다"고 의혹을 제기했다.

"불순한 권력에 억울하게 희생된 나를 살려달라"고 호소한 한태일 후보의 추격을 보고서, 한태일, 최우영, 김한득 후보들을 꺾고 공천을 받은 박경환 후보는 "튼튼한 권력을 배경으로 벼락공천을 받았다고 하지만 이 배경을 마산 개발에 선용(善用)하면 될 것 아니냐"면서 박종규 경호실장의 배경을 은근히 과시했다.

정당보다 인물을 선택할 것을 강요받은 유권자들은 가난한 사람의 권익을 옹호할 것 등을 공약으로 내건 황은환 후보를 선택했고, 황은환 후보는 박경환, 한태일 후보의 공방전에서 어부지리를 얻었다.

□ 득표상황

후보자	정당	연령	주요 경력	득표 (%)
황은환	신민당	47	서울지검 검사	25,429(36.7)
박경환	민주공화당	40	마산대학장	23,458(34.2)
한태일	민중당	59	7대의원(지역구)	16,779(24.5)
강선규	국민당	45	6대의원(지역구)	2,189(3.2)
황길웅	통일사회당	28	정당인	679(1.4)

〈진주-진양〉 3대와 5대의원으로 공천장을 반납한 황남팔 후보의 대타로 출전했으나 역부족을 실감한 신민당 박영식

지난 7대 총선에서는 공화당, 민정당 공천으로 자웅을 겨뤘던 구태회, 황남팔 후보들이 공화당과 신민당의 공천을 받고 재대결을 펼쳤다.

네 번째 대결을 펼친 두 후보는 4대에는 자유당 구태회 후보가, 5대에는 민주당 황남팔 후보가, 6대에는 공화당 구태회 후보가 승리했다.

럭키금성 구인회 회장의 동생인 구태회 후보가 풍부한 자금을 동원하여 3선의원에 등정했고 황남팔 후보는 3패의 수모를 안게 됐다.

참의원으로 활약한 설창수 후보가 민주당으로 출전하여 추격전을 전개했고, 마산시의원을 지낸 백정태 후보는 대중당으로 등록했다.

이번 8대 총선에서 원내총무로 활약한 구태회 후보가 공화당 공천을 받고 4선 고지를 향해 달리자 4대, 6대, 7대 총선에서 3패한 황남팔 후보가 공천장을 반납하여, 신민당은 부랴부랴 4·19학생대표와 재경서부경남회장을 지낸 30대의 박영식 후보를 내세웠다.

역전의 용사였던 황남팔 후보마저 꼬리를 내려 30대의 정치신인이 바통을 이어받았으나, 박영식 후보는 럭키금성이라는 재벌의 비호를 받으며 원내총무를 지낸 중진의원으로 자리매김된 구태회 후보의 적수가 되지 못했다.

정치신인인 박영식 후보는 젊은 패기를 앞세우고 진주의 야당 바람을 되살려 예상을 뒤엎고, 만년 국회의원이라는 구태회 후보에게 5천여 표차까지 추격하는 선전을 보여줬다.

□ 득표상황

후보자	정당	연령	주요 경력	득표 (%)
구태회	민주공화당	47	7대의원(3선)	45,953(53.2)

| 박영식 | 신민당 | 32 | 재경서부경남학생회장 | 40,462(46.8) |

〈충무-통영〉 민선 충무시장의 관록을 내세워 박정희 대통령과 대구사범 동기동창으로 박 대통령의 특별 지원유세까지 받은 김종길 후보를 꺾고 3전 4기 신화를 창출

고성과 병합된 지난 7대 총선에서는 고성 출신인 공화당 최석림 후보와 충무 출신인 신민당 김기섭 후보가 맞대결을 펼쳤다.
 유권자 6만 3천 명인 고성과 유권자 6만 4천 명인 충무-통영의 대결장에서 풍부한 자금과 행정력을 동원한 최석림 후보가 승리하여 4연승을 이어갔고, 김기섭 후보는 3연패를 이어갔다.
 대법원의 일부지역 선거무효로 실시된 재선거에서 신민당의 해산으로 김기섭 후보의 후보자격 상실로 최석림 후보가 5연승을 구가했다.
 김기섭 후보는 4대 총선에선 자유당 공천을 받고도 민주당 최천후보에게, 6대 총선에는 자민당 공천으로 최석림 후보에게 패배했었다.
 이번 8대 총선에서 공화당은 5대 총선 때 사회대중당으로 출전하여 낙선한 김종길 변호사를 내세웠고, 신민당은 국민대재단 이사장으로 3연패 한 김기섭 후보에게 회생의 기회를 제공했다.
 지방공무원 출신인 구성수 후보가 민중당으로 출전했다.
 이 지역의 터줏대감으로 세 번 낙선하고 네 번째 도전한 김기섭 후보에게 박정희 대통령과 대구사범 동기동창인 공화당 김종길 후보가 "과거 삼천포보다 컸던 충무의 영광을 되찾자"면서, 충무의 번영을 내걸고 도전했다.

동백림 간첩단 사건으로 구속된 윤이상의 무료변론으로 유명해진 김종길 후보는 국제관광도시로의 개발, 수산단지조성, 나전칠기(螺鈿漆器)의 보호육성 등 풍성한 지역개발로 조직 확대에 노력하고 있으나, 김기섭 후보로부터 '30년 만에 돌아온 정치 철새'라는 화살을 받았다.

민선 충무시장을 지낸 김기섭 후보는 충무시의 야성기질, 59개의 도서지방에 뿌리박은 조직을 십분 활용하여 당선을 기대했다.

서정귀 전 의원과 대통령 외교 특보인 김용식의 특별지원을 받고 있는 김종길 후보는 박정희 대통령의 지원연설에 고무되어 박 대통령과의 친분을 최대한 활용했다.

"대통령과 그렇게 친하다면 진작 지역발전을 해 놓지 왜 못했느냐"고 반격한 김기섭 후보는 "이번에도 안 되면 집안이 망한다"고 동정에 호소를 하고 있다.

양조장을 경영하고 있는 김기섭 후보는 자금과 조직면에서 김종길 후보에게 뒤떨어지지 않는 강점을 활용하여 세 번 낙선에 따른 동정여론을 표로 결집시켜 3전 4기의 신화를 창조했다.

□ 득표상황

후보자	정당	연령	주요 경력	득표 (%)
김기섭	신민당	55	국민대재단 이사장	27,468(53.6)
김종길	민주공화당	53	변호사	23,494(45.7)
구성수	민중당	37	지방공무원	310(0.6)

〈고성〉 치열하게 공화당 공천경합을 벌였던 후보들이 본선에서 재대결을 펼쳐 참신한 인물을 내세우고 경주최씨 문중을 결집시켜 고성의 터줏대감을 격침시키고 승리한 최재구

이번 총선에서 분구된 이 지역구에 공화당은 이 지역구의 터줏대감인 최석림 의원을 배제하고 경기대 교수, 동국대 학생처장을 역임한 최재구 후보를 공천하자, 최석림 후보가 반발하여 국민당으로 옮겨 출전했다.

해군중령으로 예편한 김수명 후보는 공화당 공천에서 낙천되자 신민당 공천을 받고 출전했다.

최석림, 박정만, 김수명 후보들과 치열한 공천경합 끝에 공화당 공천장을 받아낸 최재구 후보는 집권당의 강점을 최대한 활용하여 충분한 자금과 지방사업 공약으로 당선을 위해 총력을 펼치고 있다.

보궐선거를 포함하여 일곱 차례의 선거를 치른 최석림 후보는 4선의원이라는 관록과 사조직을 업고 선거의 명수라는 장기(長技)를 발휘하여 예측불허의 선거전을 이끌고 있다.

두 후보는 같은 경주 최씨이며 최재구 후보의 부친인 최갑환 3대의원은 4대 총선 때 최석림 후보에게 패배하여 정계를 은퇴한 숙원을 갖고 있다.

합동정견 발표회에서 두 후보는 "나를 밀어주지 않을 바에는 김수명 후보를 밀어달라"고 공언할 정도로 감정대립이 심하다.

3대에서 7대까지 4천 호를 가진 최씨들만이 국회의원을 배출하여 김수명 후보는 "최씨 왕국을 타도하자"며, 김해 김씨 문중표의 결집을 호소했다.

세 후보 모두 공화당 출신으로 왼손으로 받고 오른손으로 표 바로 찍기 운동이 나돌 정도로 조직의 혼선이 일어났고 '쌍줄 탔다', '3당 고문'이란 새 용어가 만들어졌다.

최석림 후보는 "4선이 장기집권이면 2대에 걸친 집권은 세습집권"이냐고 항변하면서, 지역사업은 경험 있고 관록 있는 사람이 효과적으로 할 수 있다면서 이번이 마지막 출마임을 호소했지만, 고성의 선거분위기를 흐려놓은 장본인으로 지목되어 당선권에서 멀어졌다.

"고성 출신으로 관계에 진출한 김학렬 경제부총리, 진봉현 농림부차관 등과 교량역을 맡아 농촌인 고성을 발전시키겠다"고 다짐한 최재구 후보가 참신한 인물이며 고성의 종합발전을 내세워, 3파전을 승리로 이끌었다.

□ 득표상황

후보자	정당	연령	주요 경력	득표 (%)
최재구	민주공화당	43	대한건설협회이사장	23,730(49.4)
김수명	신민당	40	해군중령	18,273(38.0)
최석림	국민당	48	7대의원(4선)	6,052(12.6)

〈거제〉 윤보선 전 대통령은 "이 나라에는 국민당밖에 야당다운 야당이 없다"고 역설했지만, 2% 득표율도 올리지 못한 5대의원 윤병한

지난 7대 총선에서는 6대 총선 때 자웅을 겨뤘던 공화당 김주인 후보와 신민당 반성환 후보가 재대결을 펼쳤다.

독립선거구가 된 3대 총선 이래 자유당 김영삼, 자유당 진석중, 민주당 윤병한, 공화당 김주인 등 여당 후보들만 줄기차게 당선시켜 온 전통을 지켜 7대 총선에서도 김주인 후보가 큰 표차로 반성환 후보를 따돌렸다.

정치신인인 자민당 노옥준, 민중당 차승훈 후보들도 참전했다.

이번 8대 총선에서 공화당은 김주인 의원을 낙천시키고, 부산수산센터 운영위원장과 재건국민운동 경남도위원장으로 활약한 이학만 후보로 교체했다.

국민당은 5대의원을 지낸 윤병한 후보를 내세웠다.

지난 총선에 출전했던 대중당 차승훈 후보와 민중당 노옥준 후보들이 재출격했고, 김영삼 의원 인척인 김봉조 후보가 신민당으로 등록했으나 등록요건 미비로 등록무효됐다.

김봉조 후보는 선거 180일 전에 김영삼 의원 비서관직을 사임하지 않아 등록이 무효됐다. 그리하여 신민당은 싸워보지도 못하고 공화당에게 1석을 헌납했다.

윤보선 전 대통령은 "신민당은 겉으로만 야당이고 안으로는 공화당과 손 잡고 있다"고 비난하고, "이 나라에는 국민당밖에 야당이 없다"고 역설했지만, 5대의원을 지낸 윤병한 후보의 득표는 처참하리만큼 처절했고, 국민당은 결코 신민당 대체정당이 될 수 없음을 입증했다.

김봉조 후보의 등록무효와 윤병한 후보의 부진으로 무명의 정치신인인 이학만 후보는 전국 최고득표율인 97% 득표로 당선되는 영광을 차지했다.

□ 득표상황

후보자	정당	연령	주요 경력	득표 (%)
이학만	민주공화당	51	재건국민운동지부장	29,189(97.0)
윤병한	국민당	53	5대의원(거제)	525(1.7)
노옥준	민중당	41	노동운동가	259(0.8)
차승훈	대중당	44	독립군 종군의사	132(0.5)
김봉조	신민당	32	연세대졸	등록무효

〈진해-창원〉 진해와 창원의 지역대결, 스승과 제자의 대결에서 지난 총선에서 낙선에 따른 동정여론으로 스승을 꺾고 등원에 성공한 황낙주

지난 7대 총선에서는 5·16혁명주체로서 최고위원을 거쳐 6대 국회에서 전국구의원으로 활약한 조창대 후보가 지난 총

선에서 낙선한 5대의원인 이양호 후보를 밀쳐내고, 공화당 공천을 받고서 당선을 향해 질주했다.

신민당은 최수룡 현역의원을 밀쳐내고 진해 출신이라는 이점을 살려 충무상고 교장인 황낙주 후보를 공천하자, 최수룡 의원이 민주당으로 옮겨 출전하여 자중지란을 일으켰다.

자유당 경남도당 위원장으로 명성을 날렸던 3대와 4대의원을 지낸 이용범 후보가 자유당으로 등록했다 중도에 사퇴했고, 김성은 국방부장관, 권오병 법무부장관, 윤천주 문교부장관들의 간접지원을 받은 조창대 후보가 대승을 거두었다.

조창대 의원이 헬기 사고로 운명을 달리한 이번 8대 총선에서 공화당은 대통령 정무비서관을 지낸 하광호 후보를 공천했고, 신민당은 지난 총선에서 석패한 황낙주 후보를 공천했다.

국회 전문위원실에 근무했던 최혁 후보가 국민당으로 출전했다.

마산상고 교사였던 하광호 후보와 제자인 황낙주 후보가 혈전을 전개하여 사제지간(師弟之間) 혈투로 세간의 이목을 집중시켰다.

공화당 창당멤버로 지구당 사무국장과 경남도사무국장을 지낸 당료출신인 하광호 후보는 청와대 비서관을 거쳤다.

1만 3천 명의 공화당 조직과 진양 하씨를 기반으로 선거전을 치르고 있는 하광호 후보는 "이곳 유권자들은 자유당의 이용범 의원 때부터 돈을 뿌려야 한다는 인식에 젖어 있다"고 자금 부족을 우려했다.

황낙주 후보는 "1백 만원의 선거자금 지원보다는 김대중의 한 차례 지원유세가 더 큰 역할"이라면서 김대중 납치소동까지 벌였다.

충무중고교 재단이사장인 황낙주 후보는 5천 명에 달하는 창원 황씨를 주요 기반으로 진해시의 야당성향에 크게 기대하고 있다.
"제자가 닦아놓은 기반에 스승이 출마하는 것은 도리가 아니며 제자가 돌을 들추니 가재는 스승이 잡는 격이다"라는 황 후보의 공격에, "제자에게 국회의원이라는 무거운 짐을 지게해서는 안 되며 제자가 짊어질 십자가를 내가 대신하게 해달라"고 하 후보는 반격했다.
 진해와 창원의 지역대결에서 진해의 야권성향표를 결집시키고 지난 총선에서 낙선한 데 따른 동정여론과 닦아 논 조직표를 동원하여 제자인 황낙주 후보가 스승인 하광호 후보를 3천여 표차로 꺾고 국회에 등원했다.

□ 득표상황

후보자	정당	연령	주요 경력	득표 (%)
황낙주	신민당	43	충무고교교장	51,774(51.2)
하광호	민주공화당	49	대통령 정무비서관	48,192(47.7)
최 혁	국민당	30	국민당 정책위원	1,155(1.1)

〈삼천포-사천〉 야당이 이겨본 일이 없다는 서부 경남의 지역정서를 타고 6개 정당의 오케스트라 연주장에서 승리를 쟁취한 최세경

 하동과 병합된 지난 7대 총선에선 예비역 육군중장으로 최고회의 내무위원장, 중앙정보부장을 지낸 공화당 김용순 후보가 지난 총선에서도 격파했던 신민당 문부식 후보를 33,678표차로 제압하고 재선의원이 됐다.
 경주, 안동, 상주, 의성군수와 경남도의회 의장을 지낸 자유당 이정한 후보가 자유당으로 출전하여 두 후보의 결전을 지켜봤다.

이번 8대 총선에서 공화당은 부산일보 사장을 지낸 최세경 후보를 내세웠고 신민당은 경남도의원을 지낸 최응섭 후보를 공천했다.

삼천포시에서 4대의원과 5대의원에 당선된 이재현 후보가 국민당으로 출전하여 3파전을 전개했다.

자민당 사무총장을 지낸 민중당 정종식, 삼천포농협장을 지낸 통사당 차병열, 삼천포시장을 지낸 대중당 유상호 후보들도 등록했다.

야당이 이겨본 일이 거의 없는 서부 경남에서는 호남 푸대접이니 뭐니 하지만 실은 서부 경남 푸대접이 극심하다는 투정이다.

이재현 후보는 "10년이면 강산도 변한다는데 공화당 집권 10년에 변한 것은 마음 뿐"이라고 개탄했다.

최응섭 후보는 "여당에 표를 찍어야 지역발전이 된다는 생각은 오해이다. 야당의원 출신지역치고 발전 안 된 데 있느냐. 우리 고장이 요 모양인 것은 지금까지 한 번도 야당을 내세운 적이 없기 때문"이라고 질타했다.

그러나 최세경 후보는 "지역발전을 위해서도 당연히 여당 국회의원을 내보내야 한다"고 주장하고, 대승을 거두고 유유히 국회에 등원했다.

6개 정당이 6중주를 펼친 선거전에서 삼천포에서 4대와 5대의원을 지낸 국민당 이재현 후보가 정치신인인 신민당 최응섭 후보를 꺾고 은메달을 목에 걸었다.

□ 득표상황

후보자	정당	연령	주요 경력	득표 (%)
최세경	민주공화당	47	부산일보 사장	28,368(58.5)
이재현	국민당	53	2선의원(3, 4대)	12,093(24.9)
최응섭	신민당	57	경남도의원	7,177(14.8)
차병열	통일사회당	48	정당인	585(1.2)

정종식	민중당	34	자민당 사무총장	264(0.6)
유상호	대중당	50	삼천포시장	사퇴

〈하동〉 4대 총선에는 자유당 손영수, 5대 총선에선 무소속 윤종수, 6대와 7대 총선에서는 공화당 김용순, 이번 총선에서는 공화당 엄기표 후보에게 석패한 문부식

   독립선거구가 된 이번 총선에서 공화당은 김용순 의원을 낙천시키고 육군소장 출신인 엄기표 후보를 내세웠고, 신민당은 영남공고 교감, 동방실업 사장으로 6대와 7대 총선에 민정당, 신민당 후보로 출전하여 연패한 문부식 후보를 공천했다.
   6대 총선 때 자민당 공천으로 출전했던 김기대 후보가 국민당으로 출전했다.
   민주공화당 엄기표 후보는 "경상도에서는 국회의원도 공화당을 대놓고 외치고 다니지 않는다. 그 까닭은 그러면 도리어 반감을 삽니다. 그렇잖아도 좀 창피하다 싶어 잊어버리려고 하고 싶은 마당에 다시 긁어놓으면 에라 맛을 봐라 하게 되거든요"라고 지역감정을 선거전에서 거론하지 아니한 전술을 택했다.
   문부식 후보는 "경상도 사람은 누가 조금만 더 선심을 쓰거나 하면 몰려서 박정하게 대하지를 못해 그 쪽 편이 됩니다. 그러니 항상 돈 있는 사람이 이기고 자고로 돈 있는 사람은 여당이고"라며 선거자금의 부족을 한탄했다.
   문부식 후보는 20대의 패기를 앞세우고 민주당 공천으로 과감하게 자유당 정권에 도전한 4대 총선에는 11,129표를 득표하여 3,061표차로 자유당 공천을 받은 손영수 후보에게, 5대 총선에서는 민주당 공천을 받은 이상철 후보에게

무소속으로 도전하여 4대 총선 때 함께 겨뤘던 무소속 윤종수 후보에게 1,176표차로 석패하여 국회 등원에 실패했다.
6대 총선에서는 삼천포, 사천과 병합되어 민정당 공천을 받고 출전하여 공화당 김용순 후보에게, 7대 총선에서도 야권 단일후보인 신민당으로 출전하여 공화당 김용순 후보에게, 이번 총선에서도 육군소장 출신인 엄기표 후보에게 패배하여 5연속 패배라는 독특한 기록을 수립했다.

☐ 득표상황

후보자	정당	연령	주요 경력	득표 (%)
엄기표	민주공화당	46	육군소장	28,368(58.6)
문부식	신민당	42	영남공고 교감	19,785(40.9)
김기대	국민당	48	정치인	273(0.5)

〈함안-의령〉 김영삼, 김대중 같은 인물육성론을 펼치고 공천 탈락한 김창욱 지지세를 흡수하여 집권여당 후보를 꺾고 31세에 국회에 등원한 신민당 조홍래

지난 7대 총선 때 공화당은 예비역 육군준장 출신인 방성출 현역의원을 낙천시키고, 서울고검 부장검사 출신인 김창욱 후보를 내세웠고, 신민당도 기성의 정치인들을 배제하고 서울대 출신으로 27세인 조홍래 후보를 공천했다.
부산대 중퇴생인 이석희 후보는 완주했으나 지난 6대 총선에도 출전했던 통한당 안사중, 자유당 이영희 후보들이 중도 사퇴한 선거전에서 김해 김씨와 함안 조씨 문중대결과 신민당 공천에서 배제된 이영희 후보의 의령표를 끌어모은 김창욱 후보가 대승을 거두었다.
이번 8대 총선에서 공화당은 김창욱 현역의원을 배제하고

지구당위원장으로 활약한 전달수 후보를 공천했고, 신민당은 지난 총선에 출전하여 1만 2천여 표차로 낙선한 조홍래 후보에게 설욕의 기회를 주었다.
　같은 함안 출신으로 함안 조씨와 함안 전씨의 문중대결, 함안면과 가야면의 지역대결이 펼쳐진 선거전에서 함안, 의령군수를 지낸 조홍래 후보의 부친인 조창채의 선거지원 운동을 의식하여 전달수 후보는 "농민의 아들인 내가 패하면 농민 여러분이 패하는 것"이라고 동류의식을 고취하는 선거운동을 펼쳤다.
　반면 조홍래 후보는 "이번 선거에서 한 표차로 진다면 그것은 내가 마누라를 얻지 않았기 때문"이라며 총각 후보임을 내세우며, 대머리 총각 가사를 개사하여 득표 운동을 전개했다.
　"지방의회가 없는 지금 국회의원은 지역사업의 책임을 져야 한다"는 전달수 후보는 비료의 자유판매, 농촌 전화(電化)사업 확대를 공약으로 내걸고 집권여당 후보임을 역설했다.
　전달수 후보와 공천경쟁을 벌였던 김창욱 의원과 방성출 6대의원이 반전달수 성향을 의식하여 조홍래 후보는 "내가 당선되면 김창욱, 방성출 전 의원들을 고문으로 한 지역개발위원회를 설치하겠다"고 적극 활용했다.
　"여러분이 자식같은 나를 국회에 보내주면 부산의 김영삼, 목포의 김대중처럼 성장해 보겠다"고 인물육성론을 호소한 조홍래 후보가 3천 여 호의 함안 조씨 문중표를 토대로 김창욱 의원의 김해 김씨표를 흡수하여 집권여당 전달수 후보를 965표차로 꺾고 31세에 국회 등원에 성공했다.

□ 득표상황

후보자	정당	연령	주요 경력	득표 (%)

조홍래	신민당	31	서울문리대졸	39,728(50.6)
전달수	민주공화당	39	한국은행행원	38,763(49.40

〈창녕〉 박정희 대통령의 지원 유세에도 불구하고 성낙현 의원 3선 개헌 때의 변절을 활용하여, 조직과 자금의 열세를 극복하고 국회 등원에 성공한 신민당 김이권

 지난 7대 총선에서 공화당은 4대 총선 때 자유당 하을춘 후보에게 무소속으로 승리하고서 5대 총선 때는 민주당 박기정 후보에게 패배했지만, 6대 총선에서 공화당 공천을 받고서 자민당으로 출전한 하을춘 후보들을 꺾고 재선의원이 된 신영주 후보를 재공천했고, 신민당은 유진산 당수의 조카사위인 성낙현 후보를 공천했다.
 성낙현 후보는 공화당 공천에서 낙천한 하갑청, 이한두 후보들의 지지표와 5대의원인 박기정 후보 지지세를 끌어들여 현역의원을 꺾은 이변을 연출했다.
 창녕읍장을 지낸 대중당 하상석, 창녕군 체육회장을 지낸 민중당 서권수, 대한화학 사장인 민주당 박점수 후보들은 완주했으나 한독당 남원우 후보는 신영주 후보를 지지하며 중도사퇴했다.
 신민당 공천으로 당선된 성낙현 의원은 박정희 대통령의 3선을 위한 개헌안의 발의자로 돌변하자, 신민당이 당을 해체하여 의원직을 상실하게 됐다.
 성낙현 의원의 의원직 상실에 따른 보궐선거에 신민당이 공천을 포기한 상황에서 공화당 공천을 받은 성낙현 후보가 민중당 성보경, 대중당 박점수, 민주당 성권승, 자유당 남원우, 정민당 황성, 통사당 서권수 후보들을 꺾고 재당선되어 의원직을 이어갔다.

이번 8대 총선에서 공화당은 신영주, 이한두. 정호문 후보들을 제치고 성낙현 의원을 재공천했고, 신민당은 예비역 해군대령 출신으로 해군 보안부대장을 지낸 김이권 후보를 공천했다.

태양어업 이사로 공화당을 맴돌았던 이한두 후보가 국민당 공천으로 출전했다.

제헌의원 선거 이래 국회의원의 재선(再選)을 거부해 왔을 만큼 특이한 풍토를 지닌 이 지역구는 김씨, 박씨, 성씨, 하씨 등의 씨족 간 갈라먹기가 전통으로 이어왔다.

창녕 성씨 출신인 성낙현 후보나 김해 김씨 출신인 김이권 후보 모두 하씨를 선거사무장으로 활용했다.

김이권 후보는 성낙현 후보의 3선 개헌 때 공화당에 넘어간 변절(變節)을 규탄하면서 3·1운동 때 만세사건으로 투옥되어 옥사한 선친 김추은의 유업과 자신의 해군 보안대장 등 2대에 걸친 호국론(護國論)을 대비시켰다.

박정희 대통령은 "여러분은 성낙현 후보가 당을 왔다갔다 하는 사람이 아니냐고 할지 모르나 그가 야당에 환멸과 비애를 느꼈기 때문에 공화당을 택하게 된 것"이라고 감싸주었다.

공화당이었던 이한두 후보의 출전과 더구나 공화당 사무국장인 조차수가 김이권 후보 선거사무장으로 옮겨 조직이 와해된 성낙현 후보는 성씨 문중을 주축으로 동갑계를 활용하여 조직재건에 박차를 가하고 있으나 역부족이었다.

"계속 여당 후보에게 몰표를 주면 경상도가 고립된다"는 김이권 후보는 김씨 문중, 군인 생활할 때 맺은 인연 그리고 총선에 출전했던 신춘식, 성권영, 정광모 지지세를 흡수하여 2천여 표차로 성낙현 후보를 격파한 쾌거를 이룩했다.

□ 득표상황

후보자	정당	연령	주요 경력	득표 (%)
김이권	신민당	49	해군 보안부대장	25,771(46.6)
성낙현	민주공화당	47	7대의원(지역구)	23,440(42.4)
이한두	국민당	43	태양어업 이사	6,043(11.0)

〈산청〉 전통적으로 공화당의 독주를 허용한 서부 경남의 지역정서의 역풍을 맞아 5대 총선에 이어 두 번째 도전에서도 패배한 정영모

　이번 총선에서 분구된 이 지역구에 공화당은 서울 시경국장, 제주도지사를 역임한 정우식 후보를 공천했고, 신민당은 신한당 조직국장으로 활약한 정영모 후보를 공천했다.
　부산 미곡상조합장을 지낸 국민당 도상수, 지난 7대 총선에는 통사당으로 출전했던 대중당 윤원식, 국제대 출신인 통사당 민석호 후보들도 출전했다.
　30세의 젊음과 웅지를 품고 한국경제신문 정치부장 출신으로 민주당 공천을 받아 5대 총선에 출전했지만, 역시 민주당 공천을 받고 출전한 오문택 후보에게 패배하고서 줄곧 야당의 길을 걸어온 정영모 후보는 신민당 조직부장으로 활동하여 총선에 재도전했으나, 야당 후보가 승리한 예가 없다는 서부 경남의 지역정서의 역풍(逆風)을 받아 서울시경국장과 제주도지사를 지낸 정우식 후보에게 1만여 표차로 패배하여 두 번째 낙선의 길을 걷게 됐다.

☐ 득표상황

후보자	정당	연령	주요 경력	득표 (%)
정우식	민주공화당	49	서울시경국장	24,535(62.9)
정영모	신민당	41	정당인	13,874(35.6)
민석호	통사당	31	정당인	364(0.9)
도상수	국민당	37	부산미곡상조합장	162(0.4)

| 윤원식 | 대중당 | 31 | 정치인 | 89(0.2) |

〈합천〉 공화당 낙천자들의 공화당 후보에 대한 비협조와 여섯 번 출전하여 다섯 번 낙선에 따른 동정여론으로 대승을 거둔 이상신

산청과 통합된 지난 7대 총선에서는 변종봉 현역의원을 낙천시키고 공화당 공천을 받은 김삼상 후보가 경남도의원 시절 닦아 논 기반을 활용하여, 지난 6대 총선에 자민당 공천으로 출전하여 차점 낙선하고 신민당 공천을 받은 이상신 후보와 자유당 공천으로 4대의원에 당선되고 6대 국회에서는 자민당 전국구 의원직을 승계했으나 신민당 공천에서 탈락하자 자유당으로 출전한 김재위 후보들을 꺾고 국회 등원에 성공했다.

정의당 정용택, 한독당 노봉래, 대중당 전권행, 통사당 윤원식, 민주당 이성옥 후보들은 완주했으나, 부산시의회 부의장을 지낸 민중당 심상선 후보는 중도에 사퇴했다.

단독선거구가 된 이번 8대 총선에 공화당은 김삼상 의원을 공천에서 배제하고, 흥국상사 상무로서 지구당위원장으로 활약한 권해옥 후보를 공천했고, 신민당은 5대의원을 지낸 이상신 후보를 내세웠다.

이상신 후보는 4대 총선에선 자유당 유봉순 후보에게, 6대 총선에선 공화당 변종봉 후보에게, 7대 총선에선 공화당 김삼상 후보에게 패배했다.

남도여중 교사인 김우곤 후보가 국민당으로 출전했다.

민정당 경남도 조직부장과 흥국상사 상무 출신인 권해옥 후보는 정계와 재계의 숨은 실력자인 서정귀 흥국상사 사장의 전폭적인 지원으로 공천을 받았으며 황강댐 공사, 해인

사 주변 관광지개발, 남정강 직강공사, 전화사업 등을 공약하면서, "육지 속의 고도인 합천을 위해 젊음을 바치겠다"고 다짐했다.

5대의원 출신인 이상신 후보는 권해옥 후보가 정치초년생이란 뜻에서 송아지를 몰면서 "송아지보다는 정치 선배인 내가 몇 배 더 잘 할 수 있다"면서, "돈 없는 선거운동을 하려니 몸으로 때울 수밖에 없다"며 하루에 6, 7회의 유세를 강행했다.

여섯 번 출마하여 5대 때 당선을 제외하고 다섯 번 낙선한 이상신 후보는 낙선에서 오는 동정표, 합천 이씨 문중표, 동갑계를 이용한 사조직을 활용하면서 "낙선으로 맺힌 원한을 이번 한 번만 풀어달라"고 낙루형(落漏型)의 전법도 활용했다.

민주공화당 김삼상 의원을 비로하여 공천경합자였던 변종봉, 박환수, 정용택, 배원효후보들의 권해옥 후보에 대한 비협조와 지난 총선에서도 합천에서만은 당선자 김삼상 후보보다 3천 표나 앞선 저력을 내세워 경남의 오지에서 이상신 후보가 8천여 표차로 공화당 권해옥 후보를 꺾고 재선의원이 됐다.

□ 득표상황

후보자	정당	연령	주요 경력	득표 (%)
이상신	신민당	43	5대의원(합천갑)	35,773(56.3)
권해옥	민주공화당	35	흥국상사 이사	26,986(42.5)
김우곤	국민당	35	남도여중 교사	763(1.2)

〈밀양〉 유권자의 10%가 넘는 밀양 박씨 문중, 두 번의 총선에서 낙선한 동정여론을 결합시켜 지난 총선에서 패배를 되갚아준 박일

지난 7대 총선에서 공화당은 이재만 현역의원을 낙천시키고 해병대 사령관을 지낸 공정식 후보를 공천했다.

공천을 받은 공정식 후보는 열렬한 행정지원과 방대한 조직을 활용하여 6대 총선에 민정당 공천으로 출전하여 차점 낙선하고 설욕을 다짐하며 밀양 박씨 문중을 파고든 신민당 박일 후보를 2만여 표차로 꺾고 국회에 등원했다.

이번 8대 총선에는 공화당 공정식 후보와 신민당 박일 후보의 혈투장에 광진문화사 대표인 권태무 후보가 통사당으로 출전하여 관전하게 됐다.

공정식 후보는 현역의원의 이점을 살려 방대한 공화당의 조직을 재구축하고 "밀양농잠학교를 전문대학으로 승격시키고 각 면마다 예비군회관, 재향군인회관, 상이군인회관을 건립하며 유림(儒林)을 위한 향교서원을 설립하겠다"며 조직기반 확대했다.

6대 총선에선 민정당 공천으로 출전하여 공화당 이재만 후보에게, 7대 총선에선 신민당 공천으로 공화당 공정식 후보에게 패배한 박일 후보는 유권자의 10%가 넘은 밀양 박씨 문중을 근간으로 8년간 꾸준하게 관리한 조직과 두 번이나 낙선한 동정여론을 결합시켜, 이번 총선에서는 공정식 후보를 2,084표차로 꺾고 지난 총선에서의 패배를 되갚아 주었다.

□ 득표상황

후보자	정당	연령	주요 경력	득표 (%)
박 일	신민당	44	정당인	37,028(51.2)
공정식	민주공화당	45	7대의원(지역구)	34,944(48.3)
권태무	통사당	36	언론인	338(0.5)

〈양산-동래〉 동래 출신인 50대의 노련한 정치가와 양산 출신인 30대의 정치신인의 대결에서 예상을 뒤엎고 파란(波瀾)을 일으키며 승리한 신민당 신상우

지난 7대 총선에선 6대 총선 때 공화당과 민정당으로 출전하여 맞붙었던 노재필 후보와 정현학 후보가 재대결을 펼쳤다.
일본 구주제국대 출신으로 국방부 법무관을 지낸 노재필 후보가 공화당의 방대한 조직과 선심 공세로 송설매 양조 대표로서 풍부한 자금을 활용하여 통합야당 기수임을 내걸고 "이번에는 양산사람 내보자"는 정현학 후보를 4번째 울리고 재선의원이 됐다.
대한철강 고문인 한독당 박정기 후보와 김해여중 설립자인 대중당 손용규 후보도 출전했다.
이번 8대 총선에서 공화당 공천을 받고 3선 고지를 향해 질주하는 노재필 후보에게 부산일보 기자 출신으로 김영삼 의원 비서를 지낸 30대의 신상우 후보가 신민당 공천을 받고 저지에 나섰다.
이한산업 이사인 최길호 후보도 통사당 후보로 출전했다가 중도에 사퇴했다.
동래 출신인 노재필 후보는 화려한 경력과 풍부한 자금, 음성적인 행정력을 동원하여 승세를 굳히고 있는 상황에서, 양산 출신으로 학도호국단 경남위원장, 고려대 부산학생위원회 회장을 거친 30대의 신상우 후보는 능변과 패기로 예상을 뒤엎고, 노재필 후보를 1,822표차로 꺾는 파란을 일으켰다.
통사당 최길호 후보의 사퇴로 야권성향표가 결집되고 여야 1대1의 승부가 펼쳐진 것도 파란의 요인으로 작용됐다.
노재필 후보는 "부산, 서울, 전남북에서 야당이 많이 나올

것을 생각할 수 있으니 여당 뽑아줄 곳은 우리 영남 뿐"이라고 지역감정을 부추겼으나, 제헌의원 정진근, 5대의원 임기태, 경남도지사 김철수, 경남도의회 부의장 김운기의 지지를 받은 신상우 후보에게 일격을 맞고 금뱃지를 넘겨줬다.

□ 득표상황

후보자	정당	연령	주요 경력	득표 (%)
신상우	신민당	34	부산일보 기자	25,218(51.9)
노재필	민주공화당	55	7대의원(2선)	23,396(48.1)
최길호	통사당	33	이한산업 이사	등록무효

〈울산-울주〉 지난 총선 때 박정희 대통령과 면담 후 후보직을 사퇴한 김성탁 후보가 이번 총선에서는 완주하여 신민당 최형우 후보에게 어부지리를 안겨 줘

지난 7대 총선에서 공화당은 울산여중, 방어진중, 울산중 교장을 지내고 공화당 사전조직에 관여하여 이 지역구의 사무국장과 위원장으로 활약한 설두하 후보를 공천하자, 4대의원으로 6대 총선에 공화당 공천으로 출전하여 석패한 김성탁 후보가 무소속으로 출전했다.

김성탁 후보가 이후락 비서실장 주선으로 박정희 대통령을 면담하고 사퇴하여 설두하 후보를 적극 지원하여 5대와 6대의원을 지내고 신민당 공천을 받고 3선의 꿈에 부풀어 있는 최영근 후보를 무너뜨렸다.

이번 8대 총선에서 공화당은 설두하 현역의원을 공천에서 탈락시키고 경남도의원을 지낸 박원주 후보를 내세웠고, 신민당도 최영근 후보를 전국구 후선에 배치하고 동국대 출신으로 무명인 30대의 최형우 후보를 공천했다.

자유당 공천을 받고 낙천한 정해영 현역의원을 꺾고 4대 의원에 당선됐으나 5대 총선에는 정해영 후보에게, 6대 총선에는 최영근 후보에게 패배하고 7대 총선에는 등록했다 중도사퇴한 김성탁 후보가 국민당으로, 변호사인 박태륜 후보가 통사당으로 출전했다.

민주공화당의 박원주 후보는 자유당 시절 2선의 경남도의원을 지낸 정치노장으로 공화당 조직, 풍부한 선거자금, 행정력을 업고 유리한 상황에서 선거에 돌입했다.

신민당의 최형우 후보는 4·19의거 상이학생 출신으로 6·3 범청년민주수호투쟁위 사무총장을 지낸 쟁쟁한 젊은 투사로 한국 경제성장의 표본으로 성장한 울산의 그늘진 세력의 포섭에 총력을 쏟았다.

신민당 정해영 원내총무와 일진일퇴를 거듭했던 국민당 김성탁 후보는 지난 7대 총선에선 박정희 대통령과 면담 후 후보직을 사퇴하여 공화당 설두하 후보 당선 도우미 역할을 수행했으나, 연거푸 낙선에 따른 가산(家産)탕진(蕩盡)과 사업 실패로 동정여론을 환기시키며 8천 세대의 김해 김씨 문중표를 결집시켜 나갔다.

민주공화당의 울산 사회에서 횡포로 빚어진 반발을 적극적으로 이용한 최형우 후보가 경북 구미 다음으로 박정희 후보를 적극 지지한 울산의 정서를 뒤엎고 당선의 열매를 쟁취했다.

김성탁 후보는 4대 총선에선 자유당 공천으로 무소속 정해영 후보를 꺾었으나, 5대 총선에선 정해영 후보에게 석패했고, 6대 총선에선 공화당 공천을 받고도 민주당 최영근 후보에게 패배했다.

7대 총선에서 공화당 공천에서 낙천되자 한독당으로 출전했다가 중도에 공화당 후보를 지원하며 사퇴했고, 이번 총선에선 완주하여 공화당 박원주 후보의 뒷덜미를 낚아챘다.

□ 득표상황

후보자	정당	연령	주요 경력	득표 (%)
최형우	신민당	35	정당인	47,046(47.8)
박원주	민주공화당	55	경남도의원	36,589(37.2)
김성탁	국민당	49	4대의원(울산을)	14,233(14.5)
박태륜	통사당	51	변호사	542(0.5)

〈김해〉 원내총무라는 중책을 맡아 3선개헌을 주도했으나 토사구팽(兎死狗烹)당한 김택수 의원의 기반을 이어받아 국회에 등원한 김영병

 지난 7대 총선에는 6대 총선에서 겨뤘던 공화당 김택수 후보가 5대의원에 당선된 신민당 서정원, 경남도의원을 지낸 한독당 김환기 후보들을 가볍게 제치고 재선의원이 됐다.
 6대 총선에서 김택수, 서정원 후보의 표차는 29,735표였으며 7대 총선에서의 표차는 43,983표였다.
 정당인인 대중당 한만수 후보는 완주했으나 3대의원을 지낸 민중당 박재홍 후보는 중도에 사퇴했다.
 이번 8대 총선에서 공화당은 원내총무를 맡아 3선 개헌을 성공적으로 마무리 한 김택수 의원을 토사구팽으로 낙천시키고, 공화당 훈련부장인 김영병 후보를 내세웠고, 신민당도 6대와 7대 총선에서 낙선한 서정원 후보를 배제하고, 김해농고와 김해여중고에서 교편생활을 한 윤복영 후보를 공천했다. 이에 서정원 후보가 국민당으로 옮겨 출전했다.
 인물비판신문 사장인 김종태 후보는 대중당으로, 김해기독청년회 문화부장인 주차도 후보는 통사당으로 등록했다.
 김영병 후보는 김택수 의원이 닦아 놓은 기반 위에 김해

김씨 종친 1만 5천여 호의 적극적인 후원으로 한국해외개발공사의 경력을 내세워 승기를 잡아갔다.

김영병 후보와 동아대 동문인 윤복영 후보는 김해농고와 김해여고 교사 시절 길러 낸 제자들의 적극 지원과 5천여 호의 파평 윤씨 문중을 비롯한 야권성향 유권자들의 지지를 기대했다.

신민당 공천에서 배제된 서정원 후보는 4대 총선에 무소속으로 도전하여 낙선하고 5대 총선에서 무소속으로 당선을 이뤄냈다. 6대 총선에서는 국민의당, 7대 총선에선 신민당 공천을 받고 출전하여 공화당 김택수 후보에게 연패했다.

이번 총선에서는 국민당으로 출전하여 3천 표에도 미달하는 초라한 성적을 거두고 정계를 은퇴할 수밖에 없었다.

□ 득표상황

후보자	정당	연령	주요 경력	득표 (%)
김영병	민주공화당	42	공화당 훈련부장	40,178(55.7)
윤복영	신민당	45	김해농고 교사	28,166(39.1)
서정원	국민당	59	5대의원(김해을)	2,992(4.1)
주차도	통일사회당	52	농업	428(0.6)
김종태	대중당	43	인물비판 사장	352(0.5)

〈남해〉 전통적으로 집권여당 후보에게 몰표를 던졌던 남해군민들의 정서를 업고 85% 득표율을 올린 대통령 경호실 차장 신동관

지난 7대 총선에선 서울시경국장과 공보실장 출신으로 5대, 6대 총선에서 당선된 공화당 최치환 후보가 공화당 재공천을 받고 3선의원을 예약했다.

30대의 정치신인들인 신민당 박창종, 대중당 김영수 후보

들의 도전은 도전일 뿐이었다.
 이번 8대 총선에서 공화당은 3선의원인 최치환 의원을 공천에서 탈락시키고, 예비역 육군대령으로 대통령 경호실 경호차장을 지낸 신동관 후보를 내세웠다.
 6대 총선 때 민정당으로 출전했던 김동재 후보는 신민당으로, 6대 총선 때에는 민주당, 7대 총선 때에는 대중당으로 출전했던 김영수 후보는 통사당으로 출전했다.
 동아대 출신인 하종열 후보도 국민당 공천을 받고 합류했다.
 전통적으로 집권여당 후보이면 무조건 찍고 보는 남해군민들의 투표성향이 이번 총선에서도 전통을 이어받아 육군대령 출신으로 박정희 국가재건최고회의 의장 경호과장을 거쳐 박정희 대통령 경호실 경호차장을 지낸 신동관 후보를 85%를 훌쩍 넘겨 지지했다.
 6대 총선에선 민주당으로, 7대 총선에선 대중당으로, 이번 총선에서 통사당으로 출전한 김영수 후보는 357표를 득표했다.

☐ 득표상황

후보자	정당	연령	주요 경력	득표 (%)
신동관	민주공화당	41	대통령 경호차장	46,374(85.9)
김동재	신민당	43	고교 교사	5,502(10.2)
하종렬	국민당	31	동아대졸	1,735(3.2)
김영수	통사당	40	정당인	357(0.7)

〈거창-함양〉 지리산 공비 토벌의 공적으로 이 지역에 뿌리를 내려 국방위원장이라는 지명도로 3선을 일궈낸 민병권

 지난 7대 총선에서는 예비역 육군중장으로 지리산 공비 토

별로 공을 세운 인연으로 이 지역구에 공천을 받아 터전을 마련한 민병권 후보가 국회 국방위원장을 지낸 경력을 내세워 2대의원, 농림부장관을 지내고 신민당 공천을 받은 신중목 후보를 큰 표차로 따돌리고 재선의원이 됐다.

지난 6대 총선에선 추풍회로 출전했던 유동근 후보는 통한당으로, 예비역 육군중령인 차만석 후보는 정의당으로 출전했다.

이번 8대 총선에도 공화당은 민병권 후보를 공천하여 3선의원 고지를 선점하도록 배려했고, 신민당은 거창에서 5대 의원에 당선됐으나 6대 총선에서 민주당으로 출전하여 낙선한 신중하 후보를 낙점했다.

동미흥업 사장인 이상택은 국민당으로, 농민당 대표였던 유동근은 민중당으로, 신민당 청년부장을 지낸 박동옥은 통사당으로 출전했다.

민병권 후보는 오래전부터 가꾸어온 기본 조직과 풍부한 자금으로 표밭을 누비며 지난 8년 동안의 치적을 앞세우고 있으나 이 고장 출신이 아닌 것이 취약점이 되고 있다.

신중하 후보는 자금과 조직 면에서 공화당에 미치지 못하지만 거창 출신이라는 점과 오랜 야당생활에서 대여투쟁을 전개한 점, 그리고 거창 신씨 2천 5백여 호가 주춧돌이 되고 있다.

민주당 공천으로 4대 총선에선 자유당 서한두 후보에게 패배했지만 5대 총선에서는 4명의 무소속 후보들을 꺾고 당선된 신중하 후보는 6대 총선에선 공화당 민병권 후보에게 패배하고, 7대 총선에선 같은 집안 내의 2대의원을 지낸 신중목 후보에게 신민당 공천을 넘겨줬다.

□ 득표상황

후보자	정당	연령	주요 경력	득표 (%)

민병권	민주공화당	52	7대의원(2선)	52,761(58.5)
신중하	신민당	52	5대의원(거창)	34,360(38.1)
박동옥	통사당	27	신민당 청년부장	1,247(1.4)
유동근	민중당	39	농민당 대표	923(1.0)
이상택	국민당	33	동미흥업 사장	895(1.0)

경상북도

〈대구 중〉 20년 동안 야당생활을 해왔지만 공천에서 밀린 이대우, 3선의원인 장인(丈人) 박만원의 도움등으로 승리를 만끽한 한병채

　지난 7대 총선에서 공화당은 송관수 의원을 은퇴시키고 동아일보 정치부 기자 출신으로 공화당 전국구 의원에 발탁되어 활동한 이만섭 후보를 공천했고, 신민당은 6대 총선 때 민정당으로 출전하여 6,583표차로 차점 낙선한 이대우 후보를 공천하여 자웅을 겨루도록 했다.
　민주공화당 이만섭 후보가 방대한 공화당 조직, 풍요한 자금, 토박이로서 대륜고 동창들의 지원 등으로 경주 이씨 문중표와 네 번째 출전에 대한 동정표를 끌어모은 이대우 후보를 3천여 표차로 꺾고 재선의원이 됐다.
　대구시의원을 지낸 민주당 노만균, 경북도의원을 지낸 민중당 권영우, 25세 정치신인인 한독당 차우광 후보들도 출전했다.
　이번 8대 총선에서 공화당은 30대의 이만섭 후보에게 3선고지의 기회를 제공했고, 신민당은 4번째 낙선한 이대우 후보를 배제하고 판사 출신 변호사인 30대의 한병채 후보를 내세워 맞불작전을 전개했다.
　지난 총선에 한독당으로 출전했던 차우광 후보가 대중당으

로, 대구대 출신인 신현무 후보도 통사당으로 출전했다.
'기개 있는 젊은 정치인' 이미지를 부각시키고 있는 이만섭 후보는 대륜고, 연세대 출신이고 노쇠한 야당이던 인상을 씻고 '기대 해볼만한 새 인물'로 떠오른 한병채 후보는 경북고, 고려대 출신으로 연·고전의 연장전을 펼치고 있다.
 이만섭 후보가 "소신을 굽히는 일 없이 송사리 아닌 거물급 부정부패를 일소하는 데 앞장서겠다"면서 과감한 개혁 등을 공약으로 내세우고 있는 반면, 한병채 후보는 "공화당의 독주를 막고 국민의 질식(窒息) 상태를 타개하겠다"는 캐치프레이즈를 내세우고 차관, 매판자금으로 인한 민족자본의 말살을 분쇄하겠다는 입장이다.
 두 후보는 상대방을 조심스럽게 탐색하며 인신공격, 선심공세, 행정선거 등 표면적인 싸움을 피한 채 내면적으로 백병전을 펼쳤다.
 20여 년 야당생활을 해왔지만 공천에서 밀린 이대우 후보의 암묵적인 지지와 군위에서 3선의원으로 활약한 장인 박만원의 전폭적인 진두지휘로 자유당 때 야당의 아성이었던 대구의 정서를 되살려 한병채 후보가 대구의 정치 1번지에서 승리를 만끽했다.

□ 득표상황

후보자	정당	연령	주요 경력	득표 (%)
한병채	신민당	37	판사, 변호사	27,266(57.2)
이만섭	민주공화당	39	7대의원(2선)	20,265(42.5)
차우광	대중당	29	정당인	131(0.3)
신현무	통사당	28	정당인	사퇴

〈대구 동〉 대구시민의 견제심리와 이제는 바꿔보자는 바꿔심리가 겹쳐 반공청년단 경북도지부장의 허울을 벗고 신민

당 공천으로 당선을 일궈낸 신민당 김정두

지난 7대 총선에선 한국나일론 회장으로 참의원과 6대의원을 지낸 이원만 후보가 공화당 공천을 받고 대구변호사회 회장 출신으로 4대와 5대의원으로 6대 총선에 민주당으로 출전하여 14,063표차로 낙선한 신민당 임문석 후보를 7대 총선에서 겨우 3천여 표차로 두 번째 울리고 재선의원이 됐다.

6대 총선에도 출전했던 한독당 김목일, 경북도의원을 지낸 민주당 황해룡 후보들은 야당성향표 잠식에 주력했고, 재건국민운동 부녀부장인 김옥향 후보는 자유당으로 출전했다.

이번 8대 총선에서도 공화당은 이원만 의원에게 3선 고지 점령의 기회를 제공했고, 신민당은 건강이 좋지 아니한 임문석 의원을 은퇴시키고 서울고법 판사 출신인 김정두 후보를 내세웠다.

대서사인 정원영 후보가 통사당으로 출전했다.

막강한 재력을 지닌 공화당 이원만 후보가 조직도 없고 지명도도 낮은 김정두 후보의 새 인물과의 싸움인 이 지역구에서 동대구역을 끌어왔고 30억 원을 투입하여 아파트를 건립하고 도로망을 정비하여 상하수도시설 등 많은 사업을 이루었다는 이원만 후보는 "지금까지 벌여 놓은 사업을 마무리할 수 있도록 이번에도 또 뽑아달라"고 호소했다.

자유당 시절 반공청년단 경북지부 단장을 지냈고 부장판사를 거친 변호사로 활약했던 김정두 후보는 1967년 선거 때는 자유당으로 대구서-북구에 출마하여 낙선했다.

이 지역구 터줏대감 임문석 지구당위원장이 건강상 이유로 은퇴하자 이 지역구로 옮겨온 김정두 후보는 경주 김씨 1백호를 기간조직으로 활용하고 있지만 변호사 시절 적선(積善)의 결과를 기대하고 있을뿐이다.

김정두 후보는 "이원만 후보야말로 지역사업 전문가라고 호언장담하고 있지만 실제로는 자기 사업을 키우는 데 열중하고 있을 뿐"이라고 날카롭게 공격했다.
　이원만 후보는 "이당 저당 옮겨다니는 김정두 후보에게 아무런 흥미도 느끼지 않고 비난할 생각도 없다. 그러나 유권자들이 김 후보에 대해 너무나 알지 못하고 있다"고 폄하하며 재력의 뒷받침으로 1만 명의 당원을 최대한 가동시켰다.
　이제 대통령도 세 번째 뽑았으니 견제세력을 키워보자는 대구시민들의 견제 심리가 "이원만 후보는 서민풍이 아니고 재벌로서 연령도 많아 이번에는 갈아보자"의 바꿔심리와 겹쳐 상상할 수 없는 기적을 만들어 냈다.
　이원만 후보는 "난무했던 동구 개발을 위해 개인사업에서 손을 떼고 의원생활에 전념해 왔다"는 이원만 후보의 주장에, 김정두 후보는 "이원만 후보가 어떤 인물이며 어떻게 축재했는가를 천하가 다 아는 사실"이라며 "동구 출신 공화당 국회의원 자체가 부정부패의 표본적인 존재"라고 꼬집었다.
　김정두 후보의 공격에 철옹성으로 여겨졌던 동양나일론 이원만 왕국도 허무하게 무너졌다.

□ 득표상황

후보자	정당	연령	주요 경력	득표 (%)
김정두	신민당	52	서울고법 판사	48,504(54.9)
이원만	민주공화당	66	7대의원(2선)	39,356(44.6)
정원영	통일사회당	57	대서사	453(0.5)

〈대구 남〉 지방색을 강조한다고 때린다면 맞을 각오가 돼 있다면서 경북지방에서는 공화당 후보를 몽땅 뽑자고 역설한 것이 부메랑이 되어 낙선한 국회의장 이효상

지난 7대 총선에선 4년간 초선의원으로 국회의장을 지낸 이효상 후보가 공화당 공천을 받고서 경북여상교장 출신으로 6대 총선에 민정당 후보로 출전하여 7,714표차로 패배하고서 만만치 않은 기세로 설욕전을 전개한 신민당 신진욱 후보를 두 번째 올리고 재선의원이 됐다.
　통사당 송효익, 대중당 황재천, 한독당 이청림, 민중당 박기수 후보들도 출전했으나 모두 1.5% 득표율 달성에도 실패했다.
　이번 8대 총선에도 공화당 이효상, 신민당 신진욱 후보들이 세 번째 맞대결을 펼쳤다. 두 후보의 진검승부의 파수꾼 역할을 수행하기 위해 국민당 이진탁, 대중당 이한영 후보들도 출전했다.
　경북고 출신으로 대륜중고교장, 효성여고 교장, 경북대학장을 지내고 국회의장을 8년간 역임한 이효상 후보는 천주교 신자로서 천주교신도 6천 명에 기대를 걸고 있다.
　반면 신진욱 후보는 자신이 세운 11개 각급 학교, 건설회사, 무진회사, 인쇄소 등 모든 사업체 직원 등을 선거에 동원하면서 교회장로로서 기독교도에 추파를 던지고 있다.
　이효상 후보는 신진욱 후보를 학원부정 폭리자로 몰아붙이면서 "부정부패를 뿌리뽑자"는 이색적인 구호를 내걸었으며, "신민당이 이효상 의장이 중풍이 걸려 말도 못한다"는 등 온갖 흑색선전을 퍼뜨리고 있다고 비난했다.
　신민당은 이효상 의장이 지역감정을 촉발한 장본인이고 개헌안을 불법 처리한 의장이며 너무 연로하다는 점을 집중 부각시켜 나갔다.
　또한 이 의장이 일반 서민과 접촉을 하지 않는 고자세였다고도 주장했다. 이에 이효상 후보는 나의 코는 클레오파트라 코도 재클린 코도 결코 아니라고 항변했다.

합동연설회에서 이효상 후보는 "다른 지방에서는 공화당 후보가 많이 당선되리란 기대가 별로 시원치 않다"면서, "박정희 대통령이 마음 놓고 일하기 위해서는 이곳에서라도 몽땅 뽑아 원내 안정세력 확보가 필요하다"고 주장했다.

더구나 이효상 후보는 지방색을 강조한다고 신문에서 때린다면 얼마든지 맞을 각오가 돼 있다면서 경북지방에서는 공화당 후보를 몽땅 뽑아야 한다고 역설했다. 그리하여 지역감정의 화신으로 몰리기도 했다.

이러한 고령에 의한 말실수 등이 유권자들의 견제심리와 맞물려 현직 국회의장이 낙선 단골의 정치인에 무너져 정계은퇴 수순을 밟게 됐다

□ 득표상황

후보자	정당	연령	주요 경력	득표 (%)
신진욱	신민당	46	협성재단 이사장	45,658(56.3)
이효상	민주공화당	65	7대의원(2선)	34,740(42.9)
이진탁	국민당	27	국민당 선전부장	505(0.6)
이한영	대중당	32	사회사업	147(0.2)

〈대구 서〉"경상도 몰표지역에서 이곳까지 뺏기면 선거는 하나마나"라고 주장한 신민당 조일환 후보가 정치초년병인 공화당 박찬 후보를 꺾고 4선의원에 등극

북구와 통합된 지난 7대 총선에서는 4대와 5대의원을 지낸 신민당 조일환 후보가 대구시장을 지낸 김종환 현역의원을 밀쳐내고 공화당 공천을 받은 경북수출진흥회장인 서곤수 후보를 간발의 차로 제압하고 대구에서 유일한 야당의원이 됐다.

대구고법 부장판사를 지낸 김정두 후보가 자유당으로 출전

하여 조일환 후보 당선의 도우미 역할을 했고, 4월혁명 연맹위원장을 지낸 김종남 후보는 민중당으로, 대구시의원을 지낸 양의강 후보는 민주당으로 출전했다.
 단독선거구가 된 이번 8대 총선에 신민당은 조일환 의원을 공천했고, 공화당은 경북대 기성회장으로 변호사인 박찬 후보를 공천했다.
 대구시의회의장을 지낸 국민당 배정원, 사업가로 공화당에서 활동한 통사당 강대훈 후보들은 완주했으나, 정당활동을 펼친 민중당 손창술 후보는 중도에 사퇴했다.
 관록과 박력의 대결장인 선거전에서 조일환 후보는 20년간 가꾸어 온 조직과 반권력적 성향을 돋우면서 고지대 난민촌 지역에 요새를 굳혀놨다.
 40대의 검사 출신 변호사인 박찬 후보는 낙후된 서구의 발전을 책임지겠다는 각오로 동서균평(東西均平)을 선거구호로 내걸고서 "서구는 야당을 내놓아 대구의 고아원이 됐다"고 주장하면서, "동남구만 대구냐, 서구도 대구다"며 서구개발위원회를 발족시키기도 했다.
 박찬 후보는 "유권자들에 욕을 먹는 한이 있더라도 막걸리 선거는 않겠다"고 선언했다.
 그러나 조일환 후보는 "공화당이 곳곳에서 들놀이를 벌리고 내가 영등포에 땅이 있다느니 타이어공장 사장이라느니 흑색선전을 하고 있다"고 주장했다.
 "경상도 몰표 지역에서 이 곳까지 뺏기면 선거는 하나마나"라고 주장한 조일환 후보는 "서구개발을 위한 대구시 예산이 책정되어 있으나 이곳을 공화당의 전략지구로 지정하고 미루어 오다가 요즘와서야 기공식을 하는 등 법석을 떠는 통에 신경이 피곤하다"고 푸념했다.
 아내의 적극적인 도움을 받으면서 20년 동안 조직을 키워 온 정성과 대구시민들의 견제심리에 힘입어 조일환 후보가 서구가 분구되면서 지구당위원장을 맡아 이웃넓히기 운동을 펼친 정치초년병 박찬 후보를 꺾고 야당의 불모지에서 4선 의원 금자탑을 쌓았다.

□ 득표상황

후보자	정당	연령	주요 경력	득표 (%)
조일환	신민당	55	7대의원(3선)	43,571(50.7)
박 찬	민주공화당	45	변호사	41,247(48.0)
배정원	국민당	63	대구시의회 의장	539(0.6)
강대훈	통일사회당	32	사업가	520(0.6)
손창술	민중당	37	정당인	사퇴

〈대구 북〉 진산파동이 터졌을 때의 자신감 결여, 공화당 후보의 막대한 자금 살포에 대구의 5개지역구에서 유일하게 낙선한 신민당 장영모

이번 총선에서 독립선거구가 된 이 지역구에 공화당은 영남주물 대표인 강재구 후보를 내세웠고, 신민당은 5대의원을 지낸 장영모 후보를 공천했다.
 지난 7대 총선에 출전했던 양의강 후보가 국민당으로, 예비역 육군중위인 이동열 후보는 대중당으로, 교육자인 이경영 후보는 통사당으로 출전했다.
 경북 야당의 심볼인 장영모 후보는 유석 조병옥 박사의 선거사무장으로 정치에 발을 들여놓은 이래 5대의원에 당선됐을 뿐 20년 동안 야당의 가시밭길을 걸어왔다.
 착실한 기업인으로 출발한 장영모 후보는 6대 총선에서는 민정당으로 출전하여 낙선했고, 7대 총선에서는 출전을 포기하고 신민당 조일환 후보 선거사무장으로 당선의 도우미 역할을 수행했다.

가내수공업으로 출발하여 재력가로 떠오른 강재구 후보는 지역의 특수성을 살려 노동자의 권익과 처우개선을 내세우면서 저변확대에 주력했다.

장영모 후보는 "내가 공화당의 10분 1 정도만 자금을 쓸 수 있으면 당선을 자신할 텐데"라며, "시내 상공인들이 들놀이를 가는데 대구시내 막걸리가 다 떨어질 정도였다"고 푸념했다.

장영모 후보는 "이번에도 농촌에서는 야당이 안 된다. 제발 도시에서는 최소한의 야당의원을 확보시켜 달라"고 유세에서 통사정했다.

"막바지에 현찰 매표 때문에 이곳에서 주력을 상실할 것"이라고 전망한 장 후보는 "진산파동이 터졌을 때는 선거를 못 치르겠다고 체념했으나 혼란이 수습되자 야당성향 유권자들의 회귀가 많아졌다"고 선전을 기대했다.

당선에 대한 자신감의 결여, 공화당 후보의 자금살포 등이 결합되어 장영모 후보는 강재구 후보에게 2천여 표차로 패배하여 대구의 5개 지역구에서 낙선한 유일한 신민당 공천 후보가 됐다.

□ 득표상황

후보자	정당	연령	주요 경력	득표 (%)
강재구	민주공화당	42	영남주물 대표	23,566(51.1)
장영모	신민당	63	5대의원(대구무)	21,194(46.0)
양의강	국민당	45	정당인	1,119(2.4)
이경영	통일사회당	34	경북도당위원장	132(0.3)
이동열	대중당	29	육군중위	91(0.2)

〈포항-울릉〉 제헌의원 선거 때부터 8번 연속 출마하여 겨우 1승을 건져올렸으나 7번이나 패배를 안고 정계의 뒤안길

로 사라진 최원수

 영일군과 병합된 지난 7대 총선에선 농림부와 내무부차관을 지내고 4대와 6대의원 그리고 참의원으로 활약한 김장섭 후보가 공화당 공천을 받고서, 6대 총선 때 꺾었던 2대의원을 지낸 신민당 최원수, 5대의원을 지낸 민주당 이상면 후보와 자유당 시절 포항에서 3대와 4대의원에 당선됐던 하태환 후보들을 제압하고 3선의원에 등정했다.
 이번 8대 총선에 공화당은 포항시장과 포항수산대학장을 지낸 김병윤 후보를 공천했고, 신민당은 2대의원을 지낸 최원수 후보를 내세웠다.
 농업인인 정기복 후보가 국민당으로 출전했다.
 하태환 전 의원의 선거를 측면지원했던 김병윤 후보가 공화당 공천경쟁에서 하태환 전 의원을 밀쳐내고 공천을 받아내자, 최원수 후보는 "김병윤 후보가 자기를 키워준 하태환을 잡아 먹은 의리없는 사람"으로 몰아 이런 사람이 정치할 수 있겠느냐고 공격했다.
 영일군수 출신으로 2대의원에 당선됐던 최원수 후보는 제헌의원 선거 때부터 빠짐없이 얼굴을 내민 만년(萬年) 후보로서 3대와 4대에는 자유당 박순석 후보에게, 5대에는 민주당 최태능 후보에게 패배했다.
 6대에는 민정당으로, 7대에는 신민당으로 출전하여 공화당 김장섭 후보에게 무너졌다.
 이번 총선에서도 지역구가 분구되자 영일군에 공천을 신청했으나 이 지역구에 공천을 받은 최원수 후보는 이 지역구에서 영향력이 있는 문달식의 지원을 받지 못한 것이 공화당 공천에서 낙천한 하태환, 이성수 전 의원들을 오랜 설득과 읍소로 지원을 받은 김병윤 후보와 대조를 이뤘다.
 선거 때마다 나타나는 야당 고정표 1만 2천표에 "이번만은 포항 시민도 야당을 뽑아 보자"고 호소하며 동정표에 매달려 보았지만, 8촌지간으로 동시상고 설립자인 하태환의 지지를 받지 못해 연패의 늪을 빠져나오지 못했다.
하태환의 처남인 김병윤 후보는 5대 총선 보궐선거에서 패배한 아픔을 20년 만에 극복하고 선거자금을 뿌리지 않아 바싹 말라붙은 명태선거라는 비난 속에서 국회 등원에 성공했다.

□ 득표상황

후보자	정당	연령	주요 경력	득표 (%)
김병윤	민주공화당	49	포항시장	24,205(61.1)
최원수	신민당	58	2대의원(영일)	14,317(36.1)
정기복	국민당	51	농업인	1,102(2.8)

〈영일〉 자유당 시절 부정선거의 진원지로 알려진 이 지역에서 "여당이면 막대기라도 꽂아 놓으면 당선된다"는 지역정서에 힘을 얻은 정무식

독립선거구가 된 이번 총선에서 공화당은 지구당위원장인 정무식 후보를 내세웠고, 신민당은 29세의 청년인 방무성 무명후보를 내세웠다.
지방의회 의원인 김동원 후보가 국민당으로 등록했다.
5·16혁명주체인 육사 8기로 경북 대공분실장을 지낸 정무식 후보와 4·19혁명 고려대 학생회 간부로 학생혁명의 주체인 방무성 후보의 대결은 군와 민의 혁명주체들의 대결로 화자됐다
대공분실장 시절 동해안 취약지구 시찰, 향토예비군 지원 등으로 '정 장군'으로 알려진 정무식 후보는 "정 장군이 아니면 전기가 안 들어온다"는 말이 농어촌에 화자될 정도로

기세를 올렸다.

형산강의 북쪽인 의창면을 주축으로 오천 정씨 문중을 근간으로 득표전을 펼친 정무식 후보는 "경북도민이 뽑은 박정희 대통령을 독재자로 안 만들기 위해 야당의석을 확보해 달라"고 호소하며 형산강 남쪽인 연일면을 주축으로 추격전을 전개한 방무성 후보를 가볍게 제압했다.

두 정치초년병들이 혈연, 지연의 뿌리 깊은 토박이 출신임을 내세우며 맞붙은 선거전은 "여당이면 막대기라도 꽂아 놓으면 당선된다"는 지역정서에 힘입어 정무식 후보가 대승을 거두었다.

□ 득표상황

후보자	정당	연령	주요 경력	득표 (%)
정무식	민주공화당	47	경북 대공분실장	44,244(50.7)
방무성	신민당	29	4·19학생연맹위원	26,534(36.4)
김동원	국민당	36	지방의회의원	2,153(2.9)

〈김천-금릉〉 김천시장을 지냈지만 20년 정치공백으로 금력, 행정력, 조직력를 구비한 백남억 후보에게 역부족

지난 7대 총선에서는 민주당 공천으로 참의원에 당선되고 공화당으로 전향하여 국민의당 김세영 후보등을 꺾고 6대 총선에서 당선된 백남억 의원이 공화당 공천을 받고서, 대구에서 4대의원을, 고향인 문경에서 5대의원에 당선되고 법무부장관까지 지낸 신민당 이병하 후보를 토박이와 외지인 대결로 몰아가 대승을 거두고 재선의원이 됐다.

지난 6대 총선에서도 출전했던 민중당 김승환, 대중당 김동영 후보들이 재출전했다. 서울신문 경북지사장인 자유당 김재곤, 공화당 지구당 사무국장을 지낸 한독당 박용준 후

보들도 출전하여 6파전을 전개했다.
 이번 8대 총선에서 공화당은 당의장으로 활약한 백남억 의원을 재공천했고, 신민당은 명치대를 중퇴한 조필호 후보로 교체하여 공천했다.
 대구운수 대표를 지낸 정정문 후보가 국민당으로 출전했다.
 금력, 행정력, 조직력의 삼위일체를 자랑하는 공화당 선거 기반에 신민당 조필호 후보가 맨주먹으로 덤벼들어 표밭에 떠돌고 있는 여론만 믿고 구름 잡는식 선거운동을 펼치자, 유권자들은 "방석으로 파리 한 마리 잡는것과 같은 싸움"이라고 표현했다.
 한때 공화당의 조직을 능가할 정도였던 김세영의 신민당 탈당은 백남억 후보의 인기와 덕망을 꺾을 수 있는 인물이 없다는 상황으로 돌변했다.
그러나 유권자들은 정계의 거물이라는 백남억 후보가 선거구민에 어떤 혜택을 주었느냐와 실리론을 들어가며 공격하고서 개인의 영예에 불과하다고 빈정댔다.
 "국회의원만은 야당을 내세우겠다"는 유권자들의 열망을 담은 조필호 후보는 4대 총선에 출마한 인연으로 민선 김천시장에 당선되어 남가일몽(南柯一夢)의 짧은 임기였으나 지연이 두터운 편이다.
 콧대 센 공화당을 싫어하는 유권자를 믿고 승산을 예견했지만, 구미와 가까운 김천에서는 일장춘몽이었을 뿐이며 공화당 지구당 선전부장 출신인 정정문 후보는 10%대 높은 득표율을 자랑했다.
 경쟁상대가 미약하여 합동연설회에 불참한 백남억 후보에게 유권자들은 "김천의 발전을 위해 이번에는 노력을 해 주길" 기원했다.
 백남억 후보는 "외국의 많은 선거를 참관해 봤지만 우리나라 야당처럼 무정견한 공약을 남발하는 야당은 한 번도 못 봤다"고 야당을 꾸짖고 3선의원으로 발돋움 했다.

□ 득표상황

후보자	정당	연령	주요 경력	득표 (%)
백남억	민주공화당	56	7대의원(3선)	40,173(54.0)
조필호	신민당	50	김천시장	24,569(33.0)
정정문	국민당	34	대구운수 대표	9,685(13.0)

〈경주-월성〉 3대 총선 때부터 6번 출마하여 얻은 지명도와 동정표를 엮어 육사 8기 출신으로 국회 내무위원장을 꺾어 버린 심봉섭

지난 7대 총선에선 육사 8기로 중앙정보부 보안국장을 지낸 이상무 후보가 공화당 공천을 받고 제헌, 3대의원을 지낸 김철, 5대의원을 지낸 김종해와 황한수 후보들을 꺾고 6대 국회에 등원하고서, 이번 총선에서 공화당 공천을 받고 재출전하여 경주국립공원 조성 등의 업적을 내세우며 공화당 조직과 행정지원을 받아, 패기만을 앞세우며 세 번째 출전한 통한당 심봉섭, 자신의 고향인 안강읍을 발판으로 필사적으로 설욕전을 펼친 신민당 황한수, 공화당 조직 참모로 활동한 부친 이용우의 기반을 활용한 민주당 이상두 후보들을 꺾고 재선의원이 됐다.

고교 교사였던 한독당 한효진, 부산광업 사장인 통사당 이한우 후보들은 완주했으나, 민주당 중앙위원을 지낸 민중당 이정호 후보는 중도에 사퇴했다.

이번 8대 총선에는 이상무 의원이 3선의원 고지 점령을 위해 공화당 공천을 받아 출격했고, 지난 총선에서 통한당으로 은메달을 차지한 심봉섭 후보가 신민당 공천을 받고

대항마로 떠올랐다.

심봉섭 후보는 4대와 5대 총선에는 무소속으로, 6대 총선에는 추풍회, 7대 총선에는 통한당으로 출전하여 이번이 다섯 번째 출전이다.

삼성토건 사장인 이석준 후보도 민중당으로 출전했다.

경주 관광종합개발, 교육대 유치, 다목적댐 건설 등 많은 공약을 내걸은 이상무 후보는 2선을 이룬 조직을 재점검하며 당선을 예약했다.

3대 총선 이후 계속 출마하고 길흉사에 거의 참석하여 안면을 넓혀 온 심봉섭 후보는 "불쌍한 심봉섭이 한 번만 당선시켜 달라"고 동정표 호소에 진력했다.

"이상무는 8년 동안 의회에 나가 있으면서 지역발전을 위해 한 일이 없다"는 불신과 "심봉섭은 인품이 없다"고 투덜대는 인재 빈곤이 승패의 분수령이었다.

심봉섭 후보가 "경주 관광개발은 국가가 필요하기 때문에 하는 만큼 야당의원도 할 수 있다", "지난 8년 동안 국회의원 하면서 치부했다", "이·동장을 통해 막걸리 공세와 들놀이를 보내고 있다"는 공세와 음해로 육사 8기로 국회 내무위원장을 지낸 이상무 후보를 2천여 표차로 꺾은 파란이 일어났다.

□ 득표상황

후보자	정당	연령	주요 경력	득표 (%)
심봉섭	신민당	41	총선입후보(4회)	55,507(50.6)
이상무	민주공화당	51	7대의원(2선)	53,023(48.4)
이석준	민중당	53	삼성토건 사장	1,079(1.0)

〈달성-고령〉 이 지역에 철옹성을 구축한 김성곤 의원이 항명파동으로 의원직을 사퇴하자, 서울 성동에서 낙선했던 박

준규 후보가 귀향하여 의원직을 승계

 지난 7대 총선에서 자유당 공천으로 4대의원에 당선되고 6대 총선에선 5대 총선에서 당선된 박준규 후보를 서울로 올려보내고 공화당 공천을 받고서 고령에서 5대의원에 당선된 곽태진 후보들을 가볍게 제압한 김성곤 의원이 공화당 재정위원장이라는 위명을 앞세워, 지난 6대 총선에 얼굴알리기에 급급했던 정치 신인인 신민당 정원찬, 통사당 전세덕, 민주당 김상호 후보들은 가볍게 뛰어넘어 3선의원 고지를 선점했다.
 이번 8대 총선에도 김성곤 의원이 공화당 공천을 받아 출전했고 신민당은 지구당위원장인 현해봉 후보를 공천했다.
 농협중앙회 부회장인 서억균 후보는 국민당으로, 국민당 지구당위원장을 지낸 박종철 후보는 민중당으로 출전했다.
 금력, 권력, 행정력 등 3박자를 고루 갖춘 김성곤 후보가 정치신인들인 현해봉, 서억균, 박종철 후보들을 제압하고 철옹성을 구축했다.
 그러나 4선 의원으로 등극한 김성곤 의원은 오치성 내무부장관 항명파동에 휘말려 온갖 수모를 당하고 정계에서 강제 추방됐다.
 김성곤 의원의 의원직 사퇴에 따른 보궐선거에서 4대 총선 때 민주당 공천을 받고 출전하여 자유당 김성곤 후보에게 패배했지만 5대 총선 때 민주당 공천으로 당선된 박준규 후보가 공화당으로 변신하여 6대 총선에는 고향을 등지고 서울 성동에 출전하여 7대 총선에서도 연승을 이어갔으나, 8대 총선에서 낙선하자 귀향하여 공화당 공천을 받고 지역을 지키며 야당으로 출전하여 고배를 마셨던 현해봉, 전세덕, 박종철 후보들을 꺾고 4선의원에 등극했다.

□ 득표상황

후보자	정당	연령	주요 경력	득표 (%)
김성곤	민주공화당	57	7대의원(3선)	56,751(73.9)
현해봉	신민당	44	정당인	11,690(15.2)
서억균	국민당	45	농협중앙회부회장	7,828(10.2)
박종철	민중당	35	정치인	554(0.7)

〈선산-군위〉 공화당 조직을 뒤흔들었던 지경구 후보의 선거기간중 사퇴, 선산군과 일선 김씨들의 전폭적인 지지를 받은 김봉환 후보에게 991표차로 석패한 김현규

지난 7대 총선에는 국회 법사위원장으로 활약한 김봉환 의원이 공화당 공천을 받고서 군위에서 2대, 3대, 4대의원에 당선된 자유당 출신이지만 신민당 공천을 받고서 선산과 군위의 군 대항전을 펼친 박만원 후보를 무려 3만여 표차로 제압하고 재선의원이 됐다.
대중당 정규신, 한독당 유세형, 자유당 박석환 후보들은 완주했으나 통사당 강상규 후보는 중도에 사퇴했다.
이번 8새 총선에도 김봉환 의원이 공화당 공천을 받아 3선을 향해 달리자 신민당은 군위 출신으로 지난 6대 총선에 자민당으로 출전하여 차점 낙선한 김현규 후보를 내세웠고 도산중고 재단이사인 지경구 후보가 국민당으로 등록했다.
서울법대 출신으로 6대와 7대 총선에서 압승을 거둔 김봉환 후보는 박 대통령의 출신구로 어느 지역보다 발전이 앞서 유권자들의 절대적 성원에 힘입어 탄탄대로를 걷고 있으나 지경구 지구당부위원장이 탈당계를 제출하고 국민당으로 출전하여 구미, 산동, 해평 등의 관리장 등이 동반탈당하는 등 조직의 동요가 있었다.

서울문리대를 졸업과 동시에 6대 총선에 자민당 공천을
받고 출전하여 군위지역에서 전폭적인 지지를 받았던 김현
규 후보는 7대 총선에선 자유당 출신으로 3선의원인 박만
원 후보에게 신민당 공천을 빼앗기고 4년간 정치적 방황기
를 보내고 이번 총선에 신민당 공천을 받고 재기의 나래를
펼쳤다.
 그러나 공화당 조직에 막대한 타격을 주었던 지경구 후보
가 중도사퇴하고 군세가 우세한 선산의 전폭적인 지지와 일
선 김씨들의 절대적 지지를 받은 김봉환 후보에게 991표차
로 석패했다.

□ 득표상황

후보자	정당	연령	주요 경력	득표 (%)
김봉환	민주공화당	50	7대의원(2선)	33,985(50.7)
김현규	신민당	34	서울문리대졸	32,994(49.3)
지경구	국민당	35	오산학교 재단이사	등록무효

〈의성〉 안동김씨 1천 5백 호를 기반으로 해주 오씨(오상
직), 아주 신씨(신영목), 의성 김씨(김충수) 문중표를 다독
여 대승을 거두고 고토를 탈환한 김상년

 지난 7대 총선에는 공화당 오상직 의원과 신민당 우홍구
후보가 재격돌을 펼쳤다.
 민주당 공천으로 의성갑구에서 당선된 오상직 의원은 공화
당으로 전향했고, 의성을구에서 당선된 우홍구 후보는 민주
당을 지켜 6대 총선에서 맞붙어 오상직 의원이 승리하여
재선의원이 됐다.
 특별한 상황이 전개된 것은 아니지만 오상직 의원은 6명
이나 되는 공천경쟁자를 밀쳐내다보니 공천파동이란 미풍이

불었고, 과거 갑구와 을구의 지역감정이 되살아나 2대, 3대 의원을 지낸 자유당 박영출 후보가 갑구 지역에서 많은 표를 잠식하여 오상직 후보는 경북 농촌지역에서 유일한 공화당 낙선 후보가 됐다.

대중당 이원수 후보와 통사당 손일웅 후보들은 완주했으나 민중당 김용태 후보는 중도에 사퇴했다.

이번 8대 총선에서 공화당은 지난 총선에서 낙선한 오상직 카드를 버리고 지구당위원장으로 활동한 김상년 후보를 내세워, 신민당 우홍구 후보의 3선 공략 저지에 나섰다.

경북대 출신인 이원수 후보는 국민당으로, 단국대 출신인 손일웅 후보는 민중당으로 출전했다.

육사 8기생으로 경북방첩부대장, 중앙정보부 대구지부장, 대한통운 상무를 지낸 김상년 후보는 "지역사업은 역시 여당이라야 된다"면서, '6·8선거의 패배를 회상하자', '살기 좋은 의성'을 구호로 내걸고, 17개면 및 지방사업 공약을 내걸은 '말 없이 일하는 새 일꾼'의 팜플렛을 대량 배포했다.

그러나 김상년 후보는 공천경쟁에서 탈락한 오상직의 9백호 해주 오씨, 신영목의 1천 5백호 아주 신씨, 김충수의 2천 5백호 의성 김씨 등 3대 문중을 다독이는데 전력을 쏟았다.

"의성에서 지면 경북은 완패"라고 주장한 우홍구 후보는 표지키기와 관권 개입에 신경을 곤두세우고 "행정선거를 하면 공무원들이 후회하는 사태가 올 것"이라고 경고했다.

민주공화당 핵심당원 2천 명과 1천 5백 호의 안동 김씨 문중을 기반으로 하고있는 김상년 후보는 2만 5천 호를 호별 방문한 불도저식 선거운동으로 경북 북부의 고도인 의성을 손쉽게 탈환하는 영웅이 됐다.

□ 득표상황

후보자	정당	연령	주요 경력	득표 (%)
김상년	민주공화당	42	중정 대구지부장	40,973(57.0)
우홍구	신민당	43	7대의원(2선)	18,436(25.6)
이원수	국민당	40	정당인	11,892(16.5)
손일웅	민중당	29	정치인	621(0.9)

〈안동시-군〉 씨족관념이 강한 안동 양반골에서 안동 김씨(김대진)와 안동 권씨(권오훈)의 문중대결에 어부지리를 취하고 재선의원 고지를 점령한 신민당 박해충

지난 7대 총선에서 공화당은 권오훈 현역의원을 공천에서 탈락시키고 김대진 경북도 사무국장을 대통령 선거에서 박정희 후보가 압승한 공로에 대한 보상차원에서 공천했다.
공천을 받은 김대진 후보는 안동 김씨 등 문중표를 결집시켜 5대의원으로 6대 총선에선 민주당으로 출전하여 차점 낙선한 신민당 박해충 후보를 1만 4천여 표차로 따돌리고 국회에 등원했다.
대중당 정광익, 민중당 권영노, 민주당 이기명 후보들은 완주했으나 김시현 의원의 부인인 한독당 권애라 후보는 중도에 사퇴하여 부군을 욕되고 하는 것이란 논란을 불러왔다.
이번 8대 총선에도 지난 총선에서 맞붙었던 공화당 김대진, 신민당 박해충 후보들의 각축장에 6대의원 시절 농림분과위원장을 지낸 권오훈 후보가 국민당으로 등록했다.
4대 총선에서 자유당 김익기 후보에게 패배하고 5대의원을 지낸 박해충 후보는 민주당으로 출전한 6대에는 권오훈 후보에게, 7대에는 신민당으로 김대진 후보에게 패배하여 설욕을 다짐하며 고군분투 하고 있고, 안동교육감과 안동여중 교장을 하다가 공화당에 입당하여 지구당사무국장, 경북

도지부 사무국장, 7대의원을 지낸 김대진 후보는 안동 김씨 씨족표를 업고 화려한 지역공약을 내걸어 표심을 흔들고 있다.

씨족관념이 어느 곳보다 강한 이 지역구는 공천 경합에서 탈락한 권오훈 후보는 안동 권씨의 씨족표를 업고 "공천을 날강도 당했다"면서 김대진 후보는 영주 출신이라고 주장했다.

권오훈 후보는 "고향 없는 나라 없다. 안동사람 바로 뽑아 우리 고장 빛내자"는 현수막을 내걸고서 김대진 후보의 4년간 원내 무발언과 연초제조창을 영주에 빼앗기고 경북도청을 유치하겠다는 공약을 어겼다고 공격했다.

안동 김씨와 안동 권씨의 대결에서 어부지리를 노리는 박해충 후보는 김대진 후보가 준공식까지 한 도자기 공장이 경남으로 이전된 실례를 들어 김대진 후보는 무능하다고 공격했다.

박해충 후보는 "내가 숫용이면 김대진, 권오훈 후보는 암용이며 등천(登天)도 숫용이 먼저 하지 암용이 먼저 하는 법이 없다"고 주장하며 안동 김씨와 안동 권씨의 문중대결에서 어부지리를 취하여 재선의원이 됐다.

□ 득표상황

후보자	정당	연령	주요 경력	득표 (%)
박해충	신민당	42	5대의원(안동갑)	42,863(47.8)
김대진	민주공화당	53	7대의원(지역구)	25,726(28.7)
권오훈	국민당	54	6대의원(지역구)	21,094(23.5)

〈영덕-청송〉 채명신 2군사령관의 도움을 받아 강구-축산 도로를 확장하여 탄탄대로를 걷고서 재선을 일궈낸 문태준

지난 7대 총선에서 공화당은 김중한 현역의원을 낙천시키고 예비역 육군소령으로 육군군의관 출신인 문태준 후보를 공천했고, 신민당은 5대의원으로 6대 총선 때 민정당 공천으로 출전하여 3위를 한 김영수 후보를 공천하여 낙천에 불만을 가진 박종길 후보가 민주당으로 출전하여 문태준 후보에게 어부지리를 안겨줬다.

경북 영양에서 3대, 4대, 5대 총선에서 당선된 박종길 후보는 지난 6대 총선에서 2,546표차로 차점 낙선한 것은 신민당 공천에서 밀렸기 때문이며 지난 4년간 국수다발을 둘러메고 김삿갓식 방문을 해왔으나 7대 총선에서는 1만 1천 표차로 패배했다.

30대 패기가 넘친 남정탁 후보도 신민당 낙천에 불만을 품고 대중당으로 출전했다.

이번 8대 총선에는 문태준 의원이 공화당 공천을 받고 수성에 나서자, 지난 6대 총선에는 보수당으로 출전해 낙선하고 7대 총선에는 신민당 공천에서 낙천한 황병우 후보가 신민당 공천을 받고 대항마로 떠올랐다.

영남대 출신인 대중당 김동현, 구룡포중을 졸업한 통사당 윤한원 후보들도 출전했다.

경북 북부 오지인 이 선거구에서 문태준 후보의 라이벌인 김중한, 박종길 전 의원들의 불출마 선언으로 "이번 선거는 볼 장 봤다"는 게 유권자들의 지배적인 여론이다.

6대 총선 때 보수당으로 출전했던 황병우 후보가 어느 지방에 못지않은 여촌성향의 정서를 극복하고자 분투했다.

문태준 후보는 의사 출신으로 매부인 채명신 2군사령관의 지원으로 해안도로를 건설했던 관련으로 "남매간이란 이유로 군을 정치에 악용하는 결과로 빚게 된다"는 눈총도 받았다.

또한 "대학교수 출신 치고는 이미지가 나쁘다", "고자세로 서민층과 호흡이 안맞는다", "국회에서 활동이 별로 없다"는 유권자들의 혹평도 있었다.

"젊고 똑똑한 정치인"이라는 평가를 받고있는 황병우 후보는 조직과 자금에서 안타까울 정도의 열세에 놓여 있다.

더구나 문태준의 영덕과 황병우의 청송과 영덕간의 군 대항전까지 펼쳐져 두 후보간의 우열의 간극을 더욱 넓혔다.

□ 득표상황

후보자	정당	연령	주요 경력	득표 (%)
문태준	민주공화당	43	7대의원(지역구)	46,375(63.7)
황병우	신민당	39	정당인	20,816(28.6)
김동현	대중당	31	농업	4,783(6.6)
윤한원	통일사회당	36	정당인	867(1.1)

〈영양-울진〉 지난 총선에서 압승을 거두고 이번 총선에서도 8년 만에 귀향한 3선의원 박종길 후보를 가볍게 제압한 오준석

지난 7대 총선에선 대구-경북에서 유일한 신민당 진기배 의원 대항마 선정에 나선 공화당은 지난 6대 총선에서 낙선한 김광준 카드를 버리고 중앙정보부 대구분실 수사과장을 지낸 오준석 후보를 내세웠다.

오준석 후보는 1천년 이상 강원도 속현이었지만 박정희 군정 시절 경상도에 편입되어 강원도만이 아닌 경상도민인 것을 보여주고 싶은 유권자의 열망에 힘입어 진기배 의원을 3만 5천여 표차로 따돌리고 당선됐다.

진기배 의원이 약체라는 인식을 갖고 한독당 오춘삼, 통한당 이상철, 민주당 장봉락, 정의당 장소택, 대중당 박정모, 자유당 이수호, 민중당 서정범, 자민당 이승구 후보들이 우

후죽순처럼 등록하여 전국에서 최고의 경쟁률을 보였다.
 이번 8대 총선에는 오준석 의원이 공화당 공천을 받고 재선을 향해 달리자 신민당은 엉뚱하게도 박종길 후보를 내세웠고, 서울고법 부장판사를 지낸 장준택 후보가 국민당으로 출전하고 언론인인 서정범 후보는 민중당으로 출전하여 4파전이 형성됐다.
 신민당 박종길 후보는 3대, 4대, 5대 총선 때는 영양에서 출전하여 당선됐지만 6대와 7대에는 영덕-청송에 자민당과 민주당으로 출전하여 차점 낙선했다.
 8년간의 외도 끝에 고향으로 돌아온 박종길 후보는 옛날의 조직을 복원하며 야권성향표 결집에 나섰으나 울진지역이 너무나 생소하여 표의 확장성에 한계를 노출했다.
 서울고법 부장판사를 지낸 장준택 후보도 본적이 부산으로 지역 연고성이 없어 당선권에서 멀어졌으나, 국민당 후보로서는 드물게 20%대 득표율을 거두며 선전했다.

□ 득표상황

후보자	정당	연령	주요 경력	득표 (%)
오준석	민주공화당	44	7대의원(지역구)	35,690(53.7)
박종길	신민당	46	3선 의원(3, 4, 5대)	17,098(25.7)
장준택	국민당	49	서울고법 부장판사	12,906(19.4)
서정범	민중당	48	언론인	713(1.2)

〈영천〉 "간첩의 형이고, 삼촌인 사람을 어떻게 국회의원을 시키느냐"면서 '승공통일 잡아내자 간첩'을 구호로 내걸어 승리를 거머쥔 정진화

 지난 7대 총선에서 공화당은 고령인 이활 의원을 은퇴시키고 경희대 교수로서 공보부장관을 지낸 이원우 후보를 내세

웠고, 신민당은 자유당 소속으로 3대와 4대의원을 지내고 6대 총선에서 6,844표차로 낙선한 김상도 후보를 내세웠다. 자유당 조영건, 민주당 안병달 후보도 출전했다.

민주공화당 이원우 후보는 신민당 김상도 후보의 영원한 라이벌로 2대, 3대, 4대, 5대의원으로 국방부장관을 지낸 권중돈 후보의 신민당 탈당과 공천 반발로 출전한 안병달 후보 덕분으로 김상도 후보를 1,155표차로 어렵게 따돌렸다.

이번 8대 총선에서 공화당은 이원우 의원을 낙천시키고 공화당 경북도사무국장으로 활약한 대선 때의 공적을 감안하여 정진화 후보를 공천했고, 신민당은 3대와 4대의원을 지내고 6대와 7대 총선에서 아쉽게 석패한 김상도 후보를 재공천했다.

성균관대 출신인 문순구 후보는 국민당으로, 대구서고 출신인 박인목 후보는 통사당으로 출전했다.

지명도는 낮으나 육사 8기로 공화당 경북도지부 조직부장, 경북도사무국장을 거쳐 10대 1의 공천경쟁에서 승리한 정진화 후보는 공천 탈락자인 권오태, 이원우, 김호칠, 성호용, 주동식, 권성근, 정재일, 조헌수, 권혁중, 윤기섭 지지자들을 무마하는 데 진력을 다하고 있다.

정진화 후보는 월성 이씨, 김해 김씨, 오천 정씨, 밀양 박씨 등 4대 문벌이 혈맥을 이루는 보수적인 정서를 이용하여 김씨를 제외한 이씨, 박씨들의 포섭에 집중했다.

역발산 금호장군의 별명을 갖고서 3대와 4대의원에 당선되어 자유당 감찰위원장을 지낸 김상도 후보는 지난 5대 총선에선 자유당으로 출전하여 민주당 조헌수 후보에게, 6대 총선에도 출전하여 공화당 이활 후보에게, 7대 총선에서 신민당으로 변신하여 공화당 이원우 후보에게 패배한 역전의 용사이다.

이번 총선에서는 3전 4기의 설욕을 꿈꾸며 사조직과 동정표를 끌어모았으나 친동생인 김종태가 통혁당 사건으로 사형을 당하고 김상도 후보도 불고지죄로 옥고를 치른 사실이 밝혀서 불벼락을 맞고 추락했다.
　김상도 후보는 정진화의 후보의 공천 후유증을 십분 활용하면서 "불리한 공화당이 나의 가화(家禍)를 악용하여 김상도에게 표를 주는 자나 운동하는 놈은 빨갱이다라고 주장하고 있다"고 반격했다.
　7번째 총선에 출전하여 2승을 거둔 김상도 후보는 "몰락 직전에 있는 우리 집안과 참모들을 위해 마지막으로 한 표를 달라"고 호소했다.
　선거전이 사상전으로 돌변하자 김상도 후보는 "내 동생을 죽인 것은 빨갱이다. 나는 이 빨갱이를 잡아내 내 동생 원수를 갚기 위해 출마했다"고 항변했다.
　"간첩의 형이요, 삼촌인 사람을 어떻게 국회의원을 시키느냐"면서 선거운동원들에게 '승공통일 잡아내자 간첩'이란 표찰을 달고 다니게 한 정진화 후보가 오천 정씨 문중들의 전폭적인 지지로 5천여 표차로 승리했다.
　"영천도 이제는 정치 세대가 바뀌어야 하며 좀 더 잘 살 수 있는 농촌을 만들자"는 정진화 후보가 "국회 부재 상태를 탈피하기 위해서는 야당을 뽑아야 한다"는 명분을 앞세운 김상도 후보를 제압할 수 있었다.

□ 득표상황

후보자	정당	연령	주요 경력	득표 (%)
정진화	민주공화당	44	경북도당 사무국장	35,356(50.7)
김상도	신민당	56	2선의원(3, 4대)	30,636(43.9)
박인목	통일사회당	34	정당인	1,921(2.8)
문순규	국민당	41	정당인	1,841(2.6)

〈경산〉 박주현 후보가 지방이권과 인사에 지나치게 개입했다는 괴소문이 널리 퍼지면서 현역 공화당 의원이 낙선하는 이변이 연출

경산과 청도가 병합된 지난 7대 총선에서 공화당은 김준태 3선의원을 낙마시키고, 경찰학교 교수출신으로 버스회사 사장인 박주현 후보를 공천했고, 6대 총선에서 14,561표차로 차점 낙선한 반재현 후보가 신민당 공천을 받아 재도전했다.
대구일보 경산지사장인 정의당 최성한, 상아산업 전무인 대중당 서상록, 전매서장을 지낸 민주당 박지산, 민주당 중앙위원을 지낸 민중당 김용한 후보들도 참전했다.
경산 출신인 박주현과 청도 출신인 반재현 후보의 군별 대항전은 돈 맛을 아는 농촌유권자들의 열렬한 지지에 힘입어 박주현 후보가 대승을 거두었다.
독립선거구가 된 이번 총선에서 공화당의 재공천을 받은 박주현 의원의 대항마로 신민당은 5대 총선 때 사회대중당으로 출전했던 경산금융조합장인 이형우 후보를 내세웠다.
지난 총선에도 등록했던 김용한 후보가 국민당으로, 중학교사였던 임판룡 후보는 대중당으로 등록했다.
이 지역의 터줏대감 박해정 의원에게 3대에는 박주현 후보가, 4대에는 이형우 후보가 패배하여 동병상련인 가운데 이형우 후보는 5대 총선에서 패배했지만, 박주현 후보는 7대 총선에서 당선되어 서로 다른 길을 걷게 됐다.
영남대와 제일모직 경산공장 유치와 경찰서, 국민학교 강당, 경산역사 개축 등 건설 실적을 내세우고 있는 박주현 후보는 막강한 공화당의 조직을 활용하면서, "박정희 대통령이 은퇴하면 영남대에 와서 이곳에서 살 것"이라는 소문

을 퍼뜨려 지지를 호소했다.

경산 출신은 아니지만 해방 이후 이곳에 정착하여 금융조합, 농업은행, 과일조합 등 농민단체장을 지내면서 농민들과 긴밀한 유대관계를 유지해 온 이형우 후보는 극심한 춘궁기에 3백 섬의 양곡을 절량민에 나눠 주어 "이형우의 쌀 안 먹은 경산 사람이 있나"라는 말이 화자됐으며, 80여 명에게 장학금을 지급하여 이들을 선거운동원으로 활동했다.

정책대결은 없고 지난날의 선심에만 집착하고 있다는 공화당, 콧대가 너무 높다는 신민당의 공방만이 오갔다.

박주현 후보가 지방 이권과 인사에 지나치게 개입했다는 소문이 퍼져 나가면서 선거분위기가 급변하여, 공화당의 현역의원이 낙선하는 이변이 일어났다.

□ 득표상황

후보자	정당	연령	주요 경력	득표 (%)
이형우	신민당	49	경산 금융조합장	34,295(54.8)
박주현	민주공화당	48	7대의원(지역구)	28,222(45.1)
임판룡	대중당	43	중학교사	75(0.1)
김용한	국민당	50	민주당 중앙위원	등록무효

〈청도〉 청와대 비서관을 지낸 정치초년생으로 신민당 공천을 물리치고 국민당으로 전향한 반재현 4대의원을 가볍게 제압한 박숙현

독립선거구가 된 이번 총선에 공화당은 지구당위원장으로 5대 총선에 출전했던 박숙현 후보를 내세웠고, 신민당은 중앙당 재정부장을 지낸 박재곤 후보를 내세웠으며, 4대 총선에선 당선됐지만 6대 총선에선 국민의당으로, 7대 총선에선 신민당으로 출전하여 낙선한 반재현 후보가 국민당으로 출

전하여 3각구도를 형성했다.

역대 여당 후보들의 온상(溫床)이었던 이 지역구는 경북도 내에서 유일하게 공화당과 국민당의 격전장이 됐다.

4대 총선에선 무소속으로 출전하여 자유당 김보영, 민주당 김준태 후보들을 꺾고 당선됐으며, 6대 총선에서 국민의당으로 출전했고, 7대 총선에서 신민당으로 차점 낙선했던 반재현 후보가 신민당 공천자로 내정될 무렵 국민당으로 개가했기 때문에 신민당은 부랴부랴 "당원 없는 지구당에 가려니 쑥스럽다"는 박재곤 후보를 공천했다.

청와대 비서관 출신인 박숙현 후보는 의학박사 답지않게 정치초년병을 넘어 정치에 익숙한 편이다.

박숙현의 방대한 공화당 조직과 반재현의 사조직이 맞서는 이번 총선에서 박숙현 후보가 60% 이상의 득표율을 올렸고, 제1야당인 신민당의 박재곤 후보는 1,050표의 득표를 기록했다.

□ 득표상황

후보자	정당	연령	주요 경력	득표 (%)
박숙현	민주공화당	47	의사, 청와대비서관	27,513(61.3)
반재현	국민당	51	4대의원(청도)	16,311(36.3)
박재곤	신민당	41	경북도당재정부장	1,050(2.3)

〈성주-칠곡〉 이웃 선산과 비교할 때 지역 발전이 지지부진했다는 불만과 장택상 전 국무총리에 대한 추모표가 집결되어 30대의 정치초년병에게 당선의 영광을

지난 7대 총선에선 6대 총선 때 승패가 엇갈렸던 공화당 송한철, 자유당 장택상, 신민당 도진희 후보들이 선발주자 3파전을 전개했고, 민주당 이종식, 민중당 김태수, 대중당

곽병진 후보들이 후발주자 3파전을 전개했다.
　군세가 비교적 약한 성주 출신으로 고교교사, 대학강사에 머문 공화당 송한철 후보가 수도경찰청장 출신으로 4선의원에다 국무총리를 지내고 더구나 대성인 인동 장씨 기반을 가진 자유당 장택상 후보를 연파한 것은 지역구 내 막걸리가 동이나 대구에서 긴급 수송한 막걸리 덕분이 아닌가 싶기도 했다.
　이번 8대 총선에서 공화당 공천을 받고 3선 가도를 달린 송한철 후보 대항마 선정에 나선 신민당은 성주 출신으로 중앙당 공보부차장으로 활동한 김창환 후보를 내세웠다.
　건국대 출신인 국민당 이종식, 국일건설 대표인 대중당 전태수, 단국대 출신인 통사당 김용희 후보들도 출전했다.
　칠곡의 송한철 후보와 성주의 김창환 후보의 대결장에서 칠곡의 유권자는 5만 6천 559명이고, 성주의 유권자는 4만 9천 89명으로 칠곡이 7천명 이상 많아 송한철 후보가 유리한 편이다.
　3선 고지 점령에 나선 송한철 후보에게 "8년간 지역사회를 위해 무엇을 했느냐"는 불만이 있지만, 공화당 조직 9천 8백여 명과 여산 송씨 문중 8백여 세대를 근간으로 당선권을 향해 매진했다.
　30대 약관에 정치에 뜻을 두고 활동을 벌여온 김창환 후보는 3천여 명의 신민당 조직과 의성 김씨 6백여 세대의 문중을 기간으로 장택상 전 의원의 조직을 흡수하기 위해 안간힘을 쏟았다.
　대통령 선거에서 박정희 후보에 대한 몰표에 대한 반작용으로 국회의원 선거에서는 달라져야 한다는 민심이 공화당 사무차장으로 중견 정치인을 자처하는 송한철 후보를 낙마시키는 이변을 연출했다.
　이웃 구미를 아우르는 선산과 비교할 때 지역사회 발전에 공헌한 바가 전혀 없다는 비난과 송한철 후보에게 두 번이나 석패한 장택상 국무총리에 대한 추모표가 무명이며 정치 초년병인 김창환 후보에게 휩쓸린 결과였다.

□ 득표상황

후보자	정당	연령	주요 경력	득표 (%)
김창환	신민당	36	신민당 공보부차장	48,283(58.6)
송한철	민주공화당	42	7대의원(2선)	30,786(37.4)
이종식	국민당	35	회사원	2,216(2.7)
김용희	통일사회당	39	정당인	723(0.9)
전태수	대중당	35	국일건설 대표	321(0.4)

〈상주〉 경북도지사를 지낸 지명도와 야당 불모지대인 지역 정서를 결합시켜 65%가 넘는 득표율로 당선된 김인

지난 7대 총선에서 공화당은 김정근 의원을 낙마시키고 의사 출신으로 재건국민운동 상주군촉진회장인 김천수 후보로 교체했고, 6대 총선에서 민주당 공천으로 출전하여 차점 낙선한 홍정표 후보가 신민당 공천으로 재출전했다.

6대 총선에 출전했던 대중당 임재영, 운수회사 사장인 자유당 김한석, 경북광산협회 부회장인 민주당 김무근, 4월혁명앙양회 이사인 민중당 조남극 후보들도 출전했다.

고향은 경북 봉화이지만 상주에서 15년 살아온 인연을 내세운 김천수 후보가 홍정표 후보를 전라도 출신이라고 몰아세워 대승을 거둘 수 있었다.

이번 8대 총선을 맞이하여 공화당은 김천수 의원을 낙마시키고 전북도지사, 경북도지사를 역임한 김인 후보를 내세우자, 지난 총선에 출전했던 신민당 조남극, 국민당 임재영 후보들이 재도전했다.

야당의 불모지대로 꼽히는 이 지역구는 신민당 낙천자인 윤영오도 공화당에 입당하여 신민당 공천자 조남극 후보가 당원 없는 당을 이끌고 고군분투했다.
　민주공화당 김인 후보는 1만 5천명의 당원과 상산 김씨 1천 5백호를 기반으로 표밭을 가꾸고 있고, 재단이사장으로 있는 남산중과 상주실업의 1천 3백명의 학생들의 지원도 기대했다.
　신민당 조남극 후보는 낙동, 모서, 화동 등 3개면의 풍양 조씨 1천 8백 호를 기반으로 뛰고 있으나, 공화당 일색의 표밭에서 궁여지책의 전략을 세우고 "대통령은 공 서방, 국회의원은 신 서방"이라는 구호를 내걸고 동정표에 기대하고 있다.
　고려대 출신으로 6대 총선에선 민정당으로, 7대 총선에서 대중당으로 뛰었던 임재영 후보가 제1야당인 신민당 조남극 후보를 제치고 은메달을 차지하는 이변을 연출했다.

□ 득표상황

후보자	정당	연령	주요 경력	득표 (%)
김인	민주공화당	47	경북도지사	55,742(65.8)
임재영	국민당	49	정당인	15,108(17.8)
조남극	신민당	44	정당인	13,863(16.4)

〈문경〉 이동녕 왕국을 승계한 고우진 후보가 30대의 패기와 인동장씨 문중 규합에 성공한 장유길 후보를 따돌려

　지난 7대 총선에서는 봉명탄광 소유주로서 4대 총선에는 자유당으로, 6대 총선에는 공화당으로 당선된 이동녕 의원이 공화당 공천을 받고 3선 고지를 향해 출전하자, 문경군수 출신으로 6대 총선에 국민의당 공천으로 출전하여 패배한 채문식 후보가 신민당 공천을 받고 재도전했다.

민중당 황의교, 민주당 노시중, 통사당 장유길 후보들도 출전하여 얼굴 알리기에 급급했다.

"국회에 가서 문경을 위해 일 할 수 있는 사람을 보내야 한다"고 주장한 이동녕 후보가 70%가 넘는 득표율로 대승을 거두었고, 채문식 후보는 5대, 6대, 7대에 걸쳐 3연패하는 수모를 당했다.

이번 8대 총선에서 공화당은 이동녕 3선 의원을 은퇴시키고 철도청 서울공작창장을 지낸 고우진 후보를 공천했고, 신민당은 지난 총선에 통사당으로 출전하여 314표를 득표한 장유길 후보에게 공천장을 수여했다.

유진오 신민당 총재 비서를 지낸 김영일 후보는 국민당으로, 공업신문 사장인 채석이 후보는 대중당으로 출전했다.

기술계통 출신으로 성공한 고우진 후보는 문경군내 광산기술자들에게 생활향상을 다짐하면서, 개성 고씨 문중표를 주축으로 공화당원 배가운동을 전개했다.

혁신계 인물이지만 신민당으로 전향한 장유길 후보는 세대교체의 기수임을 자처하며, 인동 장씨 문중들의 전폭적인 지지를 기대하고 "자유민주질서의 확립을 위해 정계에 나섰다"면서 지지를 기대했다.

이동녕 왕국으로 야당의 불모지대에서 채문식 후보의 조직을 인계한 장유길 후보가 정치신인인 고우진 후보를 맹추격하여 6천여 표차까지 육박했다.

□ 득표상황

후보자	정당	연령	주요 경력	득표 (%)
고우진	민주공화당	49	철도청 서울공작창장	27,913(50.1)
장유길	신민당	31	신민당 중앙상무위원	21,482(38.6)
김영일	국민당	34	유진오총재 비서	5,895(10.6)
채석이	대중당	64	공업신문 사장	406(0.7)

〈예천〉 "먹는다고 꼭 찍어주느냐"고 선심과 득표의 분리, 만년 그 얼굴에 대한 식상함, 지난 총선에서 석패에 따른 동정여론이 전국에서 유일하게 국민당 후보를 배출

　지난 7대 총선에선 영양, 영주군수를 거쳐 교통부차관을 지낸 정진동 6대의원이 공화당 재공천을 받고 출전하자, 자유당 시절 공보실장을 지낸 전성천 후보가 동생을 대신하여 신민당 공천을 받고 출전했고, 3대와 5대의원으로 국방부장관을 지낸 현석호의 직계로 칠곡, 영주군수를 지낸 조재봉 후보가 민주당 공천을 받고 출전하여 삼각편대를 형성했다.
　황동하, 권동하 후보들을 제치고 공화당 공천장을 받아든 정진동 의원이 공화당을 뛰쳐나간 조재봉 후보를 5천여 표 차로 꺾고 재선의원이 됐다.
　이번 8대 총선에선 7대 총선에서 맞붙었던 공화당 정진동 의원과 국민당 공천으로 출전한 조재봉 후보가 혈투를 전개했다. 신민당은 6대 총선 때 국민의당으로 출정하여 낙선한 반형식 후보를 내세웠고, 공보실장 비서관 출신으로 고려대 조교수인 권두영 후보는 통사당으로 출전했다.
　3선을 노리는 정진동 후보는 월등히 앞선 조직과 재력을 앞세우고 예천군의 숙원 사업인 상수도공사 조기 완공과 농산물가공공장 등 생산공장을 유치한다는 약속 아래 안정세력 구축을 호소했다.
　인주공화당 지구당위원장 출신인 조재봉 후보는 '자연인 조재봉'의 이미지를 유권자들에게 심어주면서 정진동 후보의 8년 재선 동안 무능으로 일관했는데 3선을 용납할 수 없다면서 이번 총선에서 설욕을 하고 말겠다는 각오와 투지가 충만했다.
　민주공화당과 국민당의 숙명적인 싸움에서 어부지리를 노리

는 신민당 반형식 후보는 골수 야당표를 흡수하는데 전력하면서 "조재봉 후보는 위장이며 속셈은 공천 화풀이로 출전한 위장 공화당"이라고 몰아세웠다.

이에 조재봉 후보는 "반형식 후보는 골수 진산파로 야당의 분열을 일삼는 무리"라고 제2진산 파동을 선거에 활용하여 역습했다.

민주공화당 공천파동으로 반분된 여당성향표와 1만 5천표 가량의 고정 야당성향표가 신민당 반형식 후보와 반분하여 농촌지역에서는 드물게 전국에서 유일하게 조재봉 후보가 승리했다.

쟁점없는 '만년 그 얼굴'의 선거전에서 "먹는다고 꼭 찍어주느냐"는 선심과 득표가 연결되지 않았고, 지난 총선에서 석패에 따른 동정여론이 승패를 갈랐다.

□ 득표상황

후보자	정당	연령	주요 경력	득표 (%)
조재봉	국민당	40	칠곡, 영주군수	23,862(45.4)
정진동	민주공화당	61	7대의원(2선)	19,496(37.1)
반형식	신민당	36	정당인	9,169(17.5)
권두영	통사당	41	고려대 조교수	사퇴

〈영주〉 공화당 창당요원이며 정권의 실세임을 내세워 네 번째 도전한 박용만 후보를 꺾고 3선 고지에 오른 김창근

봉화군과 통합된 지난 7대 총선에는 공화당 창당요원으로 활약하다가 6대 총선에서 공화당 공천을 받고 출전하여 황호영과 최영두 5대의원들을 제압한 김창근 의원이 공화당 재공천을 받고 출전하자, 이승만 대통령 비서 출신으로 4대에는 무소속, 5대에는 사회대중당으로 출전하여 낙선한 박

용만 후보가 신민당 공천을 받고 대항마로 떠올랐다.

장면 부통령 비서를 지낸 민주당 이성모, 정치신인들인 대중당 장성대, 민중당 박연철 후보들도 출전했다.

신라오릉 박씨가 박정희 대통령 때문에 김창근 후보를 지원하고, 안동권씨와 인척관계로 안동권씨 문중표를 쓸어 담은 김창근 후보가 능변가로서 국민의당 대변인을 지낸 박용만 후보를 2만여 표차로 따돌리고 재선의원이 됐다.

독립선거구가 된 이번 8대 총선에서도 지난 총선에서 자웅을 겨뤘던 공화당 김창근 의원과 신민당 재공천을 받은 박용만 후보가 재대결을 펼쳤다.

재향군인회 영주분회장인 국민당 정승갑, 신민당 지구당위원장을 지낸 통사당 남담흠 후보들도 출전했다.

민주공화당의 창당요원으로 정권의 실세임을 홍보한 김창근 후보가 이 지역의 대성인 김해 김씨 문중을 기반으로 박용만 후보의 박씨 문중에서 박정희 대통령의 오릉박씨 문중을 규합하여 공조직을 강화하여 이번 총선에도 신민당 박용만 후보를 따돌리고 3선의원에 등극했다.

박용만 후보는 자유당 조직부장 출신으로 자유당에서 무소속을 거쳐 사회대중당으로, 사회대중당에서 신민당으로 옮긴 당적변경이 철새 행각으로 비춰져 표의 확장성에 한계를 보여 4연패라는 수모를 겪었다.

☐ 득표상황

후보자	정당	연령	주요 경력	득표 (%)
김창근	민주공화당	40	7대의원(2선)	36,673(59.2)
박용만	신민당	47	신민당 상무위원	24,414(39.4)
남담흠	통사당	52	정당인	563(0.9)
정승갑	국민당	43	재향군인회군회장	258(0.5)

〈봉화〉 5대 총선 이후 10년간 가꾸어온 표밭을 지키려는 최영두 후보를 표정 하나로 끌려오는 울림표 덕분에 큰 표차로 꺾어버린 권성기

　독립선거구가 된 이번 총선에 공화당은 경성제대 출신으로 5대 총선에 무소속으로 출전하여 낙선한 지구당위원장인 권성기 후보를 공천했고, 신민당은 5대 총선에 권성기 후보를 꺾고 당선된 후 6대에는 민정당으로 출전하여 낙선한 최영두 후보를 내세웠다.
　동국대를 중퇴한 안용환 후보는 국민당으로 출전했다.
　권성기 후보와 최영두 후보는 5대 총선 때 결전을 벌여 최영두 후보가 승리하여 이번 총선은 권성기 후보 입장에서는 설욕적인 셈이다.
　5대 총선에서 승리한 최영두 후보는 6대 총선에서 민정당으로 출전하여 낙선하고, 7대 총선에서는 영주 출신인 박용만 후보에게 신민당의 공천을 빼앗기고 정치적 휴면기를 가졌다.
　그러나 최영두 후보는 심심계곡의 화전민들에게 평소 구호품을 들고 찾아가는 기독교 장로로서 튼튼한 사조직을 구축하였다.
　그리하여 농림부차관을 지낸 권성기 후보가 낯선 인물로 알려졌다.
　교통이 불편한 산간오지인 이 지역구는 유형무형의 행정력을 등에 업은 공화당이 물량 작전을 펼치며 최영두 후보의 사조직을 격파하는데 주력했다.
　권성기 후보는 봉화군의 발전을 위해 중앙요로와 얼굴이 넓은 고관 출신을 국회에 보내 지역발전을 기하자고 호소하면서, 지난 대선에서 보여준 지지도를 지속시켜 달라고 설득했다.

젊음을 밑천으로 두 후보에게 만만찮은 도전을 보였던 안용환 후보의 득표력은 군소정당의 한계로 보잘 것 없었다. "산골에 야당있더냐? 있어도 표면에 나타나지 않는다"는 어려움을 토로한 최영두 후보를 표정 하나로 끌려오는 울림표 덕분과 돈과 정력을 쏟아넣은 권성기 후보가 대승을 거두었다.

□ 득표상황

후보자	정당	연령	주요 경력	득표 (%)
권성기	민주공화당	62	농림부차관	26,820(62.1)
최영두	신민당	65	5대의원(봉화)	15,481(35.8)
안용화	국민당	28	정치인	897(2.1)

제3장 세월이 흐를수록 위축(萎縮)되어가는 비영남권

1. 점유율이 점점 줄어 들어가는 비영남권
2. 비영남권 68개 선거구 불꽃 튀는 격전의 현장으로

1. 점유율이 점점 줄어 들어가는 비영남권

(1) 비영남권의 점유율은 47.3%에서 44.4%로

　정계의 중심지인 수도권과 정계를 현실적으로 주름잡고 있는 영남권에서 벗어나 발전의 주축에서 소외되어 비중이 점점 줄어들어 가고 있는 비영남권은 강원도가 9개 선거구, 충청권이 23개 선거구, 호남권이 34개 선거구, 제주도가 2개 선거구로 도합 68개 선거구로 전국 153개 선거구의 44.4%를 점유하고 있다.
　지난 7대 총선에서는 62개 선거구로 전국 131개 선거구의 47.3%를 차지했지만 4년이 지난 이번 총선에서는 44.4%로 2.9%가 줄어들었다.
　경제개발의 혜택을 입은 수도권과 영남권은 8개 선거구가 증설됐지만 비영남권은 6개 선거구만 증설된 사유에서 그 원인을 찾을 수 있었다.
　이번 총선에서 대전 을구, 신안이 증설되고 서천-보령, 진안-장수-무주, 여수-여천, 영광-함평이 분구되었을 뿐이다.
　지난 총선에서 공화당은 강원도에서 원주-원성(박영록), 충청권에서 대전(박병배), 호남권에서 광주갑(정성태), 목포(김대중), 고흥(서민호)에서 패배했을 뿐 91.9%인 57개 선거구를 휩쓸었다.
　신민당의 부정선거 규탄과 여론에 밀려 공화당은 이원장(서천-보령), 박병선(예산), 차형근(군산-옥구), 신용남(고창), 기세풍(화순-곡성), 양달승(보성), 이호범(나주) 의원들을 제명조치했고, 부정선거에 대한 대법원 판결로 이원장 의원의 당선이 무효화되어 신민당 김옥선 후보가 당선되어 의원직을 승계했고, 벌교읍 지역 재선거에서 양달승 의원이 신민당 이중재 후보에게 패배하여 의원직을 넘겨주기도 했다.

　신용남, 기세풍 당선자가 의원직을 사퇴하여 실시된 보궐선거에서 대중당으로 위장 출전한 신용남 후보는 당선됐으나, 기세풍 후보는 낙선하여 신민당의 양회수 후보가 당선되고, 대중당 서민호 의원이 신민당에 귀순하여 신민당은 4석에서 8석으로 늘어났다.

　복지회 파동으로 의원직을 사퇴한 김종필 공화당의장의 지역구인 부여 보궐선거에서는 김종필의 형인 공화당 김종락 후보가 당선됐고, 선거무효 판결을 받은 나주와 부안에서는 공화당 이호범, 이병옥 후보들이 재당선되어 의원직을 이어갔다.

　대법원에서는 예산의 선거무효를 판결하여 박병선 의원이 의원직을 상실했으나 잔여 임기가 짧다는 이유로 보궐선거를 실시하지 않았다.

(2) 지난 총선에서 당선된 23명은 재당선의 기쁨을

　민주공화당은 이번 총선을 앞두고 국민복지회 사건으로 제명된 김용태, 부정선거에 휘말려 제명된 차형근, 신용남, 이호범 의원들을 복당시켰다.
더구나 3선 개헌에 반대하여 탈당하거나 항명파동에 휘말려 제명됐던 정태성, 김달수, 양순직, 박종태 의원들을 무차별 복당시켜 53개 지역구 의원들을 확보했다.

　민주공화당은 김우영(춘천-춘성), 최익규(강릉-명주), 이승춘(홍천-인제), 김종호(속초-양양-고성), 안동준(괴산), 정직래(영동), 오원선(진천-음성), 김유택(제천-단양), 김달수(공주), 이상희(서산), 이민우(아산), 길재호(금산), 차형근(군산-옥구), 유범수(완주), 한상준(임실-순창), 이우헌(여수-여천), 이현재(광양-구례), 김병순(해남), 배길도(무안), 이호범(나주), 이남준(진도), 박종태(광산), 양정규(제주-북제주) 의원 등 23명을 무더기로 낙천시키고 새로운 인물을 공천했다.

이에 불복하여 김우영, 이현재 의원들이 군소정당 공천으로 출전하였지만 낙선했다.

30명의 의원들이 공화당 재공천을 받고 의기양양하게 선거전에 뛰어들었으나 정태성(청원), 이종근(충주-중원), 양순직(논산), 김두현(당진), 김용진(전주), 유광현(남원), 박두선(정읍), 신용남(고창), 정래정(광주을), 김우경(순천-승주) 의원 등 10명의 의원들은 신민당 후보들에게 덜미가 잡혀 낙선했다.

그리하여 장승태(영월-정선), 김재순(철원-화천-양구), 이우현(횡성-평창), 김진만(삼척), 민기식(청원), 육인수(옥천-보은), 김용태(대전을), 김종익(부여), 장영순(청양-홍성), 김종철(천안-천원), 전휴상(진안), 장경순(김제), 이병옥(부안), 고재필(담양-장성), 길전식(장흥), 윤재명(영암-강진), 정간용(완도), 윤인식(함평), 현오봉(남제주) 의원 등 19명만 생환하는 기쁨을 누렸다.

신민당의 양회수(화순-곡성) 의원은 출전을 포기했고 김대중(목포) 의원은 전국구로 선회했고 박영록(원주-원성), 김옥선(서천), 서민호(고흥) 의원들은 낙선하여 박병배(대전갑), 정성태(광주갑), 이중재(보성) 의원들만 연승의 기쁨을 누려 현역의원으로 23명의 의원들이 의사당에 복귀했다.

그리하여 현역의원들의 재당선율은 37.1% 수준에 머물렀다.

(3) 91.9% 당선률에서 70.6%로 급락한 민주공화당

민주공화당은 지난 7대 총선에서 충북과 전북을 석권하고 강원의 원주-원성, 충남의 대전, 전남의 광주갑, 목포, 고흥 등 5개 지역을 제외한 57개 지역을 휩쓸어 점유율은 91.9%라는 경이적인 기록을 세웠다.
　이번 8대 총선에서 강원과 충북에서는 증구가 없었으나 충남, 전북, 전남에서 6개구가 증설되어 68개 지역구를 갖게 됐다.
　민주공화당은 강원도에서는 지난 총선에서는 원주-원성을 신민당에 내어주었지만 이번 총선에서는 춘천-춘성을 내어주었다.
　전 지역을 석권했던 충북에선 청주(최병길), 충주-중원(이택희)에서 현역의원들이 의외의 패배를 했고, 충남에서도 대전갑(박병배), 논산(김한수), 예산(한건수), 당진(유제연)에서 낙선자가 속출했다.
　김대중 대선후보의 선풍에 휘말린 호남권에서는 전주(이철승), 군산-옥구(강근호), 이리-익산(김현기), 남원(양해준), 정읍(유갑종), 고창(진의종), 광주갑(정성태), 광주을(김녹영), 목포(김경인), 순천-승주(조연하), 보성(이중재), 무안(임종기), 나주(나석호)에서 신민당 후보들이 당선되어 13개 의석을 신민당에 할애할 수밖에 없었다.
　그리하여 공화당은 68개 지역구 가운데 20개 지역구를 신민당 후보들에게 내어주고 70.6%인 48개 지역구만을 차지하게 됐다.
　강원 8개, 충북 6개, 충남 11개, 전북 6개, 전남 15개, 제주 2개 지역구의 주인은 공화당 후보들이다.

(4) 대부분(64.7%)의 당선자들은 50%의 득표율로 당선

이번 총선에서 44개 지역구의 당선자는 50%의 득표율로 당선됐고, 8개 지역구의 당선자는 40%의 득표율로 당선됐으나, 60% 이상의 득표율로 당선된 지역구도 16개에 이르렀다.

최고의 득표율은 문형태(화순-곡성) 후보로 76.8%를 기록했고, 최저의 득표율은 박준호(광양-구례) 후보가 44.1%를 기록했다.

길전식(장흥), 이철승(전주) 후보들도 70%의 높은 득표율을 자랑했고, 김재순(철원-화천-양구), 김원태(괴산), 김제원(대덕-연기), 김종익(부여), 신형식(고흥), 임충식(해남), 박종진(영광), 손재형(진도), 홍병철(제주-북제주), 이정우(임실-순창), 진의종(고창), 김녹영(광주을), 김중태(여천) 후보들도 60%대의 득표율로 당선됐다.

40%대의 낮은 득표율로 당선을 일궈낸 후보들은 정판국(신안), 최병길(청원), 이정석(진천-음성), 정구중(영동), 이해원(제천-단양), 박병배(대전을), 박승규(서산) 후보들이다.

높은 득표율로 당선이 예상됐던 한병기(속초-고성-양양), 육인수(옥천-보은), 장경순(김제), 정성태(광주갑) 후보들은 50% 득표율로 턱걸이했다.

2. 비영남권 68개 선거구 불꽃 튀는 격전의 현장으로

강원도

〈춘천-춘성〉 홍천-인제에 공천을 신청한 신철균 후보를 "신철균 후보의 월경 출마는 춘천 시민을 모욕하는 것"이라고 지역의식을 고취시켜 3선에 등극한 홍창섭

지난 7대 총선에서 공화당은 신옥철 현역의원을 낙마시키고 초등학교장, 변호사, 강원도사무국장 등 다양한 경력의 소유자인 김우영 후보를 공천하자, 신민당은 4대와 5대의원을 거쳐 6대에는 민주당 전국구 의원을 승계한 계광순 후보를 공천했다.

신민당 공천을 기대했으나 좌절한 2대, 3대의원과 강원도지사를 지낸 홍창섭 후보가 자유당으로 출전하여 3파전을 전개했다.

한독당 유연국, 통사당 이권우, 민주당 홍종남 후보들도 출전하여 후발주자 3파전을 전개했다.

집권여당의 프리미엄을 활용한 김우영 후보가 부정선거 혐의로 기소된 홍창섭 후보를 변호한 인연을 저버린 채 5천여 표차로 꺾고 국회에 등원했다.

4대 총선 때 자유당 홍창섭 후보를 민주당 공천을 받고 꺾었던 계광순 후보는 미미한 성적을 거두고 3위로 뒤쳐졌다.

이번 8대 총선에서 공화당은 김우영 의원을 낙천시키고 강원도 내무국장 출신으로 공화당 강원도사무국장으로 대통령 선거에서 공훈을 세운 신철균 후보로 교체했고, 지난 총

- 454 -

선에서 자유당으로 차점 낙선한 홍창섭 후보가 신민당 공천을 받고 출전하여 양강체제를 구축했다.

지구당위원장인 국민당 오길훈, 대한통신 기자인 대중당 배선기, 신민당원이었던 민중당 선종원, 춘천사범 출신인 통사당 지용하 후보들도 출전했다.

고향인 홍천-인제에 공천을 신청했는데 춘천시장을 지낸 경력이 돋보여 이곳에 옮겨 공천된 신철균 후보는 강원도 내무국장, 공화당 강원도사무국장을 지냈으며 춘천사범과 춘천농고 동창과 평산 신씨를 조직기반으로 삼아 "우리 고장을 꼭 발전시키자"는 지역개발을 중점적으로 내세웠다.

춘천군청 말단직원에서 춘천시장, 강원도지사, 2대와 3대 의원을 지낸 홍창섭 후보는 5대 총선에선 민주당 계광순 후보에게, 7대 총선에선 공화당 김우영 후보에게 패배한 경력도 지니고 있다.

"새 술은 새 부대에 담으라"는 캐치프레이즈를 내건 신철균 후보는 "누가 양심적 과거와 실천력을 가졌으며 일할 수 있는 여건을 갖추었는가"라며 홍창섭 후보의 과거를 꼬집었다.

상하수도의 확장, 공업단지의 육성, 소양호반(湖畔)의 관광개발 등 푸짐한 지역개발을 앞세운 신철균 후보는 낙천자 김우영, 이수복 후보들의 지지세력의 반발로 조직 구축에 어려움이 있었다.

"과거 두 번 차점 낙선한데다 연령적으로 이번이 마지막이니 꼭 민족과 국가를 위해 마지막 봉사할 기회를 달라"고 호소한 홍창섭 후보는 2천 7백 가구의 남양 홍씨, 춘천농교 동문들의 지지를 기대했다.

"자유당에 관여한 죄로 옥고를 치르는 등 잘잘못이 있었으나 춘천을 위해서 뭐 하나 남기고 묻히겠다"는 홍창섭 후보는 "춘천이 남의 퇴주잔이나 받는 곳이냐. 신철균 후보의 출마는 월경으로 춘천시민을 모욕하는 것"이라고 지역의식을 부추겨 신 후보를 큰 표차로 따돌리고 3선의원이 됐다.

□ 득표상황

후보자	정당	연령	주요 경력	득표 (%)
홍창섭	신민당	66	2선의원, 강원지사	39,568(52.8)
신철균	민주공화당	46	강원도 내무국장	33,596(44.8)
선종원	민중당	28	정치인	718(1.0)
지용하	통일사회당	32	토건업	574(0.8)
오길훈	국민당	57	상업	493(0.6)
배선기	대중당	30	대한통신 기자	등록무효

〈원주-원성〉 삼척 출신이지만 당명에 따라 출전했지만, 박영록 후보도 양양 출신 아니냐고 반격으로 의원뱃지를 넘겨받은 김용호

지난 7대 총선에서 공화당은 박영록 신민당 의원의 대항마로 문창모 후보를 의사 출신으로 대한청년단과 자유당 원주시당위원장을 지낸 홍순철 후보로 교체하여 혈투를 전개하도록 했다.
원주신문 기자인 민중당 정현우, 원주시의원을 지낸 한독당 김호혁, 종합신문 취재부장인 자유당 박경수 후보들도 참전했다.
짧은 기간 동안이지만 강원도지사를 경험했고 현역의원의 잇점을 살린 박영록 후보가 정치신인으로 자유당 출신이라는 한계에 부닥친 홍순철 후보를 4천여 표차로 따돌리고 재선의원이 됐다.
이번 8대 총선에서 공화당은 강원도사무국장 출신으로 7대 전국구 의원으로 활약한 김용호 의원을 신민당 박영록 의원 저격수로 투입했다.

7대 총선에서는 자유당으로 출전했던 박경수 후보는 국민당으로, 사업가인 김경진 후보는 대중당으로 출전했다.

3선을 향한 박영록 후보와 지역구에 뿌리를 내리려는 김용호 후보는 외지(外地)논쟁을 벌여 박 후보는 양양 출신으로, 김 후보는 삼척 출신이라는 소문이 떠돌았다.

김용호 후보는 고속도로 개통, 군인타운 건설, 경공업단지 유치, 상수도 확대 등 지역개발 공약을 나열하면서, "8년간 야당을 뽑아 실제 지역개발에 뭐가 달라졌는지 현명한 판단을 해 보라"고 호소했다.

이에 "김 후보의 지역개발공약은 시골의 지방의원이나 할 일"이라는 박영록 후보는 "고속도로 원주 경유, 경공업단지 유치 등은 예결위원인 내 덕이 컸다"고 반격했다.

박 후보는 김 후보가 박충모 전 의원의 지지세 등 신민당의 참모진을 매수했지만, 기독교계의 대표인물인 문창모를 선거사무장으로 옹립했다면서 3선 고지 점령을 장담했다.

박영록 후보는 "모처럼 감자 씨앗 하나 받았는데 이것마저 말라 죽이면 민주주의는 말살하는 것"이라며, 강원도내 유일한 야당의원임을 강조하며 "원주의 지방사업은 8년간 예결위원으로 있으면서 내가 이룩한 업적"이라고 홍보했다.

20년 야당 전통을 지닌 이곳의 높은 수준을 기대한 박영록 후보가 지난 대선에서 박정희 후보지지 여파와 지역개발 의욕이 연결되어 김용호 후보에게 역전패하여 의원 뱃지를 넘겨줬다.

김용호 후보는 "당명에 따라 삼척 출신이 이곳에 출마한 것이 약점이지만 박영록 후보 역시 양양 사람이 아니냐"고 반격한 것이 승리의 원동력이었다.

김용호 후보가 공화당 공천에서 낙천한 함재훈, 홍순철, 김병열 후보들의 적극적인 지지와 풍부한 자금을 활용하여 신민당의 유력당원을 탈당시켜 박 후보의 전열을 교란시키는 작전이 승리의 관건이었다.

□ 득표상황

후보자	정당	연령	주요 경력	득표 (%)
김용호	민주공화당	50	7대의원(전국구)	35,503(50.6)
박영록	신민당	49	7대의원(2선)	33,651(48.0)
박경수	국민당	32	정당인	810(1.2)
김경진	대중당	48	대중당 상임위원	177(0.2)

〈강릉-명주〉 강원도 거부의 아들로 선친의 유언을 받들어 상속재산을 지역사회 발전에 투자하겠다는 공약을 내걸고 대승을 거둔 최돈웅

지난 7대 총선에서 공화당은 신민당 김삼 의원의 대항마로 최용근 후보를 한국임산협회장, 강릉상공회의소장을 역임한 최익규 후보로 교체했다.

이에 경성제대 출신으로 경북 봉화, 예천군수를 거쳐 3대와 4대의원을 지낸 박용익 후보가 자유당으로 출전하여 6대 총선에서 공화당 공천을 받고도 낙선한 최용근 후보의 패배를 설욕하고자 했다.

해병대 출신인 한독당 지일웅, 강릉농고 서무과장을 지낸 통사당 한달우 후보들도 출전했다.

푸짐한 지역사업을 공약하며 강릉 최씨 문중표를 결집시킨 최익규 후보가 공화당의 방대한 조직을 활용하여 선거자금에 쪼들린 신민당 김삼 후보를 7천여 표차로 꺾었다.

이번 8대 총선에서 공화당은 최익규 의원을 강릉합동주조 사장으로 강원상공회의소장인 최돈웅 후보로 교체했고, 3대와 4대의원으로 5대에는 무소속, 6대에는 공화당으로 출전하여 낙선한 최용근 후보가 신민당 공천을 받고 출전하여

강릉 최씨 문중내 대결을 펼쳤다.
 지난 7대 총선에는 한독당으로 출전했던 지일웅 후보가 이번 총선에는 국민당으로 출전했다.
 신병으로 후보직을 사퇴한 최익규 의원을 공화당은 강원도의 거부 최준집의 아들인 최돈웅 후보로 교체했다.
 3대와 4대의원을 지낸 최용근 후보는 5대 총선 때는 무소속으로 출전하여 삼척 출신인 민주당 김명윤 후보에게 패배했고, 6대 총선 때는 공화당 공천을 받고 출전했으나 자민당 김삼 후보에게 패배하여 정치적 방황기를 보냈다.
 최용근 후보는 신민당 공천을 받고 9천 8백 표의 강릉 최씨 문중의 결집을 기대했으나, 신민당 공천경합자였던 최돈표 씨가 신민당을 탈당하고 공화당에 입당하여 큰 타격을 입었다.
 최돈웅 후보는 "최용근 후보는 권모술수를 일삼는 사람"이라고 공격하자, 최용근 후보는 "인기도 없는 경월소주를 마구 유권자들에게 돌리고 있다"고 반격했다.
 정계의 오랜 경력을 지닌 최용근 후보가 정치초년병이지만 공화당 조직과 소유업체의 직원들을 활용한 최돈웅 후보에게 패배했다.
 선거자금을 최용근 후보보다 2배 이상 쏟아 붓겠다는 최돈웅 후보가 이번 선거에서 당선되면 선친의 유언을 받들어 상속받은 재산을 지역사회 발전에 투자하겠다는 공약이 승리의 요체였다.

□ 득표상황

후보자	정당	연령	주요 경력	득표 (%)
최돈웅	민주공화당	36	강원상공회의소장	46,024(54.0)
최용근	신민당	51	2선의원(3, 4대)	36,118(42.4)
지일웅	국민당	29	고시학원 강사	3,077(3.6)

〈홍천-인제〉 부친인 이재학 국회부의장과 자신을 꺾은 이승춘 재선의원을 밀쳐내고 공화당 공천을 받은 여세를 타고 재선의원에 올라 부자가 7선을 이룬 이교선

지난 7대 총선에는 인제, 홍천, 화천군수를 거쳐 6대의원에 당선된 이승춘 의원이 공화당 공천을 받고 재선고지를 향해 달리자, 5선의원으로 국회부의장을 지낸 이재학 후보가 자유당으로 출전하여 양강구도를 형성했다.

신민당은 5대 총선 때 무소속으로 출전한 경력이 있는 남궁규 후보를 공천했고, 민중당 민영찬, 한독당 백창룡, 민주당 박창학 후보들도 출전했다.

이재학 후보 선거사무장으로 활약하다 이재학 후보 천거로 군수를 거쳐 국회의원까지 내달린 이승춘 후보가 집권여당의 프리미엄을 살려 6대 총선에서는 이재학 후보의 아들을, 7대 총선에서는 이재학 후보를 인제군 표를 휩쓸어 2천여 표차로 꺾고 재선의원이 됐다.

이번 8대 총선에서 공화당은 이승춘 현역의원을 탈락시키고, 이재학 국회부의장이 공민권 제한으로 의원직을 박탈당하여 실시된 보궐선거에 출전하여 당선됐으나 6대 총선에선 국민의당으로 출전하여 공화당 이승춘 후보에게 패배한 이재학의 아들인 이교선 후보를 공천했다.

신민당이 지구당위원장인 장원준 후보를 공천하자, 지난 총선에 신민당으로 출전했던 남궁규 후보는 국민당으로, 인제유아원장인 지인룡 후보는 통사당으로 출전했다.

지난 7대 총선에는 신민당 공천으로 출전했던 남궁규 후보가 동정표를 얻기 위해 안간힘을 쏟자, 지민룡 후보가 후보직을 사퇴코자 했으나 중앙당의 불승인으로 엉거주춤하면서도 남궁규 후보 지원유세에 가담했다.

낙하산 공천을 받은 이교선 후보는 공화당 조직의 이탈이 있었으나 옛날부터 내려온 이재학 왕국의 사조직을 되살려 인물, 조직면에서의 월등함으로 여유스러운 선거전을 펼쳤다.

지난 대선에서의 야당 붐의 여세를 이용하여 표를 모으고 있는 장원준 후보는 개헌 저지와 부정부패 방지를 위해 야당의 국회 진출을 호소하고 있으나 보수향토색이 짙은 이곳 출신이 아니어서 표의 확장성에 한계를 보였다.

장원준 후보는 언커크 대표에게 "관권개입과 막걸리 야유회 등 공화당의 물량공세가 극에 달했다"고 불평했다.

그러나 6대에는 이교선 후보에게, 7대에는 부친인 이재학 후보에게 승리를 거둔 이승춘 의원을 제치고 공화당 공천을 받은 이교선 후보가 20년간 가꾸어온 조직을 되살려 대승을 거두고 재선의원이 됐다.

□ 득표상황

후보자	정당	연령	주요 경력	득표 (%)
이교선	민주공화당	39	5대의원(홍천)	35,455(58.3)
장원준	신민당	42	민주당 중앙위원	20,644(33.9)
남궁규	국민당	61	치과의사	3,798(6.2)
지인룡	통일사회당	43	인제유아원장	955(1.6)

〈영월-정선〉 공화당의 장기집권과 부정부패 타파에 앞장서 싸우기 위해 공화당을 탈당했다고 해명하고 추격전을 전개했으나 역부족을 실감한 신민당 엄영달

지난 7대 총선에서 공화당은 영월경찰서장 출신으로 현역의원인 엄정주 의원을 낙천시키고, 체신공무원교육원장을 지낸 장승태 후보를 공천했고, 2대와 5대의원으로 부흥부장

관, 상공부장관을 지낸 태완선 후보는 6대 총선에는 민주당으로 출전하여 차점 낙선하고서 설욕전을 펼치고자 신민당 공천으로 출전했다.
 강원, 전북, 경북 도경국장을 지낸 손계천 후보가 자유당으로 출전했고, 한독당 최승천, 통한당 신종순, 통사당 유영봉 후보들도 출전했다.
 집권여당이면 무조건 찍고 보는 강원도 산골에서 신민당 태완선 후보는 지난 6대 총선에는 5대 총선 때 꺾었던 공화당 엄정주 후보에게, 7대 총선에는 2급공무원 출신인 공화당 장승태 후보에게 큰 표차로 패배했다.
 이번 8대 총선에서 장승태 의원이 공화당 공천을 받고 재선의원을 예약하자, 신민당은 행정고시에 합격하고 서울신문 논설위원인 엄영달 후보를 내세웠고, 국민당은 지방의회 의원이었던 정영조 후보를 공천했다.
 평소의 굳혀진 기반을 최대한으로 활용하고 있는 장승태 후보는 표차를 극대화시키기에 안간힘을 쏟고 있고, 뒤늦은 공천에 기존 신민당 조직과 유대가 맺어지지 않고 있는 엄영달 후보는 자금의 고갈로 조직적인 득표전을 펼치지 못했다.
 민주공화당 출신인 엄영달 후보에 대해 장승태 후보는 "과거 예비군 필요성 등 정부여당 시책 PR에 앞장선 사람이 갑자기 돌연변이 했다"고 공격했다.
 이에 엄영달 후보는 여당의 내부와 약점을 잘 아는 야당투사로서 활약케 해달라고 호소하면서, "집권당에서 야당으로 전향한 것은 배신이 아니라 용감한 사람으로 인정받는다"고 응수했다.
 외교관 생활과 언론인 등 화려한 경력을 내세우며 젊은 지식인층을 공략하며, 공화당의 장기집권과 부정부패 타파에 앞장서 싸우기 위해 공화당에서 미련 없이 나오게 되었다고 탈당동기를 설명하며 추격전을 전개했으나 역부족이었다.

□ 득표상황

후보자	정당	연령	주요 경력	득표 (%)
장승태	민주공화당	47	7대의원(지역구)	41,766(56.1)
엄영달	신민당	43	서울신문 논설위원	31,509(42.5)
정영조	국민당	40	지방의원	1,046(1.4)

〈화천-철원-양구〉 실향민 출신으로 양구에서 5대의원에 당선된 기반을 활용하여 공화당이면 막대기를 꽂아도 찍어주는 지역정서로 4선의원에 오른 김재순

지난 7대 총선에서는 공화당 김재순 의원과 신민당 황학성 후보가 지난 6대 총선에 이어 재대결을 펼쳤다.

김재순 의원은 4대 총선 때 양구에서 민주당 공천으로 낙선하고 5대 총선 때 민주당 공천으로 당선되고서 공화당으로 전향하여, 6대 총선 때 공화당 공천으로 당선됐고, 강원도경국장을 지낸 황학성 후보는 철원에서 4대 총선 때 자유당 공천으로 출전하여 낙선했으나 5대 총선 때 무소속으로 당선됐다.

6대 총선 때 국민의당으로 출전하여 차점 낙선했고, 단국대 학생회장 출신으로 자민당으로 낙선한 박영석 후보도 7대 총선에는 한독당으로 출전했다.

서울상대 출신인 김재순 후보가 경성제대 출신인 황학성 후보를 집권여당 프리미엄으로 2만 2천여 표 차로 꺾고 재선의원이 됐다.

이번 8대 총선에서 공화당은 국회 재정분과위원장으로 활약한 김재순 의원을 공천했고, 신민당은 금화군 출신인 이상준 후보를 내세웠다.

단국대 학생회장으로 4·19혁명을 주도한 박영석 후보가 국민당으로 세 번째 도전하고, 운수업자인 김진식 후보는 통사당으로 출전했다.

부녀자들의 행락 붐으로 갖가지 추태가 나돌고 있는 선거 분위기 속에서, 이상준 후보는 20년 동안의 야당 생활과 투쟁을 내세우고 동정을 호소하며, "농촌을 표밭으로 깔아뭉개는 만년 국회의원이냐"고 김재순 후보를 맹공했다.

정계의 비중과 막강한 자금을 활용하여 전세를 휘어잡은 김재순 후보는 주민들과 10여 년 동안 미운정 고운정이 들었다면서, "내가 죽을 때까지 출마할 구역"이라며 한 번 더 지지를 호소했다.

실향민 출신으로 4대 총선에선 낙선했지만 양구에서 5대 총선에서 당선된 김재순 후보는 철원에서 5대의원에 당선된 황학성 후보를 두 번이나 꺾었고, 이번 총선에선 야당 붐을 타고 추격전을 전개한 이상준 후보를 멀찌감찌 따돌리고 4선의원 반열에 올랐다.

□ 득표상황

후보자	정당	연령	주요 경력	득표 (%)
김재순	민주공화당	47	7대의원(3선)	34,755(61.7)
이상준	신민당	43	신민당 중앙위원	19,971(35.5)
박영석	국민당	34	정치인	979(1.7)
김진식	통사당	45	운수업	637(1.1)

〈속초-양양-고성〉 박정희 대통령의 큰사위라는 명성으로 유권자들의 절대적인 지지 속에 국회 등원에 성공한 한병기

지난 7대 총선에서는 수도사대 사무처장 출신으로 6대의원인 김종호 의원이 공화당 공천을 받고서 재선고지를 점령을

시도하자, 육사교수 출신으로 양양에서 5대의원에 당선됐으나 6대 총선에서 국민의당으로 출전하여 낙선한 함종윤 후보가 신민당 공천을 받고 재도전에 나섰다.

전북 경찰국장과 사단장 출신으로 6·25 때 사단장으로 속초지역을 지킨 인연으로 고성에서 5대의원에 당선된 김응조 후보가 자유당으로, 회사장인 양환석 후보는 민중당으로, 성균관대 출신인 오태성 후보는 대중당으로 참전했다.

박정희 대통령의 큰 사위인 한병기 후보를 공천에서 따돌린 여세를 몰아 공화당 김종호 후보가 군세가 미약한 양양 출신의 한계를 보인 함종윤 후보를 1,025표차로 어렵게 제압하고 재선의원이 됐다.

이번 8대 총선에서 공화당은 김종호 의원을 낙천시키고, 박정희 대통령의 사위로 주뉴욕총영사를 지낸 한병기 후보로 교체했고, 5대의원으로 6대와 7대 총선에서 낙선한 함종윤 후보가 신민당으로 설욕전에 나섰다.

영화인인 국민당 이성일, 고교교사였던 대중당 이찬수, 정당인인 통사당 김응삼 후보들도 출전했다.

서민적이고 소탈한 꾸밈을 모르는 인물, 지역 발전을 위해 헌신할 각오와 그 가능성이 보장된 인물이라는 이미지를 각인시키고 있는 한병기 후보는 지역의 실리를 내세워 유권자들을 설득했다.

이에 함종윤 후보는 "한병기 후보는 구태여 국회의원이 되지 않더라도 개인적인 영달은 보장되어 있지 않느냐? 지역 국회의원은 20년 야당투사인 나에게"라며 동정표를 기대했다.

지원 유세에 나선 정일권 공화당 총재 고문은 "우리는 박정희 대통령의 3선에 힘을 얻어 부지런히 뛰고 있는데, 야당 후보가 국회에 들어가면 마라톤 선수의 발목에 쇠사슬을 채우는 격이 될 것"이라고 한병기 후보에 힘을 실어줬다.

대통령 사위라는 위명에 굴복한 함종윤 후보는 4대 총선에서 자유당 이동근 후보에게, 6대와 7대 총선에는 국민의당과 신민당으로 출전하여 공화당 김종호 후보에게 석패했다.
고교교사 출신인 대중당 이찬수 후보도 뛰어들었으나 1% 득표율도 올리지 못했다.

□ 득표상황

후보자	정당	연령	주요 경력	득표 (%)
한병기	민주공화당	39	주뉴욕 총영사	38,957(55.3)
함종윤	신민당	48	5대의원, 육사교수	30,509(43.3)
이찬수	대중당	35	고교 교사	457(0.6)
김응삼	통사당	34	강원체육회 이사	349(0.5)
이성일	국민당	35	영화인	137(0.3)

〈횡성-평창〉 방대한 조직과 풍부한 자금을 활용하여 야당 붐을 타고있는 조경환, 3선의원 황호현, 2선의원 장석윤 후보들을 꺾고 재선이 없다는 징크스를 깨뜨린 공화당 이우현

지난 7대 총선에서 공화당은 제헌, 4대와 6대 총선에서 당선된 황호현 의원을 낙천시키고, 춘천농대와 경희대 교수인 이우현 후보로 교체하자, 6대 총선에서 낙선한 민중당 엄재선, 한독당 양덕인 후보들이 재도전했다.
신민당이 육군대학 출신으로 평창군수를 지낸 김재기 후보를 공천했고, 평창에서 3대의원에 당선된 자유당 이형진, 강원도의원 출신인 민주당 이해준 후보 외에도 통한당 강재영, 대중당 김가평, 자민당 황봉현, 통사당 배선기 후보들이 출전하여 10명의 후보들이 난립했다.
현역의원을 물리치고 공천을 받은 이우현 후보가 횡성 이

씨 6천표를 기간으로 공화당 조직을 가동하여, 2대와 5대 의원을 지냈지만 신민당 공천에서 낙천한 한독당 양덕인, 3대의원을 지낸 자유당 이형진, 신민당 공천을 꿰어찬 김재기 후보들을 꺾고 70%에 육박한 득표율로 당선됐다.

이번 8대 총선에서 공화당은 이우현 의원을 재공천했고, 신민당은 회사장인 조경환 후보를 공천했다.

횡성에서 3대와 4대의원에 당선되고 내무부장관을 지낸 장석윤 후보가 국민당으로, 평창에서 제헌와 4대의원에 당선되고 내무부차관, 6대의원을 지낸 황호현 후보가 통사당으로, 고졸 출신인 이병일 후보가 대중당으로 등록했다.

군웅이 할거하여 혼전을 전개하고 있는 이 지역은 양당제, 개인 인기와 감정적 반발의 동조세력, 지역감정 등 정치성향을 판가름하는 시금석을 가늠하는 지역이다.

평창에서 제헌의원과 4대의원을 지냈으나 5대의원 선거에서 아쉽게 패배한 황호현 후보는 공화당으로 전향하여 6대 총선에서 당선됐으나, 7대 총선에서는 공화당 공천에서 낙천되자 동생을 출전시켰고 이번 총선에선 신민당 공천을 신청했으나 낙천하자 통사당으로 출전했다.

자유당 출신으로 횡성에서 3대와 4대의원에 당선됐던 장석윤 후보는 횡성군의 몰표를 기대하며 출전했으나 소기의 성과를 거두지 못했다.

부정부패의 방지와 공화당의 장기집권 저지를 선거 이슈로 하고 있는 조경환 후보는 조직이 미비하고 지명도가 낮아 이우현 현역의원을 추격하는데 머물렀다.

조직관리의 미숙함으로 잡음이 꼬리를 이었으나 방대한 조직과 자금에 여당 후보의 프리미엄을 가진 이우현 후보가 재선이 없다는 징크스를 깨고 의정 단상에 복귀했다.

□ 득표상황

후보자	정당	연령	주요 경력	득표 (%)
이우현	민주공화당	47	7대의원(지역구)	37,297(55.6)
조경환	신민당	54	회사장	19,804(29.5)
황호현	통일사회당	60	3선의원(1, 4, 6대)	4,649(6.9)
장석윤	국민당	67	2선의원(3, 4대)	4,633(6.9)
이병일	대중당	44	상업	693(1.1)

〈삼척〉 춘천-춘성에서 공화당 공천에서 낙천되자 국민당 공천으로 고향 삼척을 찾아들었으나 공화당 김진만 후보의 철옹성을 바라만보고 주저앉은 김우영

지난 7대 총선에선 북삼화학사장, 강원일보 회장으로 3대와 4대의원을 거쳐 6대의원을 지낸 김진만 의원이 공화당 공천을 받고 철옹성을 구축하자, 신민당은 5대 총선에서 무소속 김진만 후보를 꺾고 당선됐으나 6대 총선 때 민정당 공천으로 공화당 김진만 후보에게 패배한 최경식 후보를 재공천했다.

통한당 박형철, 민중당 권영준, 정의당 홍부진, 대중당 김윤경, 한독당 최상희, 자민당 박영완, 민주당 김양국 후보들도 출전했다.

풍부한 재력과 국회 상공위원장을 지낸 경력을 내세운 김진만 후보가 1만 1천여 표차로 최경식 후보를 두 번째 따돌리고 4선의원에 등극했다.

이번 8대 총선에서 공화당이 김진만 의원의 5선 등정을 묵인하자, 신민당은 미국 미조리 주립대 출신으로 실업가인 김문기 후보를 공천했다.

초등학교장 출신으로 사법고시에 합격하고 6대 총선 때는 춘천-춘성에서 공화당 공천으로 당선된 김우영 후보가 국민당으로 출전하여 추격전을 전개했다.

노동운동가인 대중당 박영완, 통일운동가인 통사당 황재호 후보들도 출전했다.

민주공화당 원내총무인 김진만 의원에게 춘천-춘성에서 공화당 공천경쟁에서 밀린 김우영 의원이 신민당 공천을 받을 찰나, 신민당은 김우영 의원을 배제하고 김진만 의원 비서 출신 김문기 후보를 내세우자, 김우영 의원이 국민당으로 출전하여 3파전이 전개됐다.

1만 5천여 명의 공화당원과 6천 명의 기간요원을 최대한 활용하여 화려한 공약을 나열하는 김진만 후보에게 김우영 후보는 삼척 김씨 1만 3천 표, 교사생활 시절 얻은 제자 1만여 명을 지지기반으로 김진만 타도에 안간힘을 쏟았다.

김문기 후보는 "훌륭한 아버지보다 훌륭한 아들을 원하는 것이 인간심리인데 김진만 씨는 훌륭한 아들 육성을 막고 있다"며 삼척 김씨 문중표를 잠식했다.

김진만 후보가 "체구도 작은 사람이 지조도 없다"고 김우영 후보의 국민당 전향을 공격하자, 김우영 후보는 "삼척에선 무엇 때문에 김진만 형제가 20년 동안 독점하느냐"고 반격했다.

이는 김진만 후보가 3대, 4대, 6대, 7대의원을, 형인 김진구가 제헌의원과 참의원을 지냈기 때문이다.

김진만 후보는 "이번 한 번만 더 밀어주면 못다한 일 매듭짓고 다시는 국회에 보내달라고 얘기하지 않겠다"고 공언하고서, "여러분이 이 만큼 키워준 인물의 명예로운 퇴진를 위해 마지막으로 지지해 달라", "같은 보수정당인데 군소정당에 찍지 말고 든든한 공화당 밀어 달라"고 호소하여 대승을 거두고 5선의원에 등극했다.

□ 득표상황

후보자	정당	연령	주요 경력	득표 (%)

김진만	민주공화당	52	7대의원(4선)	54,356(54.8)
김우영	국민당	50	7대의원(춘천-춘성)	36,353(36.7)
김문기	신민당	41	김진만 의원 비서	6,422(6.5)
황재호	통일사회당	40	정당인	1,102(11.1)
박영완	대중당	36	언론인	895(0.9)

충청북도

〈청주〉 "한 고장에서 공화당 의원을 둘씩이나 낼 필요가 없다"는 호소와 네 번이나 차점 낙선한 동정여론이 겹쳐 4전 5기의 신화를 창조한 신민당 최병길

지난 7대 총선에선 6대 총선에서 공화당과 국민의당으로 한판 승부를 펼쳤던 정태성, 최병길 후보들이 공화당과 신민당 공천을 받고 재대결을 펼쳤다. 언론인인 한독당 안성웅, 청주대강사인 민주당 김진영 후보들도 출전했다.

청주공고 교사 출신인 정태성 후보는 최병길 후보와 이민우 후보의 단일화가 이룩되어 야권후보의 대표주자가 된 최병길 후보를 또 다시 꺾고 재선의원이 됐다.

변호사인 최병길 후보는 4대와 5대 총선에서 무소속으로 출전하여 민주당 이민우 후보에게, 6대에는 국민의당으로 출전하여 민정당으로 출전한 이민우 후보와 함께 정태성 후보에게 패배하고, 7대 총선에는 신민당 공천을 받고 출전했음에도 패배하여 4연속 패배라는 불명예스러운 기록을 세웠다.

이번 8대 총선에도 공화당 공천을 받은 정태성 후보에게 신민당 공천을 받은 최병길 후보가 세 번째 도전했다.

국민당 성백준, 민중당 정현우, 통사당 최동현 후보들도 출전했다.

3선개헌에 반대했다가 찬성으로 돌아 이미지가 흐려진 정태성 후보를 향해 최병길 후보는 "논산의 양순직 의원은 끝까지 3선개헌을 반대하여 박정희 대통령이 지원유세에서 지조 있는 사람이라고 칭찬했다"는 얘기를 유세장에서 강조했다.

최병길 후보는 네 번 선거에서 차점 낙선하여 이곳 지방의 고스톱판에서 아쉽게 지면은 "최병길이 됐다"는 우스갯소리가 나돌 정도였다.

가산을 탕진하고 서울로 이사하여 출마도 사양했는데 친구들의 권유로 출전한 최병길 후보에게 부인이 "또 출마하면 자살하겠다"며 만류했다는 일화(逸話)도 전해졌다.

최병길 후보는 청주 출신 장덕진 후보가 공화당 전국구 24번에 안착되자 "한 고장에서 공화당 의원을 둘씩이나 낼 필요가 없다"고 호소했다.

최병길 후보는 4대와 5대 총선에선 무소속으로, 6대 총선에선 국민의당으로, 7대 총선에선 신민당으로 출전했던 경력이 돋보여 공화당 의원의 2명 탄생과 4번 낙선에 따른 동정여론이 막강한 공화당의 조직을 부수고 당선되어 4전5기의 신화를 창조했다.

□ 득표상황

후보자	정당	연령	주요 경력	득표 (%)
최병길	신민당	51	변호사	26,310(49.8)
정태성	민주공화당	44	7대의원(2선)	24,952(47.2)
성백준	국민당	36	정당인	966(1.8)
정현우	민중당	32	언론인	308(0.6)
최동현	통일사회당	27	청년운동	279(0.5)

〈청원〉 도로포장, 낙농단지, 경지정리 등 화려한 공약을 내

세워 5대의원 신정호, 6대의원 신관우 후보들을 꺾고 재선 고지에 오른 민기식

　지난 7대 총선에서 공화당은 육사 교수 출신인 신관우 현역의원을 제치고, 육군참모총장과 충주비료공장 사장을 지낸 민기식 후보를 공천하자, 신민당은 2대, 3대, 4대의원을 지내고 체신부장관으로 봉직한 곽의영 후보를 공천했다.
　제헌과 3대의원으로 참의원에 당선됐던 박기운 후보는 민정당에서 한독당으로, 3대와 5대의원을 지낸 신정호 후보는 국민의당에서 민주당으로 옮겨 출전했다.
　"충청도가 낳은 인물"임을 내세운 민기식 후보가 "정치의 노련병과 초년병의 싸움으로 손자와의 싸움"으로 폄하한 전직 의원인 곽의영, 박기운, 신정호 후보들을 가볍게 제압했다.
　이번 8대 총선에 공화당이 민기식 의원을 재공천하자 신민당은 육사 교수로서 공화당 공천으로 6대의원에 당선된 신관우 후보를 내세웠다.
　2대와 5대 총선에서 당선된 신정호 후보는 6대에는 국민의당으로, 7대에는 민주당으로, 이번 총선에는 국민당으로 출전했고 초등학교 교사 출신인 송인철 후보는 통사당으로 출전했다.
　4성 장군 관록과 지방사업을 통해 쌓아온 조직의 민기식 후보와 교편생활을 할 때의 제자들의 사조직에 의존하는 신관우 후보가 격전을 벌였다.
　1천 5백여 호의 고령 신씨 문중을 주축으로 자유당의 조직을 재건한 신관우 후보는 공화당 경력으로 "야당성이 몸에 배지 않아 호소력이 부족하다"는 부메랑이 되어 돌아왔다.
　신관우 후보는 "공화당이 입당금 1만 원, 신민당 탈당금 2만 원을 정해놓고 야당표를 매수하고 있다"고, 민기식 후보는 "야당이 흑색선전과 선거분위기를 흐리게 하고 있다"고 공방전을 벌였다.

합동연설회에서 송인철 후보가 "신민당의 신관우 후보는 메사돈 사건의 장본인"이라고 공격하자, 신관우 후보는 "송인철 후보는 나를 공격하기 위해서 청부(請負)출마를 했다"고 응수하고서, "민기식 후보는 높은 사람에게 아부하는 데는 둘째가라면 서러운 핫바지 국회의원"이라고 주장했다.

이에 민기식 후보는 "7대 야당의원 중 30명이 낮에는 야당이지만 밤에는 여당 노릇을 하고 있었으므로 개헌 저지를 위해 1백 명의 야당을 뽑아도 아무 쓸 데가 없을 것"이라고 공박했다.

도로포장, 낙농단지, 경지정리 등 화려한 사업공약을 내세운 민기식 후보가 재선에 성공했고, 국민당 신정호 후보는 4대 총선에서 낙선하고 5대 총선에서는 당선됐으나 6대 총선에서는 국민의당으로, 7대 총선에서 민주당으로 출전하여 낙선하여 3연속 패배를 곱씹었다.

□ 득표상황

후보자	정당	연령	주요 경력	득표 (%)
민기식	민주공화당	50	7대의원(지역구)	39,360(53.0)
신관우	신민당	45	6대의원(지역구)	32,484(43.7)
신정호	국민당	56	2선의원(2, 5대)	1,393(1.9)
송인철	통일사회당	42	교사	1,086(1.4)

〈충주-중원〉 6대 총선에선 5대의원인 김기철과 정상희 후보가, 7대 총선에선 6대의원인 이희승 후보가, 이번 총선에서는 7대 의원인 이종근 후보가 낙선하는 진기록을

지난 7대 총선에서 공화당은 6대 총선 때 공화당의 공천

을 받고도 낙선한 정상희 후보를 배제하고, 예비역 육군준장으로 6대 국회에서는 전국구의원으로 활동한 이종근 의원을 공천하자, 신민당도 이희승 현역의원을 탈락시키고, 단국대 정치학 강사 출신인 이택희 후보를 내세웠다. 이에 이희승 의원은 한독당으로 출전했다.

충주군청 직원이었던 도상철 후보는 민중당으로, 농업인인 심우섭 후보는 통사당으로 출전하여 5파전이 벌어졌다.

정권의 실세임을 자처한 이종근 의원이 "낮에는 야당, 밤에는 여당 행세를 함으로써 유권자를 기만하는 지조 없는 정객"이라며 이전투구를 벌인 이택희, 이희승 후보들을 가볍게 제압하고 재선의원이 됐다.

이번 8대 총선에는 지난 7대 총선에서 격돌했던 공화당 이종근 후보와 신민당 이택희 후보가 재격돌을 벌였으며 두 후보의 표차는 38,652표였으며, 지난 총선에 민중당으로 출전하여 낙선했던 도상철 후보도 국민당으로 출전했다.

7대 총선에서 이종근, 이택희 후보의 표차가 무려 38,652표였는데 이번 선거에서는 1,704표로 뒤집혀 이택희 후보가 승리했다.

혁명주체 세력으로 방대한 공화당 조직, 풍부한 선거자금, 패배하려고 해도 패배할 수 없는 게임에서 진 것은 이종근 후보가 자신감 속에서 너무나 방심한 결과였을 뿐이다.

다만 이 지역구는 5대의원인 김기철과 정상희 후보들이 출전한 6대 총선에선 공화당 정상희, 민주당 김기철 후보를 선택하지 않고 만년 낙선자인 자민당 이희승 후보를 선택했고, 7대 총선에선 이희승 현역의원을 외면하고 공화당 이종근 후보를 선택했고, 이번 총선에선 이종근 현역의원보다 30대의 대학강사인 이택희 후보를 많이 지지하여 재선을 결코 허락하지 않은 전통을 이어갔다.

□ 득표상황

후보자	정당	연령	주요 경력	득표 (%)
이택희	신민당	37	정당인	40,535(50.8)
이종근	민주공화당	47	7대의원(2선)	38,831(48.7)
도상철	국민당	49	정치인	393(0.5)

〈음성-진천〉 조직과 자금, 경력에서 엇비슷한 두 후보가 진천과 음성의 지역대결을 펼쳐 군세가 우세한 음성의 이정석 후보가 진천의 이충환 후보에게 승리

 지난 7대 총선에는 6대 총선에서 맞붙었던 민정당 이충환, 자민당 구철회, 국민의당 정운갑, 공화당 오원선 후보 가운데 승자인 이충환 의원이 신민당으로, 패자인 오원선 후보가 공화당으로 재대결을 펼쳤다.
 5대 총선 때 이정석 의원의 공민권 제한으로 인한 보궐선거에서 당선된 민중당 정인소, 원주대 강사인 민주당 이상록, 보육원장인 자유당 이규홍, 백광석회 전무인 통한당 김운섭 후보들도 얼굴을 내밀었다.
 보사부장관 시절 밀가루를 대량으로 살포하고 이충환 의원 참모들을 대량으로 포섭한 오원선 후보가 6대 총선에서의 6천여 표의 표차를 극복하고 설욕전을 승리로 장식했다.
 이번 8대 총선에서 공화당은 보사부장관으로 재무장하여 설욕전에서 승리한 오원선 후보를 퇴출시키고, 자유당 공천으로 4대 총선에 출전하여 낙선하고 5대 총선에 당선됐으나 공민권 제한으로 사퇴한 이정석 후보를 내세우자, 보궐선거에서 당선된 정인소 후보가 대중당으로 출전했다.
 2대, 3대, 5대, 6대의원에 당선됐으나 7대 총선에서 패배한 이충환 후보가 5선고지를 향해 출전했고, 청주대 출신인 국민당 김진복, 경제신문 전무인 민중당 강진옥 후보들도

출전했다.

면서기와 순경으로 출발하여 자유당 때 경주경찰서장, 치안국 통신과장을 거쳐 자유당 선전부 차장을 지낸 이정석 후보는 이충환 후보를 "무소속, 자유당, 민주당, 민중당, 신민당을 차례로 옮긴 신의없는 사람이며 한 때는 자유당에서 나보다 높았다"고 비난했다.

만주대동학원을 나와 고등문관 시험에 합격하고 2대 국회 때 무소속으로 당선되어 정계에서 잔뼈가 굵은 이충환 후보는 이정석 후보를 3·15부정선거 주모자라고 공격했다.

1천 2백 호의 전주 이씨 문중표와 자유당계표를 기반으로 표굳히기 운동을 전개한 이정석 후보가 3만 6천 명의 진천(이충환)과 5만 2천 명의 음성(이정석)의 지역대결에서 승리하여 1,356표차로 4선의원인 이충환 후보를 꺾고 3선의원이 됐고, 이충환 후보는 지난 총선에는 오원선 후보에게, 이번 총선에서는 이정석 후보에게 연속 패배하여 재기를 어둡게 했다.

□ 득표상황

후보자	정당	연령	주요 경력	득표 (%)
이정석	민주공화당	53	7대의원(2선)	34,847(49.2)
이충환	신민당	53	4선의원(2, 3, 5, 6대)	33,491(47.3)
강진옥	민중당	29	경제신문 전무	1,106(1.6)
정인소	대중당	62	5대의원(음성)	706(1.0)
김진백	국민당	39	정당인	698(0.9)

〈옥천-보은〉 충북도의원 출신으로 박정희 대통령의 처남, 육영수 여사의 오빠에게 무모하게 세 번이나 도전하여 어이없이 패배한 이용희

지난 7대 총선에서는 육영수 영부인 오빠인 육인수 의원이 재공천을 받고 재선고지를 향해 달리자, 신민당은 6대 총선에 출전한 신각휴, 김선우, 박기종 의원들을 제치고 민주당으로 출전하여 낙선한 충북도의원 출신인 이용희 후보를 공천했다.

국도산업 사장인 한독당 안영순, 진명고 교사인 통사당 김복수, 교장과 군수를 지낸 자유당 곽정길, 일본신문 기자인 민중당 이건태 후보들도 출전했다.

신민당 공천을 받은 이용희 후보는 6대 총선에선 19,226표차로 패배했지만, 7대 총선에는 7,478표차로 간극을 줄이는 것으로 만족해야만 했다.

이번 8대 총선에도 공화당 육인수 의원과 신민당 이용희 후보가 재재대결을 펼쳤고, 청주상고 출신인 국민당 김태형 후보가 출전하여 파수꾼 역할을 했다.

충북도의회 부의장 출신으로 30대 초반에 무소속으로 민주당 재선의원인 신각휴 후보에게 도전하여 낙선한 이용희 후보는 박정희 대통령의 처남으로 육영수 여사의 오빠인 공화당 육인수 후보에게 무모하게 6대에는 민주당과 7대에는 신민당으로 도전하여 참패했다.

이번 총선에서도 충북의 산간오지에서 현직 대통령의 처남을 이긴다는 것은 언감생심으로 이용희 후보는 네 번째 도전에 네 번째 낙선의 기록을 수립했을 뿐이다.

□ 득표상황

후보자	정당	연령	주요 경력	득표 (%)
육인수	민주공화당	51	7대의원(2선)	43,447(57.9)
이용희	신민당	39	충북도의원	28,216(37.6)
김태형	국민당	28	정당인	3,430(4.5)

〈괴산〉 3대 안동준, 4대 김원태, 5대, 6대, 7대 안동준, 8대 김원태 후보가 당선되어 20년 동안 의원직을 양분한 안동준과 김원태

지난 7대 총선에선 육군대학 교관 출신으로 자유당 공천으로 3대의원, 무소속으로 5대의원, 공화당 공천을 받고 6대의원에 당선된 안동준 의원이 공화당 재공천을 받고 4선의원 고지 점령에 나선데 대해, 신민당은 안동준 의원의 공민권 제한으로 실시된 보궐선거에 당선되고 6대 총선에는 자민당으로 출전하여 낙선한 김사만 후보를 내세웠다. 한독당 김상문 후보도 출전했다.

6대 총선에서 두 후보의 표차는 631표로 야권이 통합된 7대 총선에서는 김사만 후보의 선전이 예상됐으나, 공화당의 행정력을 동원한 불법선거 등으로 표차는 오히려 13,687표로 벌어졌다.

이번 8대 총선에서 공화당은 안동준 4선의원을 탈락시키고, 지난 4대 총선에서는 안동준 후보에게 승리했으나 5대 총선에서 안동준 후보에게 패배했지만 무임소장관으로 활약한 김원태 후보를 내세웠다.

신민당도 김사만 후보를 배제하고, 청주대 출신인 김태욱 후보를 공천했고, 건국대 출신인 채영만 후보도 국민당으로 출전했다.

이 지역구는 1954년 3대 총선 때부터 안동준, 김원태의 양강체제가 확립됐다.

4대 총선 때에는 자유당 복수공천을 받은 김원태 후보가 3대의원인 안동준 후보를 꺾고 의원뱃지를 인계받았다.

5대 총선 때는 무소속 안동준 후보가 무소속 김원태 후보와 민주당 김사만 후보들을 꺾고 당선됐으나 공민권 제한으로 의원직을 박탈당했다.

의원직 박탈이라는 치명상을 입은 안동준 후보는 공화당으로 변신하여 짧은 의원생활을 한 자민당 김사만 후보를 꺾고 3선의원에 등극했고, 지난 7대 총선에서도 신민당 김사만 후보를 연거푸 꺾고 4선의원에 등극했다.

이번 총선에서는 4선의원을 밀쳐내고 공화당 공천을 받은 김원태 후보가 정치신인들인 신민당 김태욱, 국민당 채영만 후보들을 가볍게 꺾고 재선의원이 됐다.

그리하여 3대 국회에서 8대 국회까지 20년 동안 이 지역구는 안동준, 김원태 후보들이 양분하게 됐다.

□ 득표상황

후보자	정당	연령	주요 경력	득표 (%)
김원태	공화당	61	2선의원(4,6대), 장관	37,294(69.4)
김태욱	신민당	31	정당인	11,712(21.8)
채영만	국민당	28	정당인	4,741(8.8)

〈영동〉 8대 총선까지 이 지역구는 박우경, 성득환, 최순주, 손준현, 민장식, 이동진, 정직래, 정구중 의원 등 8명의 의원을 배출

지난 7대 총선 때 공화당은 예비역 육군소령으로 6대 총선에서 당선된 이동진 의원을 공천에서 탈락시키고, 영동여고 교장을 지낸 정직래 후보를 공천했고, 신민당은 4대와 5대의원으로 6대 총선에는 민주당으로 출전하여 낙선한 민장식 후보를 내세웠다.

공천에서 탈락한 이동진 의원이 한독당으로, 양강교회 목사인 서정옥 후보가 대중당으로 등록했으나 두 후보가 사퇴하여 정직래와 민장식 후보들의 진검승부가 펼쳐졌다.

집권여당의 후보임을 내세워 막강한 공화당 조직, 풍부한

자금과 행정력을 총동원한 정직래 후보가 2선의원으로 문교부차관을 지낸 민장식 후보를 67%대 33%로 제압했다.

이번 8대 총선에서도 공화당은 정직래 의원을 낙천시키고, 일본 명치대 출신으로 지구당위원장으로 활약한 정구중 후보를 내세웠고, 신민당도 동국대 출신으로 지구당위원장인 최극 후보를 공천했다.

예비역 육군대령으로 지난 6대 총선 때 국민의당으로 출전하여 차점 낙선한 김기형 후보가 국민당으로, 정치신인인 김유일 후보는 대중당으로 출전했다.

공화당 공천을 받은 정치신인인 정직래 후보가 오랜 야당생활을 했지만 처녀출전한 신민당 최극 후보를 가볍게 제압하고 국회에 등원했다.

4대와 5대 총선에는 무소속으로, 6대 총선에는 국민의당으로, 이번 총선에는 국민당으로 출전한 김기형 후보는 20% 득표율에 만족해야만 했다.

이 지역구는 거의 연승을 허락하지 않는 독특한 지역으로 8명의 국회의원을 배출했다.

제헌의회에는 무소속 박우경을, 2대에는 민국당 성득환을, 3대에는 사사오입 개헌 의결을 번복한 자유당 최순주 국회부의장, 최순주 의원의 사망으로 인한 보궐선거에는 자유당 손준현을, 4대 국회에서는 손준현을 낙선시키고 민주당 민장식 후보를 당선시켰다.

5대 국회에는 민주당 민장식 후보를 다시 선출했지만, 6대에는 이동진, 7대에는 정직래, 8대에는 공화당 정구중 후보들을 당선시켜 8대 총선에서 8명의 의원을 배출하는 독특한 선거구가 됐다.

□ 득표상황

후보자	정당	연령	주요 경력	득표 (%)

정구중	공화당	52	정당인	19,268(45.8)
최 극	신민당	39	정당인	13,805(32.8)
김기형	국민당	49	협동생명 고문	8,965(21.3)
김유일	대중당	35	정당인	사퇴

〈제천-단양〉 4선의원으로 민주당 시절 상공부장관을 지낸 이태용 의원의 후광을 업은 이해원 후보가 김유택 현역의원을 꺾고 공천을 받은 여세를 몰아 대승을

지난 7대 총선에서 공화당은 김종무 의원을 한국은행 총재와 주일대사를 지낸 김유택 후보로 교체했고, 6대 총선 때 민주당으로 출전하여 7.143표차로 낙선한 조종호 후보가 신민당 공천으로, 보수당으로 4,056표를 득표했던 김경 후보가 민중당으로 출전했다.

제천농협장을 지낸 자유당 강의구, 을지문화사 대표인 한독당 이재호 후보들도 출전했다.

'제천의 인물'임을 부각시킨 김유택 후보가 제천과 단양의 지역대결을 펼쳐 단양에서 4대와 5대의원에 당선된 조종호 후보를 큰 표차로 따돌렸다.

이번 8대 총선에서 공화당은 김유택 의원을 배제하고, 성균관대 교수인 이해원 후보를 내세웠고, 신민당은 전국구의원으로 활동한 이우태 의원을 공천하자, 단양에 기반을 구축한 조종호 후보가 윤보선 대선후보 비서실장임을 내세우며 국민당으로 출전했다.

신흥학원장인 이재호 후보도 7대 총선에 이어 재출격했다.

민주당 정권 시절 상공부장관을 지낸 이태용 4선의원의 아들로서 서울법대, 미네소타대학원 출신인 이해원 후보는 김유택 현역의원을 꺾고 공화당 공천을 받은 여세를 몰아, 오랫동안 고향을 등졌다는 비난을 잠재우고 화려한 지역개

발 공약을 내세워 대승을 거두었다.

오랫동안 윤보선 대통령의 비서실장을 지낸 조종호 후보는 4대와 5대 총선에서 단양에서 당선된 저력을 내세우며 단양표의 결집을 기대했으나, 제천의 유권자가 7만 명인데 비해 단양의 유권자는 3만 명에 머물러 당선권에 육박할 수 없었다.

6대 국회에서 전국구 의원직을 승계했을 뿐 지역에서 지명도도 낮고 조직도 없어 이해원, 조종호 후보의 다툼에서 어부지리를 기대하며 야권성향표의 결집을 기대한 신민당 이우태 후보는 2위 자리마저 조종호 후보에게 내주었다.

□ 득표상황

후보자	정당	연령	주요 경력	득표 (%)
이해원	민주공화당	40	성균관대교수	40,915(48.3)
조종호	국민당	49	2선의원(4,5대)	23,020(27.2)
이우태	신민당	48	6대의원(전국구)	19,490(23.0)
이재호	통일사회당	63	신흥학원장	1,216(1.5)

충청남도

〈대전 갑〉 대전일보사장, 국방부차관 출신으로 거물론을 내세운 신민당 박병배 후보에게 로이타통신 부사장으로 지역발전론을 내세워 242표차까지 육박한 공화당 임호

지난 7대 총선에선 공화당은 대전시장을 지낸 정인권 후보를 자유당 공천으로 4대 총선 때 당선된 경제기획원장관, 농림부장관 등을 섭렵한 원용석 후보로 교체했고, 신민당도 진형하 3선 현역의원을 밀쳐내고 대덕에서 4대와 5대의원에 당선되고 민주당 시절 국방부차관을 지낸 박병배 후보를

공천했다.

이에 불복한 진형하 의원이 한독당으로 출전했다.

한일협정 비준반대투쟁을 하다 투옥된 송천영 후보는 민중당으로, 세문중고 교장인 박명서 후보는 통사당으로, 회사원인 이용로 후보는 민주당으로 출전했다.

재야 출신이란 명분을 내걸고 독설을 퍼부은 박병배 후보가 대전을 안타까이 여기신 박정희 대통령께서 대전을 부흥시키라고 명령하여 내보냈다고 호소한 원용석 후보를 큰 표차로 따돌리고 3선의원이 됐다.

이번 8대 총선에서 공화당은 신민당 박병배 후보의 대항마로 국민대 재단이사인 임호 후보로 교체했고, 지난 7대 총선에 통사당으로 출전했던 박명서 후보가 또 다시 출전했다. 농경신보 취재부장인 송재호 후보는 국민당으로, 국민교 교사였던 임봉수 후보는 대중당으로 출마했다가 중도사퇴했다.

신민당 박병배 후보의 정당 대 정당의 차원이라면 공화당의 당의장이나 정책위의장, 지방에선 도당위원장급의 정도에서 제의해야 될 것이라며 합동정견발표회 불참 선언에 대해 공화당 임호 후보는 "불참 선언은 민주발전에 대한 배신이며 독선적으로 회피하지 말고 정정당당히 참석해 줄 것"을 촉구했다.

국회의원이 되기 위해서보다 향토를 지켜야 한다는 사명감에서 출마했다는 박병배 후보는 향토수호, 민주소생, 국가유지를 3대 공약으로 제시했다.

박병배 후보는 자신이 낙선하면 충남북에서 야당이 전멸할 것이라고 호언한 데 대해 임호 후보는 "대전의 발전은 거물이 하는 게 아니다"라고 반격했다.

대전을 제2의 수도권으로 발전시켜 수도가 언제 와도 기능을 발휘할 수 있는 여건을 구비시켜야 한다며, 지역발전을 내세운 임호 후보가 거물론을 주장하며 타 지역구 유세에 전념한 박병배 후보를 242표차까지 육박하여 박병배 후보의 간담을 쓸어내리게 했다.

□ 득표상황

후보자	정당	연령	주요 경력	득표 (%)
박병배	신민당	53	7대의원(3선)	31,389(49.6)
임 호	민주공화당	50	로이타통신 부사장	31,147(49.2)
송재호	국민당	30	농경신보 부장	472(0.7)
박명서	통일사회당	57	세문중학교장	300(0.5)
임봉수	대중당	39	국민교 교사	사퇴

〈대전 을〉 대전고, 충남대 동문들의 지지를 기대하며 추격전을 전개했으나 공화당에서 제명됐으나 복당되어 공화당 공천을 받은 김용태 후보에게는 역부족을 실감한 김태룡

 이번 총선에서 분구된 이 지역구에 공화당은 민간인으로 5·16거사에 참여하여 김종필 중앙정보부장 고문을 지내고 대덕-연기 지역에서 6대와 7대의원을 지낸 김용태 의원을 내세웠고, 신민당은 충남대 강사로 충남도의원을 지낸 김태룡 후보를 공천했다.
 지난 7대 총선에도 출전했던 송천영 후보가 재출전했고, 신문기자인 김용엽 후보는 민중당으로 출전했다.
 30대에 공화당의 원내총무를 지내고 공화당 정권의 3인자로 각광받았던 두목(頭目)이란 애칭을 가진 김용태 후보는 제명이라는 극한적 설움도 당하는 등 우여곡절을 겪었으며, 복당하여 "충남인의 설 땅을 찾자"의 구호를 "충남인의 설 땅을 굳히자"로 발전시켜 전국적으로 각광받는 충남을 만들겠다는 각오를 펼쳤다.

김종필 부총재는 "나하고 같이 공부하고 같은 꿈을 꾸고 죽을 때까지 고락을 같이 하겠다고 결심한 김용태 후보를 선택해 달라"고 지원 연설에서 밝혔다.

신민당 대변인을 지낸 김태룡 후보는 야당 없는 일당 국회는 무의미, 무가치한 것이며 이는 바로 민주주의의 조락(凋落)을 뜻한다며 만사를 차치하고 야당을 내보내야 한다고 주장했다.

송천영 후보는 이번 총선이 끝나면 필연적으로 정계가 개편되니 정당을 보고 찍기에 앞서 인물 본위로 선택해야 한다고 주장하며, 이번에 뽑아주면 10년 이내에 김대중 후보를 능가하는 한국의 송천영으로 성장하겠다 다짐했다.

대전고, 충남대 동문들의 지원, 시민들의 민주 역량에 기대를 걸고 추격전을 전개한 김태룡 후보는 방대한 공화당의 조직과 풍부한 선거자금을 활용한 김용태 후보의 적수가 되지 못했다.

□ 득표상황

후보자	정당	연령	주요 경력	득표 (%)
김용태	민주공화당	44	7대의원(2선)	39,933(55.9)
김태룡	신민당	37	충남도의원	26,064(36.5)
송천영	국민당	31	한일협정반대투쟁위원	5,481(7.6)
김용엽	민주당	45	신문기자	사퇴

〈대덕-연기〉 대통령 선거에서 박정희-김대중 후보 표차가 기대만큼 벌어지지 아니하였다는 명분을 걸고 공천장 반납 소동을 벌였던 김제원

지난 7대 총선에선 6대 총선에서 자웅을 겨뤘던 공화당 김용태 의원과 신민당 성태경 후보가 재대결을 펼쳤다. 두

후보의 표차는 14,749표였다.

충남도의원을 지낸 통한당 박창배, 웅변협회이사인 자유당 이규홍, 내무부에 근무했던 통사당 최희수 후보들도 출전했다.

"공화당의 매수 작전으로 신민당의 조직은 이미 쓸모없게 되어버렸다"는 성태경 후보를 김용태 의원이 7대 총선에서는 27,534표차로 따돌리고 재선의원이 됐다.

이번 8대 총선에서 김용태 의원은 신설구인 대전 을구로 옮겨가자 공화당은 경향신문 사장인 김제원 후보를 내세웠다.

군사령부 정훈부장을 지낸 송좌빈 후보가 신민당으로, 동국대 출신인 송관영 후보는 국민당으로, 회사원인 최희수 후보는 대중당으로, 연기군 금남면 의원이었던 고택륜 후보는 민중당으로 출전했다.

김용태 의원의 제명으로 지구책을 맡은 김제원 후보는 경세가적이고 민중 계도사업 등으로 잘살기 운동의 선구자로서 이미지를 부각시키며, 각 세대 1명꼴의 산업시찰, 영화차 순회, 이동 무료진료 등을 펼쳐 지역기반을 다져왔다.

17년간 야당생활의 각고 끝에 이제 지구책을 맡은 송좌빈 후보는 은진 송씨 문중표를 기반으로 야권성향표 결집에 나섰으나, 같은 문중의 송석찬이 공화당 선거사무장으로 활동하여 문중표마저 오롯한 지지를 기대할 수 없게 됐다.

대덕-연기에서 박정희 후보 지지표가 김대중 후보에게 7천여 표차에 불과하자 공천장 반납 소동을 벌인 김제원 후보는 대덕은 대전과 공동운명체로 발전시키고, 연기는 대전의 부심도시로 교통망 확장을 공약하여 대승을 거두었다.

□ 득표상황

후보자	정당	연령	주요 경력	득표 (%)

김제원	민주공화당	57	경향신문 사장	55,311(67.9)
송좌빈	신민당	46	관구사령부정훈감	25,435(31.2)
송관영	국민당	26	정당인	525(0.6)
최희수	대중당	32	정치인	201(0.3)
고택륜	민중당	55	금남면의회 의장	사퇴

〈공주〉 박정희 대통령이 "같은 기숙사에서 함께 지내던 대구사범 3년 선배"라는 지원 유세로 승기를 잡고 재선의원이 된 이병주

지난 7대 총선에서 공화당은 자유당 공천으로 4대 의원에, 무소속으로 5대 의원에 당선된 박충식 카드를 버리고, 자유당 공천으로 3대의원에 당선됐으나 4대 총선에서 낙선한 김달수 후보를 신민당의 박찬 의원의 대항마로 내세웠다.
 문경 신풍탄광 전무인 자유당 문석규, 3대의원을 지낸 민중당 염우량, 독립촉성회에서 활동했던 노수일 후보들도 출전했다.
 공주고 출신인 김종필 공화당의장의 제2의 고향이란 민심이 유포되어 김달수 후보가 충남도의원 출신으로 6대의원에 당선된 박찬 후보를 1만여 표차로 꺾고 국회에 등원했다.
 이번 8대 총선에서 공화당은 김달수 의원을 낙마시키고, 김종필 공화당의장의 절친으로 전국구 의원으로 활동한 이병주 후보를 내세웠다.
 신민당은 지난 총선에서 낙선한 박찬 후보를 재공천했고, 건국대 출신인 윤완중 후보가 국민당으로, 7대 총선에도 출전했던 노수일 후보가 통사당으로 출전했다.
 김종필 공화당의장과 공주고 동문의 절친으로 6대 총선 때 시병으로 지역구를 김달수 후보로 교체되어 전국구에 안

착했던 이병주 후보가 공화당 기간조직 외에 4천 호가 넘는 전주 이씨 화수회와 3천 명의 청년정화회를 주축으로 저변을 확대하며 공주를 관광도시, 교육도시로 발전시키겠다고 선심공약을 남발했다.

오랫동안 타향살이를 한 이병주 후보의 취약점을 파고들어 조직 확대에 심혈을 기울이고 있는 박찬 후보는 몸으로 때우는 선거작전에 열을 올렸다.

박정희 대통령은 지원유세에서 이병주 후보를 "같은 기숙사에서 함께 지내던 대구사범 3년 선배"라고 추켜세우자, 공화당은 "이병주 후보야말로 청와대를 무상 출입하여 공주 발전을 실현할 수 있는 사람"이라고 홍보하는데 여념이 없었다.

이에 박찬 후보는 "선거가 끝나면 저나 나나 청와대 얼씬거리지 못하기는 마찬가지"라고 역습을 가했지만, 7천여 표 차로 이병주 후보에게 패배할 수밖에 없었다.

5대 총선에서 낙선했지만 6대 총선에서 혜성처럼 당선된 박찬 후보는 7대와 8대 총선에선 연패하여 재기가 가물가물하게만 다가왔다.

민주공화당에서 제명된 김달수 의원의 거취가 애매한 가운데 이병주 후보는 "여당의원을 뽑아 잘 사는 공주를 만들고 중단 없이 전진하여 조국근대화의 성업을 이룩하자"고, 박찬 후보는 "박정희 대통령이 재집권했으니 국회의원은 야당을 내보내어 여당독주를 견제하면서 지역발전을 가져오자"고 주장했다.

□ 득표상황

후보자	정당	연령	주요 경력	득표 (%)
이병주	민주공화당	59	7대의원(전국구)	34,792(53.9)
박 찬	신민당	46	6대의원(지역구)	27,647(42.8)

윤완중	국민당	26	정치인	1,353(2.1)
노수일	통일사회당	70	독립촉성회 과장	784(1.2)

〈논산〉 3선개헌을 반대하여 공화당으로부터 제명을 당했다가 복당하여 공화당 공천을 받은 것이 지조(志操) 없는 정치인으로 비춰져 낙선하게 되었다는 양순직

 지난 7대 총선에서 신민당은 이 지역의 터주대감이었던 윤담을 은퇴시키고 지구당위원장인 김인영 후보를 내세우자 대덕, 보령, 논산군수를 지낸 전시영 후보가 자유당으로 출전하여 공화당 양순직 의원의 대항마로 떠올랐다.
 4대의원을 지낸 통한당 김공평, 5대의원인 한독당 김천수, 정치신인인 민주당 김형중과 민중당 김용성 후보들도 출전했다.
 충청도 대망론을 부르짖은 김종필 공화당의장의 유세로 양순직 의원이 2만여 표차로 전시영 후보를 제압하고 재선의원이 됐다.
 이번 8대 총선에서 신민당은 민주전선 편집부장으로 활약한 김한수 후보를 국회 재무위원장으로 활약한 양순직 의원의 대항마로 내세웠다.
 재향군인회 부여군 부회장인 정인창 후보가 민중당으로 출전하여 두 후보의 싸움을 지켜봤다.
 양순직 의원이 제명되자 공화당 지구당위원장을 맡은 윤덕병이 새로운 조직을 구축해 놓았는데 공천에서 탈락하자, 윤덕병의 조직은 양순직 의원을 떠나 상대편인 김한수 후보를 적극 지원한 돌격대로 돌변했다.
 김대중 대선후보는 "김종필 씨를 공화당의 후계자로 만들기 위해서도 또 다른 개헌을 막기 위해 야당 후보들을 국회

에 많이 보내 달라"고 김한수 후보 지원유세에서 호소했다.

2년간 조직을 방치하며 '거만하다', '인간적으로 섭섭하다' 는 여론에 "양순직 의원의 거만은 상대를 의식한 거만이 아니나 지조를 지키기 위했던 것"이라고 해명하고 있으나 미흡하여, 지난 7대 총선 때 선거사무장을 지낸 김홍래, 부위원장이었던 홍사원 등이 김한수 진영으로 떠났다.

김한수 후보는 "나를 지역구 후보로 추천해놓고 자기는 전국구로 나서겠다"고 약속한 양순직 후보가 이 지역구에 다시 출마한 것은 개헌을 반대했다가 다시 공화당에 입당한 지조 없는 정치인이라고 몰아세웠다. "공화당에 다시 입당함으로서 처음부터 개헌을 찬성한 것만 같지 못하게 되었다"는 여론의 뭇매에 힘없이 주저앉았다.

양순직 후보는 "공화당만이 조국근대화의 신앙을 갖고 일을 해 나갈 수 있다"고 변명하고 있지만, 정치신인인 김한수 후보가 8천 표 이상의 광산 김씨 문중표를 모태(母胎)로 1만 명의 연산국민학교 동창들을 결집시키고, 지난 대선에서 김대중 후보가 1천 8백여 표 앞선 여세를 몰아 거물정객인 양순직 후보에게 대승을 거두었다.

□ 득표상황

후보자	정당	연령	주요 경력	득표 (%)
김한수	신민당	35	대한일보기자	45,464(54.3)
양순직	민주공화당	46	7대의원(2선)	37,075(44.3)
정인창	민중당	45	언론인	1,189(1.4)

〈부여〉 "이번에 새일꾼 뽑아 썩은 정치 뿌리뽑자"고 절규한 권영길 후보는 전국 최고득표율을 목표로 한 김종익 후보의 적수가 되지 못해 형제 국회의원 탄생을 바라볼 수밖에

지난 7대 총선에서 신민당은 김종필 공화당의장의 대항마로 4대의원과 참의원을 지낸 한광석 후보를 내세웠으나, 한광석 후보는 중앙당과 상의도 없이 후보직을 사퇴하여 김종필 의원의 압승을 거들었다.
　충남도의원을 지낸 자유당 김재련을 비롯하여 한독당 한창희, 자민당 이석전 후보들이 출전했으나 모두 2%의 득표율도 올리지 못했다.
　공천을 주지 않으면 자살하겠다고 윽박지르던 한광석 후보의 사퇴로 김종필 의원은 91.1%의 경이적인 득표율로 재선의원이 됐다.
　김종필 공화당의장이 국민복지회 사건으로 정계를 은퇴하여 실시한 보궐선거에서 김종필 공화당의장의 친형인 김종익 후보가 공화당 공천을 받고서 국회부의장을 지낸 신민당 임철호 후보 등을 꺾고 국회에 등원했다.
　이번 8대 총선에서 신민당은 공화당 김종익 의원의 대항마로 육군대학 출신으로 중앙정보부 보안실장을 지낸 권영길 후보를 내세웠다.
　신민당 조직부장을 지낸 국민당 정귀영, 농업인인 통사당 나상문 후보들도 출전했다.
　원로정치인 임철호를 꺾고 신민당 공천을 받은 권영길 후보는 "공화당 1인독재정권을 타도하지 못하면 정치적 안정도 없고 민족의 염원인 민주 국토통일도 없고 국민을 위한 정치도 없는 희망 없는 독재자의 지배를 받는다"고 주장했다.
　김종필 부총재의 후광을 많이 받고있는 김종익 후보는 백제고도의 옛모습 찾기 운동을 벌여 경주 다음가는 고적(古蹟)도시를 기필코 완성하겠다고 공약하여 유권자들의 관심을 끌었다.
　"이번에 새일꾼 뽑아 썩은정치 뿌리뽑자"며 추격전을 벌인 권영길 후보는 김해 김씨 2천 8백 호를 주축으로 전국 최고득표율을 목표로 한 김종익 후보의 적수가 되지 못했다.

□ 득표상황

후보자	정당	연령	주요 경력	득표 (%)
김종익	민주공화당	52	7대의원(보궐선거)	41,804(66.8)
권영길	신민당	43	중앙정보부 보안실장	19,327(30.9)
나상문	통일사회당	30	정당인	942(1.5)
정귀영	국민당	43	민정당 재정부장	464(0.8)

〈서천〉 방대한 조직과 풍부한 자금으로 유일한 지역구 여성의원으로 능변가인 김옥선 후보를 누르고 지역구의 신참(新參)후보 낙선 징크스를 깨고 국회에 등원한 이상익

보령군과 병합된 지난 7대 총선에서 공화당은 국방부차관 출신인 김종갑 현역의원을 낙마시키고, 육군본부 인사국장을 지낸 예비역 육군소장으로 자유당 공천으로 보령에서 4대의원에 당선된 이원장 후보를 내세웠고, 신민당은 5대 총선에선 무소속으로, 6대 총선에선 민정당 공천으로 출전하여 낙선한 서천출신 김옥선 후보를 내세웠다.
 장면 국무총리 비서출신인 한독당 노승삼, 충남도의원 출신인 자유당 안병철, 정치평론사 대표인 통사당 박창규 후보들도 출전했다.
 서천과 보령의 군 대항이 펼쳐진 선거의 투표 결과 이원장 후보가 "과거 두 차례의 패배를 기어코 설욕하겠다"는 김옥선 후보에게 536표차로 승리했으나, 1년 후 대법원의 재검표 결과 김옥선 후보가 51,440표로 51,427표를 득표한 이원장 후보를 13표차로 꺾고 의원직을 이어받았다.
 이번 8대 총선에서 공화당은 신민당 김옥선 의원의 대항

마로 육사 출신으로 주일대사관 공사, 중앙정보부 차장보를 지낸 이상익 후보로 교체했고, 인권투쟁위원회 지부장 출신인 이연직 후보는 국민당 공천으로 출전했다.

제헌의원 선거 때부터 누구에게도 재선을 허락해 본 일이 없고 어느 누구도 첫 출마하여 당선된 사례가 없는 독특한 징크스를 가진 이 지역구는 재선을 꿈꾸는 유일한 지역구 여성의원인 김옥선 후보와 중앙정보부 차장보를 지낸 이상익 후보가 처녀 출전하여 접전을 벌였다.

"도저히 치러 볼 수 없는 망국선거"라고 규탄한 김옥선 후보는 "부정 사례를 열거하여 박정희 대통령에게 이를 즉각 시정토록 지시해달라고 직소하고 아무런 소리가 없으면 선거를 보이콧하겠다"고 경고했다.

공화당원을 1만 명으로 배가하고 이들을 개별교육을 시켜 두더지 작전을 전개한 이상익 후보가 7대 총선 때 김옥선 후보의 선거참모였던 이연직 후보의 국민당 출전으로 인한 틈새를 비집고 들어가 대승을 거두고 정치초년병 낙선이라는 징크스를 분쇄했다.

이상익 후보는 비인공업단지 조성, 장항항 개발 공약의 실천 등 지역사회 개발의 기치를 내세워 대승을 거둘 수 있었다.

박정희 대통령이 "이상익 후보를 국회에 보내주면 서천지역 지역사회개발을 협의하여 여러분의 소망을 채워주겠다"는 지원 연설이 승패에 결정적인 역할을 한 것으로 보인다.

☐ 득표상황

후보자	정당	연령	주요 경력	득표 (%)
이상익	민주공화당	42	중앙정보부 차장보	30,969(57.1)
김옥선	신민당	37	7대의원(지역구)	22,344(41.2)
이연직	국민당	38	정치인	963(1.7)

〈보령〉 "알찬 내고장 건설은 능력 있는 일꾼으로"라는 슬로건을 내걸고, 신씨 문중 1천 5백 세대를 주축으로 추격전을 전개한 신준희 후보를 가볍게 따돌린 최종성

 이번 총선에서 독립선거구가 된 이 지역구에 공화당은 재검(再檢)결과 낙선한 이원장 후보를 배제하고, 최익현 독립운동가의 손자로 건설부차관을 지낸 최종성 후보를 낙점했고, 신민당은 경향신문 기획위원으로 활동한 신준희 후보를 낙점했다.
의회신문사 사장으로 지난 6대 총선 때 자유당으로 출전했던 윤세억 후보가 국민당으로 출전했다.
 예비역 육군대령으로 공화당 정책연구실 차장, 건설부차관을 지낸 최종성 후보는 "알찬 내고장 건설은 능력 있는 일꾼으로"라는 슬로건을 내걸고 새로운 보령 건설이란 청사진으로 당선권을 향해 달려갔다.
 공화당의 공천경쟁자인 신준희 후보는 신민당 조직과 신씨 문중, 대천중 동문들을 규합하여 추격전을 전개하며 공화당 최종성 후보의 본적이 보령이 아니라고 공격했다.
 민주당 시절 재무부장관을 지냈지만 김영선 통일원장관의 지지를 업은 최종성 후보가 실리를 위해 유능한 일꾼임을 내세워 대승을 거두고 국회에 입성했다.

 □ 득표상황

후보자	정당	연령	주요 경력	득표 (%)
최종성	민주공화당	43	건설부차관	29,754(58.5)
신준희	신민당	33	재경보령학우회장	20,780(40.9)
윤세억	국민당	55	의회신문 사장	297(0.6)

⟨홍성-청양⟩ 검찰총장, 감사원 사무총장, 법무부장관을 역임하고 공천경합자들의 반발까지 무마되어 대승을 거두고 연승을 이어간 장영순

지난 7대 총선에서 공화당은 육사 출신으로 검찰총장, 법무부장관, 감사원 사무총장을 역임한 장영순 후보를 내세웠고, 신민당은 이상철 의원을 은퇴시키고 청양에서 5대의원에 당선되고 법무부차관을 지낸 김영환 후보를 공천했다.

청양군 재향군인회장인 통한당 복진관, 당무위원인 자유당 이운한, 웅변협회장인 민중당 채원식, 4월혁명 부상학생동지회장인 대중당 박부진, 건국대 출신인 한독당 이상준 후보들도 출전했다.

홍성과 청양의 군 대항전에 유리한 위치를 선점한 장영순 후보가 혁명주체로서 요직을 거친 정권실세임을 내세워 70%가 넘는 득표율로 대승을 거두었다.

이번 8대 총선에서 장영순 의원이 공화당 공천을 받고 재선고지를 선점한 상황에서, 고려대학원 출신으로 정치신인인 복진풍 후보가 신민당 공천을 받고 출전했다.

자유당 공천으로 4대의원에 당선됐으나 5대 총선에서 낙선하고 6대 총선에서 공화당 공천을 받고도 낙선한 김창동 후보가 국민당으로, 홍성에서 2대와 4대의원을 지내고 6대 총선에선 민정당 공천으로 출전하여 낙선한 유승준 후보가 대중당으로 출전했다.

3선개헌 반대 범국민투위원회 중앙위원인 박부진 후보도 통사당으로 출전했다.

다른 공화당 후보들과는 달리 지방사업 공약을 한 건도 하지 않은 장영순 후보는 김종필 부총재가 기필코 후계자가 될 수 있도록 산파역을 하겠다며 "충남 출신의 대통령을 내보자"는 것에 최대 역점을 두는 전략을 선보이자, 당내 공

천경합자들이 비교적 협조적이어서 독주현상이 나타났다.
 치열했던 신민당의 공천경합에서 영예의 공천장을 획득한 복진풍 후보는 33세이지만 제1야당 붐으로 결정적인 모멘트를 조성하여 당선권에 육박하고자 안간힘을 쏟았다.
 "가짜를 뽑지 말고 진짜 복진풍"이란 선거 구호를 내건 복 후보는 군소정당들이 빛을 잃어 양대정당의 대결로 압축되어 전직 의원들을 제치고 은메달을 차지할 수 있었다.
 유승준 후보와 함께 홍성 출신으로 진짜 야당을 자부하는 박부진 후보는 "복진풍 후보는 진산계의 가짜야당이고 김창동 후보는 공화당과 신민당을 왔다갔다 한 철새정객이고, 박정희 대통령을 지지하는 유승준 후보는 씻을 수 없는 변절자다"라고 포효했지만 득표력은 보잘 것 없었다.

□ 득표상황

후보자	정당	연령	주요 경력	득표 (%)
장영순	민주공화당	48	7대의원(지역구)	50,024(59.2)
복진풍	신민당	33	정당인	28,521(33.8)
유승준	대중당	62	2선의원(2, 4대)	2,781(3.3)
김창동	국민당	63	4대의원(청양)	1,639(1.9)
박부진	통일사회당	29	개헌반대투쟁위원	1,488(1.8)

〈예산〉 4년의 선거소송 끝에 당선무효를 이끌어내고 당사자인 박병선 의원의 공천 반발에 의한 도움으로 재선의원이 된 한건수

 지난 7대 총선에서 공화당은 군의관 출신으로 6대 총선 때 공화당의 낙천에 불만을 가지고 추풍회로 출전하여 낙선했지만 재건국민운동 예산촉진회장으로서의 활동이 돋보여 공화당 공천을 받아 신민당 한건수 의원의 대항마로 선정됐

다.
 국제사회주의 청년연맹대표로 활약한 김성식 후보가 통사당으로, 충남도의원을 지낸 박창식 후보가 민주당으로 출전했다.
 박병선 후보는 지난 6대 총선에서 6,206표 득표에 머물렀지만 공화당 공천으로 출전하여 10,417표를 득표한 윤병구 후보를 예선전에서 꺾고 공화당의 방대한 조직과 음성적인 행정력의 지원으로 20,355표를 득표한 신민당 한건수 의원을 꺾고 국회에 등원했다.
 그러나 박병선 의원은 부정선거구로 지목되어 공화당에서 제명처분을 받았고, 대법원으로부터 당선무효 판결을 받아 중도에 의원직을 사퇴했다. 그러나 잔여임기가 1년이 남지 아니하여 보궐선거는 실시되지 않았다.
 이번 8대 총선에서 공화당은 당 정책위원으로 활약한 윤규상 후보를 공천했고, 신민당은 5대 총선 때는 무소속으로 출전하여 낙선했으나 6대 총선에서는 국민의당으로 출전하여 당선되고 7대 총선에서 낙선한 한건수 후보를 내세웠다.
 국민당 공보부장으로 활약한 김응년 후보가 국민당으로 출전했다.
 20년간 다져 온 야당기반과 6대의원 시절에 꾸준히 베풀어온 각종 인연을 찾아 나선 한건수 후보는 "7대 국회의 진짜 국회의원이었던 내가 8대에는 당연히 국회에 들어가야 되지 않겠느냐"고 호소했다.
 선거무효 소송으로 의원직을 상실했던 박병선 의원의 선거 참모였던 윤규상 후보는 "어느 쪽이 부정을 해서 선거무효가 됐는지 어떻게 아느냐"고 반박했다.
 집념의 사나이로 불리는 한건수 후보는 "이번 선거를 통해 부정선거지구로 낙인 찍힌 불명예를 씻자"고 강조하면서, 예산농고 농창회의 적극적인 지원을 기대했다.

잘 사는 내 고장 건설을 강조하며 지역발전 공약을 내세우고 있는 윤규상 후보는 수덕사 일원을 도립공원으로 지정하고 예당저수지를 관광지로 개발할 것을 공약했다.
　집권여당 후보의 프리미엄과 예산농고 제자들의 적극적인 지원으로 당선권을 넘나들던 윤규상 후보는 "국회의원을 벙어리로 뽑았는가, 거수기로 뽑았는가 하는 욕을 먹지 말도록 하자"고 인물론을 내세운 한건수 후보에게 공천에서 탈락한 박병선 의원의 탈당과 이적행위로 2천여 표차로 무릎을 꿇었다.

□ 득표상황

후보자	정당	연령	주요 경력	득표 (%)
한건수	신민당	49	6대의원(지역구)	29,874(51.6)
윤규상	민주공화당	46	예산농고 교사	27,112(47.0)
김웅년	국민당	26	국민당 공보부장	827(1.4)

〈서산〉 신민당 명화섭 후보와 국민당 한영수 후보의 이전투구를 즐기면서 8명의 공천경합자들을 물리친 여세를 몰아 국회에 등원한 박승규

　지난 7대 총선에서 공화당은 충남도의원 출신으로 6대 총선에서 당선된 이상희 의원을 재공천했고, 신민당은 6대 총선에서 민정당 공천으로 이상희 의원에게 5천여 표차로 낙선한 한영수 후보를 공천했다.
　3대의원을 지낸 자유당 나창헌, 정당활동을 펼쳐 온 대중당 정헌제, 통사당 노동국장인 정동훈, 6대 총선에도 출전했던 민주당 이경진 후보들도 출전했다.
　야권후보들이 분열된 6대 총선에서는 5,433표차로 패배한 한영수 후보는 공화당의 풍부한 자금 살포와 모든 행정력을

동원한 득표 활동으로 야권 단일후보임을 내세웠으나 33,506표차로 무참하게 무너졌다.
 이번 8대 총선에서 공화당은 이상희 의원을 낙천시키고 회사장인 박승규 후보를 내세우자, 신민당도 충남도의원 출신인 명화섭 후보를 공천했다. 이에 5대, 6대, 7대 총선에 출전하여 낙선한 한영수 후보가 국민당 공천으로 출전했다. 지난 7대 총선에도 출전했던 정헌제 후보는 대중당으로, 농업인인 정재복 후보는 민중당으로, 국회평론사 부사장인 이원근 후보는 통사당으로 출전했다.
 9명이 경합했던 공화당 공천에서 승리한 박승규 후보는 일본과 미국에 유학하여 박사학위를 받은 한국 위생공학계의 거두이며 성아물산 사장으로 장경순 공화당의 거장의 양아들이고 공천경합자인 김영수 씨를 선거사무장을 앉혀 승세를 굳혀갔다.
 20년 동안 야당의 외길을 걸어온 신민당 명화섭 후보는 충남도의원 출신으로 해미읍을 중심으로 동부지역에서 야당생활에서 고락을 같이 해 온 동지들의 지원과 애향동지회의 호응을 기대했다.
 정당보다도 인물본위로 뽑자고 호소하고 있는 한영수 후보는 고려대 졸업과 동시에 정계에 뛰어들어 5대 총선에선 무소속으로, 6대 총선에선 민정당으로, 7대 총선에선 신민당 공천으로 출전했으나 3연속 패배하여 지구당위원장마저 명화섭 후보에게 패배하여 국민당 공천을 받고 출전하여 명화섭 후보와 이전투구를 벌였다.
 겸손, 성실, 정직의 처세 철학과 '명랑한 서산 건설', '새 서산 건설'을 구호로 내건 박승규 후보가 야당후보들의 이전투구를 관망하면서 어부지리까지 취하여 대승을 거두었다.

□ 득표상황

후보자	정당	연령	주요 경력	득표 (%)
박승규	민주공화당	48	성아물산 사장	42,150(46.9)
한영수	국민당	36	총선입후보(3회)	30,585(34.0)
명화섭	신민당	48	충남도의원	13,606(15.1)
정헌제	대중당	44	정당인	1,823(2.0)
이원근	통일사회당	36	국회평론 부사장	949(1.1)
정재복	민중당	25	농업	758(0.9)

〈당진〉 신민당 공천자로 알려졌다가 공화당 전국구 후보 약속을 받고 대선에서 공화당으로 선회했으나, 지역구나 전국구 후보에서 탈락한 차의영 후보의 탈당이 승패를 뒤바꿔

지난 7대 총선에서 공화당은 4대와 6대의원을 지낸 인태식 의원을 낙마시키고, 대구고법 부장판사를 지낸 김두현 후보를 내세웠고, 신민당은 6대 총선에 자민당으로 출전하여 차점 낙선한 유제연 후보를 공천했다.

민주당 공천으로 5대의원에 당선된 박준선 후보는 자유당으로, 중앙대 출신인 최부성 후보는 민중당으로, 인태식 후보를 꺾고 5대의원에 당선된 이규영 후보는 민주당으로 출전했다.

이번 8대 총선에선 7대 총선에서 당선된 공화당 김두현 의원과 낙선한 신민당 유제연 후보가 진검승부를 펼쳤다.

"30대의 젊은 사람으로서 세 번이나 야당 후보로 출마했는데 이번에도 원내에 진출하지 못하면 젊은이의 장래가 어두우니 지지해 달라"는 유제연 후보에 맞서, 김두현 후보는 "특정인에 대한 동정은 동정으로 돌리고 국민대표를 뽑은 투표는 이성(理性)을 잃지 말고 행사하자"고 반박했다.

박정희 대통령이 충남지방 유세에서 당진을 거치지 않는데 대해 유제연 후보는 "당진은 야당을 뽑아도 괜찮다"는 것을

뜻하는 것이라고 선전하고, 김두현 후보는 박 대통령이 "당진은 문제가 없기때문에 들리지 않는다"고 들리지 않는 이유를 설명해 주더라고 반격했다.

법조인으로 7대의원으로 착실히 기반을 굳힌 김두현 후보와 6대 총선에서 자민당으로, 7대 총선에선 신민당으로 출전하여 낙선하고 김대중 대선후보 조직특보로 활동한 유제연 후보의 승패는 공화당 공천경합을 벌였던 차의영 후보 지지세력에 의해 결정됐다.

차의영 후보는 충남도 경찰국장 출신으로 공화당 공천운동을 벌이다가 신민당의 후보로 출마할 것으로 알려졌다가 대선에서 전국구 후보 약속을 받고 박정희 후보 지지대열에 합류했으나, 지역구나 전국구 후보에서 탈락하자, 공화당을 탈당하여 차의영 지지세력들의 반발심리로 유제연 후보를 지지한 것이 승패를 엇갈리게 했다.

□ 득표상황

후보자	정당	연령	주요 경력	득표 (%)
유제연	신민당	36	신평중 이사장	34,318(56.5)
김두현	민주공화당	44	7대의원(지역구)	26,423(43.5)

〈아산〉 이민우, 강필선 정치선배들에 밀려 출전을 미뤄왔던 김세배, 황명수 후보들이 첫 출전하여 성기선 정치원로의 지지를 획득한 김세배 후보가 승리

지난 7대 총선에서 공화당은 충남도지사 출신인 이영진 현역의원을 낙천시키고, 자유당 공천으로 4대의원에 당선되고 6대 총선에서 국민의당으로 출전하여 낙선한 이민우 후보를 내세웠고, 신민당은 대한곡물협회 충남지부장으로 지난 6대 총선에서 민정당으로 출전하여 낙선한 강필선 후보를

공천했다.

제헌의원으로 5대와 6대 총선에 출전하여 낙선한 서용길 후보는 민주당으로, 지난 6대 총선에 정민회로 출전하여 낙선한 성백수 후보도 통사당으로 출전했다.

민중당 이상혁, 한독당 권태근, 통한당 이민국 후보들도 등록했다가 이민국 후보는 중도사퇴했다.

이번 8대 총선에서 공화당은 이민우 의원을 낙마시키고 대검찰청 검사로 활약한 김세배 후보를 공천했고, 신민당도 강필선 후보를 전국구 후보로 결정하고 충남도의원을 지낸 황명수 후보를 내세웠다.

한양대 강사로 지난 7대 총선에선 민중당으로 출전했던 이상혁 후보가 국민당으로 출전했다.

강필선, 이민우 후보에 밀려 늦깍이 출전을 하게 된 황명수, 김세배 후보들은 1등 국회의원 논쟁을 벌였다.

"절대다수로 지지해 주어 1등 국회의원을 만들어 달라"는 김세배 후보에게, 황명수 후보는 "17년간 야당 생활을 해온 내가 나가야만 1등 국회의원이 될 수 있으니 밀어달라"고 반격했다.

균형있는 지역사회 개발과 살기좋은 지역사회 건설을 캐치프레이즈로 내걸고 4대와 5대의원을 지낸 성기선씨의 지지를 획득한 김세배 후보가 "1년 365일 중 364일은 공화당을 하고 투표일 하루만이라도 신민당을 하자"는 황명수 후보를 3천여 표차로 제압하고 국회에 등원했다.

□ 득표상황

후보자	정당	연령	주요 경력	득표 (%)
김세배	민주공화당	39	대검찰청 검사	30,382(52.6)
황명수	신민당	44	충남도의원	26,824(46.5)
이상혁	국민당	32	한양대 강사	529(0.9)

〈천안-천원〉 조직과 자금의 우열로 이상돈 후보가 김종철 후보에게 패배하여 제헌의원 선거 이후 숙명적인 대결을 펼쳤던 두 후보는 3승 3패의 균형을 이뤄

지난 7대 총선에서 공화당은 4대 총선에서 자유당 공천으로 당선됐으나 5대 총선에선 무소속으로, 6대 총선에선 국민당으로 출전하여 낙선한 김종철 후보를 내세웠고, 신민당은 김종철 후보와 자유당 시절부터 정치적 라이벌이었던 이상돈 의원을 공천했다.

제헌의원인 이상돈 의원은 김종철 후보에게 4대 총선에서 패배했으나 5대 총선과 6대 총선에선 승리하고 7대 총선에서 패배하여 2승 2패의 전적(戰績)을 갖고 있다.

제헌과 2대의원을 지낸 민중당 김용화, 충남도의원을 지낸 자유당 안장훈, 신민당원이었던 대중당 오부영, 6·3동지회 상임위원인 민주당 박동인 후보들도 출전했다.

이번 8대 총선에선 공화당 김종철 의원과 신민당 이상돈 후보가 2승과 3승의 전적을 갖고 마지막 대결을 펼쳤다.

조직과 자금이 비교할 수 없을 정도로 이상돈 후보보다 우세한 김종철 후보가 결정적으로 유리한 고지에서 초현대무기로 거의 완벽하게 전열을 가다듬고 전국 최고득표율의 영예를 목표로 역주와 역주를 거듭했다.

사재(私財) 4천 만원을 들여 백암장학회를 운영하고, 한국화약그룹 종사자 2천 세대의 기반을 보유하여 승리의 발판은 굳혀있는 상태이다.

조직과 자금이 결정적으로 열세인 이상돈 후보는 야당 붐 조성으로 결정타를 날리겠다는 입장이며, 관권과 금권이 난무하여 합법적이고 합리적인 선거운동조차도 할 수 없다고 주장했다.

공화당의 영구집권을 반대하는 자각된 민주세력의 힘을 밑바탕으로 오직 투쟁해 나갈 것이라는 이상돈 후보는 조직과 자금이 우위에 있는 김종철 후보에게 패배하여, 제헌의원 선거 이후 숙명적인 대결을 펼쳤던 두 후보는 3승 3패의 균형을 맞췄다.

□ 득표상황

후보자	정당	연령	주요 경력	득표 (%)
김종철	민주공화당	50	7대의원(4, 7대)	42,223(59.9)
이상돈	신민당	59	3선의원(1, 5, 6대)	28,260(40.1)

〈금산〉 길재호 공화당 사무총장과 유진산 신민당수의 측근들의 대결에서 신민당의 계속된 진통으로 대승을 거둔 공화당 박성호

지난 7대 총선에선 고려말 유학자 길재의 후손으로 이 지역구에 터전을 마련한 길재호 의원이 공화당 사무총장으로 중무장하여 공화당 재공천을 받고 출전하자, 신민당은 6대 총선에 민정당으로 출전하여 10,940표차로 낙선한 김덕원 후보를 재공천했다.
전북도의원을 지낸 김귀복 후보가 통한당으로 출전했다.
장면 부통령비서, 윤보선 대통령의 비서라며 야당투사임을 내세운 김덕원 후보가 선거 도중 과로로 졸도하여 지난 선거보다 2배로 넘는 23,707표차로 길재호 의원에게 패배했다.
이번 8대 총선에선 공화당은 길재호 의원이 공천을 자의 반 타의 반 포기하자 사법서사 출신으로 지구당위원장을 맡아 활동한 박성호 후보를 공천했고, 신민당도 김덕원 후보 대신 양상석 후보로 교체했는데 양상석 후보의 변사로 새서

울주택공사이사인 김정신 후보로 교체했다.

행정과 사법고시에 합격하여 법무부 검찰과장을 지낸 길기수 후보가 국민당으로 출전했다.

길재호 사무총장의 힘으로 출마했고 그 후광을 절대적을 받고 있으며 정치생명을 같이 할 밀접한 관계인 박성호 후보는 "길재호 사무총장과 힘을 합쳐 지역사회개발을 하겠다"고 다짐했다.

유진산 의원의 측근으로 활동하였고 유진산 의원의 힘으로 기업체에서 활동하다가 공천을 받은 김정신 후보는 "목숨걸고 나왔다. 밀어주자 김정신"이라는 구호를 내걸고 분투했다.

사법고시 출신으로 길재호 총장과의 친분으로 공화당 공천을 받으려다가 신민당으로 옮겼으나 공천을 받지 못하자 국민당으로 출전한 길기수 후보는 "금산 주권찾기운동"을 펼쳐 공화당, 신민당을 공격하고 있다.

유진산 의원이 금산을 떠난지 오래되어 당시의 야당세력이 많이 쇠락한데다가 김덕원 씨의 대법원의 유죄판결, 양상석 후보 등의 변사 등 야당의 진통으로 길재호 사무총장의 후계자인 박성호 후보가 대승을 거두었다.

☐ 득표상황

후보자	정당	연령	주요 경력	득표 (%)
박성호	민주공화당	58	사법서사	23,916(55.8)
김정신	신민당	29	새서울주택 이사	14,137(33.0)
길기수	국민당	39	법무부 검찰과장	4,779(11.2)

전라북도

〈전주〉 "김용진이 찍는 사람은 경상도로 이사가야 된다"는 격양된 선거 분위기 속에서 대승을 거두고 4선의원에 등극한 이철승

지난 7대 총선에서 공화당은 전주북중 교장 출신으로 4대, 5대, 6대 총선에서 연승한 신민당 유청 의원 대항마로 서울시 내무국장을 지낸 김용진 후보로 교체하자, 6대 총선에서 공화당 공천을 받고 낙선한 이동욱 후보가 민주당으로 출전했다.

전주시장을 지낸 한독당 이주상, 전주시의원을 지낸 자유당 이한규, 전북도 운수과장을 지낸 민중당 김심원, 대중당 유세위원장인 이우상 후보들도 출전했다.

김용진 후보는 전주의 인물임을 내세우며 "3선의원을 하면서 전주에 이렇다할 사업 하나 해 놓은 것이 어디 있느냐"고 공격하여 너무나 쉽게 유청 후보를 꺾고 국회에 등원했다.

이번 8대 총선에서 신민당은 3대, 4대, 5대의원을 지내며 국방부차관으로 재직하다가 정치활동정화법에 묶였던 이철승 후보를 공화당 김용진 의원의 대항마로 내세웠다.

동국대 출신인 온추오 후보가 대중당으로 출전하여 두 후보의 결전을 지켜봤다.

10년간 정치방학을 끝내고 실지회복에 나선 이철승 후보와 야도 전주를 지켜온 김용진 후보의 한판승부가 펼쳐졌다.

야당 도시 전통을 살려 "1975년도 대통령 선거에 이철승을 보내야 한다"는 '전주 인물론'과 22개 공단을 유치하여 전주 공업단지를 조성했다면서 "야당에서 얻은 것 없었다. 여당 밀어 계속 발전하자"는 '실리론'이 대결했다.

전주 공업단지를 내세워 자기의 업적을 홍보한 김용진 후보는 "허울 좋은 명분과 알찬 실리의 대결이며 선거민을 위

해 희생적으로 일하는 새로운 정치인과 자기 영달만을 추구한 구정치인의 대결"이라며 이철승 후보를 비난했다.

민권의 성역인 전주의 명예를 되찾기 위해 출전했다는 이철승 후보는 "전북이 4년 전 선거에서 공화당 일색으로 국회 진출을 했지만 경제적으로 제일 뒤떨어지는 등 푸대접을 받았다"고 김용진 후보의 실리론을 반박했다.

"전국구에 유청 씨가 들어갔는데 전주에서 야당의원을 2명까지 낼 필요는 없지 않느냐"는 김용진 후보는 "전주를 구심점으로 하여 계속 호남 발전을 도모해야 한다"면서, "전주가 죽느냐, 이철승이 죽느냐 양자택일하라"고 유권자들에게 강요했다.

"청춘을 바쳐 보수적인 전라도에 신풍을 불어넣었는데 10년 동안 방학을 강제당한 뒤 돌아와보니 전주마저 민주의 불심이 꺼져버렸다"면서 "75년을 향해 진군하자", "25년 키운 나무 꽃 피우고 열매 맺자"는 구호를 내걸어 이철승 신화를 일깨우려 애썼다.

"서릿발에 꺾였던 나의 허리를 형제자매 여러분이 이어달라"고 호소한 이철승 후보가 "김용진이 찍는 사람은 경상도로 이사가야 한다"는 풍문이 나돌면서 "대선의 태풍이 지나간 이번 선거에서 굳어진 유권자의 감정을 제대로 풀 시간이 없다"는 김용진 후보를 3만 9천여 표차로 꺾고 4선의원에 등극했다.

□ 득표상황

후보자	정당	연령	주요 경력	득표 (%)
이철승	신민당	49	3선의원(3, 4, 5대)	64,496(72.0)
김용진	민주공화당	48	7대의원(지역구)	24,919(27.8)
온추오	대중당	39	정당인	185(0.2)

〈군산-옥구〉 전통적인 야당 성향을 되살려 능변의 강근호 후보가 눌변(訥辯)이며 군산중고 1년 선배인 공화당 고병만 후보를 간발의 차로 제압하고 국회 등원

지난 7대 총선에서 공화당은 6대 총선에서 낙선한 김용태 후보를 검사 출신 변호사인 차형근 후보로 교체했고, 신민당도 6대 총선에서 당선된 전북대 총장인 고형곤 의원을 은퇴시키고, 3대와 5대의원으로 보건사회부장관을 지낸 김판술 후보로 교체했다.

농업인인 김재문 후보가 대중당으로 출전했다.

"폐항 위기에 처한 군산항을 구할 길은 여당의원을 선출할 수밖에 없다"고 호소한 차형근 후보가 김판술 후보에게 1,892표차로 승리했지만 불법선거와 부정개표에 대한 논란이 지속되자, 공화당은 제명처분을 내렸으나 대법원은 선거무효소송을 기각하여 차형근 의원의 의원직을 유지하도록 했다.

이번 8대 총선에서 공화당은 차형근 의원을 배제하고, 예비역 육군중령으로 대통령 경호실 경호관을 지낸 고병만 후보를 내세웠고, 신민당도 김판술 후보를 은퇴시키고 중앙대 법과대 교수인 강근호 후보를 공천했다.

자민당원으로 활동했던 국민당 이원석, 지난 총선에 출전했던 대중당 김재문 후보들도 출전했다.

육군중령으로 예편하여 대통령 경호관으로 근무한 고병만 후보와 중앙대 학생회장으로 교직에 몸 담은 강근호 후보가 개발과 민권의 기수임을 내세우고 혈전을 전개했다.

"진실 그대로 대화하는 길"을 모색한다는 고병만 후보는 "나는 이 고장을 발전시킬 모든 여건을 갖추었기에 자신있게 여러분 앞에 나섰다"고 호소했다.

군산기업체 400여 개, 8천여 표의 고씨 문중, 재향군인회

2만 8천 명이 고병만 후보의 후원세력이다.
"야당 전통을 지낸 이 지역구에서 지난번에 공화당 후보를 밀어 개발을 도모했으나 결국 사탕발림에 지나지 않았다"는 강근호 후보는 "정치 풍토를 바로잡고 민권을 지키기 위해선 참된 세력이 등장해야 한다"고 호소했다.
이 지역의 야당 세력의 지주였던 양일동, 김판술 지지세력이 단결하여 '장래성 있는 젊은 야당후보'라는 강근호 후보의 강력한 후원세력이 됐다.
별도의 지구당위원장이 있는 이원 구조의 어려움을 딛고 능변의 강근호 후보가 6천여 명의 강씨 문중표를 업고 눌변이며 군산중고 1년 선배인 고병만 후보를 635표차, 간발의 차로 물리치고 국회 등원에 성공했다.

□ 득표상황

후보자	정당	연령	주요 경력	득표 (%)
강근호	신민당	37	중앙대 교수	44,412(50.0)
고병만	민주공화당	39	대통령 경호관	43,777(49.3)
이원석	국민당	36	정당인	498(0.5)
김재문	대중당	54	농업인	158(0.2)

〈이리-익산〉 "정권교체를 못 했으니 야당 밀어 이리-익산의 긍지를 살리자"며 김대중 대선후보 지지열기를 되살려 대승을 거둔 김현기

지난 7대 총선에서 6대 총선 때 면장 대 장관의 대결로 세간의 이목을 집중시킨 가운데 당락이 결정됐던 공화당 김성철 의원과 신민당의 윤택중 후보가 재대결을 펼쳤다.
김성철 의원은 익산군 춘포면장과 전북 수리조합장을 역임했고, 윤택중 후보는 2대, 4대, 5대의원과 문교부장관을 지

냈으며 두 후보의 표차는 13,381표였다.

6대 총선에는 야권이 민정당, 민주당, 자민당으로 분열됐으나 7대 총선에는 야권이 통합되어 단일후보로 출전하여 승산이 있을 것으로 전망했지만 승패는 여전했으며, 표차는 9,949표로 좁혀졌을 뿐이다.

이번 8대 총선에서 공화당은 김성철 의원을 낙마시키고, 쌍방울 창업주의 사위로서 중앙정보부장 특별보좌관을 지낸 채영철 후보로 교체했고, 신민당도 윤택중 후보를 낙마시키고 인문계 사장으로 신민당 전국구의원으로 활동한 김현기 의원으로 교체하여 출전시켰다.

소선규 의원 비서관을 지낸 김득수 후보는 국민당으로, 외국어대 출신인 전선철 후보는 통사당으로 출전했다.

이 지역구는 육사 8기로 광주 대공분실장, 중앙정보부 국장을 지낸 채영철 후보와 비록 전국구 의원이었지만 전북의 유일한 야당 의원인 김현기 후보가 맞붙었다.

채영철 후보는 20여 년이상 고향을 떠나 얼굴 익히기에 주력하면서 이리 공업단지 조성, 금강유역 전천후사업 등 지역개발 공약을 내걸어 새 인물의 지지를 호소했다.

경주 김씨 1천 2백 가구 등 씨족 기반을 배경으로 조직을 구축한 김현기 후보는 "지역개발 한다고 10년을 여당 후보만 뽑아 보았으나 지역개발 한 게 뭐가 있느냐"면서 7대 국회에서의 교체위원으로서의 업적을 자랑했다.

열화같은 김대중 후보 지지성향을 업은 김현기 후보는 "정권 교체 못 했으나 이번에는 야당 밀어 이리-익산의 긍지를 살리자"고 호소했다.

"푸대접 감정을 없애려면 일을 할 수 있는 사람을 보내달라"고 호소한 채영철 후보를 "정권교체를 못 했으니 야당 밀어 이리-익산 긍지를 살리자"는 김현기 후보가 대선에서의 야당지지 열기를 되살려 대승을 거두고 재선의원이 됐다.

□ 득표상황

후보자	정당	연령	주요 경력	득표 (%)
김현기	신민당	47	7대의원(전국구)	58,016(59.4)
채영철	민주공화당	44	중앙정보부 국장	38,293(39.2)
김득수	국민당	32	소선규 의원 보좌관	728(0.7)
전선철	통사당	32	농업인	683(0.7)

〈완주〉 공보부장관, 중앙대총장으로 "조직보다 민심이 강하고 재력보다는 정의가 강하다"고 절규했지만 조직과 재력에 무릎을 꿇은 임성희

 지난 7대 총선에서 공화당은 국방대학원 교수 출신인 최영두 현역의원을 낙천시키고, 예비역 육군중령으로 정읍, 완주, 고창군수를 역임한 유범수 후보를 내세웠고, 신민당은 4대와 5대의원으로 6대 총선에는 민주당으로 출전하여 차점 낙선한 배성기 후보를 공천했다.
 자유당 이성로, 정의당 임희영, 한독당 김택주 후보들도 출전했다.
 현역의원을 공천에서 따돌린 기세를 타고 완주군수 시절부터 인연을 찾아 전 지역구를 누빈 유범수 후보가 통합야당의 기수임을 내세운 배성기 후보를 큰 표차로 따돌렸다.
 이번 8대 총선에서 공화당은 또 다시 유범수 현역의원을 공천에서 낙마시키고, 삼화인쇄소 대표로서 대한 인쇄공업협동조합장인 유기정 후보를 내세웠고, 신민당도 중앙대총장과 공보부장관을 지낸 임성희 후보를 새롭게 내세웠다.
 전북 학련위원장인 국민당 윤여현, 국민대 출신인 대중당 이용업 후보들도 출전했다.

공보부장관, 중앙대 총장 등 화려한 경력을 지냈으나 공화당 공천에서 낙천되고 이철승의 권유로 신민당으로 옮겨 출전한 임성희 후보는 "현 정권이 참신한 사람을 쓰지 않기에 민주주의 십자가를 메려한다"면서 젊은 층의 지지를 기대했다.

임성희 후보는 "나를 보고 지조가 없다고 하나 장면 박사나 조병옥 박사도 한때는 이승만 박사 밑에서 일한 적이 있다"고 비유했다.

그는 "어렸을적부터 가난과 굶주림 속에 살아와 이제 내 일을 다했으므로 고향 일을 해 보겠다"면서, "완주가 발전하려면 경륜가와 실천인을 내세워야 한다"고 호소했다.

유씨 문중 1천 5백 가구를 주축으로 하고있는 유기정 후보는 용담댐 건설, 전주-군산 공업지대 형성, 5천만 원 장학금고 설치 등을 공약으로 내걸었다.

임성희 후보는 "유가정 후보는 대통령 선거에 3억, 공천받은데 3억을 썼으며 이번 선거에 3억을 쓰려 하는데 민주주의와 양심을 돈 받고 팔겠느냐"고 호소했다.

"유기정 후보는 노동으로 돈을 벌었고 나는 고학을 해서 공부했다"는 임성희 후보는 "조직보다 민심이 강하고 재력보다는 정의가 강하다"고 절규하며 유권자의 양심에 기대를 걸었지만 3천여 표차로 돈으로 포장한 유기정 후보에게 무릎을 꿇었다.

□ 득표상황

후보자	정당	연령	주요 경력	득표 (%)
유기정	민주공화당	49	삼화인쇄 대표	32,314(52.4)
임성희	신민당	41	중앙대 총장	29,046(47.1)
윤여헌	국민당	43	전북학련 위원장	270(0.4)
이용업	대중당	32	국민대졸	95(0.1)

〈진안〉 무소속으로 5대 총선에 29세로 당선을 일궈냈던 전휴상 후보는 김재순, 박준규 의원들과 함께 공화당으로 전향하여 30대에 4선의원에 등극

 장수군, 무주군과 병합된 지난 7대 총선에서 공화당은 무소속으로 5대의원에 당선되고 6대 총선에서도 공화당 공천을 받고 당선된 전휴상 의원을 재공천했고, 신민당도 5대의원에 낙선하고 6대 총선에는 민주당으로 출전하여 낙선한 최성석 후보를 내세웠다.
 2대와 3대의원에 당선된 대중당 박정근, 4대의원에 당선된 김진원 후보는 물론 명치대 출신인 한독당 박수산, 사업가인 민주당 최팔용 후보들도 출전했다.
 최성석 후보의 장수군과 진안군의 군별 대항전을 펼친 전휴상 의원은 1천 3백 호의 천안 전씨를 발판으로 공, 사조직을 동원하고 행정지원을 받아 최성석 후보를 큰 표차로 또다시 따돌리고 30대에 3선의원이 됐다.
 이번 8대 총선에서 공화당은 전휴상 의원에게 4선고지 점령의 기회를 주었고, 신민당은 전주 청량병원장인 이현기 후보를 공천했다.
 지난 7대 총선에 출전했던 국민당 최팔용, 민중당 박수산과 빨치산 토벌대원이었던 통사당 문훈모 후보도 출전했다.
 신민당은 손권배 후보를 내세웠으나 손권배 후보의 불출마 선언으로 부랴부랴 이현기 후보로 교체했다.
 병원을 경영하며 때묻지 않은 신인으로 알려진 이현기 후보는 "이제 거의 포기를 했는데 공천을 주니 어떻게 하란 말인가"고 늦은 공천에 불만을 내뿜었다.
 고려대를 졸업하고 29세에 무소속으로 5대 총선에서 민주당 이희죠 후보 등 7명의 후보들을 제치고 당선되어 김재

순, 박준규 의원들과 청조회 활동을 펼치다가 공화당으로 전향한 전휴상 후보는 6대 총선에선 자민당 김진원, 보수당 김봉수, 정의당 이옥동 등 전직의원들을 제치고 재선의원이 됐다.

7대 총선에서도 고향인 진안 표를 결집시켜 자유당 김진원, 신민당 최성석 후보들을 가볍게 제압하고 3선의원이 됐고, 이번 총선에서도 뒤늦게 공천을 받아 조직을 구축하지 못한 신민당 이현기 후보 등을 제치고 30대에 4선의원에 등극했다.

□ 득표상황

후보자	정당	연령	주요 경력	득표 (%)
전휴상	민주공화당	37	7대의원(3선)	21,320(59.5)
이현기	신민당	60	전주 청량병원장	13,008(36.3)
문훈모	통사당	46	빨치산 토벌대원	858(2.4)
박수산	민중당	39	정당인	560(1.6)
최팔용	국민당	34	회사장	113(0.2)

〈장수-무주〉 길병전 후보는 무주 출신이 아닌 충남 금산 출신이라고 호소하면서 지역 사람을 뽑아 달라며 눈물로 호소했지만 421표차로 네 번 연속 낙선한 최성석

이번 총선에서 분구된 이 지역구에 공화당은 전북약사회장인 길병전 후보를 내세웠고, 신민당은 5대와 6대 총선에는 민주당으로, 7대 총선에는 신민당으로 출전하여 낙선한 최성석 후보를 공천했다.

경성약업전문대 출신인 길병전 후보는 공화당 전북도지부 사무국장, 전북 레크레이션협회장, 전북 약사회장의 경력을 내세우며 무주를 집중적으로 공략했고, 전주농림고 출신인

최성석 후보는 27세의 젊은 패기를 앞세우고 민주당으로 5대 총선에 출전했으나 낙선하고 무주, 진안, 장수가 통합된 6대 총선에도 민주당으로 출전했으나 낙선했다.

지난 7대 총선에는 제1야당인 신민당 공천을 받고 출전했으나 진안 출신인 공화당 전휴상 후보의 3선 등정을 축하해 주었고, 이번 8대 총선에서는 장수군의 몰표로 3전4기를 기대했으나 공화당 길병전 후보에게 421표차로 무릎을 꿇었다.

최성석 후보는 길병전 후보는 무주 출신이 아니라 충남 금산 출신이라며 "꿔다놓은 후보보다 지역구 사람을 보내달라"고 호소하며 동정표를 기대했으나 네 번 연속 패배라는 아픈 기록을 세웠다.

□ 득표상황

후보자	정당	연령	주요 경력	득표 (%)
길병전	민주공화당	50	전북도 사무국장	25,558(50.4)
최성석	신민당	38	정당인	25,137(49.6)

〈임실-순창〉 기라성(綺羅星)같은 정객들이 지역에서 빠져 나가고 정치신인들이 각축전을 전개한 이번 총선에서는 임실 출신인 공화당 이정우 후보가 대승을

지난 7대 총선에서 공화당은 전북도의원 출신으로 6대에는 공화당 공천을 받고 당선된 한상준 의원을 재공천했고, 신민당은 2대의원, 참의원을 지내고 6대에는 민정당으로 차점 낙선한 엄병학 후보를 내세웠다.

자유당으로 3대, 4대의원을 지내고 신민당 전국구 의원을 승계한 임차주 의원이 신민당 공천에 반발하여 자유당으로 줄전했고, 대전일보 주필인 대중당 정홍집, 정당인인 통한

당 오환묵 후보도 출전했다.
 한상준 후보가 공화당의 조직을 가동하고 풍부한 자금과 행정력을 동원하여 통합야당의 기수임을 내세운 엄병학, 순창표의 결집을 기대한 임차주 후보들을 꺾고 3선의원에 등재됐다.
 이번 8대 총선에서 공화당은 한상준 의원을 낙마시키고 대검 검사 출신으로 전북도지사를 지낸 이정우 후보를 내세웠고, 신민당은 전북도의원 출신인 양만화 후보를 공천했다. 4월 민주혁명 범동지회장인 통사당 한석관 후보도 얼굴을 내밀었다.
임실의 2대의원 엄병학, 3대와 4대의원인 박세경, 순창에서 3대와 4대의원인 임차주, 5대의원 홍영기, 5대와 6대, 7대 의원인 한상준 의원들이 모두 은퇴하고 신인들의 각축장이 된 이 지역구에서는 서울법대 출신으로 대검 검사와 전북도지사를 지낸 임실의 이정우 후보가 전북도의원 출신으로 "이젠 순창 사람을 보내자"고 호소한 양만화 후보를 유권자가 많은 임실군세까지 편승하여 큰 표차로 따돌리고 국회에 등원했다.

□ 득표상황

후보자	정당	연령	주요 경력	득표 (%)
이정우	민주공화당	60	전북도지사	50,206(67.7)
양만화	신민당	56	전북도의원	22,262(30.0)
한석관	통사당	32	언론인	1,658(2.3)

〈남원〉 김길수, 윤영복 공화당 낙천인사와 남원 소씨 문중을 끌어들여 3전4기의 신화를 창조하고 새로운 주인이 된 양해준

지난 7대 총선에서 공화당은 교육감 출신으로 6대 총선에서 공화당 공천을 받아 출전하여 당선된 유광현 후보를 재공천했고, 신민당은 전북도의원 출신으로 5대 총선 때 민주당 공천을 받고도 낙선하고, 6대 총선에서도 낙선하여 연속 낙선한 양해준 후보에게 회생의 기회를 제공했다.

전북도의원을 지낸 자유당 박재윤, 회사원인 민중당 김태선, 지역사회개발 지도원인 대중당 고완산 후보들은 완주했으나, 5대의원을 지낸 윤정구 후보는 민주당으로 등록했다 중도 사퇴했다.

방대한 조직과 행정력의 지원을 받은 유광현 후보가 "이번 대통령선거에서 경상도에서 몰표가 나왔으니 공화당 정권은 신라정권"이라며 지역정서에 호소한 양해준 후보를 큰 표차로 따돌리고 재선의원이 됐다.

이번 8대 총선에서는 3선고지를 향해 질주한 공화당 유광현 의원과 5대, 6대, 7대 총선에서 연패한 신민당 양해준 후보가 진검승부를 벌였다.

광주 전매지청장과 전북도의원을 지냈지만 5대 총선 때는 민주당 공천을 받고 사회대중당 박환생 후보에게, 6대와 7대에는 공화당 유광현 후보에게 패배하여 만년 차점 낙선자로 불리워진 양해준 후보는 "흐지부지 8년 이번만은 갈아치자"는 구호를 내걸고, 상당수의 동정표 때문에 7대 선거와 같은 부정과 황금공세만 누른다면 문제없다며 승리를 장담했다.

교육감 4년 등 15년간 교육계에 종사하여 많은 제자를 거느린 유광현 후보는 요천 치수사업, 농경지 개간, 도로 확·포장 등 지방사업 실적을 열거하며 "군민이 광한루 하나 가지고는 살 수 없으며 지리산 개발만이 사는 길이라는 것을 잘 알기 때문에 다시 당선시켜 줄 것"을 기대했다.

문화 유씨 9백호가 조직의 근간이 되고 있는 유광현 후보는 1천 5백 명의 유림표의 절대적인 지지가 이번에도 변함 없기를 기대하며 "현재의 분위기를 꺾고 종반에 이기는 것은 확실하다"고 장담했다.

민주공화당 낙천인사 김길수, 윤영복의 지원과 양씨 문중을 결집시키고 1천 2백가구의 남원 소씨 문중의 지지를 이끌어낸 양해준 후보가 남원읍과 사매면의 지역대결에서도 승리하여 3전4기의 신화를 창조하며 새로운 지역구의 주인으로 등극했다.

□ 득표상황

후보자	정당	연령	주요 경력	득표 (%)
양해준	신민당	44	전북도의원	34,697(54.8)
유광현	민주공화당	43	7대의원(2선)	28,575(45.2)

〈정읍〉 최고회의 교체위원장, 광업제련공사사장, 7대현역의원을 무너뜨려 유권자도 놀라고 당선된 유갑종 후보도 놀란 대이변을 연출

지난 7대 총선에서 공화당은 6대 총선에서 낙선한 김성환 후보를 최고회의 교통체신위원장과 한국제련공사 사장을 지낸 박두선 후보로 교체하자, 신민당도 국회부의장을 지낸 나용균 의원을 낙천시키고, 6대 총선에서 자민당으로 출전하여 15,205표를 득표하여 낙선한 송삼섭 후보를 내세우자, 신민당 추천으로 국회부의장을 지낸 나용균 의원은 신민당을 탈당하고 공화당에 입당하는 추태(醜態)를 부렸다.

50대의 대중당 이기창, 40대의 한독당 송경상, 30대의 통사당 유갑종 후보들도 출전했다.

윤치영 공화당의장의 독설 지원연설 등에 힘을 얻은 박두선 후보가 나용균 국회부의장을 꺾고 출전한 송삼섭 후보를

큰 표차로 따돌리고 국회에 등원했다.

이번 8대 총선에서 공화당은 박두선 의원을 재공천했고, 신민당은 송삼섭 후보를 지난 총선에 통사당으로 출전하여 2,108표를 득표한 유갑종 후보로 교체하여 출전시켰다.

호남향우회보 발행인인 김용표 후보가 국민당으로 출전했다.

공군대학 출신으로 공군본부 군수국장, 공군항공청장, 국가재건최고회의 교통체신위원장, 광업제련공사 사장을 지낸 현직 의원이 지난 총선에는 통사당으로 출전하여 2,108표를 득표한 무명의 30대 정치신인에게 1만 3천여 표차로 무너진 대이변이 일어났다.

이는 유갑종 후보의 "정읍이 발전 못 한 것은 무능한 여당 후보 때문"이라는 웅변으로 전통적인 야당성향표를 결집시킨 후보의 능력보다는 정영환, 은재표 등의 공천 탈락자들의 대대적인 반발과 이 지역에서 대성을 이루고 있는 은씨, 송씨, 강씨 문중들의 집단적인 이탈이 빚어낸 참사였다.

투표를 한 유권자들고 놀랐고 당선된 유갑종 후보마저 놀랐다.

이 지역구는 나용균 국회부의장의 텃밭으로 전통적으로 야권성향이 다른 지역에 비해 상대적으로 높았고 공화당 공천 경합이 치열했으며 탈락자들의 대거 이탈로 대이변이 발생한 것이다.

5대 총선의 보궐선거에 무소속으로 출전하여 낙선했지만 6대 총선에선 자민당 공천으로 민정당 나용균 국회부의장과 경쟁을 벌이고 지난 총선에선 나용균 국회부의장을 밀쳐내고 신민당 공천을 받고 출전하여 낙선했던 송삼섭 후보의 의기소침이 유갑종이라는 신데렐라를 탄생시켰다.

□ 득표상황

후보자	정당	연령	주요 경력	득표 (%)
유갑종	신민당	38	정당인	48,404(57.8)
박두선	민주공화당	51	7대의원(지역구)	34,528(41.2)
김용표	국민당	32	호남향우회보발행인	861(1.0)

〈고창〉 상공부차관, 한전부사장을 지냈지만 세 번이나 낙선한 동정여론으로 공화당 후보의 황금공세를 막아내고 국회에 등원한 진의종

　지난 7대 총선에서 공화당은 대한국민항공 사장을 지낸 신용남 후보를 공천하여 김성수 부통령의 아들로 5대와 6대 의원에 당선된 김상흠 의원의 3선고지 저지에 나섰다.
　공화당 공천에 불만을 가진 자유당 소속으로 3대와 4대의원을 지낸 정세환 후보가 자유당으로, 흥덕중학교 교장인 진두은 후보가 민중당으로, 30대 패기에 찬 손명섭 후보는 통사당으로 출전했다.
　기라성같은 후보들을 제치고 공천을 받은 신용남 후보는 사천 신씨 문중을 주축하여 방대한 조직을 가동하고 풍부한 자금을 살포하여 신민당 김상흠 의원을 1만 2천여 표차로 꺾고 국회에 등원했으나 부정선거구로 지목을 받아 공화당에서 제명처분을 받아 의원직을 사퇴했다.
　신용남 의원의 의원직 사퇴에 따른 보궐선거에서도 대중당 공천을 받은 신용남 후보가 신민당 김상흠, 정의당 임균석, 자유당 손일웅, 민중당 진두은, 통사당 유영봉, 통한당 오재영 후보들을 꺾고 재당선되어 의원직을 이어갔다.
　이번 8대 총선에서 공화당은 부정선거로 사퇴했다가 대중당 공천으로 재당선 된 신용남 의원을 재공천했고, 신민당은 김상흠 후보를 배제하고 상공부차관, 한전부사장을 지낸 진의종 후보를 내세웠다.

신민당원으로 활동했던 안종엽 후보가 민중당으로 출전했다.

상공부차관, 한전부사장 등 화려한 경력을 가지고 있으나 자유당 공천을 받고도 무소속 정세환 후보에게 두 번이나 패배했고, 5대 총선에서도 무소속으로 도전하여 낙선한 진의종 후보가 공화당 공천에서 낙천 후 군소정당으로라도 나오라는 유지들의 권유를 받아들여 지구당위원장을 밀쳐내고 신민당으로 옮겨 출전했다.

지난 총선에서 당선됐으나 부정선거로 공화당에서 제명되자 의원직을 사퇴하고 보궐선거에서 대중당 간판으로 3천 표차로 승리를 엮어 낸 신용남 후보는 기라성같은 후보들을 공천경쟁에서 물리치고서 전국구 33번에 안착한 이호종을 선거사무장으로 기용했다.

명분보다 개인적인 이해관계가 크게 작용하고 있다는 점을 적극 이용하고 있는 신용남 후보는 '고창군 지역개발'이란 글자를 넣은 모자를 2천개 제작하여 선거운동원에게 착용토록 했다.

"이번을 마지막 기회로 알고 고향을 위해 일해 보겠다는 젊을 때의 꿈을 실현해 보겠다"는 진의종 후보는 한전부사장 시절 9개면에 전기를 가설해주고 돼지 새끼를 189마리에 분양해주고 장학사업과 취직알선 등의 공덕이 지지표로 돌아왔다.

장기집권과 부정부패에 대한 고창읍 유권자들의 비판적 태도가 "진의종 후보가 신민당의 정강정책이나 한 번 읽어보고 입당했는지 모르겠다"는 신용남 후보의 비난을 잠재우고 1만 7천여 표차로 대승을 거두고 3전4기의 기적을 이뤄냈다.

민주공화당에서 신민당으로 옮겨 신민당원들의 반발을 잠재운 진의종 후보는 "공화당이 내가 돈을 많이 쓴다고 허위

선전하여 유권자들을 실망시키려는 전략을 쓰고 있다"고 반격하여, 이번만은 당선시켜주자는 여론을 업고 신용남 후보의 자금공세를 막아낼 수 있었다.

□ 득표상황

후보자	정당	연령	주요 경력	득표 (%)
진의종	신민당	49	상공부차관	40,765(62.5)
신용남	민주공화당	54	7대의원(지역구)	23,012(35.3)
안종엽	민정당	26	정당인	1,435(2.2)

〈부안〉 3대와 4대에는 자유당, 5대에는 민주당, 6대와 7대에는 공화당 등 집권여당 후보이면 막대기를 꽂아도 찍어주는 지역정서를 타고 3선에 등정한 이병옥

지난 7대 총선에선 6대 총선에서 혈투를 전개했던 공화당 이병옥 의원과 신민당 김용대 후보가 재결투를 벌였다.
재향군인회 전북지부장인 자유당 이희천, 성동교회 목사인 대중당 안의남, 청년운동가인 민주당 이재환 후보들도 출전했다.
김용대 후보는 5대 총선 때 137표차로 패배를 안겨줬던 송을상 후보를 꺾고 신민당 공천을 받고 재도전했으나 큰 표차로 이병옥 의원에게 패배하여 도전의지마저 꺾여버렸다.
김용대 후보는 4대와 5대에는 민주당, 6대와 일부지역 재선거에서는 민정당, 7대에는 신민당으로 출전하여 차점 낙선하는 진기록을 세우고 총선 역사의 뒤안길로 사라졌다.
이번 총선에서 공화당은 예비역 육군중령 출신으로 2선 의원인 이병옥 의원에게 3선의 문을 열어줬고, 신민당은 비운의 김용대 후보를 은퇴시키고 지난 총선에서 자유당으로

출전하여 3,952표 득표에 머문 이희천 후보를 내세웠다.
  6대 총선에 출전했던 대중당 임균석과 정당인인 통사당 김세곤 후보들도 출전했다.
  제헌의원 시절부터 단독선거구를 유지했던 이 지역구는 독립촉성국민회에서 활동했던 조재면 후보가 제헌의원에 당선됐고, 2대의원에 당선된 최병주 후보는 납북됐다.
  3대와 4대 총선에서는 자유당 신규식 후보가 당선됐고, 5대 총선에서는 민주당 송을상 후보가 당선되는 전형적인 여당의 금성탕지였다.
  6대와 7대에는 공화당 이병옥 후보가 민정당, 민중당, 신민당으로 당적을 옮긴 김용대 후보를 꺾고 연승을 이어갔다.
  집권여당 후보이면 막대기를 꽂아도 당선되는 지역정서를 타고 공화당 이병옥 후보가 자유당 출신의 한계를 벗어나지 못한 신민당 이희천 후보를 가볍게 제압하고 3선의원에 등정했다.

□ 득표상황

후보자	정당	연령	주요 경력	득표 (%)
이병옥	민주공화당	44	7대의원(2선)	33,378(59.0)
이희천	신민당	43	정당인	22,280(39.3)
김세곤	통일사회당	33	정당인	663(1.2)
임균석	대중당	33	정의당 당의장	286(0.6)

〈김제〉 8년간 국회부의장으로 활동하여 만년 부의장으로 불리던 장경순 후보가 김대중 대선후보의 신민당 붐을 타고 추격전을 전개한 김기옥 후보를 꺾고 3선의원에 등정

  지난 7대 총선에서 공화당은 혁명주체로서 농림부장관을

지내고 6대 총선에서 당선되어 국회부의장으로 활동한 장경순 의원을 재공천했고, 신민당은 6대 총선에 출전하여 낙선한 조한백 후보를 서울로 올려보내고 서울 서대문갑구에서 출전하여 낙선한 2대와 3대의원, 참의원을 지낸 송방용 후보를 공천했다.

육영사업가로 지난 6대 총선에도 출전했던 정의당 장이규, 4·19혁명동지회 부회장인 통사당 조병인, 한국웅변학술회장인 민주당 박명서 후보들도 출전했다.

중농정책 실패와 호남푸대접 바람 속에서도 거미줄 같은 조직망에 행정기관의 지원을 받은 장경순 의원이 4만 4천여 표차로 대승을 거두고 재선의원이 됐다.

이번 8대 총선에서도 장경순 의원이 3선의원 고지를 향해 질주하자, 신민당은 변호사로 기반을 닦은 김기옥 후보를 내세웠다.

성심공업사 대표인 국민당 이창옥, 재건국민운동 금구면위원장인 대중당 장을규, 운전사인 민중당 김영상 후보들도 출전했다.

이 지역은 선거구가 통합되기 전까지는 갑구와 을구로 갑구에서는 민주당 조한백 후보가 제헌, 4대, 5대의원을, 송방용 후보가 2대와 3대의원에 당선되어 선거구를 독점했다.

을구에서는 민주당 윤제술 후보가 혜성처럼 등장하여 3대, 4대, 5대의원으로 활동했다.

5·16혁명주체로 농림부장관을 지낸 공화당 장경순 후보의 대항마로 6대 총선에는 조한백 후보가 낙점되고 송방용, 윤제술 후보들은 서울로 피신하여 출전했다.

7대 총선에선 장경순 후보 대항마로 신민당에 귀순한 송방용 후보가 선정되고 조한백, 윤제술 후보들은 서울에 출전하여 함께 당선을 이뤄냈다.

8년 동안 국회부의장을 지내 만년 부의장으로 직책이 굳어진 장경순 후보가 김대중 대선후보의 신민당 붐을 타고 추격전을 전개한 정치신인 김기옥 변호사를 가볍게 제압하고 3선의원에 올라섰다.

□ 득표상황

후보자	정당	연령	주요 경력	득표 (%)
장경순	민주공화당	49	7대의원(2선)	48,140(57.8)
김기옥	신민당	56	변호사	33,302(40.0)
김영상	민중당	28	운전사	897(1.1)
장을규	대중당	36	농업	494(0.6)
이창옥	국민당	41	해양소년단교육국장	432(0.5)

전라남도

〈광주 갑〉 지난 총선에 이어 조선대총장, 전국구의원을 지낸 최정기 후보를 인물보다 정당을 선택하는 투표성향에 힘입어 가볍게 꺾고 6연승을 이어간 정성태

지난 7대 총선에선 한일협정비준반대 명분을 내세우고 의원직을 사퇴했던 정성태 후보가 신한당 사무총장을 거쳐 신민당 공천을 받고 5선의원 고지를 향해 달리자, 공화당은 조선대 총장 출신으로 6대 국회에서 전국구 의원으로 활동한 최정기 후보를 내세웠다.

장성에서 민주당 공천으로 5대의원에 당선된 김병수 후보가 대중당으로 출전했다.

4선의원의 관록에 전통적인 야당 기질의 풍토 속에 의원직을 내던진 정성태 후보가 "만년 야당 도시를 벗어 발전해 보자"고 외친 최정기 의원을 3천여 표차로 누르고 5선 고지를 점령했다.

이번 8대 총선에도 지난 7대 총선에서 맞붙었던 신민당 정성태 의원과 공화당 최정기 후보가 재결투를 벌였다.
신민당 중앙상임위원이었던 이정근 후보가 국민당으로 얼굴을 내밀었다.
조선대 총장 시절 맺었던 인연들과 제자들을 총동원하고 탐진 최씨 문중까지 동원한 최정기 후보가 지난 총선에서의 패배에 대한 설욕전을 전개했으나, 인물보다도 정당을 보고 선택하는 광주시민들의 투표 성향을 업은 정성태 후보가 3대 총선 이후 한 번의 실패도 없이 6연승을 이어갔다.

□ 득표상황

후보자	정당	연령	주요 경력	득표 (%)
정성태	신민당	55	7대의원(5선)	39,678(59.6)
최정기	민주공화당	58	6대의원(전국구)	26,759(40.2)
이정근	국민당	47	정당인	144(0.2)

〈광주 을〉 전남도의원 출신으로 6대 총선에서 낙선하고 8년간 와신상담 후 김남중 전남일보 사장을 꺾고 재기에 성공한 김녹영

지난 7대 총선에서 광주시장을 지내고 6대 국회에 진출하여 국회 교체위원장으로 활동한 정래정 의원이 공화당 공천을 받고 재선고지를 점령하고자 하자, 신민당은 6대 총선에서 자민당으로 출전하여 차점 낙선한 이필호 후보가 이필선, 김녹영 후보들을 꺾고 신민당 공천을 받고 출전했다.
조선대 출신인 김종관 후보가 민주당으로 출전하여 파수꾼 역할을 했다.
공화당원 1만 3천 명, 곡성향우회, 정씨 화수계 1천 세대를 활용한 정래정 의원이 지난 총선에서 국민의당 이필선,

민정당 김녹영, 민주당 김석주 후보 지지세를 통합하여 추격전을 전개한 이필호 후보를 4천 여 표차로 따돌리고 재선의원이 됐다.

이번 8대 총선에서 공화당은 정래정 의원을 낙천시키고 전남일보 사장으로 참의원을 지낸 김남중 후보를 공천했고, 신민당도 지난 총선에서 이필호 후보에게 공천을 빼앗기고 와신상담한 전남도의원 출신인 김녹영 후보를 내세웠다.

무덕관 관장인 김창신 후보가 국민당으로 출전했다.

참의원 선거에서 전남도민들의 절대적 지지를 받았던 김남중 후보는 자신의 전 재산을 공익사업에 바쳐 문화사업기구를 만들 계획이라며 지지를 호소했다.

6대 총선에선 민정당으로 출전하여 낙선하고 7대 총선에서 이필호 후보와의 경쟁에 밀려 출전이 봉쇄됐던 김녹영 후보가 "가진 자와 안 가진 자의 싸움"으로 선거전을 몰고 가면서, "그래도 정당 본위로 투표하는 광주에서 신민당을 안 찍어주면 어떻게 하느냐"는 볼멘소리가 광주시민들의 심금을 울려, 전남일보 사장으로 오랫동안 기반을 닦은 김남중 후보를 큰 표차로 꺾고 국회에 입성했다.

□ 득표상황

후보자	정당	연령	주요 경력	득표 (%)
김녹영	신민당	46	전남도의원	53,409(62.6)
김남중	민주공화당	53	전남일보사장, 참의원	31,633(37.1)
김창신	국민당	36	무덕관 관장	259(0.3)

〈목포〉 "나를 지지해 주는 게 곧 김대중을 지지해 주는 것과 같다"고 김대중 붐 조성에 성공하여 4성 장군을 꺾고 국회 등원에 성공한 김경인

지난 7대 총선에서는 민중당, 신민당 대변인으로 활약한 신민당 김대중 의원을 저격하기 위해 공화당은 내각사무처장, 원호처장, 체신부장관을 역임한 김병삼 후보를 출전시켰다.

김병삼 후보를 당선시키기 위해 박정희 대통령이 목포에서 국무회의를 개최하고 전국에서 유일하게 지원 연설을 하였으며, 대통령을 수행한 장관들은 "지방사업도 야당의원이 당선되면 추진하지 않겠다. 목포의 눈물이 될지 목포의 웃음이 될지 시민들이 알아서 할 일"이라고 엄포도 놓았다.

그러나 선거 결과는 "이번 싸움은 김병삼 후보와의 싸움이 아니라 박 정권과의 싸움"이라는 김대중 의원이 6천여 표차로 승리하고 3선의원이 됐다.

이번 총선에는 김대중 의원이 대통령 선거에 출마하여 낙선하고 전국구의원으로 옮겨가자, 공화당은 해병대사령관을 지낸 강기천 후보를 내세웠고, 신민당은 목포시의회 의장을 지낸 김경인 후보를 내세워 진검승부를 펼치도록 했다.

4성장군의 관록으로 목포와 영암을 잇는 용당교가설 등 화려한 지역개발공약을 펼쳐 보이는 공화당 강기천 후보와 김대중 대선후보의 후광을 업고 명분있는 선택을 호소하는 신민당 김경인 후보가 용호상박의 결투를 전개했다.

영암 출신이지만 공화당 고위층의 권유로 목포로 옮긴 강기천 후보는 "관권이나 금권이 없으면 목포에 명함도 못 낼 사람"이란 비난을 "야당사람만 뽑아 뒤진 내 고장을 이번에 나를 뽑아 발전시켜 보자"고 호소했다.

"만년 야도로 20년간 야당의원만 당선시켜온 아성을 이번에는 반드시 함락시키겠다"는 강기천 후보는 "나를 뽑아주면 전남의 3차 5개년 개발계획은 목포항으로부터 시작된다"는 공약을 내걸었다.

김대중 후보와 함께 신안군 하의도 출신인 김경인 후보는

"목포의 명예를 되찾자"는 구호를 내걸고 천주교 교인표와 신안 출향민표 결집에 기대를 걸었다.

목포의 지원유세에서 김대중은 "75년에는 기어코 김대중 정권을 실현하기 위해 준비 작업으로 신민당 후보들을 압도적으로 지원해 달라"고 호소한 반면, 공화당 이도선 연설원은 "이번이 지역구 국회의원 선거 마지막이 될지 모른다. 앞으로 중선거구제가 될지 모르니 목포개발에 일 할 사람을 뽑아 달라"고 호소했다.

"김대중의 김경인 후보가 낙선되면 김대중도 마지막이다"라는 지원유세 절규가 승패를 결정지었다.

"야당 기수의 수도로서 명예를 되찾자"는 김경인 후보는 자신의 장점이나 비전 제시없이 남의 힘이나 후광을 이용하려는 사람이라는 비난을 받고 있지만, "지역발전의 차원보다 여당 독주를 견제하는 의회 민주주의 소생의 차원에서 선택해야 할 것"이라고 주장했다.

"나를 지지해 주는 게 곧 김대중을 지지해 주는 것과 같다"는 김경인 후보는 "75년을 위한 포석으로 김대중 씨가 밀고 내가 앞에서 끌고 합심하면 4·27의 불명예를 회복할 수 있다"고 호소했다.

김대중 지원 유세로 하룻밤 사이에 확 돌아버리는 목포시민의 선거 생리가 작동하여 김경인 후보가 4천여 표차로 국회에 등원했다.

□ 득표상황

후보자	정당	연령	주요 경력	득표 (%)
김경인	신민당	47	목포시의회의장	31,512(54.1)
강기천	민주공화당	43	재건회의 최고위원	26,708(45.9)

〈여수〉 여수발전의 기적을 내세워 민권의 승리를 호소하여 동정표를 끌어모은 이은태 후보를 3연패 수렁에 넣고 승리한 김상영

여천과 병합된 지난 7대 총선에서 공화당은 전남도의원 출신으로 공화당 공천으로 6대의원에 당선된 이우헌 후보를 재공천했고, 신민당도 4대의원으로 제6대 총선 때 자민당으로 출전하여 차점 낙선한 이은태 후보를 공천했다.
회사장인 정의철 후보는 대중당으로 출전했다.
여수에 임해공업단지를 조성하고 어업전진기지를 마련하겠다고 공약한 이우헌 의원이 통합야당의 기수임을 내세우고 이우헌 의원의 공약은 거의 거짓이라며 추격전을 전개한 이은태 후보를 7천여 표차로 꺾고 재선의원이 됐다.
이번 8대 총선에서 공화당은 이우헌 의원을 낙마시키고 한국경제인협회 부회장인 김상영 후보를 내세우자, 6대와 7대 총선에서 연거푸 낙선한 이은태 후보가 신민당 공천을 받고 세 번째 도전에 나섰다.
회사원인 조석래 후보는 국민당으로 출전했다.
한은부총재, 전경련 부회장을 지낸 김상영 후보는 정치 초년생으로 여수의 수출자유항화를 통한 지역발전을 강조했다.
오랫동안 고향을 등졌던 김상영 후보는 호남정유공장의 유치, 어수항 자유수출지역 추진 등의 업적을 내세우며 홍보에 열을 올렸으나, "회전의자는 모두 외지 사람이 차지하고 있지 않느냐"는 볼멘소리도 들었다.
경제통의 김상영 후보는 야성 여수는 바로 낙후 여수라는 이미지를 중산층에게 스며들게 하고, 방대한 공화당 조직과 여유있는 선거자금으로 뿌리박아 여수발전을 약속한 것이 승리의 요체였다.

자유당 공천으로 여천에서 4대의원에 당선됐으나 6대와 7대에는 자민당과 신민당으로 공화당 이우헌 후보에게 고배를 마신 이은태 후보는 역전의 선거 용사로서 "독재 견제세력의 형성"을 호소했다.

지난 두 번의 선거에서 여수에서만은 이겼던 이은태 후보는 "이번 선거에서 지면 그만 두겠다"는 각오를 펼치며 동정여론을 일으키는데도 중점을 두었다.

여수 발전의 기적을 내세운 김상영 후보가 "여수 사람은 어리석지 않습니다. 금력이 절대로 안 먹혀 들어가는 곳이 여수입니다"라며 민권의 승리를 호소한 이은태 후보를 929표차로 꺾어 3연속 차점 패배라는 수렁으로 몰아넣어 정계은퇴를 강요했다.

□ 득표상황

후보자	정당	연령	주요 경력	득표 (%)
김상영	민주공화당	56	전경련 부회장	20,594(50.8)
이은태	신민당	52	4대의원(여천)	19,665(48.5)
조석래	국민당	54	회사원	305(1.7)

〈여천〉 여권 후보만을 선출하는 지역정서를 타고 공화당 출신 후보들의 경쟁에서 대승을 거둔 전남도지부 사무국장 출신인 김중태

이번 8대 총선에서 분구된 이 지역구에 공화당은 전남도 사무국장 출신인 김중태 후보를 내세웠고, 신민당은 항도일보 사장인 이선행 후보를 출전시켰다.

중앙은 물론 전남지방에서까지 주목을 받지 못한 이 지역구는 수협중앙회 감사 출신으로 전남도지부 사무국장을 지낸 김중태 후보와 공화당 공천에서 낙천되자 신민당으로 옮

겨 공천을 받은 이선행 후보가 맞붙었다.

공화당 출신들만이 결투를 벌인 선거전에서 김중태 후보는 이선행 후보는 여수 출신이 아닌 경상도 출신이라고 공격하면서 "공화당 부위원장을 하다 신민당으로 넘어간 지조없는 사람"이라고 맹공을 퍼부어 대승을 거두었다.

여수시를 감싸고 있는 여천은 4대 총선에서 자유당 이은태 후보를, 5대 총선에서 민주당 김우평 후보를, 6대와 7대 총선에서 공화당 이우헌 후보를 당선시키는 전형적인 여당의 온상이었다.

☐ 득표상황

후보자	정당	연령	주요 경력	득표 (%)
김중태	민주공화당	51	전남도당 사무국장	37,702(66.0)
이선행	신민당	60	항도일보 사장	19,446(34.0)

〈순천-승주〉 공화당 공천경합을 벌였던 성동준, 조규순, 강길만 후보들의 비협조와 이탈로 금뱃지를 신민당 조연하 후보에게 넘겨준 공화당 김우경

지난 7대 총선에서 공화당은 상해임시정부 국무위원이었던 조경한 의원을 낙마시키고 공화당 조직부장 출신으로 6대 국회에서 전국구의원으로 활동한 김우경 의원을 내세웠고, 신민당은 5대의원으로 6대 총선 때 민주당으로 출전하여 차점 낙선한 조연하 후보를 공천했다.

건국대 출신인 자유당 하기복, 대한정경학회 회장인 대중당 조규환, 민주당 당료 출신인 민주당 이기우 후보들도 출전했다.

김해 김씨와 순천사범 출신들을 중심으로 공조직과 사조직을 총동원한 김우경 의원이 6천여 표의 옥천 조씨 문중표

를 기반으로 순천고 동문들을 규합하여 추격전을 전개한 조연하 후보를 2만 7천여 표차로 꺾고 재선의원이 됐다.

이번 8대 총선에서는 지난 총선에서 자웅을 겨뤘던 공화당 김우경 의원과 신민당 조연하 후보가 재대결을 펼쳤다.

정치 신인인 이기수 후보는 국민당으로, 정당인인 정남현 후보는 대중당으로 출전했다.

공화당 창당의 기수로서 6대와 7대의원을 지낸 김우경 후보는 공화당 조직부장, 전남도당위원장, 원내부총무를 지내면서 쌓아올린 조직망을 밑천으로 삼고, 야당 20년의 지조와 지난 대선 때 호남 일대를 휩쓸고 간 김대중 붐을 타고 있는 조연하 후보가 주암면, 송광면, 쌍암면에 뿌리를 박고 있는 옥천 조씨 문중을 조직기반으로 뛰고 있다.

김우경 후보는 "4·27 때 정권교체 되는 줄 알고 가세했던 표들이 이성을 회복하도록 맨투맨 설득을 하고 있다"고 주장한 반면, 조연하 후보는 "이번으로 정치 생활을 청산하겠다는 마당에서 표를 지키기 위해서는 무슨 방법이라도 쓰겠다"는 각오이다.

'생동하는 순천', '잘사는 승주'를 슬로건을 내건 김우경 후보가 공화당 공천경쟁에 나섰던 성동준, 조규순, 강길만 후보들의 비협조와 이탈로 '야당금지의 순천', '자립하는 승주'를 슬로건으로 내걸고 야당순천으로 되돌아가자고 호소한 조연하 후보에게 금뱃지를 넘겨줬다.

□ 득표상황

후보자	정당	연령	주요 경력	득표 (%)
조연하	신민당	47	5대의원(승주)	45,657(53.6)
김우경	민주공화당	40	7대의원(2선)	38,936(45.8)
이기수	국민당	35	정당인	377(0.4)
정남현	대중당	54	정당인	160(0.2)

〈장성-담양〉 장성과 담양의 군별 지역감정을 무마하기 위해 담양 출신이면서도 장성읍으로 주소지를 옮겨 수성에 성공한 고재필

지난 7대 총선에서 공화당은 예비역 육군준장인 박승규 의원을 낙천시키고, 국회 법제국 조사국장 출신으로 공화당 창당발기인으로 참여한 고재필 후보를 공천하자, 이에 불복한 박승규 의원이 통한당으로 출전하여 자웅을 겨뤘다.

신민당은 전남도의원 출신인 김종곤 후보를 내세웠고, 한일협정 반대투쟁을 주도했던 대중당 김상국, 4-H클럽 장성연합회장인 한독당 공창덕, 황용 고등공민학교장인 통사당 윤명규, 부산진 갑구에서 4대와 5대의원에 당선됐던 이종남 후보들도 출전했다.

전남도의원 출신인 민중당 홍익선 후보는 등록했다가 중도에 사퇴했다.

장성과 담양의 군대항전, 군 장성과 민간인의 대결은 30년 만에 고향을 찾아든 이종남 후보의 장성표 잠식 등으로 공화당의 조직을 활용한 고재필 후보가 대승을 거두었다.

이번 8대 총선에서 담양 출신인 고재필 의원을 재공천하자, 신민당은 장성 출신으로 덕화여고 교장을 지낸 김상복 후보를 내세웠다.

지난 7대 총선에도 출전했던 윤명규 후보가 대중당으로 재출격했다.

예비역 육군준장 출신으로 일본 중앙대 법과를 졸업한 고재필 후보는 5대 총선에선 무소속으로 출전하여 패배했지만, 7대 총선에서는 예비역 육군준장 출신으로 현역의원인 박승규 후보를 공천에서 제친 저력을 과시하며 1만여 명의 방대한 조직망과 1천 호에 달하는 고씨 문중표를 규합하여

당선 고지를 향해 질주했다.
 서울 덕화여중고 교장으로 1년 전부터 지역구를 맡아 저변을 확대하여 온 김상복 후보는 20년 만에 처음 결속된 범 김씨 문중표와 유림계통의 지원을 기대하며 담양과 합구이래 계속 담양에서만 국회의원이 선출되었으니 이번에는 장성 출신을 뽑아보자고 지역감정을 부추겼다.
 무르익은 군별 지역감정을 무마하기 위해 담양 출신이면서 장성읍 연천리로 주소지를 옮긴 고재필 후보가 4천여 표차로 수성에 성공했다.

□ 득표상황

후보자	정당	연령	주요 경력	득표 (%)
고재필	민주공화당	58	7대의원(지역구)	41,722(52.5)
김상복	신민당	41	덕화여고 교장	37,203(46.9)
윤명규	대중당	30	고등공민학교 교장	478(0.6)

〈화순-곡성〉 군대항 지역 대결에서 유리한 화순군 출신으로 화려한 군경력을 내세워 대승을 거둔 공화당 문형태

 지난 7대 총선에서 공화당은 6대 총선에서 낙선한 구흥남 후보를 낙천시키고, 구흥남 후보를 보좌하여 자유당 화순군당 부위원장을 지낸 기세풍 후보를 내세워 구흥남 후보의 설욕을 펼치도록 신민당 양회수 의원의 대항마로 내세웠다.
 곡성에서 2대, 3대, 4대의원을 지낸 자유당 조순, 전남도의원 출신인 대중당 최영섭, 교통공론사 편집국장인 한독당 최영수, 전남도의원을 지낸 통사당 박재준, 정당 활동을 펼친 민주당 고광국 후보들도 출전했다.
 민주공화당의 방대한 조직, 풍부한 자금을 활용한 기세풍 후보가 화순군 춘양면 석정리같은 마을에 사는 양회수 의원

을 3만 6천여 표차로 꺾고 당선됐다.
 그러나 기세풍 의원은 부정선거 논란이 커져가고 공화당으로부터 제명처분을 받자 의원직을 사퇴하여 보궐선거가 실시됐다.
 보궐선거에서 신민당 공천을 받은 양회수 후보가 대중당으로 출전한 기세풍, 한독당 최영수, 자민당 이기곤, 민중당 황성, 통사당 심윤식 후보들을 꺾고 재선의원이 됐다.
 이번 8대 총선에서 공화당은 제2군 사령관, 합동참모회의 의장을 역임한 문형태 후보를 공천했고, 신민당은 양회수 의원의 도중하차로 인한 대타로 곡성군지부장인 이재걸 후보를 내세웠다.
 보궐선거에 출전했던 이기곤 후보가 국민당으로, 단국대 출신인 양성인 후보가 민중당으로, 공화당원이었던 임춘성 후보는 통사당으로 출전했다.
 화순군과 곡성군과의 군별 대항전에서 유리한 화순 출신이라는 강점과 방대한 공화당 조직을 활용한 문형태 후보가 양회수 후보의 급격한 퇴장에 따라 엉겁결에 공천을 받아 조직을 제대로 완비하지 못한 곡성군 목사동면 출신인 이재걸 후보를 가볍게 제압하고 등원에 성공했다.

□ 득표상황

후보자	정당	연령	주요 경력	득표 (%)
문형태	민주공화당	49	제2군사령관	70,338(76.8)
이재걸	신민당	37	정당인	19,389(21.2)
임춘성	통사당	40	공화당 청년위원장	1,053(1.2)
이기곤	국민당	34	정당인	757(0.8)
양성인	민중당	32	전남도당 위원장	등록무효

〈광양-구례〉 지난 총선에선 낙천에 반발해 박준호 후보가,

이번 총선에는 이현재 후보가 낙천에 반발하여 출전한 혼전 속에서 집권여당의 프리미엄으로 승리한 박준호

지난 7대 총선에서 공화당은 서울체신청장 출신인 김선주 현역의원을 낙천시키고, 전남일보 논설위원으로 활약한 이현재 후보를 공천했고, 신민당은 구례에서 3대와 4대의원을 지낸 이갑식 후보를 내세웠다.

구례에서 5대의원에 당선된 민주당 고기봉, 교육연구사 사장인 대중당 황성, 해인대 교수인 민중당 김태기, 광양과 승주군수를 지낸 통한당 박준호 후보들도 출전했다.

구례를 발판으로 재기를 기대했던 이갑식 후보는 광양을 기반으로 공화당원들을 가동한 이현재 후보의 적수가 되지 못하여 5대, 6대, 7대 총선에서 연거푸 차점 낙선하는 불운을 곱씹었다.

이번 8대 총선에서 공화당은 이현재 의원을 낙마시키고 광양, 승주, 광산군수 출신으로 지난 총선에 통한당으로 등록했다가 중도사퇴한 박준호 후보를 내세우자, 공천에 불복한 이현재 의원이 국민당 공천을 받고 출전했다.

국회의원 비서관을 지낸 신민당 김경의, 정치신인인 민중당 함태식, 보궐선거 단골 출마자인 통사당 황성 후보도 출전했다.

박준호, 이현재, 김경의 후보들이 3파전을 전개하고 있는 3 후보는 얽히고 설킨 인연을 갖고 있다.

지난 7대 총선에서 박준호 후보가 이현재 후보에게 공천경쟁에서 밀리자 통사당으로 출전했다 중도 사퇴했고, 이번 총선에서는 박준호 후보에게 공천경쟁에 밀린 이현재 후보가 국민당으로 출전하여 장군 멍군이 됐다.

박정희 대통령의 대구사범 선배인 박준호 후보는 5대 총선 때 무소속으로 출전하여 김경의 후보의 부친 민주당 김석주 후보에게 패배한 경력을 지니고 있다.

이번 선거는 정당이 아닌 인물 본위 선거양상으로 '누가 더 잘났느냐', '누가 선거자금이 넉넉하냐'의 싸움으로 번져 박준호, 이현재 후보의 싸움에 김대중 대선후보 지지세 확보에 나선 김경의 후보는 방관자로 전락했다.

"이번 선거를 박준호-이현재 후보 간 싸움으로 축소시켜 대세가 기울면 기왕 될 사람 찍는다"는 유권자 심리를 활용하여 이현재 후보는 신민당 지지세까지 흡수하여 당선권을 넘나들었으나, 농촌지역에서 공화당 후보를 넘어뜨리기엔 역부족을 실감했다.

"내가 지난 4년간 쌓아온 건설사업은 역대 의원 중 가장 많은 일을 했다"는 이현재 후보는 함태식, 황성 후보들의 구례표 잠식으로 분루를 삼켜야만 했다.

□ 득표상황

후보자	정당	연령	주요 경력	득표 (%)
박준호	민주공화당	58	광양, 승주군수	28,311(44.1)
이현재	국민당	41	7대의원(지역구)	24,301(37.9)
김경의	신민당	47	국회의원 비서관	9,866(15.4)
함태식	민중당	43	정치인	1,042(1.6)
황 성	통일사회당	35	새교육연구사장	657(1.0)

〈고흥〉 지난 총선에서 대중당 서민호 후보에게 758표차로 낙선했지만 이번 총선에서 신민당 서민호 후보에게 24,342 표차로 낙승한 신형식

지난 7대 총선에서 공화당은 고흥농고 교사 출신으로 공화당 공천을 받고 6대의원에 당선된 신형식 의원을 재공천했고, 신민당은 6대 총선에 민주당으로 출전하여 낙선한 정

기영 후보를 내세웠다.

　5대 국회에서 국회부의장을 지내고 6대 총선에서는 서울 용산에서 자민당으로 출전하여 당선된 서민호 의원은 대중당을 창당하고 대통령 후보로 등록했으나 윤보선 후보를 위해 중도에 사직했고, 윤보선 후보는 보답하는 차원에서 서민호 의원이 출마하는 지역구의 신민당 후보를 사퇴시키겠다고 밀약했다.

　서민호 의원이 용산에서 출마를 희망했으나 용산에 신민당 공천을 받은 김원만 후보가 연락이 두절되자 고흥으로 낙향하여 이 지역구의 정기영 후보를 온갖 회유와 협박으로 사퇴시켰다.

　서민호 의원과 공화당 신형식 의원의 부친이 절친한 사이로 신사적인 선거운동이 벌어졌고, 선거운동원들이 당선시켜주지 않으면 감옥에서 죽게 된다고 호소하여 758표차로 농촌지역에서 공화당 현역의원이 낙선하는 기현상이 일어났다.

　이번 8대 총선에서 공화당은 신형식 후보에게 재기의 기회를 부여했고, 서민호 의원은 신민당 공천을 받아 출전했다. 재경 호남대학원 학우회장인 송기태 후보가 여산 송씨 문중표를 기대하며 통사당으로 출전했다.

　지난 총선에선 "서민호 후보를 안 찍으면 고흥사람 상대를 안 한다"는 여론이 비등했지만, 이번 총선에서 "신형식 후보도 할만하지"로 둔화된 것이 사실이지만, 지난 대선에서 박정희 후보가 승리하여 고흥 사람들에게 외지로부터 욕을 먹고 있는 것이 거꾸로 국회의원 선거에서 영향을 미칠까봐 신형식 후보는 전전긍긍(戰戰兢兢)했다.

　이에 반해 거물 이미지를 더욱 부각시키고 있는 서민호 후보는 신민당 공천자 정기영, 신민당 공천경쟁자 지영춘, 여산 송씨의 송태성 등을 포섭하여 범야적 대동단결체를 구성했다.

"고향의 선배가 후진의 길을 막고 이렇게 짓밟을 수 있느냐"는 신형식 후보의 공격에, 서민호 후보는 "후진에 길을 터 줘도 야당에 몸담은 사람에게 물려주겠다"고 응수했다.

신형식 후보는 "필요할 때만 당적을 옮기고 선거 때만 찾아오는 외지 손님을 우리 군민이 꼭 뽑아줘야 할 필요가 없다"고 비난했다.

"서민호 후보는 이제 거물(巨物)이 아니라 거물(去物)이며 선거 때마다 당적을 바꾼 철새 후보이고 후배 양성도 할 줄 모른다"는 비난 속에, 600여 명의 동갑계와 평산 신씨 문중 표의 전폭적인 지원을 받은 신형식 후보가 거물 정치인이지만 대통령 후보에 나섰다가 중도 사퇴하여 퇴물 정치인인 굴레를 벗어나지 못하는 서민호 후보를 역사의 뒤안길로 사라지게 했다.

처음으로 단일 범야전선을 형성했으나 패배한 것은 지난 총선에서 당선은 구속되어 옥중출마에 따른 동정표의 결집으로 보인다.

□ 득표상황

후보자	정당	연령	주요 경력	득표 (%)
신형식	민주공화당	44	6대의원(지역구)	55,528(63.5)
서민호	신민당	68	7대의원(4선)	31,186(35.6)
송기태	통사당	27	재경호남학우회장	780(0.9)

〈보성〉 자유당 시절 국회부의장을 지낸 거물 정치인이지만 20년 이상 정계에서 떠나 있다 돌아온 공백을 메우지 못하고 역사의 뒤안길로 사라진 공화당 황성수

지난 7대 총선에서 공화당은 6대 총선에서 낙선한 이백래

후보를 제치고 대통령 정무비서관을 지낸 양달승 후보를 공천했고, 신민당도 3선의 이정래 현역의원을 주저앉히고 대한중석 부산소장 출신으로 민정당 전국구의원에 발탁된 이중재 의원을 내세웠다.

6대 총선에도 출전했던 박종면 후보가 자유당으로, 전남매일 보성지소장인 김재규 후보가 민중당으로 등록하여 4파전이 형성됐다.

보성읍과 벌교읍의 지역대결이 벌어진 선거전에서 벌교읍장의 공개투표 지시와 대통령의 제철회사 설치 지시각서 논란 속에서 양달승 후보가 당선됐으나 공화당은 양달승 당선자를 제명조치했다.

대법원의 벌교지역 선거무효에 대한 재선거에서 공화당에 복당된 양달승 후보를 이중재 후보가 3,217표차의 낙선을 번복하여 당선되는 행운아가 됐다.

이번 8대 총선에서 공화당은 신민당 이중재 의원의 대항마로 2대와 3대 총선에선 서울 용산에서, 4대 총선에선 보성에서 당선되고 참의원 선거에서 자유당으로 당당하게 출전하여 전남 1위로 당선됐을 뿐 아니라 국회부의장, 전남도지사를 역임하여 보성의 인물로 회자된 황성수 후보를 내세웠다.

전남매일 기자인 박옥재 후보도 국민당으로 출전했다.

부정선거로 인해 열 번째 총선을 치르고 있는 이 지역구에서 황성수 후보는 4대 총선 때 유명한 닭죽사건으로 인한 재선거에서 자유당 공천으로 민주당 이정래 후보를 꺾었고, 이중재 후보는 벌교읍장의 공개선거 지시에 대한 2년 동안의 법정 투쟁으로 벌교읍의 일부 지역 재선거에서 공화당 양달승 후보를 꺾고 뒤늦게 국회에 등원하는 재선거 수혜자들이다.

그리하여 이번 선거에서는 "이번만은 부정선거의 오명(汚

名)을 일소하자"는 구호가 메아리쳤다.

민주공화당 공천 경합에서 밀린 안용백, 김금석, 양달승, 이백래 후보들이 겉으로는 황성수 후보를 지원하고 있지만, 내심으로 황성수 후보를 견제하고 있다는 것이 현지의 중론이다.

"지역사업 할테니 심부름꾼으로 부려 달라"고 실리를 내세운 황성수 후보는 "이제 대통령도 다시 당선됐고 하니 안정 기반 위에 지역발전을 이룩하자" 강조했다.

그러나 이중재 후보는 "지역발전 운운하면서 지역사업이 마치 집권당의 독점물인 양 말하지만 사실 이 지역의 사업을 누가 했느냐"고 도리어 자신의 업적을 내세웠다.

자유당 시절 국회부의장을 지낸 정치 거물이고 특히 4·19 혁명 이후에도 자유당으로 참의원 선거에서 전남에서 1위로 당선된 저력을 지닌 황성수 후보이지만 20년 이상 보성에 얼굴을 비치지 아니하고서 공화당의 공천을 받았지만, 공천 경합자들의 비협조와 새로운 조직을 구축하는데 시일이 촉박하여 광주 이씨 문중들의 전폭적인 지지를 받으며 마을마다 조직을 촘촘히 구축한 이중재 후보의 3선의원 등극을 축하하며 정계의 뒤안길로 사라졌다.

□ 득표상황

후보자	정당	연령	주요 경력	득표 (%)
이중재	신민당	46	7대의원(2선)	31,990(54.2)
황성수	민주공화당	53	3선의원, 참의원	25,907(43.9)
박옥재	국민당	30	전남매일 기자	1,101(1.9)

〈장흥〉 정권 실세로 급부상한 길전식 후보에게 2대와 5대 의원이었지만 10년 이상 정치공백기를 보낸 고영완 후보가 추격하기엔 역부족

지난 7대 총선에서 공화당은 육사 8기생으로 중앙정보부 국장 출신인 길전식 의원을 재공천했고, 신민당은 6대 총선에서 길전식 의원에게 3,369표차로 패배한 김영태 후보에게 재도전의 기회를 줬다.

3대와 4대의원을 지낸 자유당 손석두, 노동시보 논설위원인 한독당 이양래 후보들이 출전하여 4각구도를 형성했다.

6대 총선에서 야권은 민정당, 국민의당, 민주당으로 분열됐으나 7대 총선에는 야권의 단일후보가 되어 김영태 후보가 승리를 기대했으나 오히려 표차는 1만 1천여 표차로 늘어난 것은 공화당이 총력전을 펼친 결과일 뿐이다.

이번 8대 총선에서 신민당은 길전식 의원에게 연패한 김영태 후보를 5대의원을 지낸 고영완 후보로 교체했고, 보사부에 근무했던 문숙열 후보가 국민당으로 출전했다.

정권의 실세로 급부상한 길전식 후보에게 민국당 공천으로 2대의원에 당선됐으나 3대와 4대 총선에서는 자유당 손석두 후보에게 패배했지만 4·19혁명 직후 민주당 바람을 타고 5대의원에 당선되었을 뿐 10년 이상 정치적 공백기를 보낸 고영완 후보의 도전은 도전일 뿐이었다.

제헌의원 선거 이후 단일선거구였던 이 지역구는 집권여당에 편승한 김중기, 고영완, 손석두, 길전식 의원들이 의원직을 승계했다.

□ 득표상황

후보자	정당	연령	주요 경력	득표 (%)
길전식	민주공화당	46	7대의원(2선)	29,947(62.3)
고영완	신민당	57	2선 의원(2, 5대)	17,560(36.5)
문숙열	국민당	34	보건사회부직원	595(1.2)

〈영암-강진〉 6대 총선 이후 숙명의 대결을 펼쳤던 김준연, 윤재명, 유수현 후보들의 격전장에서 최후의 승리자가 된 공화당 윤재명

지난 7대 총선에서는 6대 총선에서 3각대결을 펼쳤던 민중당 김준연, 신민당 유수현, 공화당 윤재명 후보들이 재대결을 펼쳤다.
황천양조 사장으로 전남도의원을 지낸 천수봉 후보도 얼굴을 내밀었다.
6대 총선에서 자민당 김준연 후보는 28,027표로 당선됐고, 공화당 윤재명 후보는 23,751표로 차점 낙선했고, 민정당 유수현 후보는 18,699표로 동메달을 차지했다.
김준연 의원은 민중당을 창당하여 대통령에 도전했고 유수현 후보는 정성태 의원이 사퇴하여 실시된 광주 갑구 보궐선거에 정민회 공천으로 당선되었으나 광주 갑구를 정성태 후보에게 돌려주고 귀향하여 출전했다.
영암(김준연, 천수봉)과 강진(윤재명, 유수현)의 군대항전에서 방대한 공화당 조직을 가동하고 8천 7백 명의 파평 윤씨 문중표를 결집시킨 윤재명 후보가 5대와 6대 총선에서 석패한 유수현 후보를 세 번째 울리고 국회 등정에 성공했다.
5선의원으로 김해 김씨 문중표를 기대한 김준연 후보는 70대의 노정객으로 은퇴를 재촉할 수밖에 없었다.
이번 8대 총선에는 지난 7대 총선에서 승패가 갈렸던 공화당 윤재명 의원과 신민당 유수현 후보가 재대결을 펼쳤다. 전남농민회장인 박종면 후보가 국민당으로 출전했다.
이 지역구는 김준연, 윤재명, 유수현 후보들의 숙명적인 격전장이었다.

2대 총선을 제외하고 제헌, 3대, 4대, 5대 총선 때 영암에서 당선을 일군 김준연 후보와 5대 총선 때 강진에서 낙선한 유수현, 현대평론사사장 출신으로 혜성처럼 나타나 공화당 공천을 받은 윤재명 후보들이 6대 총선에서 맞붙어 관록을 자랑한 김준연 후보에게 승리를 안겨줬다.
　그러나 3선개헌이라는 웅대한 목표를 설정하고 부정과 불법선거를 자행한 7대 총선에선 공화당 윤재명 후보가 5선의원인 김준연, 광주 갑구 보궐선거에서 당선된 유수현 후보들을 꺾고 승리를 엮어냈다.
　김준연 후보가 은퇴한 이번 총선에서 윤재명 후보가 유수현 후보를 가볍게 제치고 재선의원의 깃발을 나부꼈다.

□ 득표상황

후보자	정당	연령	주요 경력	득표 (%)
윤재명	민주공화당	39	7대의원(지역구)	53,852(50.0)
유수현	신민당	55	6대의원(광주갑)	35,789(39.8)
박종면	국민당	63	전남농민회장	285(0.2)

〈완도〉 완도의 인물인 김선태 3선의원의 전폭적인 지원으로 야권 지지세력의 결집에는 성공했으나 공화당 현역의원의 옹벽을 넘어지 못한 용남진

　지난 7대 총선에서 공화당은 상공부 수산국장 출신인 최서일 현역의원을 밀쳐내고 전남도당 조직부장으로 대통령 선거에서 공훈을 세운 정간용 후보로 교체했고, 신민당은 6대 총선에서 민주당으로 출전하여 낙선한 황권태 후보를 공천했다.
　6대 총선에 자유당으로 출전했던 김용호 후보는 한독당으로, 국민의당으로 출전했떤 오동권 후보는 민주당으로 출전

했다.

판사 출신 변호사인 지익표 후보는 자유당으로, 세계일보 기자인 송기철 후보는 대중당으로, 정당인인 송희석 후보는 민중당으로 출전하여 7명의 후보들이 난립했다.

공화당 출신인 정간용, 지익표 후보와 신민당 출신인 황권태, 오동권, 송기철 후보들의 대결에서 최서일 의원의 불출마로 승기를 잡은 정간용 후보가 완도수산고 동문들의 전폭적인 지지를 받은 황권태 후보를 5천여 표차로 제압했다.

이번 8대 총선에서 정간용 의원이 공화당의 재공천을 받았고, 신민당은 경북도 경찰국장을 지낸 용남진 후보로 교체하여 출전시켰다.

3대, 4대, 5대의원을 지내며 완도의 인물로 자타가 인정한 김선태 전 의원의 전폭적인 지지 속에 야당 지지세력을 결집시키고 부락 지도자들까지 흡수한 용남진 후보가 당선권을 넘나들었으나, 공화당의 조직을 추스르고 풍부한 선거자금을 뿌려 댄 정간용 현역의원의 옹벽을 넘어서기에는 역부족이었다.

□ 득표상황

후보자	정당	연령	주요 경력	득표 (%)
정간용	민주공화당	49	7대의원(지역구)	29,523(56.7)
용남진	신민당	45	경북도 경찰국장	22,506(43.3)

〈해남〉 4대 총선이후 다섯 번째 출전이라며 동정표를 기대했으나 국방부장관을 지낸 공화당 임충식 후보의 적수가 되지 못한 홍광표

지난 7대 총선에서 공화당은 3대, 4대의원을 지내고 6대에는 전국구의원으로 활약한 김병순 후보로 교체하자, 6대

총선 때 공화당 후보로 출전했던 홍광표 후보가 민중당으로 출전했다.

신민당은 서울법대 출신 변호사인 윤철하 후보를 공천했고, 4대의원을 지낸 김석진 후보가 자유당으로, 개성산업 이사인 임원태 후보가 민주당으로 출전했다.

5대 총선 때는 홍광표 후보가 자유당 김병순, 무소속 윤철하 후보들을 꺾었지만 공화당 공천에서 배제되자 당선권에서 멀어졌다.

자유당 시절부터 닦아 온 지역기반과 축산업협동조합장 출신으로 풍부한 재력을 활용한 김병순 후보가 김해 김씨 문중표를 규합하여 승리하고 4선의원에 등정했다.

이번 8대 총선에서 공화당은 김병순 의원을 낙마시키고 제5군단장과 국방부장관을 역임한 임충식 후보로 교체했고, 신민당은 5대의원으로 6대 총선에선 공화당으로, 7대 총선에는 민중당으로 출전하여 낙선한 홍광표 후보를 내세웠다.

농업인인 송준 후보가 국민당으로 출전했다.

4대 총선에는 무소속으로 출전하여 자유당 김병순 후보에게 패배했고, 5대 총선에서는 자유당 김병순, 무소속 윤철하 후보들을 꺾고 당선된 홍광표 후보는 공화당으로 변신하여 전국구에 등재됐으나 정치적 라이벌인 김병순 후보를 전국구로 밀쳐내고 공화당 후보로 등록을 했으나, 3대의원과 전남도지사를 지낸 자민당 민영남이란 복병을 만나 주저앉았다.

7대 총선에는 지역구 후보마저 김병순 의원에게 빼앗기고 신민당을 기웃거렸으나 5대 총선 때 꺾었던 윤철하 후보에게 신민당 공천마저 빼앗기고 민중당으로 출전했으나 큰 표차로 낙선했다.

이번 총선에서는 드디어 제1야당인 신민당 공천을 받고 다섯 번째 출마라며 동정표를 기대했으나 제5군단장, 합동참모회의의장, 국방부장관을 지낸 공화당 임충식 후보의 적수가 되지 못했다.

□ 득표상황

후보자	정당	연령	주요 경력	득표 (%)
임충식	민주공화당	48	국방부장관	45,490(63.0)
홍광표	신민당	53	5대의원(해남갑)	23,944(33.2)
송 준	국민당	41	농업인	2,792(3.8)

〈무안〉 섬지역을 묶어 신안군이 신설되면서 사실상 신설구인 이 지역에서는 정치신인들의 조직과 붐의 대결에서 김대중 대선후보 지원 유세로 승리를 만끽한 임종기

무안군에서 섬 지역을 별도로 신안군이 신설되면서 이번 총선에서는 무안, 신안에서 별도의 의원을 선출하게 됐다.
무안의 총선에서 4번 대결해서 2승 2패를 기록한 유옥우, 배길도 후보들은 지금은 신안군 출신들로 이번 총선에서 무안은 신설된 지역구가 된 셈이다.
이번 8대 총선에서 공화당은 회사장으로 대한올림픽 위원인 김두철 후보를 내세웠고, 신민당은 국회 전문위원으로 활약하고 있는 임종기 후보를 내세웠다.
재건국민운동 무안군위원장을 지낸 정종호 후보는 국민당으로 출전했다.
정치초년병인 김두철 후보는 배길도 의원의 공화당 조직을 승계하여 방대한 조직을 재구축하면서 풍부한 자금을 활용하여 당선권을 향해 매진했다.
지난 대선에서 김대중 대선후보가 득표했던 야당 성향표를 사수하기 위해 안간힘을 쏟은 임종기 후보는 김대중 후보의 진심어린 지원유세에 힘입어 목포 주변 지역의 야당 성향표

를 다져 김두철 후보를 예상을 뒤엎고 4천여 표차로 꺾었
다.

□ 득표상황

후보자	정당	연령	주요 경력	득표 (%)
임종기	신민당	45	국회 전문위원	24,938(54.3)
김두철	민주공화당	48	대한올림픽 위원	20,069(43.7)
정종호	국민당	37	재건국민운동가	917(2.0)

〈신안〉 5대의원을 지낸 지명도, 김대중 대선후보 고향이라는 이점을 살리지 못하고 행정력을 동원하여 방대한 조직을 구축한 공화당 후보에 무너진 주도윤

　무안군과 병합된 지난 7대 총선에서 공화당은 배길도 의원을 재공천했고, 배길도 의원과 세 번 대결을 펼쳐 2승 1패를 기록한 유옥우 후보가 신민당 공천을 받고 네 번째 대결을 펼쳤다.
　임상원 후보는 자유당으로, 박광복 후보는 대중당으로 출전했다.
　지난 6대 대선에서는 윤보선 후보가 박정희 후보를 1만여 표 앞서 유옥우 후보의 승리가 예상됐지만 행정지원을 듬뿍 받은 배길도 의원이 6대 총선에서의 522표차를 11,799표차로 벌리는 대승을 거두고 2승 2패의 균형을 이뤘다.
　유옥우 후보는 3대와 4대 총선에서 민주당으로 자유당의 배길도 의원을 꺾은 추억을 갖고 있다.
　이번 8대 총선에서 공화당은 배길도 의원을 낙마시키고, 조선대 공과대 강사 출신으로 전남광업협회 부회장을 지낸 정판국 후보를 내세웠고, 신민당은 5대의원에 당선됐으나 6대 총선에서 자민당으로 출전하여 낙선한 주도윤 후보에게

공천장을 건네줬다.
 고려대 총학생회장 출신인 김공규 후보가 국민당으로 출전했다.
 수많은 섬으로 이루어져 선거운동에 많은 제약을 받은 신민당 주도윤 후보가 지명도와 변호사로서의 유리함과 김대중 대선후보의 고향이라는 이점을 살리지 못하고, 이·반장을 활용하여 방대한 조직을 구축한 정치새내기 정판국 후보에게 1,689표차로 무릎을 꿇었다.

□ 득표상황

후보자	정당	연령	주요 경력	득표 (%)
정판국	민주공화당	44	전남대 강사	25,549(48.8)
주도윤	신민당	48	5대의원(무안병)	23,860(45.6)
김공규	국민당	39	고려대 총학생회장	2,900(5.6)

〈나주〉 동갑내기로 광주고 동기동창의 대결에서 대선에서 김대중 후보가 4만 표 앞선 여세로 931표차로 신승을 거둔 나석호

 지난 7대 총선에서 공화당은 6대 총선에서 낙선한 이교은 후보를 제치고 상공부 기획장관리실장과 재무부차관을 지낸 이호범 후보로 교체했고, 신민당은 자유당으로 3대와 4대의원을 지내고 6대 총선에서 자민당으로 출전하여 당선된 정명섭 의원을 공천했다.
 3대의원을 지낸 민주당 최영철, 삼균청년회장을 지낸 한독당 장봉기 후보도 출전했다.
 함평 이씨 1천 8백호를 주축으로 방대한 조직을 가동한 이호범 후보는 "부초(浮草)처럼 선거때만 나서는 후보는 아예

무시해야 한다"고 주장하여, 3선의원으로서의 기반을 다지며 4선을 향해 발돋음하고자 총력을 경주한 정명섭 후보를 4만 5천여 표차로 꺾었다.

그러나 이호범 당선자는 부정선거 관련 혐의로 공화당에서 제명처분을 받았고, 대법원에서 선거무효 판결을 받아 재선거가 실시됐다.

민주공화당에 복당하여 재공천을 받은 이호범 후보가 신민당 정명섭 후보 등을 꺾고 재당선되어 의원직을 이어갔다.

이번 8대 총선에서 공화당은 이호범 의원을 낙천시키고 제주, 전북, 전남경찰국장을 지낸 박만영 후보를 내세웠고, 신민당은 행정, 사법양과를 합격하고 서울고법에서 판사를 지낸 동년배인 나석호 후보를 공천했다.

동갑내기로 광주고교 동기동창인 두 후보는 호적수로 박만영 후보는 서울대 정치학과를, 나석호 후보는 서울대 법학과 출신이다.

"내가 10년 동안 공들여 농사지어 놓았는데 죽마고우가 가만히 있다 낫을 들고 달려드니 이럴 수가 있느냐"고 박만영 후보가 호소하자, 나석호 후보는 "공천에서 학교 선배인 이호범 씨를 밀쳐 버린 것은 잘한 짓이냐"고 반격했다.

박만영 후보가 "당선시켜 주면 마을마다 직통 전화를 가설해 주겠다"고 공약하자, "그건 체신부에서 할 일"이라고 나석호 후보가 반박했다.

전남도 경찰국장으로 있으면서 선거 기반을 닦아 방대한 사조직을 구축한 박만영 후보에 비해 나석호 후보는 2개월 간의 유세와 3천 5백 호의 금성 나씨 문중을 주축으로 대적했다.

나주 유권자들은 "글쎄요 두 사람을 저울로 달아도 한 치도 기울지 않을 것"이라는 선거 전망은 "지난 대선 때 전라도 사람을 쌀에 뉘라고 한 사람이 있는데 우리가 쌀에 뉘냐"고 은근히 지역감정을 불러일으킨 것이 승리의 원동력이 되어, 나석호 후보가 신승을 거둘 수 있었다.

□ 득표상황

후보자	정당	연령	주요 경력	득표 (%)
나석호	신민당	36	서울고법판사	39,741(50.6)
박만영	민주공화당	36	전남경찰국장	38,810(49.4)

〈광산〉 2선의원으로 세 번째 도전한 이정휴 후보의 부진으로 집권여당의 조직과 자금을 활용하여, 신민당의 붐을 잠재우고 국회 등원에 성공한 오중열

지난 7대 총선에선 6대 총선에서 혈전을 전개한 공화당 박종태, 신민당 이정휴, 한독당 고몽우 후보들이 재격돌을 펼쳤다.
 동경제대 출신인 박종태 후보는 11,935표를 득표하여 당선됐고, 3대와 4대의원을 지낸 이정휴 후보는 4,175표를, 5대 의원을 지낸 고몽우 후보는 9,372표를 득표하여 낙선했다.
 3대와 4대의원을 지낸 박흥규 후보가 자유당으로, 정당인인 최종채 후보가 대중당으로, 전남도 선거관리위원이었던 김찬곤 후보는 민주당으로 출전했다.
 광산군수 시절부터 마련한 터전을 활용하여 자유당 시절이 살기에는 정말 좋았다고 홍보한 박흥규 후보가 맹추격했으나, 신민당 이정휴 후보와 지지기반이 겹쳐 공화당 박종태 의원의 옹벽을 넘어서지 못했다.
 이번 8대 총선에서 공화당은 항명파동으로 제명처분을 받은 박종태 의원을 금복중학 교장인 오중열 후보로 교체했고, 신민당도 신한당 광산군당위원장을 지낸 박자용 후보로 교체하여 공천했다.

이에 지난 총선에 신민당 공천을 받고 출전했던 이정휴 후보가 국민당으로 출전했다.
 정당인인 민중당 엄용식, 사업가인 통사당 김태성 후보들도 출전했다.
 3대와 4대의원을 지내고 6대 총선에는 자유당으로, 7대 총선에는 신민당 공천을 받고 출전하여 낙선한 이정휴 후보가 국민당으로 출전하여 정치새내기들인 공화당 오중열, 신민당 박자용 후보들과 자웅을 겨룰 것으로 예상됐으나, 군소정당에 대한 외면으로 초반부터 당선권에서 멀어지고 선거를 방치하여 254표 득표에 머물렀다.
 박종태 의원의 출마설과 어느 후보 지지설이 나돌기도 했으나 집권여당의 조직과 자금을 활용한 오중열 후보가 30대의 정치신인으로 선거 초반부터 선거자금이 고갈된 박자용 후보를 가볍게 제압했다.

□ 득표상황

후보자	정당	연령	주요 경력	득표 (%)
오중열	민주공화당	45	금북중학교장	25,802(53.9)
박자용	신민당	35	4·19부상동지회원	20,986(43.8)
김태성	통일사회당	29	상업인	432(0.9)
엄용식	민중당	42	정당인	410(0.8)
이정휴	국민당	52	2선의원(3, 4대)	254(0.6)

〈영광〉 박경원 내무부장관의 후광을 업은 박종진 후보가 조영규, 정헌조 영원한 라이벌들의 지지세를 결집시킨 정병원 후보를 큰 표차로 따돌리고 당선

 함평군과 병합된 지난 7대 총선에서 공화당은 영광 출신인 정헌조 의원을 낙마시키고 함평 출신으로 전남도의원을 지

낸 윤인식 후보를 내세웠고, 신민당도 함평 출신인 김의택 후보를 영광 출신인 조영규 후보로 교체하여 출전시켰다.

 전남도의원을 지낸 자유당 김덕부, 사업가인 민중당 남궁전, 한국경정보 사장인 민주당 권오주, 사업가인 통사당 차영주 후보들도 출전했다.

 영광과 함평의 군 대항전에서 영광군민들이 애향심보다는 정국 안정을 위해 여당후보가 당선돼야 한다는 충정에서 3선의원인 조영규 후보를 외면하고 윤인식 후보를 집중적으로 지지해서 당선시켰다.

 이번 8대 총선에서 독립선거구 된 영광에 공화당은 공무원 출신인 박종진 후보를 내세웠고 신민당은 6대와 7대 총선에서 낙선한 조영규, 조기상 부자들을 배제하고 국회의원 비서관을 지낸 정병원 후보를 내세웠다.

 박경원 내무부장관의 대리인으로 알려진 박종진 후보는 "박경원 장관의 은혜에 보답하자"는 슬로건을 내걸고 행정력을 총동원했고, 6대의원인 정헌조 의원의 비서 출신인 정병원 후보는 정헌조 전 의원의 조직뿐 아니라 정헌조 의원의 영원한 라이벌인 조영규 전 의원의 조직까지 흡수하여 접전을 벌였다.

 이 지역구는 제헌의원은 한민당의 조영규 후보가 당선됐으나 2대 총선에서는 대한청년단의 정헌조 후보가 조영규 의원을 꺾고 당선됐다.

 3대에는 민국당 조영규 후보가, 4대에는 민주당으로 당명을 바꿔 자유당 이강후, 무소속 정헌조 후보들을 꺾고 3선의원이 됐다.

 5대 총선에서도 민주당 조영규 후보가 무소속 정헌조 후보를 꺾었으나 6대 총선에서는 공화당 공천을 받은 정헌조 후보가 조영규 4선의원의 아들인 자민당 조기상 후보를 꺾고 당선되는 영원한 라이벌이었다.

7대에는 조영규 후보가 신민당 공천을 받고 영광의 대표주자로 나섰으나 함평의 공화당 윤인식 후보에게 패배했다.
 박경원 내무부장관 후광을 업은 박종진 후보가 조영규, 정헌조 두 라이벌의 지지세와 야당 성향표를 결집시킨 정병원 후보를 큰 표차로 따돌렸다.

 □ 득표상황

후보자	정당	연령	주요 경력	득표 (%)
박종진	민주공화당	51	공무원 25년	36,470(69.3)
정병원	신민당	34	국회의원비서관	16,154(20.7)

〈함평〉 김대중의 목포와 가까운 지리적 이점으로 30대의 정치신인이지만 공화당 현역의원에게 1,173표차까지 육박한 이진연

 독립선거구가 된 이번 8대 총선에서 공화당은 윤인식 의원을 재공천했고, 신민당은 중앙상무위원인 이진연 후보를 내세웠다.
 신민당원이었던 정정휴 후보는 국민당으로, 태권도 관장인 이건찬 후보는 대중당으로 출전했다.
 민국당 서상국 2대의원에 이어 민주당 김의택 후보가 3대와 4대의원에 당선되어 이웃인 영광과 함께 함평은 드물게 야당후보들의 성지(聖地)로 발돋움했다.
 영광과 함평이 통합된 6대 총선에서 공화당이 영광 출신인 정헌조 후보를 내세우자 영광의 4선의원인 조영규 후보는 서울로 피신하고, 함평의 3선의원인 김의택 후보가 대항마로 선정됐다.
 영광표를 분산시키기 위해 조영규 의원의 아들인 조기상 후보가 자민당으로 출전했으나 공화당의 독주를 막아내지

못했다.

7대 총선에서 공화당이 함평 출신인 윤인식 후보를 내세우자, 김의택 후보는 서울로 피신하고 영광의 조영규 전 의원이 대항마로 선정됐다. 그러나 야당의 성지였던 이 지역구에서 공화당의 득세와 독주를 막아내지 못했다.

이번 총선에서 30대의 정치새내기로 신민당의 공천을 받은 이진연 후보는 전주 이씨 문중표를 다독이고 김의택 전 의원의 지지세를 규합하여 맹추격을 했으나, 마지막 스퍼트가 부족하여 현역의원인 윤인식 후보에게 1,173표차로 패배했다.

이러한 표차는 이진연 후보의 득표력보다 김대중의 정치적 고향인 목포와 가깝다는 지리적 여건에 힘입은 바 크다.

□ 득표상황

후보자	정당	연령	주요 경력	득표 (%)
윤인식	민주공화당	48	7대의원(지역구)	22,041(50.8)
이진연	신민당	39	정당인	20,868(48.1)
정정휴	국민당	35	정당인	309(0.7)
이건목	대중당	32	태권도관장	168(0.4)

〈진도〉 한국예술문화단체 총연합회장이라는 감투와 박정희 대통령의 총애 속에 조씨 문중들의 결집을 기대한 조시환 후보를 꺾고 재선의원에 등극한 손재형

지난 7대 총선에서 공화당이 이남준 의원을 재공천하자, 신민당은 임상애 후보를 2대와 3대의원을 지낸 조병문 후보로 교체했다.

덕매학원 설립자인 민중당 곽원영, 대학원 재학중인 민주당 김인권 후보들도 등록했다.

이남준 의원은 소포간척공사, 전원개발, 진도면의 진도읍 승격, 충무교 가설 등 다양한 공약을 내걸어 창녕 조씨 문중표를 결집시킨 조병문 후보를 4천여 표차로 따돌리고 재선의원이 됐다.
　이번 8대 총선에서 공화당은 이남준 의원을 낙마시키고, 4대 총선 때 무소속으로 자유당 조병문 후보를 꺾었던 손재형 화가를 공천했고, 신민당은 창녕 조씨 문중표를 의식하여 조시환 후보를 내세웠다.
　고려말 삼별초의 웅거지였던 이 지역구는 창녕 조씨 문중들의 집성촌으로 2대와 3대 총선에서 자유당 조병문 후보가 당선됐다.
　그러나 4대 총선에서 서예가인 손재형 후보가 무소속으로 출전하여 조병문 자유당 현역의원을 꺾고 당선됐고, 5대 총선에선 민주당 박희수 후보가 무소속 손재형, 이남준 후보들을 꺾고 당선됐다.
　6대 총선에선 공화당 이남준 후보가 국민의당 조병을 후보를, 7대 총선에선 공화당 이남준 후보가 신민당 조병문 후보들을 꺾고 당선됐다.
　이번 총선에선 10년 동안 정계에서 떠나있던 손재형 후보가 한국예술문화단체 총연합회회장이란 감투를 자랑하며 박정희 대통령의 총애를 받고 있다는 사실을 홍보하여, 조씨 문중의 전폭적인 지지를 기대한 조시환 후보를 큰 표차로 따돌리고 재선의원이 됐다.

□ 득표상황

후보자	정당	연령	주요 경력	득표 (%)
손재형	민주공화당	69	4대의원(진도)	24,095(69.4)
조시환	신민당	41	서울상대 중퇴	10,641(30.6)

제주도

〈제주-북제주〉 이 지역구를 휩쓸었던 고담룡, 김두진, 홍문중, 임병수, 양정규 등 전·현직의원들이 사라지고 신인들의 각축장에서 대승을 거둔 홍병철

　지난 7대 총선에서 공화당은 임병수 의원을 낙천시키고 국무총리비서관을 지낸 양정규 후보를 내세웠고, 신민당은 자유당 공천으로 3대와 4대의원에 당선됐으나 5대 총선에서 낙선한 김두진 후보를 공천했다.
　제주시에서 민주당 공천으로 4대와 5대의원을 지낸 고담룡 후보가 민주당으로 출전하여 3파전이 전개됐다.
　중학교 교장을 지낸 민중당 강군황, 경찰전문학교 출신인 대중당 오달인, 정당인인 한독당 김기오, 항일투쟁을 전개했던 통사당 송석회 후보들도 출전했다.
　현역의원을 밀쳐내고 공화당 공천을 받은 양정규 후보가 제주도 관광개발사업을 추진하기 위해서는 여당 후보의 당선이 필요하다고 역설하여 3파전에서 승리를 낚아챘다.
　이번 8대 총선에서 공화당은 양정규 의원을 낙천시키고 대통령 경호실에서 근무한 홍병철 후보를 내세웠고, 신민당도 제주도당위원장으로 활약한 김욱 후보로 교체했다.
　국민당 신두완, 민주당 양인화, 대중당 오달인 후보들도 출전했다.
　이 지역을 주름잡았던 4대와 5대의원을 지낸 고담룡, 3대와 4대의원을 지낸 김두진, 5대의원을 지낸 홍문중 후보 뿐 아니라 6대의원 임병수, 7대의원 양정규 후보들이 사라지고 정치신인들이 자웅을 겨루게 된 이번 선거전에서는 5대 총

선 이후 집권여당 후보들에게 맹목적으로 투표했던 성향을 유감없이 발휘하여 공화당 공천을 받은 홍병철 후보가 무명의 정치신인인 김욱 후보를 큰 표차로 꺾고 국회 등원에 성공했다.

6대 총선에 국민의당으로 출전했던 국민당 신두완, 7대 총선에 대중당으로 출전했던 오달인 후보들의 득표력은 보잘 것 없었다.

4대와 5대의원을 지낸 고담룡 후보는 6대에는 보수당으로, 7대에는 민주당으로 출전했고, 3대와 4대의원을 지낸 김두진 후보는 5대에는 무소속으로, 7대에는 신민당으로 출전했다.

5대의원인 홍문중 후보는 6대 총선에 민주당으로 출전했으나 낙선으로 정계를 떠났다.

□ 득표상황

후보자	정당	연령	주요 경력	득표 (%)
홍병철	민주공화당	42	대통령경호실처장	56,129(69.5)
김 욱	신민당	38	제주도당위원장	21,295(26.4)
신두완	국민당	42	정당인	2,049(2.5)
양인하	민중당	36	정당인	870(1.1)
오달인	대중당	46	대중당 지도위원	409(0.5)

〈남제주〉 4대 국회에서 자유당 원내부총무, 6대 국회에서 공화당 원내총무를 지내며 승승장구하여 4선의원에 등극한 현오봉

지난 7대 총선에서 공화당은 4대와 6대 총선에서 당선된 현오봉 의원을 재공천했고, 신민당은 6대 총선에서 민정당으로 출전하여 956표를 득표하고 낙선한 강보성 후보를 재

공천했다.

6대 총선에 국민의당으로 출전하여 3,788표를 득표했던 양상익 후보가 신민당 공천에 반발하여 민중당으로, 민주당으로 출전하여 8,384표를 득표했던 김일용 후보도 민주당으로 재출격했다.

한독당 박창홍, 통한당 강재훈 후보들도 합류했다.

진주강씨 문중표와 오현고 동문표를 결집시켜 추격전을 전개한 강보성 후보는 야권성향표의 분산으로 현오봉 의원의 3선고지 점령을 바라만 볼 수밖에 없었다.

이번 8대 총선에서도 현오봉 의원이 공화당의 공천을 받고 4선고지를 점령한 가운데, 서울고법 판사를 지낸 강대헌 후보가 신민당 공천을 받고 자웅을 겨뤘다.

30대 패기에 찬 박창홍 후보는 국민당으로 출전했다.

강대헌 후보는 "국가건 지역이건 간에 장기집권은 금기(禁忌)"라는 슬로건 밑에 박력있는 이미지를 내세워 '현오봉 왕국' 타파를 끈질기게 부르짖었으나, 15년을 가꾸어 온 현오봉의 철옹성을 넘어서지 못했다.

이 지역구 여덟 차례 실시한 선거에서 제헌의원 오용국, 2대와 3대의원 강경옥, 5대의원 김성숙, 4대와 6대, 7대, 8대의원 현오봉을 선출하여 4명의 의원만을 배출했다.

□ 득표상황

후보자	정당	연령	주요 경력	득표 (%)
현오봉	민주공화당	48	7대의원(3선)	27,401(50.4)
강대헌	신민당	36	서울고법 판사	25,888(47.6)
박창홍	국민당	34	정치인	1,073(2.0)

제4장 충성분자들의 결집체로 전락한 전국구

1. 6대 정당에서 121명의 전국구 후보 추천
2. 정당별 전국구 후보자와 당선자 현황

1. 6대 정당에서 121명의 전국구 후보 추천

(1) 공화당에 대한 공헌도에 따라 박정희 총재가 선정

민주공화당은 득표 비율에 따라 최고 34석, 최하 25석의 전국구의 인선을 박정희 총재의 재량에 맡겼다.

민주공화당은 대통령 선거에서의 논공행상, 직능대표로서의 기능, 공화당 공로자라는 3대 기준을 선정했다.

그리하여 김종필, 백두진, 정일권, 윤치영, 최희송, 길재호 등 공화당 중진, 이동원, 이동령, 김형욱, 황종율, 이석제, 김동하, 한웅진, 조흥만, 이영근 등 유공자, 강성원, 문창탁, 박태원, 김정우, 김무열, 박철, 김성두, 신광순, 이도선 등 사무국 간부, 이해랑, 최용수, 모윤숙, 김현숙, 전정구 등 직능대표들이 포함될 것으로 알려졌다.

박정희 총재는 길재호 사무총장을 불러 40명의 전국구 후보 명단을 확정했다.

길재호 사무총장은 "이번 전국구 후보 공천은 국가와 공화당의 유공자를 비롯 각계 각층의 직능대표를 망라하게 될 것"이라며, "특히 지역감정 해소와 관련하여 지역적인 고려도 충분히 반영했다"고 밝혔다.

민주공화당 김창근 대변인은 인선 원칙으로 국가와 공화당 발전에 현저한 공로가 있는 사람, 주요 직능단체를 대표할 수 있는 사람, 장래성이 인정되는 사람, 청렴하고 덕망있는 사람을 발탁하는 데 중점을 두었다고 밝혔다.

민주공화당의 전국구 인선은 친정체제라는 항설에 맞는 정치적 영향력을 되도록 줄이도록 한 선정이라 할 수 있다.

박정희 공화당 총재는 정일권, 백두진, 김형욱, 권오병, 황종율, 이동원, 이종우 등 비교적 정치성이 약한 전직, 현직 관료들을 대거 기용했다.

 길재호 사무총장 이외에 강성원, 문창탁 등 공화당 관계자가 20명이나 등용돼서 특징을 지었다.

 여성계도 모윤숙, 김현숙, 편정희, 김옥자, 박정자 등 5명이나 발탁됐다.

 내정된 것으로 알려진 윤치영, 이석제, 이동녕, 김동하, 이영근 등이 탈락했으며 경북 사무국장 김무역, 경남 사무국장 조병규는 지역안배 때문에 박철 전남 사무국장, 임인채 전남 사무부국장으로 교체됐다.

 40명 후보의 지역은 서울·경기 8명, 강원 3명, 충청권 4명, 호남 8명, 영남 6명, 이북 출신이 11명으로 호남을 배려한 흔적이 엿보였다.

(2) 제2의 진산파동을 격게 된 신민당 전국구 추천

 신민당은 "전국구의 매관매직 하는 인상을 없애고 각자 응분의 헌금에 따라 결정하겠다"고 밝혔다.

 자금 조달을 위해 20번째까지는 당내인사는 3천만 원, 당외인사는 5천 만원씩 기준을 정해 놓고 희망자의 유공과 재력에 따라 차등을 둘 것으로 보인다.

 공천대상으로 물망에 오른 사람은 김대중, 홍익표, 김의택, 정헌주, 이민우, 편용호, 김준섭, 신도환, 채문식, 김선태, 이세규, 이태구, 이종남, 유청, 이명환 등 당 간부들과 김상흠, 정운근, 조영규 등 전직의원, 양삼영, 김재화 등 재일교포, 박종률, 신동준, 정규헌, 방일용, 김용희, 김용성, 오홍석, 조희철, 채규희, 김종완, 박철용, 김제만, 양택영, 임명산 등 사무국 국장과 부국장, 이태영, 김윤덕은 여성 대표로 떠오르고 있다.

 신민당외 케이스는 지역구 공천에서 낙천한 이상조 동화통신 부사장이 유일한 것으로 알려졌다.

신민당은 당선권은 최소 17석, 최대 25석으로 전망하고 있어 원로급과 신민당 고위간부 15명과 당외인사 2~3명을 인선할 계획이다.

김대중, 홍익표, 김의택, 정헌주, 편용호, 신도환, 이종남, 채문식, 이태영, 강필선, 김준섭, 김재화, 김상흠, 유청, 양삼영 등이 포함된 것으로 알려졌다.

신민당은 유진산 당수 및 김대중 대선후보, 양일동 운영위 부의장이 후보자의 서열 등을 최종 조정했다.

21번까지만 헌금을 받았고 그 뒤 번호는 사무국 간부들을 인선했다.

유진산 당수의 돌연한 지역구 포기와 전국구 후보의 인선에 대한 당내의 심한 반발은 신민당의 당 기능을 사실상 정지시켰다.

정일형 선거대책본부장은 "유진산 당수가 정계를 은퇴함으로써만이 해결할 수 있다"면서 유진산 당수의 매당(賣黨)행위를 질타했다.

유진산 당수는 후보등록 마감 직전에 29세의 무명청년 박정훈을 등록하여 그 동안 영등포갑구를 둘러싸고 간단없이 일고 있던 잡음과 관련하여 검은 이미지를 심어줬다.

양일동 부의장이 "후보와 당수는 전국적인 유세를 위해 전국구로 나가는 게 좋다"고 제의했으나, 고흥문 부의장은 "당수가 지역구를 버려서는 안 된다"고 강력히 반대하자, 양일동 부의장에게 "쓸데없는 말"이라고 제지하여 일단락 됐었다.

유진산 당수는 종로구에 권중돈을 공천하고 삼척에 김우영 대신 김진만 의원 비서관인 김문기의 공천, 아들의 부도사건으로 수감된 후 풀려난 것도 화제가 됐다.

유진산 당수는 17번까지 3천 만원씩의 헌금을 받았다고 말하고 있으나 입출금의 내역이 분명치 않고, 당선권 21번 이내에 비주류는 4명만 배정하고 13명을 골수 진산계 출신으로 메웠다.

 이번 전국구에는 지역구를 포기한 유진산, 유청, 채문식, 이대우를 제외하고 17번 이후로 돌려졌고 17번 이내에는 유진산, 김대중, 홍익표, 김의택, 김홍일을 제외하고 철저한 헌금 위주로 선발됐다.

 이태영, 양삼영은 부부나 형제 국회의원은 안 된다는 이유로, 김영삼 의원이 추천한 김성만은 김재광 의원이 추천한 김용성과 마지막 단계에서 교체됐고, 방일홍은 김대중 대선후보와 밀착됐다는 이유로 유진산 당수에 의해 이대우로 바뀌었다.

 당내 기여도가 적은 이종남, 강필선, 전국구의원으로 재공천된 편용호, 당과 거의 무관한 유성범, 오세응, 이상조 등도 발탁됐다.

35명의 후보 중 이상조, 오세응을 제외한 33명이 신민당내 인물이며 사무국 국장급 인사들은 14명이며 진산계가 주류를 이뤘다.

 김용성 출판국장은 유진산 당수가 등록서류를 직접 선관위에 가지고 간 것은 야당 당수가 부지런하기 때문이라고 설명했으나, 무언가 떳떳하지 못한 부분을 감추기 위한 연막전술로 보여질 따름이다.

 김대중 대선후보는 "유진산 당수가 지역구 포기로 당을 사지에 몰아넣고 그것이 당내 파쟁의 소산(所産)인 양 돌리려 함은 국민을 우롱하는 처사로 마땅히 퇴진해야 한다"고 주장했다.

2. 정당별 전국구 후보자와 당선자 현황

(1) 민주공화당: 당선자 27명

순위	성명	연령	본적	주요경력
1	김종필	45	충남	국무총리, 2선의원(6, 7대)
2	정일권	53	서울	국무총리
3	백두진	62	서울	국무총리, 2선의원(5,7대)
4	길재호	48	서울	공화당 사무총장, 2선의원(6,7대)
5	김형욱	46	서울	중앙정보부장
6	권오병	52	경남	문교부, 법무부장관
7	황종률	61	서울	체신부, 재무부장관
8	이동원	44	서울	외무부장관, 7대의원
9	이종우	67	서울	고려대총장, 문교부장관
10	유봉영	73	서울	조선일보 주필
11	홍승만	58	경북	대한변호사회장
12	모윤숙(여)	62	서울	팬클럽한국위원장
13	최용수	46	서울	한국노총위원장
14	이해랑	54	서울	예총회장
15	강병규	39	경남	중앙대교수, 아스팍사무국장
16	강성원	42	서울	서울신문 전무
17	문창탁	40	서울	공화당 사무차장, 역도연맹회장
18	권일	59	경북	재일거류민단장
19	김성두	41	서울	공화당 기획조사부장
20	신광순	40	경북	공화당 조직부장
21	박태원	48	서울	경기지사, 공화당 경기사무국장
22	박 철	42	전남	전남매일사장, 당 전남사무국장
23	전정구	39	전북	공화당 청년분과위원장
24	장덕진	58	충남	충북의사협회장
25	이도선	38	전남	공화당 훈련원교수
26	김현숙(여)	55	서울	육군 여군부장
27	편정희(여)	55	서울	대한여성경제인협회장
28	김옥자(여)	39	강원	서울신문 기자
29	노진환	43	전남	재미와싱톤교포회장
30	임인채	42	전남	공화당 전남사무차장
31	함재훈	53	강원	강원일보사장, 3대의원
32	심정섭	58	경기	동화통신 편집국장

33	이호종	42	33	고려대강사, 동신화학부사장
34	김금석	45	전남	재일거류민단장, 내외통신사장
35	박완교	47	충남	조양기업사장
36	박정자(여)	49	강원	공화당 부녀분과위부위원장
37	황재홍	39	경북	예천제사 사장
38	한원전	44	충남	청주대학장
39	채영석	36	전북	전북 농지개량조합장
40	정동성	31	경기	서울제철 부사장

(2) 신민당: 당선자 24명

순위	성명	연령	본적	주요경력
1	유진산	55	충남	신민당대표, 5선의원(3,4,5,6,7대)
2	김대중	45	서울	대통령후보, 3선의원(5,6,7대)
3	홍익표	61	경기	내무부장관, 5선의원(1,2,4,5,6대)
4	김홍일	72	서울	전당대회의장, 7대의원
5	김의택	62	전남	3선의원(3,4,5대)
6	유 청	52	전북	3선의원(4,5,6대)
7	정헌주	55	경남	3선의원(3,4,5대)
8	이종남	52	전남	2선의원(4,5대)
9	이세규	43	충남	예비역 육군준장
10	편용호	43	서울	7대의원(전국구)
11	김준섭	48	서울	5대의원(화천)
12	채문식	46	경북	문경군수, 대학교수
13	이상조	55	경북	동화통신 부사장
14	신도환	48	경북	대한반공청년단장, 4대의원
15	김재화	67	부산	재일거류민단장
16	김용성	46	서울	참의원(경기)
17	강필선	53	충남	곡물협회충남지부 이사
18	오세응	38	서울	재미 민주협회장
19	유성범	47	서울	성동갑구 선대본부장
20	정규헌	42	전북	신민당 조직국장
21	이대우	57	경북	신민당 경북부위원장
22	오흥석	43	경기	신민당 총무국장
23	박종률	44	전북	신민당 청년국장
24	김윤덕(여)	36	서울	신민당 부녀국장
25	박철용	45	전남	신민당 조직부국장

26	김제만	38	충남	신민당 청년부국장
27	노승삼	43	서울	신민당 중앙상무위원
28	최훈	42	서울	신민당 중앙상무위원
29	박용구	41	전남	신민당 조직2부장
30	황호동	34	전남	신민당 청년부장
31	최정택	33	서울	신민당 청년1부장
32	최상덕	38	서울	신민당 조직1부차장
33	안성찬	45	서울	신민당 감찰부차장

(3) 국민당: 당선자 없음

순위	성명	연령	본적	주요경력
1	함덕용	66	서울	상공부차관
2	윤기대	42	서울	국민당 정무위원
3	이홍주	40	경북	국민당 정무위원
4	임춘원	33	서울	출판사사장
5	김문식	50	서울	예비역 육군대령
6	조정무	30	경기	기자
7	김주묵	53	충북	4대의원(음성)
8	고학환	62	충남	회사장
9	최학형	43	서울	예비역 육군대령
10	여인태	37	부산	국민당 정책부실장
11	박병주	49	전남	국민당 총무국장
12	이성열	44	서울	국민당 조직국장
13	이시록	55	서울	정치인
14	오사순(여)	39	충남	예비역 육군중위

(4) 대중당: 당선자 없음

순위	성명	연령	본적	주요경력
1	함석희	70	서울	조선일보기자
2	이필상	58	서울	대중당 총무국장
3	이강백	30	제주	대중당 조직국장
4	허강	58	서울	대중당 당무위원
5	윤수동	57	충남	대중당 당무위원
6	강현수	35	전남	대중당 지구당위원장

| 7 | 이오봉 | 73 | 경북 | 대중당 지구당위원장 |

(5) 민중당: 당선자 없음

순위	성명	연령	본적	주요경력
1	성보경	45	서울	민중당 총재
2	김준홍	41	전북	당민중 사무국장
3	도만이	50	서울	회사장
4	박봉춘	44	전남	민중당 청년위원장
5	이건녕	54	충북	내무부장관 비서관
6	성도경	35	경남	민중당 재정부장
7	문태준	29	경남	민중당 정무위원
8	권중목	42	경북	민중당 조직위원장
9	김용화	29	충남	민중당 충남조직부장
10	문석규	50	충북	민중당 중앙상임위원
11	노동원	48	전북	회사중역
12	안용덕	47	서울	회사중역
13	박종대	42	서울	민중당 기획실장

(6) 통일사회당: 당선자 없음

순위	성명	연령	본적	주요경력
1	김철	45	서울	통사당 위원장
2	최길호	33	경남	회사대표(등록무효)
3	이청천	56	서울	대학교수
4	안필수	54	경남	통사당 간사장
5	정명환	59	전북	독립운동가
6	홍성환	65	서울	독립운동가
7	김재훈	71	서울	대학교수
8	한원빈	66	서울	독립운동가
9	신창균	62	충북	통사당 정책심의의장
10	유영봉	40	강원	통사당 부간사장
11	박백서	41	서울	통사당 총무위원장
12	백영욱	33	서울	통사당 기획실장
13	권오헌	34	충남	통사당 문화국장
14	박성택	32	경북	통사당 청년국장

─── 〈인용·참고자료〉 ───

○ 역대국회의원 선거총람(중앙선거관리위원회, 2016년 11월)
○ 해방후 정치사 100장면(가람기획, 1994년 7월)
○ 주요일간지(1967년 6월~1971년 7월)
 - 동아일보
 - 조선일보
 - 한국일보
 - 경향신문
○ 주요지방일간지(1971년 5. 1 ~ 5. 25)
 - 대전일보
 - 영남일보
 - 매일신문
 - 경남일보
 - 국제신보
 - 전북일보
 - 전남일보